Zu diesem Buch

Gončarov war vierzig und arbeitete im Finanzministerium, als er den Auftrag bekam, die Fregatte Pallas auf ihrer Weltreise zu begleiten. Jahre zuvor hatte er seinen ersten Roman (‹Eine alltägliche Geschichte›) veröffentlicht; er war bekannt, aber alles andere als berühmt, und er war auch nicht die erste Wahl für den Posten des Sekretärs oder besser des offiziellen Berichterstatters über eine Fahrt, der alle Züge des Ungewöhnlichen anhafteten. Vor allem aber: er hatte keine Lust, er liebte das Meer nicht und wäre, wenn schon, dann lieber zu Lande gereist. Alles war neu für ihn, aber nachdem er seine Widerstände überwunden hatte, begann er, sich durch breite Lektüre auf seine Aufgabe vorzubereiten. Indessen ist es nicht das voraufgegangene Studium, was seine Schilderung weit über die gängige Reiseliteratur erhebt, sondern der Blick des Außenseiters.

Der Zweck der Reise wurde von den Russen verschleiert. Offiziell hatte die Fregatte mit ihren 400 Mann Besatzung und ihren 52 Geschützen an Bord die Bestimmung, die nordamerikanischen Kolonien Rußlands zu visitieren, Alaska also, das damals noch nicht an die Vereinigten Staaten verkauft war. Tatsächlich aber sollte der Vizeadmiral Putjatin die Aufnahme von Handelsbeziehungen mit Japan einleiten, und zwar möglichst bevor die Nordamerikaner dasselbe Ziel erreichten. In der Mitte des Jahrhunderts war Japan ein Muster des Isolationismus. Es verbot seinen Bürgern die Ausreise unter Androhung der Todesstrafe, es versperrte seine Häfen – mit wenigen Ausnahmen – für Fremde, es hatte aufgehört, größere Seeschiffe zu bauen, aber seine Lage ließ es den aufstrebenden Weltmächten immer dringlicher erscheinen, an diesem Zustand etwas zu ändern. Die Forderung nach ‹Öffnung Japans› wird im 19. Jahrhundert immer öfter und immer deutlicher erhoben. Für Rußland war sie deswegen besonders wichtig, weil es geboten schien, die nach Alaska gehenden Schiffe unterwegs mit Wasser und Lebensmitteln zu versorgen. Freilich war die Reise schlecht vorbereitet, und sowenig Gončarov geeignet war, den Bericht über diese Fahrt zu schreiben, im üblichen Sinne, versteht sich, sowenig war für einen Übersetzer gesorgt, der des Japanischen mächtig gewesen wäre.

Kurz und gut, die Reise wurde zu einem Fiasko, die Russen scheiterten an der ihnen unvertrauten absoluten Formalisierung des japanischen Verhandlungszeremoniells, dessen ganzer Sinn die Durchkreuzung der russischen Absichten war. Die Japaner erwiesen sich als gnadenlos höflich und ebenso gnadenlos widerspenstig. Sie wollten ihr Land nicht öffnen, mußten das wenig später allerdings dennoch. Von diesem Scheitern in jedem Sinne (denn auch die Fregatte scheiterte schließlich, als Gončarov sie bereits verlassen hatte, um auf dem Landweg zurückzukehren) handelt, was Putjatins Sekretär uns erzählt, in einer immer ein wenig ironischen, ein wenig melancholischen Sprache, die wenige Jahre später im ‹Oblomov› ihre höchste Höhe erreichte.

«Ich fing an, die Daheimbleibenden zu beneiden; ich freute mich, wenn plötzlich Hindernisse auftauchten, ich suchte selbst die Schwierigkeiten zu übertreiben, ich sah mich nach einem Vorwand zum Bleiben um.»

Rowohlt Jahrhundert

Herausgegeben von Walter Boehlich
Band 89

Ivan A. Gončarov

Die Fregatte Pallas

Deutsch von Arthur Luther

Rowohlt

Veröffentlicht im Rowohlt Taschenbuch Verlag GmbH,
Reinbek bei Hamburg, November 1991

Umschlaggestaltung Peter Wippermann
Gesetzt aus der Garamond (Linotronic 500)
Gesamtherstellung Clausen & Bosse, Leck
Printed in Germany
1680-ISBN 3 499 40089 8

I

Von Kronstadt bis Lizard Head

Juni 1854

Es wundert mich sehr, dass Sie meinen ersten Brief aus England vom 2./14. November 1852 und den zweiten aus Hongkong nicht erhalten haben; kamen sie doch beide aus Orten, wo man um das Schicksal eines Briefes nicht weniger besorgt ist als um das eines neugeborenen Kindes. In England und seinen Kolonien ist ein Brief ein Wertgegenstand, der durch tausend Hände geht, auf Eisenbahnen und anderen Wegen befördert wird, über den Ozean, aus einer Hemisphäre nach der andern wandert und endlich unbedingt den Mann erreicht, für den er bestimmt ist, wenn dieser noch am Leben ist; ist der Empfänger aber tot oder selbst an den Aufgabeort des Briefes zurückgekehrt, so wandert auch der Brief wieder dahin zurück. Vielleicht sind die Briefe auf dem Kontinent, auf preußischem oder dänischem Gebiet, verlorengegangen? Jetzt ist es aber zu spät, wegen einer solchen Kleinigkeit noch eine Untersuchung vorzunehmen; lieber erzähle ich alles noch einmal, wenn es nötig sein sollte... Sie wollen Einzelheiten wissen über meine Bekanntschaft mit dem Meer, mit den Seeleuten, mit der dänischen und schwedischen Küste, mit England? Sie möchten wissen, wie ich mein friedliches Zimmer, das ich immer nur im äußersten Notfall und stets mit Bedauern verließ, vertauschen konnte mit dem wogenden Schoß des Meeres; wie ich, der ich mehr als Sie alle verwöhnt war durch das Leben in der Stadt, durch das Treiben des Alltags und die friedliche Ruhe der Nacht, es fertiggebracht habe, mit einem Schlage, in einem Tage, einer Stunde, diese ganze Ordnung über den Haufen zu werfen und mich in die Unordnung des Seelebens zu stürzen? Da kann man nicht einschlafen, wenn eine große Fliege ins Zimmer geflogen kommt und mit wildem Brummen gegen Decke und Fenster schlägt, oder wenn ein Mäuslein in der Ecke raschelt; da läuft man vom Fenster weg, wenn es zieht, schimpft über die Landstraße, wenn sie schlecht chaussiert ist, verzichtet auf das Vergnügen, eine Abendgesellschaft am andern Ende der Stadt mitzumachen – «Die Leute wohnen mir zu weit» –, wird unruhig, wenn man eine Stunde länger aufbleibt als gewöhnlich, ärgert sich, wenn die Suppe nach Rauch riecht oder der Braten verbrannt ist, wenn das Wasser nicht blitzt wie Kristall... Und nun plötzlich – eine Seereise! «Wie werden Sie denn da gehen? Es schaukelt doch so!» fragten mich Leute, die der Anschauung huldigen, daß jeder Wagen, der nicht von ihrem Stellmacher angefertigt ist, rütteln muß. «Wie werden Sie schlafen, was werden Sie essen? Wie werden Sie sich mit den neuen Menschen einleben?» Mit derartigen Fragen überschüttete man mich und sah mich mit schmerzlicher Neugier an, wie ein Opfer, das zur Folterbank geschleppt wird. Daraus sieht man nur, daß alle, die nicht zur See gefahren sind, noch die alten Romane von Cooper oder die Geschichten von Marryat im Kopf haben, Geschichten von Seefahrten und Seeleuten, von Kapitänen, die ihre Passagiere womöglich an die Kette legten, die ihre Untergebenen hängen und köpfen durften, von Schiffbrüchen und Erdbeben. «Da wird Sie der Kapitän ganz oben in den Mastkorb setzen», sagten einige Bekannte und Freunde zu mir (Sie auch, erinnern Sie sich?). «Er wird Ihnen nichts zu essen geben und setzt Sie schließlich auf einer einsamen Insel aus.» – «Wofür denn?» fragte ich. «Wenn Sie einmal nicht so sitzen, so gehen, eine Zigarre an einem Ort anstecken, wo es verboten ist.» – «Ich werde mich genau an alle Vorschriften halten», sagte ich ganz sanft. «Sie sind gewohnt, nachts lange aufzusitzen, dort aber werden nach Sonnenuntergang alle Lichter gelöscht», sagten andere. «Und der Lärm, das Geklapper, der Geruch, das Geschrei!» – «Sie werden zum Säufer werden», suchten andere mir angst zu machen. «Süßwasser ist da eine Seltenheit, sie trinken alle nur Rum.» – «Kannenweis, ich hab's gesehen, ich bin auf einem Schiff gewesen», fügte noch jemand hinzu. Eine alte Frau schüttelte immer nur betrübt den Kopf, wenn sie mich ansah, und flehte mich an, lieber doch «zu Lande um die Welt zu reisen». Aber ich antwortete sorglos und spöttisch auf alle Warnungen und Prophezeiungen, denn der Gedanke an die Reise benebelte meinen Geist wie ein Rausch – solange das Ereignis noch in weiter Ferne lag.

Allein, als meine Reise endgültig beschlossen war, da erfaßte mich ein seltsames Gefühl. Nun erst wurde ich mir der Größe des Unternehmens voll bewußt. Die sonnigen Träume erblichen für lange Zeit; die Einbildungskraft erlahmte, die Nerven versagten immer mehr, je näher der Tag der Abreise heranrückte. Ich fing an, die Daheimbleibenden um ihr Geschick zu beneiden; ich freute mich, wenn plötzlich Hindernisse auftauchten, ich suchte selbst, die Schwierigkeiten zu übertreiben, sah mich nach einem Vorwand zum Bleiben um. Aber das Schicksal, das sich sonst unseren Unternehmungen in den Weg stellt, schien mich diesmal mit allen Mitteln begünstigen zu wollen. Und auch die Menschen, sogar ganz unbekannte, an die man zu anderer Zeit überhaupt nicht herankommt, schienen sich, noch schlimmer als das Schicksal, heimlich zusammengetan zu haben, um mir alle Hindernisse aus dem Weg zu räumen. Die Aufregungen, der innere Zwiespalt brachten mich ganz von Kräften. «Wo will ich hin? Wie komme ich darauf?» Und mit Entsetzen las ich die gleichen Fragen in den Gesichtern der andern. Ihre Teilnahme schreckte mich. Ich sah mit Schmerz, wie meine Wohnung leer wurde, wie die Möbel, der Schreibtisch, mein bequemer Lehnsessel, das Sofa hinausgetragen wurden. Alles das sollte ich verlassen, eintauschen – gegen was?

Mein Dasein war gleichsam gespalten, oder es war, als hätte ich zwei Leben, hätte Wohnung in zwei Welten. In der einen war ich ein bescheidener uniformierter Beamter, der vor seinem Vorgesetzten zittert, der jede kleine Erkältung fürchtet, der mit ein paar Dutzend ebenso uniformierter Leute in seine vier Wände eingeschlossen ist. In der andern war ich ein neuer Argonaute, in Strohhut und weißem Leinenanzug, vielleicht mit einem Priem Tabak zwischen den Zähnen, über das Meer nach dem Goldenen Vlies ins wilde Kolchis steuernd, jeden Monat in einem andern Klima, einem andern Meer, andern Ländern, unter anderm Himmel. Dort redigiere ich Eingaben, Berichte, Verfügungen; hier bin ich, wenn auch nur *ex officio*, der Sänger der großen Fahrt. Wie soll ich mich in dieses Leben finden, wie soll ich Bürger einer andern Welt werden? Wie soll ich die Schüchternheit des Beamten, die Apathie des russischen Schriftstellers durch die Energie des Seefahrers, die Verzärtelung des Städters durch die derbe Kraft des Matrosen ersetzen? Ich bekomme weder neue Knochen noch neue Nerven. Und nun soll ich mit einemmal statt eines Ausflugs nach Peterhof oder Pargolowo auf den Äquator lossteuern, von da weiter in das Gebiet des Südpols, vom Südpol nach dem Nordpol, ich soll vier Ozeane durchqueren, soll fünf Kontinente umsegeln und dann noch an eine Heimkehr glauben... Die drohende Wirklichkeit kam wie eine Gewitterwolke immer näher und näher; auch kleinliche Sorgen begannen mich zu quälen, wenn ich die Einzelheiten der bevorstehenden Reise überdachte. Seekrankheit, Klimawechsel, tropische Hitze, Sumpffieber, wilde Menschen und Tiere, Stürme – alles das ging in meinem Kopf herum, vor allem die Stürme. Obgleich ich auf die zum Teil rührenden, zum Teil lächerlichen Warnungen der Freunde mit Scherzen antwortete, so packte mich die Angst doch mitunter sogar bei Tage, nachts aber ließ sie mich erst recht Gespenster sehen. Bald träumte ich von einer Klippe, an deren Fuß unser zertrümmertes Schiff lag, und ich sah die Ertrinkenden vergeblich bemüht, sich mit den müden Händen an der glatten Felswand festzuhalten. Oder ich träumte, ich sei mit den Schiffstrümmern auf eine einsame Insel geworfen und müsse Hungers sterben... Ich erwachte zitternd, mit Schweißtropfen auf der Stirn. Ein Schiff mag noch so fest gebaut, noch so seetüchtig sein – was ist es schließlich? Ein Stück Holz, eine Nußschale, ein Spottgedicht auf die menschliche Kraft. Ich fragte mich mit Bangen, ob mein an die rauhe Lebensweise nicht gewöhnter Organismus sie werde ertragen können, ob er sich mit diesem schroffen Übergang vom friedlichen Dasein zu dem ewigen Kampf mit den neuen, aufreibenden Erscheinungen des Seelenlebens je werde abfinden können? Und war meine Seele reich und groß genug, um dieses gewaltige Bild der Welt, das sich vor mir entrollen sollte, in sich aufnehmen zu können? War das nicht ein geradezu titanischer Übermut? Wo die Kraft hernehmen, so vieler gewaltiger Eindrücke Herr zu werden? Und wenn die herrlichen Gäste in den Palast der Seele dringen, wird der Gastgeber selbst seine Verlegenheit überwinden können?

Ich suchte mit meinen Zweifeln, so gut es ging, fertig zu werden: einige konnte ich verscheuchen, andere ließ ich unentschieden, bis die Zeit für sie gekommen sein würde, und so gewann ich allmählich wieder Mut. Ich dachte daran, daß wir ja nicht mehr in Magalhães' Zeiten leben, daß die Menschen längst mit aller Furcht und allen Rätseln fertig geworden sind. Keine Heldengestalt eines Kolumbus oder Vasco da Gama schaut von dem Deck fragend in die Ferne: Ein englischer Lotse in blauer Jacke und Lederhose mit rotem Gesicht und ein russischer Steuermann, mit einer Medaille für tadellose Pflichterfüllung an der Brust, weisen dem Schiff mit dem Finger seinen Weg und können Tag und Stunde der Landung genau angeben. Unter den Seeleuten steht, apathisch gähnend, der Schriftsteller, blickt träge in die «uferlose Weite» des Ozeans und überlegt, ob es in Brasilien wohl anständige Hotels gibt, ob auf den Sandwichinseln eine Wäscherin zu haben sein wird, wie man in Australien reist. Und er hört, daß die Hotels ausgezeichnet sind, daß man auf den Sandwichinseln alles finden kann: eine deutsche Kolonie, französische Gasthöfe, englischen Porter; nur eines gibt es da nicht: Wilde. In Australien gibt es Wagen und Kutschen, die Chinesen tragen Hemden aus irländischer Leinwand; in Ostindien spricht alles englisch; die Indianer Amerikas wollen aus ihren Wäldern nach Paris und London, drängen sich zu den Universitäten; in Afrika fangen die Schwarzen an, sich ihrer Gesichtsfarbe zu schämen, und gewöhnen sich nach und nach an das Tragen weißer Handschuhe. Es kostet viel Mühe und Geld, in die Umschlingung einer Boa constrictor oder die Klauen eines Tigers zu geraten. China war lange eigensinnig, aber auch diese Truhe voll alten Gerümpels ist jetzt geöffnet: Pulver hat ihren Deckel gesprengt. Der Europäer wühlt in dem Kram, zieht heraus, was ihm paßt, putzt es neu auf, verfügt darüber. Noch eine kurze Zeit – und es gibt keine Wunder mehr, keine Geheimnisse, keine Gefahren, keine Unbequemlichkeiten. Schon jetzt gibt es kein salziges Meerwasser mehr, man weiß es süß zu machen; fünftausend Meilen vom Festland entfernt kann man frisches Gemüse und Wild serviert bekommen; am Äquator kann man russische Kohlsuppe essen. Die Weltteile rücken einander schnell näher: Von Europa nach Amerika ist nur noch ein Katzensprung; es heißt, man werde die Überfahrt demnächst in achtundvierzig Stunden machen. Das ist natürlich nur ein Scherz, aber ein Scherz im Geiste unserer Zeit, der die kommende gewaltige Entwicklung der Schiffahrt vorausnimmt.

Hinaus denn ins Weite! Die Poesie der weiten Reisen wird mit jedem Tage, mit jeder Stunde geringer. Wir sind vielleicht die letzten Reisenden vom Schlage der Argonauten: Wenn wir heimgekehrt sind, wird man uns wohl gar noch mit Teilnahme und mit Neid betrachten...

Am 7. Oktober lichtete die «Pallas» die Anker. Und nun begann für mich ein Leben, in dem jede Bewegung, jeder

Schritt, jeder Eindruck anders geartet waren als alles, was ich bisher gesehen und erlebt hatte.

Bald geriet auf der Fregatte, die bisher regungslos im Hafen gelegen hatte, alles in Bewegung. Alle vierhundert Mann der Besatzung drängten sich auf Deck, Kommandoworte ertönten, viele Matrosen kletterten an den Wanten hinauf, hingen wie Fliegen an den Rahen, und das Schiff breitete seine Segel aus wie Flügel. Allein der Wind war nicht sehr günstig, und so wurden wir von einem kräftigen Dampfer durch die Bucht geschleppt; im Morgengrauen kehrte er um und ließ uns allein gegen den stürmischen oder, wie die Seeleute sagen, «frischen» Wind kämpfen, der sich erhoben hatte. Das Schiff begann heftig zu schaukeln. Dieser erste Sturm machte aber keinen sonderlichen Eindruck auf mich; da ich nie auf dem Meere gewesen war, glaubte ich, es müsse so sein, es sei eben nie anders, als daß das Schiff nach beiden Seiten hin schwankt, der Boden einem unter den Füßen wegrutscht und das Meer einem auf den Kopf zu fallen scheint. Die jungen Leute und auch ein Teil der älteren Herren, die lange nicht mehr auf See gewesen waren, waren bald seekrank. Ich wartete, wann auch ich dem Meere meinen Tribut zu zahlen haben werde; daß es der Fall sein würde, war meine feste Überzeugung. Inzwischen beobachtete ich die andern. Da wird ein junger Seekadett bleich und sinkt auf einen Stuhl; sein Blick trübt sich, der Kopf neigt sich auf die Seite. Da wird ein Posten abgelöst: Er gibt sein Gewehr ab und läuft spornstreichs nach dem Back. Ein Offizier will den Matrosen etwas zurufen, dreht sich aber plötzlich mit dem Gesicht nach dem Meere zu und beugt sich über Bord... Man hat kaum Zeit, hier vor dem einen, da vor dem andern zur Seite zu springen... «Nehmen Sie einen Schnaps», rät mir der eine. «Nein, lieber Zitronensaft», sagt der andere. Ein dritter empfiehlt mir Zwiebeln oder Rettich. Ich wußte nicht, welches Vorbeugungsmittel ich anwenden sollte, und steckte mir eine Zigarre an. Die Krankheit wollte sich immer noch nicht einstellen, und ich ging unruhig unter den Patienten hin und her und wartete, daß es auch mich pakken sollte. «Sie rauchen bei diesem Schwanken eine Zigarre und glauben, nun müßte auch Ihnen übel werden. Aber da tun Sie sehr unrecht!» sagte mir einer meiner Gefährten. Und es war in der Tat unrecht: Während der ganzen Fahrt habe ich nie auch nur die geringste Übelkeit verspürt und dadurch den Neid sogar der Seeleute erweckt.

Kaum hatte ich das Schiff betreten, so sah ich mich auch schon überall um. Und auch jetzt noch, da unsere Reise zu Ende geht, ist mir der niederschmetternde Eindruck gegenwärtig, der meine Brust zusammenpreßte, als ich zum erstenmal die verschiedenen Teile des Schiffes besichtigte, als ich in den unteren Schiffsraum blickte, in die mauselochähnlichen dunklen Winkel, in die durch das dicke, handgroße Glas kaum ein blasser Lichtstrahl dringt. Beim ersten Anblick wirkt alles unangenehm, was später dem gewohnten Auge als Bequemlichkeit erscheint: der Mangel an Licht, an Raum, die Luken, in die die Menschen hinabzustürzen scheinen, die an die Wände genagelten Kommoden und Sofas, die an den Fußboden gebundenen Tische und Stühle, die schweren Geschütze, Kugeln und Kartätschen, die, fein säuberlich übereinandergetürmt, wie auf Tabletts, um die Geschütze herum verteilt sind; die Mengen von hängendem, liegendem, bewegtem und unbeweglichem Takelwerk; die Kojen an Stelle von Betten, das Fehlen alles Überflüssigen; Ordnung und Gleichmaß statt schöner Unordnung und häßlicher Liederlichkeit, bei den Menschen ebenso wie in der ganzen Einrichtung dieses schwimmenden Hauses. Ärgerlich sieht sich der Mensch zuerst auf dem Schiffe um; die Kajüte scheint ihm ein Sarg, und doch ist er in der Großstadt, im Lärm und Gewoge der Straße, kaum sicherer als auf einem festgebauten Segelschiff im Ozean. Diese Wahrheit erkannte ich aber nicht so bald.

Als ich mit meinem Gepäck auf die Fregatte kam, wußte ich nicht, wohin damit, und stand wie ein verlassenes Waisenkind in der fremden Menge, bald auf meine Koffer, bald ratlos um mich blickend. Aber noch war keine Minute vergangen, da kamen drei Offiziere auf mich zu: Sch. und die Midshipmen B. und K., meine Reisegefährten und lieben Freunde. Eine Schar Matrosen schloß sich ihnen an; sie rafften meine ganze Habe zusammen, mich selber beinahe mit, und trugen alles in die für mich bestimmte Kajüte. Während Sch. mir beim Auspacken half, kam B. mit einem jungen, stämmigen, glattrasierten Matrosen. «Dieser Matrose ist Ihnen als Ordonnanz zugeteilt», sagte er. Es war Fadejew, mit dem ich Sie längst bekannt gemacht habe. «Habe die Ehre, mich zu melden!» sagte er und stand stramm, wobei er nicht das Gesicht, sondern die Brust mir zukehrte: Das Gesicht hielt er immer etwas seitwärts zu dem Gegenstand, auf den sein Blick gerichtet war. Das blonde Haar, die hellen Augen, das weiße Gesicht, die feinen Lippen – alles erinnerte eher an Finnland als an Kostroma, seine Heimat. Von jenem ersten Augenblick an sind wir unzertrennlich geblieben bis auf den heutigen Tag. Ich hatte ihn in drei Wochen, das heißt bis zu unserer Ankunft in England, genau kennengelernt; er mich anscheinend bereits in drei Tagen. Er fand sich überall zurecht und hatte es «faustdick hinter den Ohren» – Tugenden, die er hinter der äußeren Schwerfälligkeit des Wolgabauern und der Subordination des Matrosen verbarg. «Hilf meinem Diener die Sachen in der Kajüte aufstellen!» gab ich ihm meinen ersten Befehl. Und was meinen Diener zwei Vormittage lang beschäftigt hätte, erledigte Fadejew in drei Handgriffen – fragen Sie nur nicht wie. Eine solche Gewandtheit und Zähigkeit, wie sie der Matrose überhaupt besitzt und wie sie Fadejew noch ganz besonders eigen war, findet man höchstens noch bei Katzen. Nach einer halben Stunde hatte alles seinen Platz gefunden, auch die Bücher, die er auf der Kommode in der Ecke im Halbkreis aufgebaut und, damit sie bei Sturm nicht durcheinanderpurzeln, mit einem Strick so fest zusammengeschnürt hatte, daß niemand, der nicht Fadejews Riesenkraft und Gewandtheit besaß, auch nur ein Buch aus dem Bündel herauszunehmen imstande war und ich bis England nur fremde Bücher lesen konnte.

«Sie haben wohl noch nicht zu Mittag gegessen», sagte B., «und wir haben unser Mittag schon hinter uns. Wollen Sie vielleicht etwas zu sich nehmen?» Damit führte er mich in die Offizierskammer, ein geräumiges Zimmer unten im Halbverdeck, ohne Fenster, aber mit einer Luke oben, durch die reichlich Licht hereinfällt. Rundherum befinden sich die Kajüten der Offiziere, in der Mitte des Raumes aber der durch ein Rundsofa maskierte Fuß des Besanmastes. Ferner hat die Kajüte einen langen Tisch mit Bänken herum wie in der Schule; hier speisen und arbeiten die Offiziere. Endlich noch eine Chaiselongue und weiter nichts. So massiv dieser Tisch auch war, er wurde bei hohem Seegang doch hin und her geworfen und hätte eines Tages fast unsern kleinen, gütigen, immer diensteifrigen Proviantmeister totgedrückt. In den Kabinen der Offiziere war nur Platz für das Bett, die Kommode, die zugleich als Tisch diente, und einen Stuhl. Dafür aber war alles glänzend für die Unterbringung der verschiedensten Dinge eingerichtet: Die Kleider hingen an der Wand, die Wäsche lag in Kästen, die unter dem Bett angebracht waren, die Bücher standen auf Regalen.

Von den Offizieren war keiner in der Kajüte, alle befanden sich auf Deck. Man brachte mir einen kalten Imbiß. B. machte den Wirt. «Entschuldigen Sie, aber wir können Ihnen nichts Warmes vorsetzen», sagte er. «Alle Feuer sind gelöscht. Es wird Pulver verladen.» – «Pulver? Haben wir viel davon mit?» erkundigte ich mich sehr angelegentlich. «Gegen hundert Zentner sind schon verstaut, ungefähr ebensoviel müssen noch aufgenommen werden.» – «Wo lagert es denn?» erkundigte ich mich noch angelegentlicher. «Hier», sagte er und zeigte auf den Fußboden, «unter Ihnen.» Ich hielt für einen Augenblick im Kauen inne bei dem Gedanken, daß unter mir hundert Zentner Pulver lagerten und daß die ganze Mannschaft eben damit beschäftigt war, noch hundert hinzuzufügen. «Das ist gut, daß alle Feuer gelöscht sind», lobte ich die weise Vorsicht. «Gut! Ich bitte Sie! Man darf nicht einmal rauchen!» sagte ein anderer, der gerade in die Kajüte trat. «So verschieden sind die Anschauungen über denselben Gegenstand!» dachte ich in jenem Augenblick; einen Monat später jedoch, als in Portsmouth die Fregatte ausgebessert werden mußte und die Pulverladung der englischen Admiralität zur Aufbewahrung gegeben wurde, ärgerte ich selbst mich schon furchtbar, daß alle Feuer gelöscht waren und man nicht rauchen durfte.

Abends kamen alle zusammen: In der Kombüse brannte ein helles Feuer, es gab Tee, Abendbrot, und die Zigarren qualmten fröhlich. Nun wurde ich mit allen bekannt, und von dem Augenblick an war ich auf der Fregatte ganz zu Hause. Ich hatte mir nach den gehörten Geschichten die Vorstellung gebildet, «Tee» sei bei den Seeleuten nur eine Allegorie, unter der Punsch zu verstehen sei, und hatte erwartet, daß bei Tisch eine eifrige Punschvertilgung stattfinden würde, daß die Reden und nach und nach auch die Nasen immer feuriger werden würden, daß Freundschaftsbeteuerungen und Umarmungen folgen würden – kurz, daß das ganze Programm eines regelrechten Zechgelages genau eingehalten werden würde. Ich hatte mir schon ausgedacht, wie ich mich darum herumdrücken könnte. Zu meiner Verwunderung und Freude erblickte ich aber auf dem langen Tisch nur eine einzige Karaffe mit Sherry, aus der zwei oder drei Herren je ein Gläschen tranken; die anderen beachteten sie überhaupt gar nicht. Als später der Vorschlag gemacht wurde, zum Abendessen überhaupt keinen Wein mehr zu reichen, stimmten alle ohne Ausnahme bei. Es wurde beschlossen, das so ersparte Geld fur die Bibliothek zu verwenden. Von dieser wurde bei Tisch sehr viel gesprochen, vom Schnaps aber keine Silbe!

Da hat mir ein alter Seebär von vergangenen Zeiten ganz andere Dinge erzählt! «Da kommt man naß und erfroren nachts von der Ablösung und gießt seine sechs Glas Punsch herunter!» sagte er. Fadejew hatte mir meine Koje eingerichtet, und trotz des Herbstes, trotz des Regens, trotz der unter mir lagernden zweihundert Zentner Pulver schlief ich so ausgezeichnet wie kaum je an Land, ermüdet von den Scherereien des Umzugs, eingewiegt von der frischen Luft und den neuen, nicht unangenehmen Eindrücken. Am nächsten Morgen war ich kaum erwacht, als ich in der Kajüte meinen Petersburger Diener erblickte, der gestern nicht mehr Zeit gehabt hatte, an Land zu gehen, und bei den Matrosen übernachtet hatte. «Gnädiger Herr!» sagte er mit bewegter, flehender Stimme, «fahren Sie um Gottes willen nicht auf dem Meere!» – «Wohin?» – «Nun, wo Sie hinwollen, ans Ende der Welt!» – «Wie soll ich aber sonst hinkommen?» – «Die Matrosen haben mir gesagt, man könne auch zu Lande reisen.» – «Warum denn nicht zur See?» – «Ach Gott! Sie erzählen so schreckliche Dinge. Von dem Balken da, der da oben quer hängt...» «Von der Rahe», korrigierte ich. «Also was war damit?» – «Da sind bei einem Sturm fünfzehn Mann ins Meer gestürzt. Mit Mühe und Not hat man sie wieder herausgefischt, einer aber ist ertrunken. Fahren Sie nicht mit, um Christi willen!» Fadejew, der unserm Gespräch zuhörte, bemerkte, daß es mit dem Schaukeln nicht so schlimm sei; es gebe aber Stellen im Meere, wo es «wirbelte», und wenn ein Schiff in einen solchen Wirbel gerate, dann drehe es sich sofort mit dem Kiel nach oben. «Was soll man denn da anfangen?» fragte ich, «und wo gibt es solche Stellen?» – «Wo es solche Stellen gibt?» wiederholte er. «Das wissen die Steuerleute, die gehen da nicht hin.»

Also wir hatten die Anker gelichtet. Das Meer war stürmisch und gelb, die Wolken grau, undurchdringlich; es regnete und schneite abwechselnd. So nahm die Heimat von uns Abschied. Wanten und Takelwerk bedeckten sich mit einer Eiskruste. Die Matrosen in Flausmänteln standen dicht aneinandergedrängt. Die Fregatte wälzte sich stöhnend und knarrend von einer Welle auf die andere; die Küste, die wir entlangsegelten, versank im Nebel. Der wachthabende Offizier, in Ledermantel und Wachstuchmütze, hielt scharf Umschau und war dabei bemüht, nichts sehen zu lassen als den Schnurrbart, dem es freigestellt war, naß zu werden und zu vereisen.

Wir passierten Gotland. Hier wurde mir die Seemannssage erzählt, daß die Schiffer, wenn sie dieser Insel nahe kamen, dem Geist, der die Insel beschützte, eine Kupfermünze opferten, damit er sie ohne Sturm vorübersegeln lasse. Gotland ist ein Felsen mit glatten, steilen Flanken, an die kein Schiff herankommt. Oft genug wurden die Fahrzeuge ein Opfer des zürnenden Sturmgeistes, und das wütende Meer schleuderte die Trümmer, oft auch die Leichen, hoch hinauf an die steilen Wände des ungastlichen Eilands. Dann passierten wir Bornholm. Meer, Himmel und Land blieben nach wie vor kalt und düster. Einige von unsern Leuten erkrankten an Cholera, und als wir Dänemark erreicht hatten, mußten wir drei zur ewigen Ruhe bestatten. Ein kühner Matrose stürzte vom Mast ins Meer und ertrank. Das war unsere Verlobung mit dem Meere; die Prophezeiung meines Dieners hatte sich zum Teil erfüllt. Dem Verunglückten zu Hilfe zu kommen, ohne das Leben anderer zu opfern, war bei dem hohen Seegang unmöglich.

Doch die Tage gingen ihren Gang, und das Leben und Treiben auf der Fregatte ebenfalls. Man tat seinen Dienst, aß zu Mittag, zu Abend – alles nach dem Pfeifensignal, ja man amüsierte sich sogar nach der Pfeife. Wo vierhundert Mann eng nebeneinander leben müssen und völlig aufeinander angewiesen sind, muß sich auch das Vergnügen der allgemeinen Ordnung anpassen. Nach Mittag, wenn alle Arbeiten erledigt sind, besonders am Sonntag, ertönt gewöhnlich das Kommando: «Die Sänger auf Deck!» Und das Vergnügen beginnt. Ich erinnere mich, wie seltsam mich das besonders an einem Sonntag berührte. Kalter Nebel lag über Meer und Himmel, es regnete leise. Bei solchem Wetter möchte man für sich allein sein, sich konzentrieren, die Matrosen jedoch sangen und tanzten. Aber sie tanzten ganz eigentümlich: Die lebhaften Bewegungen standen in deutlichem Gegensatz zu der inneren Konzentriertheit. Die Tanzenden waren schweigsam, ihre Gesichter wahrten einen feierlich-würdevollen, sogar finsteren Ausdruck, um so eifriger arbeiteten sie mit den Beinen. Und die Zuschauer sahen ihnen mit der gleichen finsteren Feierlichkeit gespannt zu. Dieser Tanz machte den Eindruck einer anstrengenden Arbeit. Man tanzte, so schien es, nur aus der Erwägung heraus, daß heute Sonntag sei, man also lustig sein müsse. Hätte man aber das Tanzvergnügen ausfallen lassen, so wären die Leute sicher unzufrieden gewesen.

Wir hatten damit gerechnet, um den 20. Oktober herum in Portsmouth einzulaufen, doch der Wind war uns nicht günstig und versperrte uns zehn Tage lang den Zugang zum Englischen Kanal. «Was haben Sie denn in den zehn Tagen gemacht?» werden Sie mich fragen. Sie stellen es sich nur schwer vor, wie man es zehn Tage auf dem Schiff aushalten kann, wenn doch schon die eine Stunde Fahrt von Petersburg bis Kronstadt so langweilig ist! Es ist aber ein ganz ander Ding, ob man bloß einige Stunden oder einige Wochen auf dem Wasser ist. Einige Wochen sind ein Kapital, das man schon verwerten kann, mit den paar Stunden aber läßt sich nichts anfangen. Übrigens hatten wir auch unsere Zerstreuungen: In der Nordsee zeigten sich Delphine oder Seeschweine; sie hüpften lustig über die Wellen und ließen ihre dicken schwarzen Rücken sehen. Und abends standen wir über Bord gebeugt und freuten uns an den sprühenden Funken der phosphoreszierenden Mollusken.

In der Ostsee waren wir glänzend beköstigt worden. Alle Vorräte waren noch frisch, der Koch ein Meister seines Handwerks. Kaum aber war der Wind ungünstig geworden, so kam die Besorgnis auf, er könnte uns sehr lange auf offener See aufhalten, und daher wurde beschlossen, mit den frischen Vorräten zu sparen. Die Besorgnis war durchaus begründet.

Wir hatten noch etwa dreihundert Meilen bis Portsmouth, eine Strecke, die in einem Tage zurückgelegt werden konnte – und wir segelten zehn Tage immer dieselbe Linie entlang! «Wo sind wir?» fragt man morgens den Steuermann. «Auf See», antwortet er grimmig. «Das weiß ich selbst, aber an welcher Stelle?» – «Können Sie das nicht sehen? Wo wir gestern waren: beim Galloper-Feuerschiff.» – «Und wohin steuern wir jetzt?» – «Wohin wir gestern steuerten: nach der Doggerbank.»

Die Folge davon war, daß es zu Mittag immer häufiger Pökelfleisch gab; von den Aufregungen der Seereise vorzeitig gealterte Hühner und Enten, Ferkel, die fast schon zu Schweinen herangewachsen waren, galten als seltene Delikatessen. Sogar Süßwasser bekam man nur in beschränkten Mengen: erst zwei Krüge, dann einen Krug täglich pro Person, nur zum Trinken. Waschen sollten wir uns mit Seewasser oder gar nicht, ganz nach Belieben. Unter dem Siegel der Verschwiegenheit will ich Ihnen mitteilen, daß Fadejew es fertigbrachte, die Wachsamkeit des Unteroffiziers Terentjew, der die Aufsicht über den Schiffsraum hatte, zu täuschen und täglich dicht vor der Nase des Gewaltigen einen Krug Waschwasser aus der Zisterne für mich fortzuschleppen. «Da hab' ich's», sagte er jedesmal freudestrahlend, wenn er mit dem Krug in meine Kajüte kam, «da, Euer Wohlgeboren, wasche dich schnell, daß sie dich nicht überraschen und fragen, wo du's her hast; ich hole dir mittlerweile ein Handtuch, die Fratze abzuwischen!» (Bei Gott! ich lüge nicht!) Diese Naivität des Bauernburschen gefiel mir so gut, daß ich alle Gefährten aufs innigste anflehte, Fadejew nicht darüber zu belehren, wie er mit mir umzugehen habe. So versorgte er mich drei Tage lang mit Waschwasser, am vierten aber erschien er mit leerem Krug, fuhr sich mit der Hand durchs Haar, kratzte seinen Rücken und lachte gezwungen. «Wie der mich verwichst hat, der Teufel!» sagte er endlich, bald den Kopf, bald den Rücken kratzend. «Wer? Wofür?» – «Der Terentjew, der

Teufelskerl! Er hat mich erwischt, das Luder! Ich hatte wieder Wasser geschöpft, war schon auf der Strickleiter, da kommt er plötzlich Gott weiß woher, reißt mir den Krug aus der Hand, gießt das Wasser zurück und haut mir eins in den Nacken!... Ich schnell die Treppe hinauf, er kommt mir nach und gibt mir mit dem Tauende noch eins über den Rücken!» Und er lachte wieder.

Ich erinnere mich nicht mehr, ob Fadejew nach diesem Mißerfolg noch weitere Versuche machte, mir Waschwasser zu verschaffen; ich weiß nicht einmal, wie wir die letzten fünf Tage unserer Irrfahrt zwischen Leuchtturm und Doggerbank verbrachten; ich erinnere mich nur noch, wie ich eines Tages, nachdem ich lange in der Kajüte gesessen, gegen fünf Uhr nachmittags auf Deck hinausging und in nächster Nähe einen langen felsigen Küstenstreifen und einsame grüne Landflächen erblickte.

Ich fragte jemand mit einem stummen Blick: «Was ist das?» – «England», wurde mir geantwortet. Ich schloß mich der Menge an und blickte schweigend nach den Felsen hinüber. Vom Strande kam eine Schaluppe gerade auf uns zu; lange hüpfte sie auf den Wellen, bis sie endlich an die Fregatte stieß. Auf Deck erschien ein kleiner, stämmiger Mann in blauer Jacke und Hose. Es war der Lotse, der die Fregatte durch den Kanal führen sollte.

Zwischen zwei Hügeln eingeklemmt, zeigte sich ein Haufen Häuser. Sie verschwanden bald, bald tauchten sie wieder auf hinter dem Schleier der an die Küste schlagenden Brandung. An den Hügeln hing oben ein langer Nebelstreifen. «Was ist das?» fragte ich den Lotsen. «Dover», krächzte er. Ich blickte nach links: Bläulich verschwimmend zeigte sich dort die steile, unebene Küste Frankreichs. Nachts warfen wir auf der Reede von Spithead die Anker aus, zwischen der Insel Wight und den Festungsmauern von Portsmouth.

II

Der Atlantische Ozean und Madeira

6. bis 18. Januar 1853

Nun ist's entschieden: Ich reise. Ich wartete immer auf eine Veränderung, auf ein Hindernis; ich hatte das Gefühl, das Schicksal würde sich anders besinnen und mich nicht weiterschicken: Daher bereitete ich mich in England nur zögernd auf die Abreise vor, besorgte vieles nicht, was für eine weite Abreise erforderlich ist, und schaffte einiges an, was sich mehr für den Aufenthalt auf dem Festland eignet. So ist aber der Ozean: Übertritt man seine Schwelle – gibt's kein Zurück mehr. Ich schrieb Ihnen aus England, wie wir durch den Kanal segelten und dort von einer frischen Brise erfaßt und vier Tage lang aufgehalten wurden. Diesen Brief und viele andere nahm ein englischer Lotse mit, der uns durch den Kanal geleitet hatte und uns dann dicht bei Lizard Head in einem Fischerboot verließ. Am 11. Januar legte sich der Wind, das Wetter klärte sich auf, das Meer beruhigte sich und bekam einen blauen Schimmer; bis dahin war es ganz grau und trüb gewesen; nur die Wellen hatten beim Aufbäumen ihre aquamarinblauen Kronen gezeigt.

Ich verließ das Achterdeck den ganzen Morgen nicht. Ich wollte den Ozean kennenlernen. Von den Dichtern wußte ich bereits, daß er «uferlos, düster, unwirsch, unendlich, unermeßlich und unbezwingbar» sei, unser Geographielehrer aber hatte ihn dazumal einfach den «Atlantischen» genannt. Nun forschte ich begierig in seinem Angesicht, so wie man einen Menschen betrachtet, den man von einem Bildnis her kennt. Ich wollte das Bildnis mit den wahren Zügen des vor mir liegenden Riesen vergleichen, in dessen Macht ich mich für lange Zeit begeben hatte. «Wie mag er in Wirklichkeit sein?» dachte ich und blickte um mich. «Was verbirgt sich in diesem unermeßlichen Abgrund? Was wird der Ozean den Seefahrern bescheren?...» Er war ruhig, kaum bewegt von leichten Wellenreihen, so wie Reihen stiller Gedanken über ein Antlitz dahinhuschen: Seine wilden Triebe und Leidenschaften schliefen. Der günstige Wind und der mäßige Wellengang lockten so freundlich immer weiter und weiter, dort aber... «Wo ist denn seine Unbezähmbarkeit?» dachte ich wieder. «Kein einziges Fältchen in dem Greisenantlitz.» Unübersehbar ist er, das ist wahr: Man sieht ihn nicht weiter als sechs Meilen in der Runde, dort senkt sich der Horizont als ziemlich schmutziger Vorhang auf ihn herab. Die Oberfläche der Erdkugel bildet auch in dieser Entfernung einen Bogen, der die Ferne verdeckt. «Mächtig, düster – hm! wollen sehen!» Nachdem ich das Meer von der rechten Seite betrachtet hatte, wandte ich mich nach links und richtete meinen Blick geradewegs in das Antlitz – Fadejews. Er stand mit der Mütze in der Hand vor mir. «Was willst du?» – «Komm Mittag essen, Euer Hochwohlgeboren, ich rufe dich schon lange, aber du hörst es nicht.» Ich folgte dieser Aufforderung um so lieber, als es oben kalt war. Der Nordwind wehte so kühl, daß der Flausmantel nur geringen Schutz bot.

Während des Mittagessens unten, dann bei einer Tasse Kaffee und einer Zigarre und späterhin bei einem Buch vergaßen wir den Ozan ganz... und nicht nur den Ozean – wir vergaßen auch die Fregatte. Es war, als hätten sich mehrere Freunde in einem Zimmer bei einem guten Wirt zusammengefunden, der jedem anheimstellte, zu tun, was ihm beliebte. Ich ordnete meine Papiere und Bücher auf meinem Schreibtisch, stellte das Tintenfaß an seinen Platz und legte alle Schreibutensilien so hin wie zu Hause. Fadejew hatte wiederum genügend Plage mit dem Einräumen der Kajüte. Ich konnte mich über seine Geschäftigkeit, seine Fähigkeiten und seine Kraft nicht genug wundern. Ich glaube, Ihnen geschrieben zu haben, daß man mir eine andere Kajüte, oben, auf dem Deck, angewiesen hatte. Es war ein kleines Zimmerchen mit einem Fenster. Nun mußte alles darin ebenso untergebracht werden wie in der früheren. Und Fadejew hatte das alles bereits in Portsmouth gemacht, während der Übersiedlung vom «Camperdown» auf die Fregatte. Will irgendein Brett nicht passen – trägt er es augenblicklich fort, sägt das überflüssige Stück ab und zwängt es an seinen Platz, mag es noch so widerspenstig sein. Es kümmert ihn wenig, wenn dabei etwas auseinanderfällt: Er bessert auch diesen Schaden aus, und es verschlägt ihm wiederum nichts, wenn das Brett platzt. Er brachte ganz allein mehrere Wandbretter an, schlug das Bett auf, hämmerte Nägel ein, fertigte einen Kleiderhalter an und machte sich endlich daran, die Sachen einzuräumen; diesmal stellte er aber die Stiefel nicht mit den Büchern zusammen wie früher, sondern baute sie in langer Reihe auf der Kommode und dem Schreibtisch auf; für die Stiefelwichse, die Bürsten, den Tee und den Zucker schien ihm das Bücherbrett der geeignetste Platz. «Man kommt leichter dazu», antwortete er auf meine Frage, weshalb er es so gemacht habe. Mit den Büchern verfuhr er ebenso wie früher: Er stellte sie auf die obersten Wandbretter, daß man sie mit der Hand nicht erreichen konnte, und pferchte sie so dicht aneinander, daß es ganz unmöglich war, ein Buch herauszuziehen. Er hegte dasselbe feindselige Gefühl gegen die Bücher wie auch mein Diener auf dem Festland: Sie mochten beide einen Gegenstand nicht leiden, den man mit besonderer Sorgfalt behandeln mußte und der, ehe man sich's versah, bei der geringsten Unvorsichtigkeit zerreißen konnte. Oft nahm er irgendeine Sache, deren Bedeutung er nicht kannte, in die Hand, betrachtete sie lange, bemüht, zu erraten, was es wohl sein könnte, und gab ihr dann nach seinem Ermessen einen Platz. Eine Flasche Eau de Cologne kam ihm unter die Finger: Er sah sie lange an und goß sich endlich ein paar Tropfen auf die Hand. «Essig», entschied er und verstaute die Flasche in einen entfernten Winkel.

Den Ozean hatten wir, wie gesagt, vergessen. Es kam nur hin und wieder jemand herunter und berichtete, daß wir prächtig vorwärts kämen: neun Knoten und günstiger Wind. Wir hatten wirklich vorzügliche Fahrt. Aber der Ozean vergaß uns nicht. Gegen Abend fing es an zu schaukeln. Doch was hatte das zu sagen? Mochte es doch ein wenig schaukeln: Dafür war es ja der Ozean. Seltsam, es wäre sogar ärgerlich, wenn die Sache so ruhig und friedlich abgelaufen wäre, wie irgendwo im Finnischen Meerbusen.

Allein am Morgen des 12. Januar wurde es ernster. «Sturm», würden Sie sagen, aber meine Freunde nannten das nur eine kräftige Brise. Ich versuchte hinaufzugehen oder «auf die Straße», wie ich das Oberdeck nannte, aber an Gehen war nicht zu denken. Ich blieb am Spill stehen und sah zu, wie das Meer plötzlich den Augen entschwand, sich unter der Fregatte verbarg und das Deck aufrecht vor mir stand; dann verschwand plötzlich das Deck, und an seiner Stelle erschien eine Wassermauer, die geradewegs auf mich zukam. Doch keine Furcht: Sie wird sich gleich wieder verbergen, man muß sich nur mit beiden Händen an irgend etwas festhalten. Das ist schön, aber eintönig... Ich ging in die Offizierskammer. Es war auch schwierig, das Mittagsmahl einzunehmen: Ein Augenblick des Vergessens – und schon neigt sich der Teller, und eine Suppenflut ergießt sich hastig über den Tisch, bis ein Gegenstoß sie zurücktreibt. Ich fing schon an, unwillig zu werden: Man konnte nichts unternehmen, nicht einmal lesen. Man war gezwungen, ob man saß oder lag, andauernd an das Gleichgewicht zu denken und sich bald mit der Hand, bald mit dem Fuß zu stützen.

«Ein steifer Wind, ein strenger Wind!» sagte der Kapitän ab und zu, wenn er in die Kajüte kam und darin herumtanzte. «Und Sie sitzen die ganze Zeit? Sie haben sich noch keine

‹Meeresbeine› angeschafft.» – «Ich habe sogar meine gewöhnlichen verloren», sagte ich. Aber es kam ihm unbegreiflich vor, daß ein Mensch, der Füße besaß, es fertigbrachte, nicht zu gehen. «So stehen Sie doch auf, versuchen Sie es», redete er mir zu. «Ich habe es versucht», sagte ich, «aber vergeblich, und sogar zu meinem Schaden und zum Schaden der Möbel. Da, wenn Sie es wollen!» Aber es riß mich auf der völlig senkrechten Bodenfläche fort, und ich lief in die Ecke, wie ich schon lange nicht gelaufen war. Dort stieß ich mit der Faust in den Spiegel, mit der andern Hand gegen die Wand. Dem Kapitän kam das lächerlich vor. «Warum kommen Sie denn nicht zum Tee?» sagte er. «Ich will nicht», erwiderte ich zornig. – «Nun, so will ich befehlen, daß man Ihnen den Tee hier bereite.» – «Ich will nicht!» wiederholte ich... Ich war sehr ärgerlich. Anfänglich flößt das ungewohnte Schaukeln einem Angst ein. Wenn das Schiff von der Höhe der Welle hinabrollt und auf die nächste Welle hinüberspringt, vollzieht sich das mit einem solchen Schwung, daß man meint, das Schiff müsse sofort in kleine Stücke zerbersten; wenn man sich aber überzeugt hat, daß dies nicht geschieht, so fängt man an, Langeweile und Unwillen zu empfinden, der Unwille verwandelt sich in Zorn und späterhin in Niedergeschlagenheit. Die Zeit schleicht langsam dahin: Man mißt sie nicht nach Stunden, sondern nach den gleichmäßigen schweren Schwingungen des Schiffes und den dumpfen Stößen der Wellen gegen die Seitenwände und das Hinterteil. Das ist kein stilles Gefühl der Ergebung, Resignation, sondern reinster Ingrimm, der einen verzehrt, das Blut, die Leber, den Magen verdirbt und die Galle reizt. Man verspürt Trockenheit im Mund, die Zunge brennt. Man hat weder Appetit, noch kann man schlafen; man ißt, um die müßige Zeit irgendwie totzuschlagen und den leeren Magen zu füllen. Man schläft nicht, weil man keine Lust zum Schlafen hat, und verfällt aus Ermattung in einen Halbschlaf, und in diesem Zustand wirbeln einem von neuem widerwärtige Träume und Halluzinationen durch den Kopf.

So vergingen die Tage einer nach dem andern, aber eigentlich nicht «Tage», sondern Zeitabschnitte von vierundzwanzig Stunden. Am Festland zählt man nur nach Tagen, auf See jedoch, bei hohem Wellengang, schläft man nicht, wann man will, sondern wann man kann. Dort gibt es neben dem natürlichen gewohnten Tag einen andern, künstlichen, den man auf dem Festlande Nacht nennt, der hier aber von Sorge, Arbeit und Geschäftigkeit erfüllt ist. Der Mensch irrt schwermütig umher, sucht einen ruhigen Winkel, sucht Vergessenheit, will das Meer und das Schaukeln vergessen, lesen, plaudern – es gelingt ihm nicht. Jedes Gelenk, jeder Nerv ist hellwach, ist gereizt und ermattet durch die anhaltende Anspannung. Die einstige Ruhe, die Augenblicke des Glücks, die prächtige Fahrt, die Heimat, die Freunde – alles ist vergessen, und wenn man sich daran erinnert, so geschieht das mit einem Gefühl des Neides. «Gibt es denn wirklich eine Küste?» denkt man. «War ich denn wirklich einmal auf dem Festland, wo ich fest auftrat, in einem Bett schlief, mich mit Süßwasser wusch, bei Tisch vier bis fünf Gänge verzehrte und jeden von einem andern Teller, wo ich las, an einem Tisch schrieb, der nicht tanzte? Gibt es wirklich Gärten, warme Luft, Blumen?» Und man erinnert sich an Blumen, die man auf dem Festland nicht mal ansehen mochte. Das also ist dieses Wanderleben voller Abenteuer, Unruhe, Stürme und Erregungen, die ich auf dem festen Lande so herbeigesehnt hatte! Nun hatte ich mir die Suppe eingebrockt und mußte sie genießen. Das undankbare Gedächtnis hält das Gute nicht fest. Und ein neues, elendes Gefühl stellt sich ein, das einem das Leben auf hoher See vergällt – das Gefühl: Warum bist du gefahren!

Am 18. Januar, dem achten Tage seit der Abfahrt aus England, klopfte jemand um neun Uhr früh an meine Tür. – «Wer ist da?» fragte ich. «Ich», ertönte die Antwort. – «Ah! Das sind Sie, mein lieber Nachbar?» – «Was machen Sie?» fragte er. «Was ich mache?» antwortete ich mit einer Frage wie Fadejew. «Sie liegen wahrscheinlich im Bett?» – «Beinahe...»

sagte ich, im schaukelnden Bett strampelnd und im Kampf mit den Kissen unterliegend. «Schämen Sie sich!» – «Ich schäme mich schon ohnedies, aber was soll ich denn machen?» sagte ich, die Kissen mit Händen und Füßen zusammenpressend. «Madeira ist in Sicht.» – «Was Sie sagen! Fadejew, Fadejew!» rief ich. Er trat ein. «Warum weckst du mich denn nicht? Madeira ist in Sicht?» fragte ich, da ich meinte, mein Nachbar könnte vielleicht einen Scherz mit mir gemacht haben. «Madeira?» fragte Fadejew und sah mich mit einem so schlauen Blick an, wie man ihn dem gewiegtesten Diplomaten nicht besser wünschen konnte. «Nun, ist's so?» fragte ich ungeduldig. «Man sieht die Küste», erwiderte er nach einigem Schweigen, «schon seit sieben Uhr.» – «Warum bist du denn nicht gekommen, um mir das zu sagen?» fragte ich ihn vorwurfsvoll. «Es war noch kein heißes Wasser zum Rasieren da», antwortete er, «und die Stiefel sind noch nicht geputzt.» – «Nun, gib, gib mir schnell meine Kleider! Was gibt's oben?» – «O Gott, es ist so warm, und es spaziert sich so schön auf Deck: Wir haben alle die Stiefel ausgezogen», antwortete er mit seinem gewohnten Gleichmut, ohne sich selber oder mich oder irgend jemand andern über diese plötzliche Wärme im Januar zu befragen, ohne Vergleiche zu ziehen oder Erklärungen zu suchen... «Mein Gott!» erwiderte ich: «Wie unterhaltend muß es für dich sein zu reisen und auf der Welt zu leben! Du Kind mit den Riesenfäusten! Schnell, schnell die Kleider!» fügte ich hinzu. «Du kommst schon zurecht, Euer Hochwohlgeboren, antwortete er: Hier – wasch dich zuerst.» Ich fürchtete zu lächeln: Es tat mir leid, diese Kostromasche Treuherzigkeit durch die europäische Zivilisation zu verderben, um so mehr, da wir Europa bereits verlassen hatten und uns – einem Kostroma in seiner Art näherten.

Ich begab mich an Deck. Welch ein Bild! Statt der schaumbedeckten, spritzenden, ungeheuerlichen Wellenhügel – ein starker, aber gleichmäßiger Seegang. Der Wind schneidet nicht ins Gesicht, sondern umspielt den Hals wie ein seidenes

Gewebe und kitzelt die Nerven auf angenehme Weise, die Sonne wärmt tüchtig. Vor unsern Augen liegt in einer Entfernung von drei Meilen eine Menge brauner Hügel, einer immer höher als der andere; mannigfaltige Klumpen von Erde und Felsen, die auf einen Haufen geworfen sind, türmen sich übereinander. Ein Felsblock hat sich gleichsam losgelöst und ist als einzelner ins Meer gefallen: Man sieht durch eine Wölbung unter ihm hindurch. Alles schien kahl, nur mit dichtem Moos bedeckt. Aber die Entfernung täuschte mich: Es war kein Moos, sondern ganze Wälder; eine Ansiedlung war nirgends zu sehen. Die Hügel erhoben sich wie eine leere Dekoration aus dem Wasser und schienen mit dem Einsturz zu drohen, falls man sich ihnen näherte. Links wurde Porto Santo sichtbar, aber noch recht entfernt, und noch weiter – Desertas, zwei kleine Inselchen oder, besser gesagt, Felsen. Der Obersteuermann zeigte den Steuerleuten mit den Fingern, wie sie durch die zwischen ihnen befindliche Meerenge zu steuern hatten. Wir befanden uns noch seitlich von Madeira. Die Front ist nach Süden gerichtet. Wir schickten uns an, um die Ecke zu biegen...

18. Januar. Wie herrlich ist das Leben, unter anderem auch, weil der Mensch reisen kann. *Cogito, ergo sum* – ich reise, folglich genieße ich, übersetzte ich diesmal den berühmten Ausspruch, während ich in einer Sänfte den Berg hinangetragen wurde, mich an der würzigen Luft berauschte und nicht wußte, wohin ich blicken sollte: auf die Weinberge, die Villen oder auf den blauen Himmel und den Ozean. Es schien mir, daß meine Reise erst mit dem heutigen Tag begonnen, daß das Schicksal uns absichtlich rauhe, schwere und langwierige Prüfungen geschickt hatte, einen starken, sieben Tage hindurch ohne Unterlaß wütenden, kalten Wind und einen grauen Himmel, um uns die weiche Luft, den warmen Glanz der Sonne lebhafter empfinden zu lassen, die zarte Abtönung der Farben und die über diese Zauberinsel ausgegossene Harmonie, die den Himmel mit dem Meer verbin-

det, das Meer mit dem Land und alles zusammen mit der Seele des Menschen.

Als wir das östliche Ufer der Insel umsegelt hatten und auf das südliche zuwendeten, wurden wir von einem prachtvollen riesigen Bild geblendet, das sich aus dem Meer zu erheben schien, den Himmel und den Ozean verdeckte – eines jener Bilder, die man im Panorama und auf der Leinwand sieht, an die man aber nicht zu glauben vermag und sie einem Blendwerk des Pinsels zuschreibt. Eine Gruppe von Bergen drängte sich dicht um einen Hauptberg – das war für viele von uns der erste große Berg, den sie sahen, und doch wird er nicht seiner Höhe wegen, die nur gegen sechstausend Fuß beträgt, der Aristokratie der Berge zugezählt, sondern um seines Weines willen. Uns aber erschien er, besonders nach den flachen und feuchten Küsten Englands, wie ein Gigant. Und wie schön war er geschmückt! Auf dem Gipfel glänzte der Schnee, die Abhänge waren mit dunkler, stellenweise brauner Vegetation bedeckt; hier und da schimmerten Gärten in grellem Grün. An verschiedenen Stellen zogen Wolken über die Berge dahin. Hier stand eine weiße Wolke unbeweglich, als schmiege sie sich an die Erde, dort hatte sich eine zweite, dünn und durchsichtig wie Mull, über einen Berg ausgebreitet und träufelte Regen herab; der Berg hüllte sich in die Farben des Regenbogens. Dort verbirgt sich ein ganzer Wald im Dunkel, und hier wird ein steiler, mit Gärten besetzter Hang am Rande des Ufers plötzlich hell von den Sonnenstrahlen wie mit Gold überflutet. Man weiß nicht, wohin man schauen, woran man sich erfreuen soll; man läßt den trunkenen Blick über alles schweifen und vermag diesem Spiel des Lichts nicht zu folgen, wie in einem Diorama.

Am Abhang des Berges zogen sich Weinberge hin, aus deren Grün Villen hervorsahen. Auf halber Höhe war auf einer Terrasse eine Kirche sichtbar, die die Gärten und die Stadt beherrschte. Die Stadt Funchal… Ist das wirklich eine Stadt: diese unmittelbar am Fuße des Berges am Ufer gelegenen, weiß schimmernden Häuser, die aussehen wie Zuckerstückchen oder von irgendwo abgefallener Stuck? Je näher wir der Küste kamen, um so wärmer wurde es. Es war, als ob man irgend jemandes nahen und heißen Atem im Gesicht fühlte.

Wir waren hier nur gelandet, um lebende Ochsen und Gemüse an Bord zu nehmen, daher war beschlossen worden, nicht vor Anker zu gehen, sondern sich im Laufe des Tages auf den Segeln zu halten; es war also nur ein kurzfristiger Aufenthalt vorausgesehen, und wir beeilten uns, ihn auszunutzen.

Schaluppen von allen Größen und Gestalten umringten uns. Der Hafenkapitän kam herangefahren, um uns zur glücklichen Ankunft zu beglückwünschen und sich nach dem Befinden der Seefahrer zu erkundigen. Kann man noch höflicher sein? Aber sagen Sie ihm einmal, daß Sie nicht wohl sind, daß Sie zwanzig, dreißig Fieberkranke an Bord haben, so wird er Sie sehr höflich ersuchen, nicht an Land zu gehen und sich so schnell als möglich zu entfernen. Man brachte Apfelsinen und anderes Obst; eine Wäscherin, eine Schankwirtin meldeten sich; alle steckten uns ihre Adressen in die Hände. Endlich stieß eine Schaluppe unter russischer Flagge vom Ufer ab. Ein russischer Beamter in der Uniform des Ministeriums des Äußeren, mit einem russischen Orden im Knopfloch, saß darin. Es war der Konsul. Er erkannte das Schiff sofort, fragte, ob nicht alte Bekannte unter den Seefahrern seien, und lud einige von uns zum Mittagessen zu sich ein. Es war gegen elf Uhr vormittags, als wir die Schaluppe des Konsuls bestiegen.

Im Betrachten der für uns neuen, berückend schönen Küste versunken, gelangten wir, ohne es zu merken, an den Landungsplatz, oder – Verzeihung, es gibt keinen – also dorthin, wo er hätte sein sollen. Die Schaluppen landen hier nicht, sondern werden durch die Brandung ans Ufer getrieben, wo sie in einem Haufen kleinen Steinschutts steckenbleiben. Die Ruderer streifen die Beinkleider in die Höhe, steigen ins Wasser, ziehen die Schaluppe bis an eine trockene Stelle und heben die Fahrgäste dann heraus. Wir stürzten beinahe im Laufschritt ans Ufer.

Wie angenehm ist es, die Beine nach der tagelangen Seefahrt zu vertreten! Der Gang ist noch unsicher: Man muß sich ein paar Minuten lang ans Gehen gewöhnen, man hat es verlernt und ermüdet sofort.

Während wir zum Konsul gingen, waren wir von einem Haufen Portugiesen in sehr bunter, malerischer Kleidung, mit gebräunten Gesichtern und schwarzen Augen umringt; sie trugen kleine Mützchen und Käppchen oder waren barhäuptig; es gab schöne Männer und Mißgestalten unter ihnen, die schönen waren aber in der Mehrzahl. Unter den Mißgestalten bemerkte man nicht wenige, die durch Pockennarben entstellt waren. Auch Neger gab es, aber nicht viele. Sie alle drängten sich uns in verschiedenen Sprachen, meist auf französisch und englisch, das sie beides gleich schlecht sprachen, als Führer auf. «Hier ist das Spital, hier die Kaserne», sagte der eine. «Das ist die und die Kirche», unterbrach ein zweiter. «Und das ist das Haus des russischen Konsuls», setzte ein dritter hinzu. Wir wandten uns dorthin, und die enttäuschten Führer verstummten plötzlich.

Das kleine steinerne Haus des Konsuls verbarg sich hinter einer ebenfalls steinernen Mauer zwischen einem reinen Hof und einem Garten. Der Konsul, ein geborener Portugiese, ist in zweiter Ehe mit einer Portugiesin verheiratet, einer sehr jungen, schwarzäugigen, blassen, schmächtigen Frau. Er stellte uns ihr vor, aber leider beherrschte sie keine andere Sprache als die portugiesische, daher konnten wir sie nur ansehen und sie uns.

Nachdem wir ein Weilchen mit dem Hausherrn geplaudert und mit der Hausfrau geschwiegen hatten, erklärten wir, daß wir spazierengehen wollten. Sofort erschien der Haufe der Führer wieder und ein anderer mit Reitpferden. Wir hatten auf einem freien Platz, unter einem großen Baum, viele dieser

Pferde gesehen. Drei oder vier von unseren Herren bestiegen Pferde und verschwanden mit den Führern. Der Konsul machte mir den Vorschlag, mir gleichfalls ein Pferd herbeiführen zu lassen, falls ich nicht eine Sänfte vorzöge. «In der Sänfte wird es geruhsamer sein», sagte ich. Der Konsul hatte noch kaum Zeit gefunden, meine Antwort dem bei uns am Tor zurückgebliebenen Haufen zu übersetzen, als die Leute davonstürzten und verschwanden. Der Konsul bat, es zu entschuldigen, daß er uns nicht in die Berge begleiten könne. «Dort ist die Luft kalt», sagte er, «wir haben jetzt Winter, und ich fürchte für meine Gesundheit. Ich rate Ihnen, den Mantel anzuziehen», fügte er hinzu, aber ich ließ ihn doch in seinem Hause zurück. Winter! Ein schöner Winter: Es ist heiß auf der Straße, und die Sonne brennt einem beinahe den Rücken durch. «Kommen Sie nicht zu spät zum Mittagessen, um vier Uhr!» rief der Konsul mir nach, als ich mich in Erwartung der Sänfte zu Fuß auf den Weg machte. Zwei Bengel hatten sich mir zugesellt und liefen hinter mir drein; der eine schwatzte auf französisch, das heißt, er radebrechte zwei französische Worte und ließ ihnen drei portugiesische folgen; der andere machte dasselbe mit der englischen Sprache. Aber wir brachten es doch fertig, uns schlecht und recht zu verständigen.

Ich beeilte mich nicht, in die Berge zu kommen: auch in der Stadt, wo ein grelles südliches Kolorit auf allem liegt, war mir alles noch neu. Selbst die Sonne scheint hier nicht so wie bei uns, ihr Licht hat etwas Frischeres; daher sind auch die Schatten hier viel schärfer. Oder kam es mir nach dem anhaltenden schlechten Wetter nur so vor? Ein ganz anderes Grün als bei uns daheim lugt durch die Zäune hindurch. An allen Wänden und Fenstern schmiegen sich dichte Girlanden von Efeu und eine ganze Mauer von breitblättrigen Weinreben. Stellenweise ragen hohe schlanke Bäume mit feinem Laubwerk über die Zäune empor, das sind Myrten und Zypressen. Das Volk sieht unserm nordischen nicht ähnlich: alles gebräunte Gesichter und scharfe bewegliche Züge.

Eine üppige Dame, ganz in weißem Mull, in einem weißen Hut, sprengte auf einem hübschen kleinen Pferdchen an mir vorüber; neben ihr lief der Führer, der den Zügel hielt. Auch unsere Herren waren mit den Führern fortgeritten, welche gleichfalls neben den Pferden hergelaufen waren, und noch dazu bergauf – was für Lungen müssen diese Leute haben? Eine andere Dame wurde in raschem Trab in einer Sänfte an mir vorbeigetragen. So also sah eine Sänfte aus. Es ist ein kleiner Kasten, in der Art der Kinderwagen, mit irgendeinem Stoff, meist Kattun oder Wachstuch ausgeschlagen. In der Mitte des Daches ist eine dicke Stange angebracht, die die Führer über die Schulter legen. Ich ging, von den beiden Jungen gefolgt, noch immer zu Fuß.

Mit einemmal hörte ich Getrampel hinter mir. Die Sänfte jagte daher; die Führer holten mich ein und stellten die Sänfte auf die Erde. Ich bat sie vergeblich, mich noch ein Stück zu Fuß gehen zu lassen; sie packten mich schreiend an beiden Armen und steckten mich buchstäblich in die Wiege hinein. Es war mir einigermaßen peinlich und beschämend, Menschen als Lasttiere zu benutzen, und ich sprang wieder hinaus. Sie begannen von neuem, mit mir zu ringen, und setzten oder, besser gesagt, legten mich richtig hinein, da das Sitzen unbequem war. «Nun denn, mag es sein!» dachte ich. «Ich fühle mich behaglich wie auf einem Sofa; wie aber mag ihnen zumute sein? Mögen sie mich tragen, wenn sie wollen!» Ich hatte erwartet, daß sie nicht imstande sein würden, mich aufzuheben, allein sie schwangen mich wie ein Kind mitsamt der Sänfte auf die Schultern und jagten durch die Straßen dahin. Bald ging es bergauf; ich erwartete, daß sie ermüden würden, aber sie gingen in schnellem Schritt weiter. Mir wurde das Liegen inzwischen langweilig; ich richtete mich auf, um mich zu setzen und um mich zu blicken. Eine ungewöhnlich breite Hand stahl sich von hinten heran und legte mich langsam wieder auf den Rücken. «Was ist das?» Ich richtete mich wieder auf, die Wiege geriet ins Schwanken und bewegte sich langsamer vorwärts. Wiederum versuchte dieselbe Hand, mich umzukippen. «Ich will sitzen, goddam», schrie ich. Sie erklärten mir, daß es ihnen dann unbequem und schwer sei, die Sänfte zu tragen... «So, schwer? Was geht es mich an! Ihr habt's übernommen, nun tragt mich!» Sobald ich aber nur im geringsten in meine Betrachtungen versank, versuchte die Hand mich vorsichtig, gleichsam von mir selber unbemerkt, umzuwerfen. Das wurde mir schließlich zu bunt, und ich ging zu Fuß weiter. «Winter! Ein schöner Winter!» dachte ich und zog den Rock aus. Und der Konsul hatte mir noch empfohlen, den Mantel anzuziehen, weil die Luft in den Bergen kalt sei!

Plötzlich blieben die Führer bei einem Häuschen stehen, riefen etwas hinein, und man brachte uns drei Seidel Wein. Auch mir wurde eins gereicht – wie hätte ich da nicht kosten sollen: Es war doch Madeira, und noch dazu unmittelbar aus der Quelle! Ja, sicherlich war es Madeira; aber was für ein Zeug war das! Wahrscheinlich junger Wein. Ich gab das Seidel zurück. Die Führer verneigten sich vor mir und leerten ihre Seidel auf einen Zug, die beiden Jungen aber, die auch bergauf neben der Sänfte herliefen, tranken meines aus. Natürlich alles für meine Rechnung, da der Portugiese sich bei Verabreichung des Weines mit den Worten: «One Shilling, Señor», an mich gewandt hatte. Durch den Zaun schaute Weinlaub hervor, aber es war keine einzige Beere mehr daran: Alles war längst eingeerntet. Man trug mich weiter; der Schweiß floß in Strömen von den Führern. «Warum trinkt ihr Wein, wenn es ohnehin so heiß ist?» fragte ich sie mit Hilfe der Knaben und vermittels drei oder vier Sprachen. «Der Wein hilft ja gerade: Ohne ihn würden wir ermüden», erwiderten sie und blieben, jedenfalls auf Grund dieser hygienischen Ansicht, nach einer halben Stunde bei einem andern Weinberg und einer andern kleinen Schenke stehen und tranken wieder.

Hier hing ein Bündel mir unbekannter Früchte an der Tür,

ähnlich wie Gurken von mittlerer Größe. Die Schale war wie bei Bohnen – bei einigen grün, bei andern gelb. «Was ist das?» fragte ich. «Bananen», sagten sie. – «Bananen! Eine tropische Frucht! Gebt, gebt her!» Man reichte mir das ganze Bündel. Ich riß eine Banane ab und schälte sie – die Schale fällt durch die Berührung beinahe von selbst ab; ich kostete – es schmeckte mir nicht; süßlich, aber welk und fade, ein mehliger Geschmack, ein wenig an Kartoffeln und auch an Melonen gemahnend, aber ohne die Süßigkeit und das Aroma der Melone und mit einem eigenen, etwas groben Duft. Es ist eher ein Gemüse als eine Frucht und unter den Früchten ein Parvenu. Ich bezahlte einen Schilling und ging zu meiner Sänfte; aber der Besitzer des Ladens lief mir nach und steckte mir das ganze Bündel hin. «Nicht nötig», sagte ich. «Sie haben das Ganze bezahlt, Señor, also ist's nötig», sagte er und legte das Bündel in die Sänfte.

Wir stiegen immer höher; der Weg wurde steiler. Da ich schließlich Müdigkeit verspürte, legte ich mich diesmal ohne Anwendung von Gewalt in die Sänfte, sprang aber plötzlich wieder auf: Ich hatte mich auf die Bananen gelegt und sie zerdrückt. Ich wollte sie wegwerfen, aber die Führer nahmen sie, teilten sie untereinander und verzehrten sie. Der enge Weg führte zwischen festen Zäunen aufwärts. Hier und da sahen Blumen aus dem Grün hervor, allerdings nicht viele. Es ist ja Winter, sagte der Konsul. Ein schöner Winter: Der Oleander stand in voller Blüte.

Plötzlich gelangten wir auf eine nach allen Seiten offene Terrasse. Die Portugiesen stellten die Sänfte ins Gras. «Bella vista, Señor!» sagten sie. Es war wirklich ein wundervoller Blick! Ihn zu beschreiben wäre lächerlich. Eine photographische Aufnahme würde zum mindesten alle Einzelheiten wiedergeben. Wir befanden uns auf einer der Terrassen in halber Bergeshöhe... oder nicht einmal so hoch: zu unseren Füßen ein ganzes Meer von Grün, unten die Menschen wie ein Spielzeug; man vermochte kaum wahrzunehmen, wie Menschen und Tiere dort herumkrabbelten; weiter, aber durchaus nicht wie ein Spielzeug – der Ozean; auf der Reede wieder Spielzeug – die Schiffe, unter ihnen auch unseres.

Man könnte mittels eines Daguerreotyps meinetwegen das Meer und den Himmel und den Berg mit seinen Gärten aufnehmen, niemals aber diese Luft wiedergeben, welche die Brust hier einatmet. Diese leichte, wonnige, liebliche Luft! Man erzählt viel von der Heilkraft der Luft auf Madeira: Vielleicht offenbart sich ihre Wirkung auf die Gesundheit in der Folge; die Süße, mit der sie geschwängert ist, berauscht einen aber sofort, sobald man die Küste betritt. Ich hatte bisweilen die Luft des hügeligen Wolgaufers eingeatmet und vermeint, es könne nirgends eine angenehmere geben. Wenn man an einem Morgen im Sommer das Fenster öffnete, wehte einem eine so frische, gesunde Kühle ins Gesicht! Auf Madeira empfand ich dieselbe Kühle und Frische der Wolgaluft, die man schlürft wie das reinste Quellwasser, außerdem ist sie aber gleichsam vermischt... mit Madeira, werden Sie sagen? Nein, mit den zarten Wohlgerüchen dieses wunderbaren Bodens, der nordische Pflanzen und Blumen auf jedem ein paar Quadratmeter großen Fleckchen Erde gleichzeitig mit den tropischen ernährt und die Luft durch keinerlei giftige Ausdünstungen der heißen Zone vergiftet.

Man trug mich auf einem andern Weg den Berg hinab, oder, besser gesagt, auf einem schmalen, gewundenen Fußsteig, inmitten uneingezäunter Gärten und Weinberge, an Hütten vorüber. Ich hatte den ganzen Weg dasselbe Bild vor Augen, das nur von ebensolchen aus dem Gedächtnis verdrängt werden kann, wenn die Zukunft sie uns bietet. Wir begegneten nur hochgewachsenen Portugiesen. Die Frauen, besonders die alten, trugen Kopftücher und glichen in diesem Putz aufs Haar unsern Dorfweibern. Wir machten wieder bei einem Weinberg halt, zum letztenmal, wie ich erklärte. Drei Uhr war vorüber; ich mußte mich wegen des Mittagessens beeilen. Der Besitzer des Weinbergs oder sein Verwalter befand sich in dem kleinen Häuschen, eher einem Schuppen mit Bänken; auch zwei Frauen waren da. Mir fiel die heiße südliche Schönheit der einen auf. Sie war hoch gewachsen, von bräunlicher Gesichtsfarbe, auf der ein helles Rot lag, mit großen schwarzen Augen und einem Zopf, der auf dem Kopf keinen Platz hatte und auf den Nacken herabfiel – mit einem Wort, ganz so, wie man die Römerinnen malt. Die andere beachtete ich kaum, obgleich sie ohne Unterlaß schwatzte und lachte. Diese war nämlich – eine Greisin.

Noch ehe ich mich auf die Bank gesetzt hatte, hielten meine Führer bereits jeder einen Krug in der Hand und tranken. «Und der Señor wünscht keinen Wein?» fragte der Hausherr. Ich schüttelte den Kopf. «Aber auf das Wohl der Señora?» fragte er, da er bemerkte, wie unverwandt meine Augen auf dem schönen Antlitz hafteten. «Dieser Wein ist nicht gut; die Schöne ist eines besseren wert», antwortete ich. Kaum hatten die Bengel ihm das übersetzt, als er hinausging und alsbald mit einem Krug anderen Weins wiederkam. Er reichte ihn mir stolz und selbstbewußt und sagte etwas, was ich nicht verstand. Ich verbeugte mich vor der Schönen und kostete den Wein. «Ja, der ist anders als jener, den die Führer erhalten haben: Das ist wirklich guter Madeira!» Ich trank mit Vergnügen zwei Schluck und reichte den Krug der Schönen. Sie nippte ein wenig daran, ich ermunterte sie aber durch ein Zeichen, fortzufahren; sie lachte und sträubte sich; der Hausherr sagte etwas, worauf sie den Wein austrank. «Und auf das Wohl dieser?» sagten die Führer. Ich sah mich um: Die Alte saß bereits neben mir. Ich ließ noch Wein bringen und trank wieder ein wenig auf das Wohl der alten Portugiesin. Der Dankesbezeugungen war kein Ende. Alle, der Hausherr und die Frauen, gingen hinaus, um mich zu begleiten, und belohnten mich mit allerhand schmeichelhaften Epitheta.

Als die Träger mich im Hof des Konsuls absetzten, streckten sie mir die Hände hin, nach ihnen auch die Jungen. «Wieviel verlangen sie?» fragte ich den Konsul, der zum Fenster heraussah. Er verhandelte mit ihnen. «Sie verlangen sehr viel: drei Dollar», sagte er. «Wie weit sind Sie gewesen und wo?» Woher aber sollte ich wissen, wo ich gewesen war? Ich gab ihm ein Pfund Sterling und bat ihn, die Führer und auch die Knaben zu entlohnen. Nachdem die Jungen das Geld empfangen hatten, machten sie sich schnell davon, die Träger aber streckten die Hände nochmals hin. «Was wollen sie?» fragte ich den Konsul. «Nichts von Belang, es ist nicht nötig!» rief der Konsul, sie mit der Hand abwehrend. «Geht, geht! Sie bitten noch um ein Trinkgeld. Geben Sie nichts...» – «Sie haben es mir ja schon dreimal *in natura* abgenommen», sagte ich. «Hier habt ihr...» Ich warf jedem eine kleine Münze hin. Sie hoben sie hastig auf und verschwanden unter Bücklingen noch schneller als die Knaben. Und da sagt man dem Russen immer nach, daß er um Trinkgeld bittet! Er bittet wirklich darum; gibt man ihm aber Schnaps, so bittet er nicht noch einmal. Anders der Südländer – man bietet ihm nicht einmal etwas an, aber er trinkt und bettelt trotzdem um Trinkgeld.

Ich traf die Frau des Hauses im Garten. Sie war in Gesellschaft einer alten Dame, die von dem Häubchen bis zu den Schuhen ganz in Schwarz gekleidet war, ebenso wie die Hausfrau selbst; wahrscheinlich trugen sie Trauer. Die Hausfrau stellte mich der alten Dame vor. «My mother», sagte sie. Der Garten war klein, aber was gab es da alles! Kaffeebäume, Bananen, Ananas, eine Fülle von Blumen. Die Hausfrau pflückte eine Knospe vom Kaffeebaum ab, öffnete sie und zeigte uns im Innern zwei bereits geformte Kaffeebohnen. «Wie schade, daß es jetzt Winter ist», sagte sie, und ihr Mann übersetzte. «Es gibt nichts. Die Ananas sind noch nicht reif.» Und sie zeigte auf ein Beet mit dem Ihnen bekannten Laubwerk der Ananas. «Man hat gar nichts für den Nachtisch. Nur Bananen!» Winter! Wie schade, daß jetzt Winter ist! Bis zu welchem Grade die Verwöhnung der Menschen doch gehen kann! «Und was ist dies? Sehen Sie doch, das ist ja unsere grüne Zwiebel!» sagte B., riß ein Bündelchen ab, und wir kosteten unsere nordische Frucht.

Es dämmerte bereits, als wir uns von der gastfreundlichen portugiesischen Familie verabschiedeten. Dieser Tag an Land ließ für lange Zeit ein Gefühl der Freude bei uns zurück. Das Bild der Insel, das sich unsern Blicken plötzlich offenbart hatte, die heiße Sonne, die strahlende Stadt, die zwar fremden, aber freundlichen Gesichter – das alles war ein unerwarteter, heiterer, festlicher Augenblick und goß einen belebenden Tropfen in die eintönige lange Fahrt. Ich vergaß die vergangenen Ärgernisse und sah den künftigen ruhiger entgegen. Der Mensch ist nirgends so kläglich, so verwegen und zeitweilig so unvermittelt glücklich wie auf hoher See. Die Hausfrau gab jedem von uns einen Blumenstrauß. Ich sagte, ich würde den meinen als ein Geschenk von ihr den russischen Frauen senden. Sie glaubte es und pflückte mir noch mehr Blumen. Kaum hatte ich die Schaluppe bestiegen, als ich den Blumenstrauß den Wellen überlieferte. «Was ist das? Wie kann man so etwas tun?» werden Sie mich anschreien. Was sollte ich denn damit anfangen? Ich konnte ihn doch nicht wirklich nach Rußland schicken! «In ein Glas setzen und auf den Tisch stellen.» – Ich weiß, ich weiß! Auf dem Meer ist das aber nicht bequem. «Warum sagten Sie dann der Hausfrau, Sie würden ihn nach Rußland schicken?» Was hätte man denn vom Leben, wenn man nicht einmal lügen dürfte!

III

In den atlantischen Tropen

Ich habe Ihnen geschrieben, wie entzückt ich von der Insel Madeira war und auch von ihrem Wein. Als sie unsern Blicken entschwand, überkam mich eine leise Enttäuschung. Was ist eine Fahrt nach Madeira denn für eine Reise? Von Spanien ist's ein Katzensprung, kaum dreihundert Meilen. Es ist das Krankenhaus von Europa.

Nun aber näherten wir uns dem vierzigsten Breitengrad: Es wurde immer wärmer und wärmer. Der Übergang von dem hohen Wellengang und der Kälte zur Ruhe und Wärme war so fühlbar, daß ich vor Freude nicht lesen und nicht schreiben mochte und mir nur zu träumen erlaubte – wovon? Von Petersburg, von Moskau, von Ihnen? Nein, ich gestehe, meine Träume flogen dem Schiff voraus. Indien, Manila, die Sandwichinseln – das alles kreiste in meinem Kopf, wie die undeutlichen Gesichter der Zechgenossen im Hirn eines Betrunkenen.

Wir hatten kaum bemerkt, wie der Nordwind, der uns bis Madeira getrieben hatte, in den Passat überging, und als wir uns überzeugt hatten, daß dieser Wind kein zufälliger war, sondern der wirkliche Passat, der uns jetzt treu bleiben würde, beschloß unser Admiral, die Kapverdischen Inseln anzulaufen, fünfhundert Kilometer vom afrikanischen Festland entfernt, und zwar Porto Praia auf der Insel Santiago, um unsere Frischvorräte zu ergänzen.

Genau eine Woche nach unserem Spaziergang auf Madeira, ebenfalls am Sonntag, erblickten wir am Horizont die auf eine weite Entfernung zerstreuten großen und kleinen Inseln. Die weiter entfernten erschienen als dunkelblaue, die näheren als braune Massen. Die nächste Insel, Santiago, lag wie ein großer Klumpen von rotem Lehm da. Wir kamen immer näher: Die Umrisse der Masse wurden schärfer, die Felsen hoben sich voneinander ab, und das ganze Profil der Insel offenbarte sich uns in voller Deutlichkeit, als wir anderthalb Meilen davon entfernt vor Anker gingen.

Felsen rechts, Felsen links, zwischen ihnen führt ein Tal in die Berge, das in einem sandigen von der Brandung umspülten Ufer ausläuft. Unmittelbar an der Küste, zu unserer Linken, wird ein unbewohntes kleines Inselchen sichtbar, rechts eine Menge aufeinandergehäufter Felsen. Über einen von ihnen führt eine gepflasterte Straße aufwärts, nach Porto Praia.

Am Ufer sieht man in einer Ecke unter den Felsen ein Gebäude und geflochtene Hütten. Die übrige Küste zwischen den Felsen ist ganz öde, flach, nichts als ein Haufen Sandes, auf dem eine magere Reihe von Kokospalmen wächst. Wie traurig, ärmlich, kahl und versengt wirkt dies alles zusammengenommen! Die Palmen lassen die Köpfe traurig hängen; niemand kommt, um Kühle unter ihnen zu suchen: Sie spenden nicht mehr Schatten als ein Besen.

Alles schläft, alles ist stumm. Obgleich wir zum erstenmal hier sind, sehen wir doch, daß dies kein zeitweiliges Ausruhen, kein Lohn nach tätigem Schaffen ist, sondern eine tote, niemals erwachende Ruhe, daß dieses Bild sich nie verändert. Auf allem liegt der Stempel der Dürre und der erbarmungslosen Gluthitze. Wenn Sie in einem Jahr wiederkommen, sehen Sie sicherlich denselben Sand, dieselbe Anzahl von Palmen, dieselben im Sand herumliegenden Neger und Negerinnen, dieselben Hütten, denselben blauen Himmel mit dem weißen Abglanz der Flammen, die alles, was sich nicht irgendwo in der Schlucht, im Schatten der Felsen verbirgt, ertötet und versengt – wenn es nicht regnet. Und es regnet hier bisweilen jahrelang nicht. Und die nämliche Sonne erweckt Leben aus dem Stein, wenn ein tropischer Regenguß die Erde wenigstens für die Dauer von ein paar Stunden tränkt. Dieses ewige Schweigen, diese ewige Starrheit, dieser ewige Schlaf inmitten der unermeßlichen Wasserwüste ist entsetzlich. Die endlosen Gewässer breiten sich hier aus, wie die endlosen Sandstrecken dieses selben Afrika, die von der Karawane hastig durchquert werden, in der Furcht, der Durst könne sie in der wasserlosen Gegend überraschen. Hier gleitet das Schiff eilends über die glatte Wasserfläche in der Furcht vor Windstille und dem damit verbundenen Durst und Hunger. Ein Dampfer wirft ein paar Briefe ab, nimmt andere an Bord und beeilt sich, an dieser dem ewigen Schlaf verfallenen Gegend vorbeizukommen.

Ein Beamter, ein Neger in einem Uniformfrack mit Tressen, kam zu uns aufs Schiff, erkundigte sich, wie üblich, nach dem Gesundheitszustand und der Größe der Mannschaft, nach dem Namen des Schiffes, dem Ziel der Reise und trug das alles sorgfältig, aber mit großer Mühe und Grimassen schneidend, in ein Heft ein. Ich stand neben ihm und sah zu, wie er seine Krähenfüße hinmalte. Das Schreibenlernen mochte ihm recht sauer geworden sein!

Am Ufer drängte sich ein Haufe von Negern, Negerinnen und nackten Kindern: Sie warteten auf die Landung unserer Schaluppe. Hier gab es ebenso wie auf Madeira keinen Landungsplatz, die Schaluppe landete nicht an der Küste, sondern blieb auf einer Sandbank ungefähr fünfzehn Schritte vor dem trockenen Strande liegen. Unsere Matrosen streiften die Hosen in die Höhe und sprangen ins Wasser, um uns hinüberzutragen, aber da standen schon halbnackte Neger bis zum Gürtel im Wasser, mit dem Wunsch, uns denselben Dienst zu erweisen. Ihre Spekulation durfte nicht vergeblich sein: Ich streckte ihnen die Arme entgegen, sie packten mich, ich klammerte mich fest an die nackten Schultern und stand eine Minute später auf dem sandigen Ufer. Dort befindet sich ein kleiner Zollspeicher, wie man uns sagte. Er war verschlossen; rings um ihn stehen Hütten auf je vier Pfählen mit Dächern aus Palmenblättern. «Gibt es Früchte?» fragten wir die

Neger, die sogleich fortstürzten und hinter den Felsen verschwanden. Wir warteten aber nicht auf sie und gingen auf der gepflasterten Straße bergan. Die afrikanische Sonne machte sich fühlbar, obgleich es Wintersonne war. Auf dem Meer empfindet man sie nicht: Die Hitze wird durch den Wind gemildert; anders auf dem Festland. Der Berg war nicht hoch und nicht steil, wir kamen aber kaum hinauf und blieben ein paar Minuten lang stehen, um auszuruhen und Stirn und Schläfen mit den Taschentüchern zu trocknen. Oben ist auf einer Steinplattform eine Batterie errichtet, die den Hafen beherrscht. Wir gingen links davon in die Stadt und gelangten alsbald auf einen freien Platz. Die Wachtposten, Portugiesen und Mulatten in Uniform, aber barfuß, grüßten höflich. Die Mulatten gefallen mir nicht recht. Wenn man schon schwarz ist, so müßte man schwarz wie Kohle sein, damit die Haut wie ein gut geputzter Stiefel glänze. Darin liegt, wenn auch nicht Schönheit, so doch Originalität. Aber diese mattschwarzen Körper bieten einen unangenehmen Anblick.

Auf dem Platz standen zwei oder drei ziemlich große Steinhäuser, Amtsgebäude, darunter die Hauptwache, dann kam eine Straße. Die kleinen, ärmlichen, aber aus Stein errichteten Privathäuser, alle mit Jalousien, waren fest verschlossen. Die Straße erinnert an eine beliebige unserer Kreisstädte an einem Sommertag, wenn die Mittagssonne unbarmherzig brennt, so daß nirgends eine lebende Seele zu sehen ist; nur die Kinder laufen ungestraft, mit unbedecktem Kopf durch die Straßen und unterbrechen die Stille mit ihrem hellen Geschrei. Alles andere schläft oder faulenzt einfach.

O. und ich begaben uns zu Fuß weiter und kamen aus der Stadt bald in ein Dorf, das ihre Fortsetzung bildet. Diese Vorstadt besteht einzig und allein aus Lehmhütten, ohne Fenster. Ich sah in einige hinein: ärmliches Hausgerät, Holzbänke – das ist die ganze Einrichtung! Junge Neger bekamen wir nicht zu sehen; jedenfalls waren sie alle mit Feldarbeiten beschäftigt. Hier gab es nur alte Männer und Frauen – und wie abstoßend waren sie! Dafür sahen wir auch ein paar Schönheiten in ihrer Art. Was für Lippen, was für Augen! Der Körper glänzt wie Atlas. Dem Ausdruck der Augen fehlt es nicht an Klugheit und Güte, meist aber liegt Leidenschaft darin, so daß selbst ihr gewöhnlicher Blick nichts Sittsames ist. Das Lid öffnet sich langsam und weit, das Auge quillt ganz daraus hervor und offenbart mit einemmal alles, was sich in dem sinnlichen Körper verbirgt. Ihre Kleidung ist recht malerisch: Sie tragen einen Rock, aber kein Hemd, über die eine Schulter ist eine Art Baumwollschal geworfen, der bis zu den Knien reicht; die andere Schulter und ein Teil der Brust ist entblößt. Der Kopf ist mit einem Tuch umschlungen, und zwar sehr hübsch; den Augen eines Europäers mißfallen kurze Haare auf einem weiblichen Kopf, und noch dazu krause Haare.

Wir gingen zu zweit durch das ganze Dorf und kamen in ein Feld. Das Dorf und die Stadt sind unmittelbar am Rande des Felsens erbaut. An dem steilen Abhang waren hier und da Hütten verstreut, oder ihre Gärten mündeten dort. Wir gingen auf der Straße ins Tal hinab; das war eine blühende Oase inmitten dieser gelben und grauen Sandblöcke. Was wuchs da alles! Und alles war uns neu: Das waren nicht unsere Bäume, nicht unsere Gräser und Sträucher, und wir waren eifrig bestrebt, alles im Gedächtnis festzuhalten: ihre Gruppierung, die Zeichnung eines einzelnen Baumes, die Form der Blätter und endlich die Früchte; als ob wir das alles zum letztenmal erblickten, wo es uns doch für lange Zeit beschieden war, nichts anderes zu sehen! Von Früchten bemerkten wir Feigen, Kokosnüsse, viele Apfelsinenbäume, jedoch ohne Apfelsinen. Blumen sah man fast gar nicht; es gab auch wenig Insekten, alles wegen der Winterszeit. Ich erblickte nur einen einzigen vorüberfliegenden Vogel in der Größe einer Krähe, mit einem langen hellblauen Schwanz. Wir gingen durch diesen Hain oder Garten – Garten, weil die Obstbäume an manchen Stellen umzäunt waren; hier und da sah ich Flechthütten und darin alte Neger, die die Gärten bewachten, wie das auch bei uns vorkommt. Hinter dem Hain zogen sich Felder hin, die teils bestellt waren, teils brach lagen; stellenweise wurde Wald sichtbar. Allein wir beschränkten unsern Spaziergang auf das Tal, zum Weiterwandern war es zu heiß.

Wir kehrten durch den Garten zur Küste zurück, ohne die Anhöhe noch einmal zu ersteigen, und blieben vor verschiedenen Bäumen stehen. Am Ufer stießen wir auf ein belebtes Bild. Viele Neger hatten Körbe voll Apfelsinen herbeigeschleppt, andere hatten Zeit gefunden, tragbare Lehnsessel herzustellen, um uns zur Schaluppe zu bringen. Alle diese Spekulanten saßen oder lagen in Gruppen im Sand und erwarteten uns. Ich trat an die eine Gruppe heran und traf die Neger beim Kartenspiel. Und was glauben Sie wohl, was sie spielten? Eigentrumpf! Hätte ich nicht diese schwarzen glänzenden Gesichter, diese krausen, wie mit Birkenasche gepuderten Haare vor Augen gehabt, ich hätte geglaubt, plötzlich in irgendeine Gesindestube in der russischen Provinz geraten zu sein. Ich beobachtete das Spiel – kein Zweifel: Sie spielten unser Eigentrumpf. Da strich einer der Spielenden, der einen König nicht stechen konnte, den ganzen Haufen der schmutzigen Karten ein; die andern aber fletschten ihre weißen Zähne. Ich blickte nach den andern Gruppen hin und wandte mich schleunigst ab. Da waren zwei Negerinnen, wahrscheinlich Schwestern: Die eine hatte den Kopf in den Schoß der andern gelegt, diese aber... Sie haben ja solche Szenen gesehen, wenn Sie an Sommertagen durch unsere Dörfer gefahren sind... Ein paar Neger schimpften sich untereinander – auch das ist Ihnen bekannt: Versuchen Sie einmal in Moskau oder in Petersburg auf einem Platz stehenzubleiben, wo Semmeln und Kringel feilgeboten werden, und kaufen Sie bei dem einen etwas. Wie da gleich alle losschreien und einander bekämpfen! Genauso ist's hier und anscheinend wohl überall. Das Gezänk war aber ganz unnütz: Soviel Apfelsinen sie auch herbeigeschleppt hatten, wir kauften alles.

Am nächsten Tage ging es weiter. Der Steuermann hatte

schon lange vorher die windstille Zone verkündet, die den Erdball, ein paar Breitengrade vom Äquator entfernt, umgürtet. Nicht die Stürme sind das Schrecknis für die Segelschiffe, die Windstille ist's. Wie entsetzlich muß es in der Tat sein, einen Monat hindurch auf einem Fleck zu verharren, unter den senkrechten Strahlen der Sonne, tausend Meilen von der Küste entfernt, vor Hunger und Durst zu verschmachten.

Am 29. Januar, auf 3° nördlicher Breite, verloren wir den Passat und gerieten in die verhängnisvolle Zone. Statt zehn Knoten, das heißt siebzehn Kilometer, machten wir nur zwei oder anderthalb Knoten. Zeitweise legte der Wind sich vollkommen, und die Segel sanken schlapp und hilflos an den Masten zusammen. Wir blickten fragend um uns, aber der Himmel und das Meer strahlten in einem unerträglichen Glanz, als spotteten sie unser, wie ein starker Haß die Schwäche mitunter verlacht. Morgens steht man auf: «Wie steht's, kommen wir vorwärts?» Nein, wir schleichen anderthalb oder zwei Kilometer in der Stunde. Die ganze Masse des Meeres wogte wie dickflüssiges, geschmolzenes Metall: nicht die geringste Welle, auch nicht das geringste Plätschern. Wir glaubten, die Windstille würde viele Tage andauern, aber unsere Befürchtungen bewahrheiteten sich nicht hier, sondern viel südlicher, jenseits des Äquators, wo man die Windstille am allerwenigsten erwartete. Am 31. Januar kam lebhafte Bewegung in die Segel, ein anfänglich unbestimmter, veränderlicher Wind erhob sich, und auf 1° nördlicher Breite bekamen wir den erwarteten Südost, den Passat. Wir befanden uns in unmittelbarer Nähe des Äquators.

Als ich mich am Abend des 2. Februar schlafen legte, erwartete ich, am nächsten Morgen der Überschreitung des Äquators beizuwohnen. Doch am 3. Februar um acht Uhr morgens meldete der Steuermann der Schiffsleitung, daß wir uns bereits auf der südlichen Halbkugel befänden; die Fregatte hatte den Äquator um fünf Uhr früh auf 18° westlicher Länge gekreuzt. Trotzdem liefen wir alle hinauf und schauten fragend nach allen Richtungen, als wollten wir jenen hölzernen Reif sehen, der unter der Benennung Äquator den Globus umgürtet.

An Bord des Schoners «Wostok», der in England angekauft worden und gleichzeitig mit uns in See gestochen war, hatte man, wie wir später erfuhren, das Neptunsfest gefeiert. Ich bin froh, daß es bei uns unterblieben ist. Denn dieses Fest ist, was Sie auch sagen mögen, ein furchtbar gezwungenes Vergnügen. Narrheiten sind lustig, wenn der Mensch sie harmlos treibt und dabei sich selber und die andern mitreißt; wenn er aber sich selber und die andern mit Vorbedacht, nur weil es so Brauch ist, verspottet, dann empfindet man ein beschämendes und peinliches Gefühl. Betrachtet man das Spiel aber als Vergnügen, als Zerstreuung, so hatten wir dergleichen auch so schon genug. Nicht nur an Feiertagen, auch an Wochentagen holte man die Musikanten und Liedersänger nach dem Exerzieren und nach getaner Arbeit herauf. Dann erklangen russische Lieder, erfüllt von wilder Lust an Gott weiß was für Freuden und begleitet von einem wilden Tanz, unter diesem blauen, klaren Himmel in die Meeresweite hinaus; oder man vernahm jenes Ihnen so bekannte, das Herz ergreifende Stöhnen und Wehklagen über irgendwelche alte, geschichtlich gewordene, längst vergessene Leiden. Und alles kommt zusammen, ohne Pause: Die wilde ausgelassene Fröhlichkeit, das Stampfen des Trepak und das hysterische Schluchzen übertönen das Plätschern der Wellen und das Knarren des Takelwerks. Solche Belustigungen haben viel mehr Sinn für die Matrosen als das Neptunsfest: Es ist wenigstens keine Affektion darin.

Am 14. Februar trat jene Windstille ein, die wir am Äquator ohne Grund befurchtet hatten. Wieder lief das Schiff nur einen oder anderthalb Knoten, mitunter stand es ganz still. Anfänglich machten wir uns keine Sorge, in der Hoffnung, daß der Wind, wenn nicht heute, so morgen auffrischen werde; aber Tage und Nächte gingen dahin, die Segel hingen schlaff herab, die Fregatte schaukelte nur auf derselben Stelle, mitunter sogar ziemlich heftig infolge des starken Seegangs, der den Wind zu verkündigen schien. Aber es waren nur schwache und entfernte Ausläufer eines irgendwo in einer glücklicheren Gegend vorbeisausenden Windes. Am Horizont auftauchende Wölkchen schienen Regen und Witterungsumschlag zu verheißen. Und es regnete wirklich in Strömen, ohne Unterlaß, aber der Wind blieb aus. Eine Stunde später strahlte die Sonne wie ehedem und beleuchtete die regungslose Fläche des Ozeans bis zum Horizont.

So kam die Butterwoche heran, die wir ziemlich lustlos verlebten, obwohl unser Proviantmeister alles aufbot, um diesen fröhlichen Abschnitt des russischen Lebens wenigstens irgendwie zu feiern. Er buk Blini und ersetzte den Kaviar durch Sardinen. Die mit andern Vorräten aus England mitgenommene Sahne hatte sich längst in eine dicke Masse verwandelt, und er ersuchte uns dringend, sie als saure Sahne gelten zu lassen. Lieder, die an die Zeit des Tatarenjochs erinnerten, und stürmische Ausbrüche einer Quasifröhlichkeit klangen lauter denn je in den Ozean hinaus. Die wehmütigen Gesänge erschienen natürlicher, als Ausdruck der allgemeinen durch die Windstille erzeugten Langeweile. Es ist aber undenkbar, daß die Butterwoche dem Russen nicht wenigstens ein Lächeln entlocken sollte, sei es selbst inmitten der glühenden Wogen des Atlantischen Ozeans. So bemerkte ich, als ich nachdenklich auf dem Achterdeck auf und ab ging, auch hier plötzlich eine ungewöhnliche Bewegung unter den Matrosen; das kommt an Bord oft vor, und ich meinte anfangs, daß sie an einer Brasse zögen. Aber was war das? Etwas ganz anderes: Sie schleppten einander an den Schultern um die Masten herum. Bei der Feier der Butterwoche mußten sie sich natürlich der Fahrten auf dem Eise erinnern und ersetzten sie durch gegenseitiges Reiten auf den Schultern erfolgreicher, als unser Proviantmeister den Kaviar durch Sardinen ersetzt hatte. Wenn man sah, wie sowohl die jungen Leute als auch die ergrauten Schnauzbärte sich am Reiten auf den Schultern der Kameraden ergötzten, mußte man über diese natürliche, volkstümliche Narretei lachen; das war besser als der Flachsbart des Neptun und die mit Mehl bestäubten Gesichter.

Dann kam alles wieder ins gewöhnliche Geleise, und die Tage flossen eintönig dahin. In dieser Ruhe und Weltabgeschiedenheit, in dieser Wärme und strahlenden Helle gewinnt die Fregatte gleichsam das Aussehen eines entlegenen russischen Steppendorfes. Man steht am Morgen ohne jegliche Eile auf, mit vollkommenem seelischem Gleichgewicht, in vorzüglicher Gesundheit, mit frischem Kopf und gutem Appetit, gießt ein paar Eimer Wasser direkt aus dem Ozean über sich aus, geht spazieren, trinkt Tee und setzt sich dann an die Arbeit. Die Sonne steht schon hoch; es ist glühend heiß: Im Dorf gehen Sie um diese Stunde weder die Felder besichtigen noch auf die Tenne. Sie sitzen unter dem Schutz der Markise auf der Veranda, wie denn alles einen Schutz sucht, selbst die Vögel; nur die Libellen schweben kühn über den reifenden Ähren. Auch wir verbergen uns unter dem aufgespannten Sonnenzelt und machen Türen und Fenster der Kajüten sperrangelweit auf. Ein leises Lüftchen erfrischt liebkosend das Gesicht und die offene Brust. Die Matrosen haben ihr Mittagsmahl schon hinter sich (sie essen zeitig, vor zwölf Uhr wie auf dem Lande, nach den Arbeiten des Morgens) und sitzen oder liegen in Gruppen zwischen den Geschützen. Einige nähen Wäsche, Kleider, Stiefel und summen ein Liedchen dazu; vom Back her vernimmt man die Schläge des Hammers auf den Amboß. Die Hähne krähen, und ihre Stimme tönt weit hinaus durch die klare Stille und Ruhe. Man hört auch noch irgendwelche phantastische Klänge, wie ein fernes, dem Ohr kaum wahrnehmbares Glockenläuten... Die rege, von Träumen, Hoffnungen und Erwartungen erfüllte Einbildungskraft erschafft diese Klänge inmitten der Stille und glaubt auf dem Hintergrund dieser Himmelsbläue allerlei ferne phantastische Gebilde zu schauen.

Gegen fünf Uhr nachmittags wurde die Mannschaft gebadet. Man ließ ein Segel in das Meer hinab; es füllte sich mit Wasser, und die Matrosen sprangen von Bord aus hinunter, wie in eine Grube. Doch man mußte scharf auf sie aufpassen: Jeder bemühte sich, über den Bereich des Segels hinauszuspringen und im freien Meer zu schwimmen. Man brauchte nicht zu befürchten, daß sie ertränken, da sie alle meisterlich schwammen, aber von den Haifischen drohte Gefahr. Einmal schrie ein Matrose vom Mastkorb aus: «Großer Fisch in Sicht!» Ein Haifisch stahl sich leise an die Badenden heran; sie mußten alle aus dem Wasser heraus, dem Haifisch aber wurden erst die Eingeweide eines Hammels hingeworfen, die er sofort verschlang. Dann wurde er mit der Harpune getroffen und schwamm, einen blutigen Fleck zurücklassend, unter dem Kiel hindurch. Neben ihm schlängelten sich zwei oder drei Fische, die ihn stets begleiten und Lotsenfische genannt werden.

Gegen sechs, nach beendigter Arbeit und Siesta, ging unsere ganze Gesellschaft hinauf, um sich zu erfrischen, und nun tat sich die Seele weit auf vor den leidenschaftlichen und zarten Eindrücken, die uns von diesen im Norden ungeahnten Wundern geschenkt wurden. Ja, diese Wunder fügen sich keinen Berechnungen oder Ziffern, keinen rohen Angriffen der Wissenschaft und der Empirie. Es ist unmöglich, den tropischen Himmel und seine Wunder zu Papier zu bringen, unmöglich, dieses grenzenlose Empfinden zu messen, dem man sich mit zitternder Demut hingibt, wie dem Gefühl der Liebe. Die Ruhe des Himmels und des Meeres ist keine tote, keine schläfrige Ruhe: Es ist gleichsam die Ruhe einer befriedigten Leidenschaft, in der Himmel und Meer, von ihren süßen Qualen ausruhend, sich in gegenseitiger Umarmung aneinander erfreuen. Die Sonne entschwindet wie ein beglückter Liebhaber und hinterläßt eine lange, nicht erlöschende, sinnende Spur von Glück auf dem geliebten Antlitz.

Auf diesem goldflammenden, unübersehbaren Feld liegen

ganze Welten von zauberhaften Städten, Gebäuden, Türmen, Ungeheuern, Tieren – alles Wolkengebilde! Seht hin – da stürzt eine gigantische Festung langsam lautlos zusammen; erst fällt eine Bastion, nach ihr die zweite; dort senkt sich, das eigene Fundament erdrückend, ein hoher Turm hernieder, und alles geht leise in die Gestalt eines Berges über, einer Insel, mit Wäldern und Kuppeln. Noch hat die Phantasie keine Zeit gefunden, dieses Gebilde zu erfassen, als es bereits dahinschmilzt und auseinanderfällt und ein Schiff, das in der Luft hängt, an seine Stelle tritt; aus einem riesengroßen Wagen entsteht die Gestalt einer gigantischen Frau: Ihre Schultern sind noch unversehrt, aber die Hüften sind schon zerfallen, und das Ganze verwandelt sich in den Kopf eines Kamels; eine Reihe Soldaten, die in hellen Haufen heranstürmen, bedrängen ihn und verschlingen alles zusammen.

Noch ist die Sonne nicht erloschen, noch haben Sie keine Zeit gehabt, Ihre Gedanken zu Ende zu denken – aber sehen Sie sich um: Im Westen leuchtet noch Gold und Purpur, im Osten jedoch blitzen und blinken schon Millionen von Augen: Sterne über Sterne, und in ihrer Mitte strahlt bescheiden und gleichmäßig das Kreuz des Südens! Die Dunkelheit senkt sich wie eine Mütze auf uns herab; die Inseln, die Türme, die Ungeheuer – alles ist verschwunden. Die Sterne leuchten hell und keck: Sie beeilen sich gleichsam, die Pause zwischen Sonnenschein und Mondschein auszunützen; es werden ihrer immer mehr und mehr, sie durchdringen den Himmel. Dieselbe unsichtbare Hand, die die luftigen Gebilde hingemalt hat, zündet an allen Ecken des Firmaments Lichter an – das strahlende Fest des Abends beginnt. Doch nun erscheint Luna: nicht trübe, nicht bleich, nicht nachdenklich, nicht nebelhaft wie bei uns, sondern rein und durchsichtig wie Kristall, stolz leuchtend in ihrem weißen Glanz und jungfräulich, denn die Dichter haben sie hier noch nicht besungen, wie bei uns. Das ist keine reife, verblühte Schönheit, sondern eine rüstige Jungfrau, erfüllt von Kraft, Leben und strenger Keuschheit, wie Diana selbst. Ihr durchdringendes Licht ergießt sich über Himmel und Meer; sie bändigt das kecke Geflimmer der Sterne und tritt bescheiden und majestätisch die Herrschaft bis zum Morgen an. Und der Ozean ist eingeschlafen, meinen Sie? Nein, er flimmert und glitzert heller als die Sterne. Ein flammender Strudel öffnet sich unter dem Schiff, Ströme von Gold, Silber und glühenden Kohlen quellen brausend hervor...

Nach dem drückend heißen Tag bricht eine lange schwülsüße Nacht an, mit Geflimmer am Firmament, mit Feuerströmen zu unseren Füßen, mit zitternder Wonne in der Luft! Mein Gott! Diese Nächte gehen hier ungenützt verloren: Da gibt es keine Serenaden, keine Seufzer, kein Liebesgeflüster, keinen Nachtigallengesang! Nur die Fregatte strebt angespannt vorwärts und stöhnt mitunter auf, ein erschlafftes Segel sinkt krachend herab, oder eine Welle plätschert am Hinterteil des Schiffs – und wieder ist alles wunderbar still und feierlich!

IV

Am Kap der Guten Hoffnung

10. März bis 12. April 1853

Am 9. dachten wir in die False Bay einzulaufen, fuhren aber nachts daran vorüber und fanden uns fünfzehn Meilen entfernt auf der andern Seite des Kaps. Gigantische Felsen, durch Wind beinahe ganz schwarz geworden, bewachen die Südküste Afrikas wie die Zinnen einer riesengroßen Festung. Hier spielt sich ein immerwährender Kampf zwischen den Titanen ab – dem Meer, den Winden, den Bergen; ewige Brandung, immerwährende Stürme. Besonders schön ist der Felsen Hanglip. Sein Gipfel neigt sich schroff der Mitte zu, während die Basis ins Meer hinausragt. Die Gipfel der Berge bestehen aus Sandstein, das Fundament aus Granit. Am 10. März, in der sechsten Abendstunde, stieg ich die Schiffstreppe hinan, blickte aufwärts und erstarrte vor Schreck: Der Berg kam geradewegs auf uns zu. – «Sind wir auf eine Sandbank geraten?» fragte ich den Steuermann. – «Was sagen Sie da! Gott behüte! Pfeffer auf Ihre Zunge! Wir gehen vor Anker.» In der Tat erscholl das Kommando: «Hinaus aus der Bucht»; dann: «Den Anker auswerfen!» Ein minutenlanges Dröhnen der sinkenden Kette, die Fregatte erbebte und blieb stehen. Wir hatten uns ungefähr anderthalb Kilometer von der Küste verankert; diese aber bestand aus dem einen Berg, und er erschien mir so hoch, daß er die Entfernung verschleierte, denn er erdrückte die Häuser und Kirchen Simonstowns durch seine Höhe. Als ich jedoch später den Tafelberg erblickte, kam mir dieser erste Berg wie ein

Hügel vor. Wie gewöhnlich wimmelte es an Bord bald von allerhand Leuten mit Empfehlungsschreiben von dänischen, holländischen und andern Schiffen, Schneidern, Wäscherinnen männlichen Geschlechts und anderen mehr.

Als wir die Küste betraten, gerieten wir in einen Haufen Malaien, Neger und *Afrikaner*, wie sich die in Afrika geborenen Weißen nennen. Die einen waren im Marinearsenal tätig, andere blickten müßig aufs Meer hinaus, auf die Schiffe, auf die Ankömmlinge oder auf das, was ihnen gerade vor die Augen kam. Hinter uns schritten unsere Diener einher; der eine trug ein Gewehr, ein anderer ein Netz zum Insektenfangen, ein dritter einen Hammer, um das Gestein zu zerschlagen. «Sehen Sie», sagten wir zueinander, «hier ist, vom Menschen angefangen, nichts Heimisches mehr zu finden; alles ist anders: der Mensch, seine Kleidung, seine Sitten.» Die Zäune sind aus Kaktus- und Aloezweigen geflochten: Verhüte Gott, einen solchen Zweig anzufassen – es ist schlimmer als unsere Brennessel. Kein ehrlicherMensch, aber auch kein Dieb, nicht einmal ein Liebender vermag einen solchen Zaun zu übersteigen: Eine Million dem Auge kaum sichtbarer Nadeln würde in seine Haut eindringen. Auch die Steine sind anders, der Sand ist rot, die Gräser seltsam: Eines ist gekraust, ein zweites fingerdick, ein drittes braun wie Moos, wieder ein anderes rauchfarben. Wir gingen zur Stadt hinaus, auf feinem, reinem Sand, bis zum Strand: Muscheln knirschten unter unsern Füßen. «Alles ist nicht so wie bei uns, alles anders», wiederholten wir und hoben bald eine Muschel, bald einen Stein auf. Ein Sperling flattert vorüber – er ist viel eleganter als unsere, ein Stutzer, aber man sieht gleich, daß es ein Sperling ist, soviel Staat er auch machen mag. Derselbe Flug, dieselben Manieren; er wühlt ebenso in jedem Schmutz herum, der auf der Straße zu finden ist, wie unsere Spatzen. Auch Schwalben und Krähen sind da, aber sie sind anders: die Schwalben grauer, die Krähen viel schwärzer. Wenn ein Hund bellt, so klingt auch das anders, es ist etwas Fremdartiges dabei, als belle er in einer fremden Sprache. Auf der Straße liefen dunkelfarbige, krausköpfige Bengel herum, drängten sich schwarze oder braune Frauen, Malaien in hohen Strohhüten, die wie Glokken aussahen, aber mit weiter vorspringenden oder etwas in die Höhe gehobenen Rändern. Nur das Schwein ist ebenso unsauber wie bei uns, scheuert sich ebenso ungestüm mit der Seite an der Mauerecke, als wollte es das ganze Haus einreißen, und die Katze leckt sich, im Vorgarten unter den Myrten sitzend, eifrigst das Pfötchen und wäscht sich dann den Kopf damit. Wir gingen auf einem sandigen Weg an Häusern und Gärten vorüber, kamen an der Festung vorbei und verließen die Stadt, die links liegen blieb.

Man hatte uns davor gewarnt, in der Mittagsstunde dem Gebüsch nahezukommen: Um diese Zeit pflegen die Schlangen hervorzukriechen, um sich in der Sonne zu wärmen; doch wir hörten nicht darauf und stocherten kühn mit den Stöcken in den Büschen herum, um uns einen Weg hindurch zu bahnen. Die Schlangen scheinen sich vor den Menschen mehr in acht zu nehmen als diese vor ihnen. Ich sah nur eine Eidechse, wollte sie mit dem Stock an den Boden andrücken, aber das grüne Reptil entschlüpfte mit unglaublicher Geschwindigkeit in sein Loch. Drei schwarze Frauen hatten denselben Weg wie wir. Ich fragte die eine, welchem Stamme sie angehöre. «Fingo!» sagte sie. «Mozambique!» schrie sie darauf. «Hottentott!» Alle drei fingen laut zu lachen an. Ich habe dieses freche Gelächter der schwarzen Frauen mehr als einmal zu hören bekommen. Schreitet man an ihnen vorbei – geht's noch an; sobald man aber eine schwarze Schöne nach etwas fragt, zum Beispiel nach ihrem Namen oder nach dem Weg, so lügt sie, und nach der Antwort erschallt ihr und ihrer Gefährtinnen Gelächter, wenn sie in Gesellschaft ist. «Betschuan! Kaffer!» fuhr das Frauenzimmer zu schreien fort. Es war wirklich ein Frauenzimmer. Gekleidet sind sie fast wie unsere russischen Weiber auf dem Lande: auf dem Kopf ein Tuch, um die Hüften eine Art Rock, wie bei einem Sarafan, darüber ein Hemd; um den Hals mitunter ein Tuch, mitunter nicht. Manche Frauen der braunen Volksstämme sehen unsern sonnenverbrannten alten Weibern auffallend ähnlich; dafür finden die schwarzen nicht ihresgleichen. Alle haben dicke Lippen, hervorstehende Kiefer und Kinn, pechschwarze Augen mit gelbem Apfel und zwei Reihen blendendweißer Zähne. Das Lächeln hat auf dem schwarzen Gesicht etwas Furchtbares und Bösartiges.

Wir trafen, sieben Mann hoch, Anstalten, nach Kapstadt zu fahren, mit der Absicht, die Fahrt landeinwärts bis in die Kolonie auszudehnen. Eines schönen Morgens nahm jeder ein Köfferchen mit etwas Wäsche und Kleidern und seinen Notizbüchern mit, und wir machten uns in zwei Equipagen, das heißt seitlich mit Leder gedeckten Fuhren, auf den Weg.

Von Simonsbay bis Kapstadt sind es im ganzen vierundzwanzig englische Meilen oder sechsunddreißig Kilometer. Die ersten zwölf Meilen läuft der Weg die Küste entlang, bald an Klippen vorüber, bald durch Sand oder auf Felsgrund, immer auf chaussierter Straße; es ist kein kurzweiliger Weg, obgleich das Meer ständig in Sicht ist und mit Strauchwerk dicht bewachsene Felsen sich zu unseren Häuptern drängen, aber das alles ist düster, kahl. Die Felsgipfel heben sich mit ihrem dunkelgrauen Sandstein scharf von dem mit Gras bewachsenen Granit ab. Hoch in den Schluchten der Berge entdeckten wir weidende Kühe: Sie sahen von unten wie Käfer aus. Rechts liegt an einer Stelle ein Süßwassersee. Hier und da steht eine einsame Fischerhütte; zwei bis drei Landhäuser am Fuß des Berges und ein kleines Gasthaus – das ist alles. Es ist wenig Leben wahrzunehmen; nur die Möwen streichen am Gestade entlang, und das Meer braust und plätschert seine ewige ununterbrochene Melodie. Auf halbem Wege steht ein zweites Gasthaus, das sich auch «Halfway» nennt, und von da ab ändert sich das Bild vollkommen: Die Felsen treten auf drei Meilen Entfernung vom Strande zurück, und die Straße zieht sich heiter und belebt zwischen langen Reihen von

Landhäusern hin, von denen eins immer schöner ist als das andere. Man fährt durch Alleen von Zedern, Eichen und Pappeln; stellenweise bilden die Baumkronen ein undurchdringliches Gewölbe; hier und da führen andere Alleen, seitlich von der Hauptallee, zu Landhäusern und Farmen und auch nach Wynberg, einem kleinen Städtchen, das man vom Wege aus erblickt. Links liegt der durch seine Gestalt berühmte Constantia-Berg. Neben ihm zieht sich ein Bergrücken bis unmittelbar an den Tafelberg hin. Unterwegs begegneten oder überholten uns Fuhren, Kabrioletts, Kutschen, Reiter. Aus der Allee gelangt man unmerklich nach Kapstadt.

Schon lange vor der Einfahrt in die Stadt tauchten vor unsern Blicken drei seltsame Bergmassive auf, die keinem der bisher gesehenen ähnlich waren. Das eine ungemein lang, ziemlich steil, mit einer Vertiefung in der Mitte und Erhebungen an den Enden; das andere hoch, gleichmäßig, ebenso breit am Fuß wie oben. Ein Gipfel ist nicht vorhanden: Er ist gleichsam abgeschnitten, und der Berg endet oben in einem Plateau, das der Basis beinahe gleichkommt. An diesen Berg lehnt sich der dritte an, ganz zerklüftet und dichter mit Grün bewachsen als die anderen. «Was ist das?» fragte ich den Kutscher, einen Malaien, und wies auf den einen Berg. «Table Mountain», sagte er. «Und das?» – «Lion's Head.» – «Und das?» – «Deavil's Peak.»

Der Tafelberg ist so benannt, weil er einem Tisch ähnlich ist, er sieht aber auch einem Koffer, einem Klavier und einer Wand ähnlich – allem, was Sie wollen, am allerwenigsten einem Berg. Seine Seiten erscheinen glatt, indessen sieht man durchs Fernrohr große Vorsprünge, Unebenheiten und Einschnitte; aber sie verschwinden in dem Riesenmassiv des Blocks. Diese drei Berge, und unter ihnen besonders der Tafelberg, haben ihren Ruf nicht umsonst erworben.

Ob sie von Sonnenstrahlen überflutet sind, ob dichter Nebel sie umhüllt oder ein Kranz von Wolken sie umgurtet – sie sind in all diesen Gewändern herrlich und eigenartig und bieten dem Reisenden ein dauernd unterhaltendes und großartiges Schauspiel. Drei seltsame Gestalten umlagern die Stadt wie drei Ungeheuer. Der Tafelberg, düster und grau wie alle Berge, die die Südküste Afrikas umsäumen, besteht aus Sandstein, der von Luft und Sonne schwarz geworden ist. Hier und da grünt etwas Gras, und ein paar Sträucher haben in den vom Regen ausgewaschenen Schründen Wurzel gefaßt. Am Fuß des Berges sind kleine Wäldchen und Gärten mit Landhäusern und Weinbergen verstreut. Dem Anschein nach ist es unmöglich, in diese Mauer einzudringen; indes sind dort Fußpfade angelegt, und Wißbegierige begeben sich unter Begleitung von Führern beständig hinauf. Auch einige der Unsern unternahmen es: Sie gingen in Stiefeln hin und kamen barfuß zurück. Der Gipfel des Berges, erzählten sie, sei flach und auf der ganzen Ausdehnung mit Strauchwerk bewachsen. Der Löwenkopf soll einem ruhenden Löwen ähnlich sein: Der langgestreckte Hügel erinnert wirklich an den Rükken eines Tieres, aber der kegelförmige Pic, mit dem dieser Hügel an den Tafelberg angrenzt, hat nicht die geringste Ähnlichkeit mit einem Löwenkopf. Dafür bildet die Krönung des Pics die regelrechte Gestalt eines schlafenden jungen Löwen. Meine Genossen machten dieselbe Bemerkung. Man hätte das Figürchen nicht besser eigens herstellen können: Es wandelt einen geradezu die Lust an, es herunterzuheben und als Briefbeschwerer auf den Schreibtisch zu legen.

In den Anblick der Berge versunken, waren wir unbemerkt vor der breiten Anfahrt eines zweistöckigen Hauses angelangt: Welch's Hotel. Auf der untersten Stufe der Freitreppe empfing uns ein ganz schwarzer Diener; dann ein zweiter, ein Malaie, nicht ganz schwarz, aber auch nicht ganz weiß, mit einem roten Tuch um den Kopf; im Flur eine etwas weißere englische Dienstmagd; dann auf der Treppe – ein etwa zwanzigjähriges, schönes und vollständig weißes Mädchen, und endlich eine alte Frau, die Wirtin, weiß *nec plus ultra*, das heißt weißhaarig. Wir betraten die saubere, runde, von oben beleuchtete Diele, mit einer prachtvollen Holztreppe und einem Balkon, der geradewegs in einen kleinen Hof mündete. Rund um das Höfchen zog sich ein Spalier von Weinreben hin, an dem überall große reife bernsteinfarbene Trauben hingen. Die Türen, die rechts in den Salon, links in das Speisezimmer führten, waren weit geöffnet, Jalousien und Fenster halb geschlossen. Überall Dämmerung und Kühle. Im Flur trafen wir einige der Unsern, die schon tags zuvor abgefahren waren. Sie waren im Begriff, einen Spaziergang zu machen; wir überließen unser Gepäck den Dienstboten und schlossen uns ihnen an. Ein Diener fragte mich und B., ob wir zu Mittag essen würden. Das allzu harte Pökelfleisch und der allzu weiche Eierkuchen im «Halfway» waren meinem Gedächtnis oder meinem Magen noch «gegenwärtig», und ich antwortete: «Ich weiß nicht.» «Ja, ja, gewiß!» entschied B. eiligst für uns beide.

Es war ein selten schöner Tag: Die südliche Sonne kargte, obgleich es Herbst war, nicht mit Farben und Strahlen; die Straßen lagen träge da, die Häuser blickten in der Mittagsstunde nachdenklich drein und schienen von dem heißen Glanz vergoldet zu sein.

Wir sahen viele Straßen und Plätze, besichtigten die englische und die katholische Kirche, kamen an der Moschee vorüber, die in einem Hause untergebracht ist, das sich in nichts von den andern unterscheidet. Aber wohin man auch schauen mochte, überall stieß der Blick bald auf die grünenden Seitenhänge des ruhenden Löwen, bald auf den Tafelberg oder den Teufelspic. Die Stadt wird gleichsam erdrückt von ihnen, nur im Südwesten öffnet sich eine grenzenlose Weite: Dort fließen Himmel und Meer ineinander.

Ich studierte die Physiognomie der Stadt mit forschendem Blick: Es ist alles wie in England, dieselben schmalen, hohen, englischen, mit Schiefer und Dachziegel gedeckten, zwei-, selten dreistockigen Hauser. Im Erdgeschoß Larm. Wie in London und in Petersburg stehen die Häuser so nah beieinander, daß man oft nicht unterscheiden kann, ob man ein Haus vor sich hat oder zwei; aber die Stadt ist sehr sauber gehalten und sieht ungemein frisch, heiter, lebensfroh und geschäftig aus. Ganz besonders ergötzte ich mich an der bunten Bevölkerung. Der Engländer ist hier der Herr, wer er auch sein möge: Immer vornehm gekleidet, erteilt er den Schwarzen kalt und verächtlich seine Befehle. Der Engländer sitzt in seinem geräumigen Kontor, im Lagerhaus oder in der Börse, ist am Landungsplatz tätig, er ist Bauherr, Ingenieur, Pflanzer, Beamter, er trifft Anordnungen, leitet das Geschäft, arbeitet; er ist's aber auch, der in der Kutsche fährt, reitet, die Kühle auf dem Balkon seines Landhauses, im Schatten der Weinrebe genießt.

Und der Schwarze? Da schleppt ein stattlicher schöner Fingoneger oder ein Mozambique einen Warenballen auf den Schultern, das ist ein «Kuli» – ein gedungener Lastträger. Da lenkt ein anderer aus dem Stamm der Zulus, häufiger aber ein Hottentotte, vom Bock eines Kabrioletts ein Paar schöner Pferde. Dort führt ein dritter, ein Betschuane, ein Reitpferd. Ein vierter kehrt die Straße und wirbelt eine Säule rotgelben Staubes auf. Da führt ein Malaie, mit nach mohammedanischem Brauch um den Kopf gewundenem Tuch, eine mit sechs, acht oder gar zwölf Ochsen bespannte Fuhre. Ein Haufen von Jungen und Mädchen, von den weißesten bis zu den allerschwärzesten, läuft umher, lacht, weint und rauft. Die Haare der Schwarzen sehen aus wie ein Haufen Ruß. Mulatten und Mulattinnen in europäischer Kleidung, betrunkene englische Matrosen, mit den Armen fuchtelnd und aus vollem Hals brüllend, mit Hüten und ohne Hüte, in Wagen spazierenfahrend oder am Landungsplatz herumlungernd... und mitten in dem Völkergemisch, im Wagen, zu Pferde, zu Fuß – herrliche, zarte Geschöpfe, die englischen Frauen.

Die Stadt zählt gegen fünfundzwanzigtausend Einwohner, Europäer und Farbige. Außer den Schwarzen und den Malaien begegnet man vielen braunen Gesichtern von recht zweifelhafter Güte, die bald an Holländer, bald an Franzosen oder Engländer erinnern: Es sind Mischlinge dieser Völker mit den Afrikanern. Die eigentlichen einheimischen und bekanntesten Stämme: Kaffern, Hottentotten, Buschmänner, insbesondere die letzteren, sieht man in Kapstadt gar nicht, außer den hottentottischen Dienern und Kutschern. Sie ziehen sich eigensinnig in ihre Wildnis zurück und stehen der Zivilisation und dem seßhaften Leben feindlich gegenüber. Übrigens ist der Stamm der Buschmänner nicht allzu zahlreich; sie hausen in Erdhöhlen, die zwischen Büschen ausgegraben sind, daher auch der Name Buschmänner. Sie leben auch untereinander nicht gesellig, sondern familienweise, ernähren sich durch Jagd, Fischfang und Diebstahl. Einer der neuen Schilderer der Kapkolonie, Thornley Smith, vergleicht die Buschmänner mit den Troglodyten des Plinius, die in Erdhöhlen wohnten, sich von Schlangen nährten und statt einer deutlichen Sprache ein dumpfes Brummen von sich gaben. Eine Ähnlichkeit ist wirklich vorhanden, besonders wenn man die Buschmänner reden hört.

Nun war es aber Zeit zum Mittagessen, die Sonne war gesunken, die Uhr zeigte sechs. Im Hotel erwartete uns ein großer, schlanker Gentleman von sehr angenehmem Äußeren, mit einem höchst würdevollen Backenbart, der hie und da von grauen Fäden durchzogen war, in einer hellblauen Jacke, mit schwarzem Krepp auf dem Hut und einem beständigen, selbstbewußt-bescheidenen Lächeln auf den Lippen; in den Händen hielt er eine sehr lange Peitsche. «Van Dyck», stellte er sich vor. Mir schoß ein ganzer Strom von Assoziationen durch den Kopf. «Van Dyck!» – natürlich ein Nachkomme des berühmten Malers: Der Großvater oder Urgroßvater des vor uns stehenden van Dyck hatte Holland verlassen, war in die Kolonie ausgewandert, und das war nun sein Nachkomme. Er war natürlich gekommen, um die Russen, die hier seltene Gäste waren, kennenzulernen... «Ich bin Ihr Führer durch die Kolonie», sagte van Dyck. «Ihr Bankier hat mich engagiert, mit zwei Wagen und acht Pferden. Wann wünschen Sie zu fahren?» Meine Mutmaßungen zerfielen in nichts. «Morgen, recht zeitig», sagten wir ihm.

Am Morgen erschien van Dyck wieder, um zu fragen, ob wir zur Fahrt bereit seien; aber wir waren nicht fertig: Der eine hatte die Kleider noch nicht eingepackt, ein anderer hatte keine Zeit gefunden, Geld zu wechseln. Wir baten ihn, um zwei Uhr wiederzukommen. Van Dyck verbeugte sich mit seinem unveränderlichen Lächeln und ging fort. Um zwei Uhr erschienen zwei Wagen vor der Anfahrt; vor jeden waren vier Pferde gespannt, immer zwei nebeneinander. Der Malaie Richard, der andere schwarze Diener, der weiße kurzsichtige Engländer, schließlich Mrs. Welch selber und das Mädchen Carolina – alle kamen heraus, um uns zu begleiten, als wir in die Wagen stiegen. – «Good journey, happy voyage!» sagten sie. Als wir die Stadt verlassen hatten, um den Tafelberg und den Teufelspic gebogen waren und auf einer prachtvollen Chaussee, angesichts der Bucht, zwischen Farmen, Hütten, Sümpfen, Sand und Sträuchern dahinfuhren, begann ein leichter Sprühregen zu fallen. Wäre nicht vorn und zu beiden Seiten der Blick auf die Berge gewesen, hätte man sich schlafen legen können. Aber unser Sinn stand nicht nach Schlafen: Wir freuten uns, daß wir dank der Gefälligkeit des Admirals, mit Hilfe der vom Bankhaus Thomson & Co. erhaltenen Empfehlungsbriefe, viel Neues und Unterhaltendes sehen würden.

Ich suchte mir alles ins Gedächtnis zurückzurufen, was ich bei Vaillant über das Kap und das ganze Gebiet gelesen hatte: Schilderungen der Sandgegend, der Hitze, der Kämpfe mit Löwen, der Farmer, und es schien mir kaum glaublich, daß ich nun wirklich in dieser Gegend reiste, daß ich zehntausend Meilen vom Vaterland entfernt war. Meine Augen glitten liebkosend über jeden Strauch und über das Gras, das an manchen Stellen voll und saftig war, an andern trocken wie ein Besen. Der Regen setzte zeitweise aus, dann flatterte eine

Menge der verschiedenartigsten Vögel in den Büschen umher. Ich bemerkte einen blauen Vogel mit einem Schwanz, der fast eine halbe Elle lang war. Er heißt *sugarbird* (Zuckervogel), weil er sich immer in der Nähe des sogenannten Zuckerstrauchs aufhält. Wilde Kanarienvögel, etwas kleiner und nicht so grell gelb gefärbt wie die zivilisierten, flogen scharenweise von einem Strauch zum andern; noch allerlei grüne und braune Vögelchen huschten vorüber. Daneben zogen Geier in langsamen Kreisen durch die Luft; in der Nähe der bewohnten Orte tauchten auch Krähen auf, von viel grellerer Färbung als die unsern: Die schwarze Farbe erschien an ihnen noch schwärzer und hob sich scharf von den hellen Flecken ab. Scheckige Kaptauben, Schwalben und Sperlinge flogen um die Häuser. In der Kolonie werden mehr Vogelarten gezählt als in ganz Europa, nämlich gegen sechshundert. Das Gebüsch war stellenweise so dicht, daß es einen undurchdringlichen Wald bildete, aber es war niedrig, und dahinter sah man sich weit hinziehende unbebaute Sandebenen oder fremdartige Berge, an deren Fuß weiß schimmernde Farmen aus dem sie umgebenden grellen Grün hervorschauten.

Der Weg blieb andauernd sehr reizvoll. Von Kapstadt aus ziehen sich die Berge eine Zeitlang weit zu beiden Seiten hin; in einer Entfernung von ungefähr siebzig Meilen aber drängen sie sich zu einer engen Schlucht zusammen, die wir passieren mußten. Es fing an dunkel zu werden.

Es war gegen acht Uhr abends, als van Dyck plötzlich scharf vom Wege abbog und an einem einsamen langen, einstöckigen Steingebäude vorfuhr, das eine breite, die ganze Länge des Hauses einnehmende Freitreppe aufwies. «Was bedeutet das? Wie? Wohin?» – «Zum Abendbrot und Übernachten», bemerkte van Dyck kurz, aber bestimmt. «Die Pferde sind müde. Wir haben heute zwanzig Meilen zurückgelegt.» Dieses Gasthaus hieß «Fox and hounds», das heißt «Füchse und Hunde».

Ich ging in das Haus. Was war das, ein Hotel? Es sah nicht

danach aus. Das erste Zimmer hatte das Aussehen eines Speisezimmers in einem Privathaus. Die Fußböden waren lakkiert, die Wände mit Tapeten beklebt, inmitten des Zimmers stand ein runder Tisch, an den Wänden zwei gar nicht so üble Sofas von moderner Fasson. Hier lagen unsere Sachen auf dem Boden und den Sofas aufgehäuft, doch von den Wirtsleuten war niemand zu sehen. Da vernahm ich Stimmen und begab mich durch den Gang nach einem Seitenzimmer. Das war ein großer, sehr schön eingerichteter Raum, der einem Gasthauszimmer noch weniger ähnlich sah. Auf einem langen Tisch lagen eine Bibel und andere Bücher, Handarbeiten, Hefte und dergleichen mehr. An der Wand stand ein Klavier. Es war nicht schwer zu erraten, daß die Wirtsleute Engländer waren: neue Möbel, alles frisch hergerichtet und überall Anzeichen von Komfort. Niemand ließ sich blicken, außer einem stämmigen Negerburschen. Wenn man ihn etwas fragte oder ihm etwas befahl, antwortete er vor allen Dingen mit Lachen und zeigte dabei eine Reihe blendendweißer Zähne. Dieses Lachen ist eine Gewohnheit der Neger. «Nun, werden wir Abendbrot essen?» fragte jemand. «Ich habe es schon bestellt», antwortete B. «Schon?» bemerkte W. «Was haben Sie denn bestellt?» – «Ach, nicht viel, eine Kleinigkeit: Hammelfleisch, Schinken, Huhn, Tee, Butter, Brot und Käse.»

Nach dem Abendessen führte man uns in andere Zimmer, die weder lackierte Fußböden noch Tapeten hatten, dafür aber riesengroße Betten, wie Katafalke. In den Zimmern roch es feucht, offenbar hielten sich nur selten Reisende darin auf. An den Wänden krochen sogar uns unbekannte Insekten herum, keine heimatlichen Schaben oder Wanzen, sondern lange, dünne Käfer mit einer Unmenge von Beinen. S., der mit mir das Zimmer teilte, hatte sich kaum hingelegt, als er auch schon eingeschlafen war, als wäre er betrunken. Ich blieb allein wach, doch nicht lange. Früh am Morgen, als wir noch nicht recht ausgeschlafen hatten, ging der rastlose P., der die Rolle unseres Mentors übernommen hatte, in alle Zimmer und trieb uns an, eilig aufzustehen und weiterzufahren.

Wir fuhren bei herrlichem Wetter auf einer prachtvollen hügeligen Straße fröhlich weiter. Nach dem gestrigen Regen war alles ringsum erfrischt. Der Sand flog nicht als Staub in die Höhe, sondern lag still da und sah wie Lehm aus. Die Berge blickten nicht so düster und feindselig drein wie tags vorher; sie bemühten sich, alles zu zeigen, was schön an ihnen war, obwohl sie, um die Wahrheit zu sagen, wenig Schönes aufwiesen, sosehr die Sonne sie mit ihren Strahlen auch vergolden mochte. Nur wenige von ihnen konnten mit einem grünen Gipfel oder Abhang prunken. Die Mehrzahl wies die gleichen verwitterten grauen Wände auf, die sich durch mannigfaltige Gestaltungen unterschieden: Einer hatte hier Wasserrisse, ein anderer einen Buckel, ein dritter einen steilen Abhang. Obwohl ich aus Beschreibungen wußte, daß Afrika, die südliche Spitze nicht ausgenommen, an Sandgegenden und Bergen sehr reich ist, so malte mir meine Phantasie dennoch dunkle Wälder, Höhlen von Löwen, Tigern und Schlangen. Indessen suchten meine Augen umsonst nach diesen Wäldern; sie wachsen nur an den Küsten. Im Innern, vom Kap angefangen bis an die Grenze der Kolonie, das heißt in einer Ausdehnung von ungefähr tausend Kilometern, ist der sandige Boden mit niedrigem Buschwerk bedeckt oder bei den Farmen mit künstlich angelegten Gärten; jenseits der Grenze jedoch gibt es, außer seltenen Oasen, nicht einmal das.

Wenn die Natur unsern Weg auch nicht sehr abwechslungsreich gestaltete, so vervollständigte die lebhafte und bunte Menge der Vorübergehenden und fahrenden aller Stämme, Farben und Stände das Bild, in dem sonst viele leere Stellen geblieben wären. Unendliche Wagenreihen mit Menschen und Waren zogen nach Kapstadt hin oder kamen von dort zurück. Lange Fuhren und noch längere Züge von Ochsen, die paarweise von sechs bis zwölf vor jede Fuhre gespannt waren, zogen in einer ununterbrochenen Prozession auf der Straße dahin. Diese Ochsen werden ausschließlich durch eine lange Peitsche gelenkt. Der Kutscher, ein Hottentotte, sitzt gewöhnlich auf dem Bock, und wenn er nach rechts fahren muß, so klatscht er von der linken Seite mit der Peitsche oder umgekehrt. Mitunter bewegen die Ochsen ihre Beine kaum vorwärts, ein andermal aber bildet ihr Zug eine schiefe Linie, und sie laufen im scharfen Trab. Bei der Begegnung mit einem Fuhrwerk weichen die Ochsen nur ungern aus; in solchen Fällen springt gewöhnlich ein Hottentottenjunge, deren es bei jedem Zuge immer mehrere gibt, aus dem Wagen und zerrt den ganzen Zug zur Seite. Wir begegneten besonders viel Malaien in farbigem Putz, Männern und Frauen, zu Fuß, zu Pferd oder in Wagen. Um den Kopf trugen sie alle Baumwolltücher, meistens rotkarierte. Wir hatten schon am Tage vorher viele gesehen, besonders auf den Fuhren. Eine solche Fuhre ist sehr malerisch: Stellen Sie sich einen sechs Meter langen Wagen vor, mit einer runden Plane aus Segeltuch, der dermaßen mit diesem mohammedanischen Volk vollgestopft ist, daß einige Männer und Kinder, die keinen Platz unter der Plane gefunden haben, einfach in den Haufen hineingepreßt sind und wie überzählige Scheite aus einer Holzfuhre herausragen. Drei Ochsenpaare schreiten langsam und wichtig mit dieser ganzen Menagerie einher. Gegen Abend beziehen diese Fuhren Biwake; die ausgespannten Ochsen weiden im Gebüsch, die Flamme des knisternden Lagerfeuers verbreitet weithin einen hellen Schein und Rauch, die Reisenden sitzen in Gruppen beim dampfenden Kessel. Van Dyck erklärte uns, daß diese Malaien aus dem kleinen Flecken Kramati, fünfundzwanzig Meilen von Kapstadt, zurückkehrten, wo sie sich an einem dieser Tage zur Anbetung eines ihrer Propheten, der dort begraben ist, versammelt hatten. Alle dieser Pilgerkarawanen erinnerten mich ein wenig an unsere Zigeunerlager, nur mit dem Unterschied, daß die Malaien ehrlich und arbeitsliebend sind und daher nicht so nackt und wild aussehen.

Der Tag war und blieb herrlich. Nach und nach war es heiß geworden. Die Pferde trabten träge durch den Sand; die Räder quietschten, die Hitze drückte. Van Dyck hatte nichts zu tun und schlug mit der Peitsche nach den Eidechsen, die auf den Weg herausgekrochen waren. Wir wehrten schweigend die Fliegen und Bremsen ab und blickten nach den Seiten hin, auf die großen Berge, die uns wie in hellen Haufen entgegenkamen. Plötzlich sprang auf der linken Seite, ungefähr tausend Schritt vor uns, ein schönes weißes, schwarzgeflecktes Tier aus dem dichten Gebüsch heraus; mit einem Satz überquerte es die Straße und blieb unbeweglich stehen. «Roebuck! Roebuck!» sagte van Dyck, mit der Peitsche darauf hinweisend. Links, wo der Bock herausgesprungen war, bewegten sich die Zweige ein wenig: Dort hielt sich eine kleine Herde Antilopen versteckt, die dem Bock nicht zu folgen wagten. Als der Bock und die Antilopen uns wahrnahmen, blieben sie unentschlossen stehen. Der Bock stand wie versteinert, in halber Wendung da; er warf die Hörner ein wenig zurück, spitzte die Ohren und sah uns an. «Wie könnten wir näherkommen, ohne ihn zu erschrecken?» fragten wir. «Wir müssen alle plötzlich aus Leibeskräften zu schreien anfangen», belehrte uns van Dyck, «dann werden sie eine Zeitlang wie erstarrt auf einem Fleck stehen bleiben.» Warum hatte er das nur gesagt! Mein Gott, wie wir losbrüllten! Besonders S. schonte seine Lungen nicht, ebenso van Dyck. Aber unser Geschrei war kaum verstummt, als der Bock in das Strauchwerk sprang und mitsamt seinen Damen davonstürzte. Wir sahen van Dyck alle fragend an. «Was ist denn das, Landsmann? Bist du in der Naturgeschichte so schlecht bewandert?» bemerkte S. «Hü!» schrie van Dyck das Pferd an, und wir fuhren weiter. Aber wir konnten noch lange sehen, wie die Antilopen durch das Gebüsch jagten, die Zweige bewegten und dann den Berg hinaufstürzten, während wir bergab fuhren. Die Gegend begann sich wesentlich zu verändern: die Berge rückten immer näher an uns heran; wir fuhren über ihre Abhänge, bald bergauf, bald bergab.

Um Mittag kamen wir zu einem wunderschönen Flüßchen, das von so herrlichen Landschaftsbildern umgeben war, daß sogar der gemessene und ruhige van Dyck auf eine malerische, von Bäumen umschattete Schlucht hinwies. «Very nice place!» bemerkte er. Wir fuhren auf einer langen steinernen Brücke mit einem Bogen, der noch im Bau war, über das Flüßchen. «Wer baut diese Brücke?» fragte ich. «Ein Wagenbauer aus Stellenbosch», antwortete er. «Ein Wagenbauer? Wo hat er das denn gelernt?» – «Nirgends, er ist überhaupt niemals von hier weggekommen.» Von der Brücke fuhren wir geradewegs gleichsam in einen Garten ein. Wir wurden mitsamt unsern Wagen von Laubwerk, Schatten und Kühle umfangen. Überall nur Gärten, Gärten, so daß man gar keine Häuser sah: Das war das Örtchen Stellenbosch. Breite Straßen kreuzten sich in geraden Winkeln. Ich habe nirgends größere und schönere Eichen gesehen; unter ihnen lagen niedrige, einstöckige Häuser, in holländischer Bauart, versteckt. Die Straßen waren so lang, daß sie kein Ende zu nehmen schienen: zwei Kilometer und länger.

Wir fuhren lange durch diese Alleen und blieben endlich in der längsten, scheinbar der Hauptstraße, vor einem Hause stehen. Kein weißer Einwohner war auf der Straße zu sehen: Es war noch früh und heiß; nur Schwarze irrten hier und da herum, ritten vorüber oder arbeiteten. Wir betraten leere, kühle Zimmer, die einfach, beinahe ärmlich ausgestattet waren. Wir öffneten die Saaltür und blieben auf der Schwelle vor einem eigenartigen Bild im niederländischen Stil stehen. Das hohe Zimmer war mit alten, von der Zeit beinahe schwarz gewordenen Holzschränken und verschiedenem Hausgerät vollgestellt. An der Wand stand ein Sofa mit einem teilweise durchgedrückten Sitz; davor ein runder Tisch, der mit einem groben Tischtuch bedeckt war; an den Wänden entlang standen Bänke und Schemel. Auf einer Bank saß eine ganz alte Frau in holländischer Haube ohne Falbeln und zog Talglichter; eine zweite, auch nicht mehr junge Frau saß am Spinnrad;

die dritte, ein junges Mädchen mit blonden, herabhängenden Locken, vollkommen weiß wie Milch, mit weißen Augenbrauen und hellblauen Augen, machte sich in der Wirtschaft zu schaffen. Eine vierschrötige, große Mulattin versah das Amt einer Dienerin. Ihre zusammengewachsenen Augenbrauen und die niedrige Stirn hinderten sie nicht, ihre pechschwarzen Augen kokett spielen zu lassen. Als wir eintraten, hielt alles inne. Alle erhoben sich von ihren Plätzen. Die Hausfrauen antworteten mit einem freundlichen Lächeln auf unsere Verbeugungen und begannen geschäftig die Kerzen, das Spinnrad und das Hausgerät wegzuräumen, um Sitzplätze für uns frei zu machen. «Was haben Sie zum Mittagessen?» fragte W. «Wir werden Ihnen etwas zubereiten», antworteten sie. «Ist Rindfleisch da, Hammelfleisch?» – «Rindfleisch ist keins da, aber Huhn und Schweinefleisch.» – «Haben Sie Gemüse?» – «Gemüse ist auch vorhanden.» – «Und Früchte?» fragte S., «Weintrauben zum Beispiel, Apfelsinen, Bananen?» – «Apfelsinen und Bananen haben wir nicht, aber Wassermelonen und Feigen.» – «Gut, gut! Geben Sie uns Wassermelonen und Feigen, und ist sonst noch etwas da?»

Nun begann ein geschäftiges Hin und Her: Wir stellten diese friedliche Wirtschaft auf den Kopf. Schranktüren klappten, Schüsseln und Teller klirrten, in der Küche knisterte ein Feuer; die Frauen liefen hin und her. Ich ging in den Hof auf den breiten Treppenaufgang, der, wie überall hier, von Weinreben dicht beschattet war. Große gelbe Trauben hingen verführerisch am Gitterwerk. Ein Neger ging mit einer kleinen Leiter von Traube zu Traube und schnitt die schönsten für uns zum Mittagessen ab. Eine schwarze alte Negerin, deren Haut wie abgenutzter Atlas aussah, mit einem Kopftuch, putzte Messer. Als sie mich erblickte, zeigte sie mir die Zunge. Dasselbe tat sie auch, als S. hinter mir erschien. Das gefiel ihm so sehr, daß er mich aufforderte, zuzusehen, wie sie unsere übrigen Genossen, die uns folgten, begrüßen würde. Als die Hausfrau bemerkte, in welcher Weise die Negerin uns empfing, zeigte sie erst auf sie, dann auf ihren eigenen Kopf und fuhr mit dem Finger in der Luft hin und her, um uns zu verstehen zu geben, daß jene nicht bei Verstande sei. Der kleine Hof war die Ergänzung dieser Wirtschaft. Auch van Dyck mit seinen zwei Wagen hatte sich dort eingefunden. Er spannte mit Hilfe eines Jungen und eines andern Kutschers die Pferde aus und band sie im Schatten in verschiedenen Ecken an. Die Wirtschaft dieser afrikanischen Korobotschka war nicht groß, aber es fehlte an nichts. Schweine und Geflügel stolzierten auf dem Hof herum, und daneben grünte der Garten. Das grelle Grün der Bananen stach von dem dunkelgrünen Hintergrund der Feigen- und Birnenbäume ab. Rote Heckenrosen blickten über den Zaun.

Gegen fünf Uhr, als die Hitze nachgelassen hatte, belebte sich alles: Die Jalousien wurden aufgezogen; vor den Hauseingängen erschienen viele brave holländische Gestalten, männliche und weibliche. Ich begegnete unserm Arzt, der von zwei Männern begleitet war, die, wenn nicht Deutsche, so doch deutschen Stammes schienen. Sie erwiesen sich als Dänen, Brüder, der eine Arzt, der andere Apotheker, die ihn in ihr Haus mitgenommen und ihm den Garten gezeigt hatten. Ich machte nun auch ihre Bekanntschaft, und wir gingen aus der Stadt hinaus, zur Brücke, über die Brücke ins Feld, und kehrten erst bei vollkommener Dunkelheit, so daß wir uns beinahe vorwärts tasten mußten, in die Stadt zurück. Die Dänen nahmen uns mit zu sich und wollten uns durchaus mit dem Haupterzeugnis der Kapkolonie, mit Wein, bewirten. Das war für mich eine schwierige Tat: Wein trinken und noch dazu nach dem Essen! Sie brachten aber drei oder vier Flaschen und vier Gläser herein. «Das hier ist Frontignac und das Rivesaltes», sagten sie, bald von dem einen, bald von dem andern Wein eingießend, und ich fand in dem einen eine Ähnlichkeit mit Chambertin: Der Wein schmeckte wirklich wie von Burgunder Reben. Unsere Wirte versprachen, uns einige Flaschen nach Kapstadt in unser Hotel zu schicken. Sie begleiteten uns bis zu unserer Wohnung.

Die Stille und Wärme der Nacht war unsagbar angenehm: kein Windhauch, kein Wölkchen; die Sterne äugten, stark flimmernd, vom Himmel herab; auf den Balkons hörte man überall Menschen reden. Aus unserm Hotel tönten fröhliche Stimmen; ein Lichtstrom drang aus den Fenstern. Alle waren zu Hause, saßen um den runden Tisch und tranken Mixtur mit Sand, das heißt Tee mit Zucker. Es war eine Parodie auf das, was bei uns unter dem Namen Tee getrunken wird. Eine neue Erscheinung saß mit am Tisch: ein älterer, wohlbeleibter Mann mit einem rotwangigen, gutmütig lachenden Gesicht. «Herr Firstfeld, der hiesige Arzt», sagte uns P. «Warum sieht er uns denn so sonderbar an, und wo haben Sie ihn aufgegabelt?» fragte ich. «Er ist von selber gekommen. Er hat erfahren, daß Russen angekommen sind, und die wollte er sich ansehen; er sagt, er habe noch nie welche gesehen.»

Der Doktor bestätigte das auch selber. Er sprach ganz erträglich Französisch und erklärte uns aufrichtig, er habe so viel von Russen gehört und gelesen, daß er seine Neugierde nicht habe überwinden können und hergekommen sei, um uns kennenzulernen. «Ich beschäftige mich ein wenig mit Naturwissenschaften, mit Geologie und nebenbei auch noch mit Phrenologie; ich interessiere mich auch sehr für Ethnographie. Daher ist es mir sehr wichtig, den russischen Typus kennenzulernen», sagte er und sah dabei mit großer Aufmerksamkeit B. K., unsern Doktor W. und P. an: Alle drei sind nicht russischer Abstammung. «Also so sieht der Typus aus!» meinte er und starrte sie an. Wir konnten das Lachen kaum verbeißen. Er schien Reckengestalten erwartet zu haben, vielleicht auch Menschen von ein wenig tierischem Aussehen, und war erstaunt, als er erfuhr, daß G. sich auch mit Geologie beschäftigte, daß es bei uns viele Gelehrte gebe, auch eine recht ansehnliche Literatur.

Das interessierte ihn alles so sehr, daß er gar nicht daran dachte, aufzubrechen; es war aber höchste Zeit, schlafen zu gehen. Van Dyck weigerte sich glattweg, weiterzufahren. «Der Weg ist schlecht», erklärte er lächelnd. Der holländische Arzt bestand darauf, daß wir ihn am nächsten Tag besuchen müßten, und teilte uns mit, daß er selber uns zehn Meilen weit begleiten und zu seinem Freund, einem Farmer, bringen würde.

Zur Nacht wurden wir in verschiedene Zimmer geführt. Aber da es nur drei einzelne Zimmer gab und in jedem nur ein Bett stand, so mußten wir uns zu zweit in ein Bett legen. Doch die Betten waren derart, daß auch vier Mann darin Platz gefunden hätten. Am andern Tage, gegen acht Uhr, erschien Firstfeld in einem Kabriolett, mit einem Paar wundervoller Pferde, um uns abzuholen.

Diese sechs Meilen, die wir mit dem Arzt, meist auf Nebenstraßen, zurücklegten, waren trotz der malerischen Schluchten und Hügel die reine Folter. Die Straße war vom Regen ausgewaschen, so daß sich auf den Bergen tiefe Wasserrinnen gebildet hatten und unsere Wagen nicht rollten, sondern darüber hinwegsprangen. Man muß van Dyck Gerechtigkeit widerfahren lassen: Er steht in der Kunst des Zügelführens, wenn nicht höher, so doch genauso hoch wie sein Namensvetter in der Kunst des Pinselführens. Als wir uns über den Weg beklagten, lächelte van Dyck, zeigte mit der Peitsche auf unsere gelehrten Kollegen und sagte sanft: «Und der Kapitän wollte gestern nacht auf diesem Wege fahren.» Die Bächlein, die am Tage vorher unbedeutend gewesen, waren so angeschwollen, daß die Pferde bis zum Bauch im Wasser gingen. Die Sonne stieg hoch empor; der Morgenwind legte sich; es wurde still und heiß.

Als wir den Gipfel des Hügels erreicht hatten, machten wir plötzlich halt und fanden uns dem breiten Treppenaufgang eines großen einstöckigen Hauses gegenüber, vor dem Firstfelds Kabriolett bereits hielt. Um uns herum lagen Schuppen und allerlei Wirtschaftsgebäude. Links vom Hause ging ein ziemlich großer Garten den Hügel abwärts, hinter dem Hause lagen Weingärten und noch ein Garten, weiterhin wildes Strauchwerk. Das war die holländische Farm Elsenbor, die dem Freunde des Arztes gehörte.

Firstfeld ging ins Haus, wir blieben am Eingang stehen. Nach einer Minute kam er mit dem Besitzer wieder und bat uns einzutreten. Auf der Schwelle stand ein großer, grauhaariger alter Mann mit überhängenden Augenbrauen, in einer langen Tuchjacke, die die Lenden ganz bedeckte, und einer beinahe ebenso langen Weste, in breiten Nankinghosen, die um den Fuß Falten bildeten. Sein Haus und er selber muteten uns geradezu wie eine Schöpfung von Paul Potter, Mieris und Teniers an. Er stand, ohne sich zu rühren, mit ausgestreckter Hand auf der Schwelle, sah uns aber so sanft und liebevoll an, daß alle Züge seines Gesichts zu lächeln schienen. Auf dem Treppenaufgang lag eine ungezählte Menge von Kürbissen. Wir gelangten, über sie hinwegschreitend, zu dem Hausherrn und seiner Hand, die wir der Reihe nach schüttelten.

Endlich sind wir bei einem holländischen Farmer am Kap, in Afrika zu Gaste! Wieviel Beschreibungen hatte ich von den Farmern und ihrer Lebensweise gelesen; wie gierig hatte ich ihre Abenteuer, ihre Kämpfe mit den Wilden, den Tieren verfolgt, ohne daran zu denken, daß ich einmal... Wir traten in einen großen Saal, aus dem es uns kühl entgegenwehte. In der Tür des Salons begrüßten uns drei neue Erscheinungen: die Hausfrau in weißer Haube mit schmaler Falbel, in einem braunen Kleid; die Tochter, ein hübsches Mädchen von dreizehn Jahren, sah uns so jung und frisch, mit kindlich-schüchterner Neugierde an; sie war genauso gekleidet wie ihre Mutter; dann war noch eine Frau zugegen, eine Verwandte oder ein Gast. Sie forderten uns durch Zeichen auf, in den Empfangsraum einzutreten. Ich traute meinen Augen nicht: War das wirklich ein Farmer, ein Bauer? Der Empfangsraum war noch größer als der Saal; Halbdunkel herrschte darin, wie in einem modernen Boudoir, in der Mitte stand ein massiver Tisch aus Nußholz, der mit verschiedenen Seltenheiten, Muscheln und ähnlichen Gegenständen bedeckt war. In den Ekken standen schwere, aber schöne altertümliche Sofas und Lehnstühle; im Zimmer waren gruppenweise mit Stoff bezogene Causeusen verteilt; hier gab es keine Schränke und kein Geschirr mehr. An den Fenstern und Türen hingen dichte Seidenvorhänge aus Stoffen, die heutzutage nicht mehr hergestellt werden; eine unglaubliche Sauberkeit herrschte überall: Es tat einem ordentlich leid, auf diese lackierten Fußböden zu treten. Ich fürchtete mich, auf der Causeuse Platz zu nehmen: Es schien noch nie jemand darauf gesessen zu haben; man sah, daß diese Zimmer gekehrt, geputzt, den Gästen gezeigt und dann wieder gekehrt und für lange Zeit verschlossen wurden. Anfangs schwiegen wir und musterten einander. Wir sahen, daß unsere Wirte keinesfalls von selber eine Unterhaltung anfangen würden.

Schließlich fing P. an, holländisch zu sprechen; er entschuldigte sich wegen unseres plötzlichen und vielleicht unbescheidenen Besuchs. Der Alte entgegnete mild, ohne Hast, ohne Beteuerungen, ohne Phrasen, daß er sich über «so weit hergereiste Gäste» freue. Und man sah es ihm an, daß er sich wirklich freute. Mein Gott, wie lange hatte ich kein solches Hauswesen, keine solchen einfachen, guten Leute gesehen, und wie froh wäre ich gewesen, längere Zeit hier bleiben zu dürfen!

Von unseren Wirten sprach niemand Englisch, noch weniger Französisch. Der Großvater des Hausherrn und er selber waren, wie er sagte, den Engländern keineswegs gewogen, die ihnen «viel Übles zugefügt», das heißt die Schwarzen befreit, die Kaffern und andere wilde Volksstämme bezähmt, eine neue Ordnung in der Verwaltung der Kolonien eingeführt, Straßen gebaut hatten und so weiter. Dann erschien der Sohn des Hausherrn, ein gesunder rotwangiger Farmer von fünfundzwanzig Jahren, in einem grauen Rock, grauen Hosen und grauer Weste. Auch er schüttelte uns allen der Reihe nach schweigend die Hände. Vater und Sohn forderten uns auf, die Farm zu besichtigen, und wir gingen in den Garten. Eine große Fläche war mit Weinstöcken von recht niedrigem Wuchs bepflanzt. Die Lese war schon beendet. Wir gingen durch eine Allee von Kastanien, Pfirsich- und Feigenbäumen. Alles war abgeerntet, nur an den Mandelbäumen hingen hier und da ein paar vergessene Früchte. Der Wirtssohn riß sie ab und reichte sie uns. Sie hatten dicke Schalen, schmeckten aber gut und waren frisch.

Die Wirtsleute entschuldigten sich, daß sie uns wegen unseres zeitigen und kurzbefristeten Besuchs nicht ordentlich bewirten könnten, und baten uns, mit einem rasch zubereiteten ländlichen Frühstück vorliebzunehmen. Wir gingen in ein helles, geräumiges Eßzimmer, wo ein aus Holz geschnitztes holländisches Wappen an der Wand hing. In der Mitte war ein langer Tisch gedeckt, auf dem zahlreiche Schüsseln mit Früchten standen. S. gingen die Augen über, aber B. schnitt ein Gesicht. Hier dampften Teekessel und Kaffeekannen von jenen Formen, wie man sie auf flämischen Gemälden sieht. Auf den Schüsseln lagen Weintrauben verschiedener Sorten, Feigen, Granatäpfel, Birnen, Wassermelonen. Dann gab es kleine Brötchen, die so heiß waren, daß man sie nicht in die Hand nehmen konnte, und vorzügliche Butter. Da waren auch Eier, Quark, Kartoffeln, Sahne und einige Flaschen alten Weines – alles Erzeugnisse der Farm. Es bereitete unseren Wirten sichtliche Freude zu sehen, mit welchem Vergnügen wir, besonders S., von einer Schüssel zur anderen übergingen. Nach einer halben Stunde war alles bis auf den Grund verzehrt. Der Wein, alter Frontignac, war vorzüglich.

Dann nahmen wir von den gastfreien, schweigsamen Wirtsleuten und dem lachenden Doktor Abschied. Der Weg war eine Zeitlang schlecht und führte über Schluchten und Erdklüfte, die vom Regen ausgewaschen waren, durch hellgrünes Gebüsch und starkes Gras. Endlich kamen wir wieder auf die Chaussee hinaus, und nun ging es ziemlich schnell weiter. Die Berge traten immer deutlicher hervor, und alsbald wuchsen aus den Sträuchern und Hügeln zwei ungeheure Massive empor, die immer höher wurden, je näher wir kamen. Wir fuhren ganz an die Berge heran und kamen in das an ihrem Fuß gelegene Örtchen, das den holländischen Namen Paarl, das heißt «Perle», trägt. Dieser Ort ist wirklich die Perle der ganzen Kolonie, sowohl seiner schönen Lage wegen wie durch den Reichtum und die Güte seiner Erzeugnisse, besonders des Weins.

Der Blick konnte die Einzelheiten dieses großen, weit ausgebreiteten Bildes kaum fassen. Der Ort liegt unmittelbar auf dem Bergabhang, mit seinen Straßen, die zum Teil regelmäßig-amphitheatralisch, teils unregelmäßig gekrümmt über die Hügel führen, mit seinen kleinen Häuschen, die im Grün ertrinken, mit Weingärten, Maisfeldern, mit nahen und weitab liegenden Farmen, mit nach allen Richtungen gehenden Straßen. Links erhebt sich der Berg Paarl, der sich durch die malerische Verschiedenartigkeit seiner Landschaftsbilder, sein helles Grün von allen andern Bergen des Landes unterscheidet. Er war ganz von dem blendenden Glanz der Mittagssonne übergossen. Auf seinem Abhang, nicht weit vom Gipfel entfernt, glitzerten drei helle Streifen. Erst hielt ich sie für kristallisiertes Salz, dann für Bergkristall, aber es schien mir, daß sie sich bewegten. Die Sonnenstrahlen spielten so grell in diesen stählernen Streifen, daß es den Augen weh tat. «Was ist das?» fragte ich van Dyck. – «Wasserfälle», antwortete er. «Jetzt haben sie nur wenig Wasser, aber im Winter fließen sie in Strömen: very nice.» Nun, für Wasserfälle war das nicht allzu grandios. Sie erinnerten mich an jene aus Glas hergestellten Wasserfälle, die man an Stutzuhren anbringt. Auf der Südseite des Berges konnte man von weitem einen wie von Menschenhand abgeschliffenen riesengroßen Stein erblicken: Das ist der Diamond, eine Steinhöhle, in der fünfzehn Mann zu Mittag essen können. Auf dem Berge, zwischen dem dichten Grün, zeigten sich stellenweise Fußpfade und verschwanden wieder; sie sahen aus, als könnten nur Ameisen darauf herumkriechen; hin und wieder blickte ein Haufen grauer Steine düster aus dem Gras hervor und bildete einen Buckel, dann wieder sah man eine mit Sträuchern bewachsene Wasserrinne. Wir fuhren in den Ort hinein, und ich riß meinen Blick mit Bedauern von dem malerischen Berg los.

Nein, diese Häuschen – das reine Spielzeug! Terrassen, von Wein umrankt, Vorgärtchen im undurchdringlichen Schatten von Eichenzweigen, mit Aloesträuchern und Blumen – lauter Heimstätten des Glücks, friedlicher Arbeit und häuslichen Behagens. Wir jagten schnell aus einem Garten in den anderen, das heißt aus einer Straße in die andere, wobei wir von Hügel zu Hügel fuhren, bis wir endlich vor einem Gasthof hielten. Nachdem wir unser Mittagsmahl eingenommen hatten, ging es gegen fünf Uhr weiter nach Wellington, einem Ort, der zum Kreis Paarl gehört und neun englische Meilen von Paarl entfernt ist.

Wir fuhren durch ein weites Tal. Dem Augenmaß nach mochte es sich auf fünf Kilometer in die Breite ausdehnen. Man hätte die Berge absichtlich nicht regelmäßiger ringsum stellen können, als wie es bei diesem Tal der Fall war. Es war ganz und gar von Strauchwerk und grauem Gras, das an Beifuß erinnerte, überwachsen. Heiter und frisch rollten wir in den warmen, aber nicht sengenden Strahlen der Abendsonne dahin und fuhren bei Sonnenuntergang unmittelbar aus den Büschen heraus in Wellington ein. Dieser Ort liegt in einer Talmulde, er ist eng, armselig und unregelmäßig gebaut. An die hundert holländische Häuschen und Lehmhütten lagen zwischen Buschwerk, Eichen, Gemüsefeldern, Weingärten, Mais- und anderen Getreidefeldern verstreut. Hier leben viel mehr Schwarze als anderswo. Wir fuhren durch eine enge Gasse, die von einem geflochtenen Zaun und Kaktus- und Aloebüschen eingefaßt war, und kamen auf eine große Straße. Auf der Veranda eines Hauses saßen zwei oder drei junge

Mädchen, und ein großer, voller Mann mit grauem Haar ging auf und ab. «Da ist auch Mister Ben!» sagte van Dyck. Wir sahen Mr. Ben an und er uns. Er fuhr fort, auf und ab zu gehen, wir aber begaben uns in ein Gasthaus – ein kleines, elendes Häuschen mit einer großen schönen Veranda. Die Abendröte erlosch am Himmel. Hie und da blitzte ein Stern auf. Wir traten in das kleine Gästezimmer, das ärmlich eingerichtet und mit den Bildnissen der Königin Victoria und des Prinzen Albert in der Festtracht des Hosenbandordens geschmückt war. Kaum hatten wir am runden Tisch Platz genommen, als der Wirt hereingelaufen kam und uns mitteilte, daß Mr. Ben uns zu sehen wünsche.

Wir übergaben ihm den Empfehlungsbrief von unserem Bankier in Kapstadt. Er las ihn und sprach dann die Befürchtung aus, daß es uns, des Sonntags wegen, nicht gelingen würde, alles Bemerkenswerte zu sehen. «Übrigens tut das nichts», fügte er hinzu, «ich werde mich bemühen, Ihnen einiges zu zeigen.»

Ben ist eine Kapazität in der Kolonie. Er lebt seit seiner Jugend hier und hat viermal, entweder allein oder in Gemeinschaft mit andern, ihre äußersten Grenzen überschritten, ist über den Oranjefluß bis zum 20. Breitengrad gelangt, teils zwecks geologischer Forschungen, teils aus Leidenschaft für Reisen und Abenteuer. Er erzählte viel von Begegnungen mit Löwen und Nashörnern. Von Leoparden sprach er beinahe gar nicht: Es lohnte nicht der Mühe, wie er meinte. Er erzählte uns nur eine Anekdote, wie ein Leopard aus einer Umzäunung Pferde fortschleppte und wie man ihm einen Durchschlupf im Zaun hergestellt hatte, bei dessen Passieren der Leopard an einer Schnur ziehen mußte, die an ein Gewehrschloß angebunden war; der Lauf aber war gerade auf die Stirn des Einbrechers gerichtet. Allein der Leopard erriet, daß das Schlupfloch, das am Abend vorher noch gefehlt hatte, nicht umsonst hergestellt war: Er sprang über den Zaun, fraß sich satt und begab sich auf demselben Wege zurück. Von den

Löwen sprach Ben voller Achtung und lobte sie für ihre Großmut. Einmal jagte er mit drei Kameraden ein Nashorn; sie schossen es an, und das Tier lief davon; sie verfolgten es und bemerkten plötzlich, daß seitwärts unter den Bäumen zwei Löwen lagen und voller Neugierde auf das fliehende Nashorn und auf Mister Ben und seine Freunde blickten, ohne sich von der Stelle zu rühren. Die Jäger gingen mit großer Hochachtung an den Beherrschern des Waldes vorüber.

Während wir uns mit Mister Ben unterhielten, kam unser Wirt auf mich zu und flüsterte mir etwas ins Ohr. Ich verstand ihn nicht. «Man will Sie sprechen.» – «Wer? Wo?» – «Auf der Straße.» – «Was soll denn das heißen? Ich habe keine Bekannten hier.» Ich ging aber doch mit. Draußen war es finster, daß man die Hand nicht vor den Augen sah; ich fand kaum die Stufen der Freitreppe. Aus der Finsternis tauchte die Gestalt eines Mannes in Hut und Mantel auf und faßte mich an der Hand. Es war der Verwalter; er roch stark nach Branntwein. «Was wollen Sie von mir?» fragte ich. «Kommen Sie nur mit, ich zeige Ihnen einen Ball!» – «Was für einen Ball?» dachte ich, während ich mich hinter ihm hertastete. «Und was will er mir da zeigen?» Er führte mich an drei oder vier Häusern vorüber und bog dann in eine Seitengasse ein. «Stop, stop, ich kann nichts sehen!» sagte ich widerstrebend. «Gehen Sie nur ruhig weiter; gleich kommt ein kleiner Graben... da!» Und wir sprangen beide; er wußte wohin, ich nicht; ich blieb aber auf den Beinen. Nun hörte ich Musik: Geige und einige nicht zu bestimmende Blasinstrumente. Wir näherten uns einer Menschenmenge, die im Schein der über der Tür hängenden Laternen tanzte. Es waren Hottentotten, Männer und Weiber. Das war der Ball! Alle waren betrunken und hüpften wie toll, aber schweigend. Mitten unter ihnen stand unser lieber B. «Was treiben Sie denn hier?» fragte ich, nachdem ich mich zu ihm durchgedrängt hatte. «Ich studiere die Volkssitten», erwiderte er. «N'est ce pas que c'est pittoresque?» – «Hm! Pittoresk!» dachte ich.

«Mag sein! Aber afrikanisch, negerhaft sind doch nur die schwarzen Leiber und die Grimassen, alles übrige jedoch ... Die tanzen ja Quadrille oder etwas Ähnliches! Chaine balancez ...» Wir sahen noch lange zu, wie die Schwarzen nach dem schweren Arbeitstag sich amüsierten. Aus dem Hause, wohl einer Schenke, tönten rauhe Stimmen. Plötzlich sagte B.: «Es ist Zeit, Abendbrot zu essen!» Und wir gingen.

Als wir ins Gasthaus zurückkehrten, fanden wir unsere Gefährten noch in lebhafter Unterhaltung mit Mister Ben vor. Nur S. hatte sich seiner Gewohnheit nach schon um acht Uhr schlafen gelegt und war dann nur aufgestanden, um Weintrauben zum Abendbrot zu essen. Wir speisten zu Abend und gingen dann auch zu Bett. Fremdenzimmer gab es hier nicht viele, und alle waren sie sehr klein. In jedem Zimmer standen zwei Betten für je zwei Personen.

Am Morgen erschien Mister Ben schon früh und trieb uns zur Eile an, damit wir noch bei hellem Tage durch die Felsenschlucht fahren könnten.

Ein prächtiger Weg, eine schöne Gegend! So wie wir geradewegs aus dem Gebüsch nach Wellington gekommen waren, so fuhren wir auch von da geradewegs in die Büsche hinein. Hier begann bereits Bens Werk – die Chaussee. Links stand der Grünberg, der nicht allein seinem Namen nach grün ist. Er ist sehr schön, hat große Abhänge, malerische Hügel und Schluchten. Er sieht aus wie alle Berge, dagegen ließen sich die vor uns liegenden Höhen mit nichts anderem vergleichen. Die Bergriesen wuchsen immer höher vor uns empor und zeigten einer nach dem anderen ihre wilden nackten Gipfel. Sie schienen sich immer enger aneinanderzuschmiegen; und wenn man ganz nah an sie heranfuhr, so rückten sie als dichte Mauer zusammen, wie ein Haufen Recken, die sich zusammendrängen, um einen Überfall zurückzuschlagen und niemanden durchzulassen. «Wie werden wir nur über die Schulter dieser Riesen wegkommen?» dachte ich, da ich bemerkte, daß wir geradewegs auf diese Masse zufuhren. «Wo ist die Straße?»

fragte ich van Dyck. Er deutete schweigend auf einen Pfad und zeichnete mit der Peitsche eine ihm parallellaufende Schlangenlinie in der Luft. Das sollte ein Weg für Fuhrwerke sein? Unglaublich! Der Pfad lief rings um den Berg, verschwand, erschien plötzlich wieder höher oben, verschwand von neuem und so weiter.

Obwohl die Berge noch gar nicht hoch waren, so wurde es doch merklich kühler, je weiter wir hinaufkamen. Es atmete sich leicht und angenehm in dieser dünnen, kühlen Luft. Die Sonne schien auch hier grell, aber sie sengte nicht. Endlich hielten wir auf einem Plateau. – «Hier befinden wir uns zweitausend Fuß über dem Meere», sagte Ben und forderte uns auf, die Wagen zu verlassen.

Wir stiegen aus, blickten zurück und verharrten regungslos vor dem Bild, das sich unseren Blicken auftat: Das ganze Tal von Paarl lag vor uns, teilweise von Sonnenglanz übergossen, teilweise im Schatten der Berge versteckt. Wellington lag gleichsam zu unseren Füßen da, obgleich wir fünf Meilen entfernt waren. Weiterhin blinkten die Häuser von Paarl aus dem Grün, auf das der Berg seinen gigantischen Schatten warf; ringsrum lagen überall Farmen. Die Büsche sahen wie Gras aus, die großen Eichen der Farmen wie niedriges Gesträuch. Wir standen schweigend und unbeweglich da. Ungefähr hundert Meter vor uns segelte ein Adler langsam durch die Luft, ohne seine Fittiche zu bewegen; als er die ragenden nackten Höhen erreicht hatte, schlug er dreimal mit den Schwingen, stürzte sich wie ein Stein hinunter und verschwand in den Felsen.

P. ließ sich in ein langes Gespräch mit Ben ein, ich aber ging voraus, um mir die Beine zu vertreten, die von dem beständigen Sitzen im Wagen ganz steif geworden waren. Ich wanderte lange umher und blieb jeden Augenblick stehen, um in das Tal hinabzusehen. Bald wurde es von einem Felsen verdeckt, und ich ging durch die Totenstille auf der Chaussee weiter. Der Weg führte noch immer durch lehmige Berge.

Nach einer halben Stunde holten mich unsere Wagen ein. Ich wollte einsteigen, aber sie jagten, ohne mich zu beachten, an mir vorüber, bogen rechts um einen Felsen, und fünf Minuten später verstummte das Rollen der Räder ganz plötzlich. Sie hatten irgendwo haltgemacht.

Ich bog um den Felsen, und meinen Augen bot sich auf einem breiten Plateau eine Reihe niedriger Gebäude dar, die von einem Erdwall und einem Gitterzaun umgeben waren – es war das Gefängnis. Auf dem Wall und im Hof gingen Wachtposten mit geladenen Gewehren auf und ab und ließen die Sträflinge nicht aus den Augen; diese saßen und standen mit gefesselten Füßen gruppenweise und einzeln vor dem Gefängnisgebäude. Unter den dreißig oder vierzig Verbrechern, die sich hier befanden, waren nur zwei Weiße, die andern waren alles Schwarze. Die Weißen versteckten sich verschämt hinter dem Rücken ihrer Kameraden.

Wir sahen hier eine vollständige Sammlung aller Stämme, die die Kolonie bevölkern. Das Schwarz der Haut ging in allmählichen Abschattungen von dem tiefsten samtenen Glanz, der wie lackiertes Leder leuchtete, bis zu einem bräunlich-gelblichen Ton über. Die schwärzesten waren Neger aus den Stämmen der Fingo, Mozambique, Betschuanen und Zulu. Bei diesen Stämmen sind die Gesichter meistenteils rund, mit regelmäßigen Zügen, gewölbter Stirn und Wangen und dicken Lippen; das Haar ist im Vergleich zu den andern länger, doch ebenfalls kraus. Alle Neger haben einen kräftigen Körperbau; ihre Muskeln sind regelmäßig und schön; sie sind die afrikanischen Adonisse; ihre Pupillen sind von einem gelblichen Schimmer überzogen und von einem Adernetz bedeckt. Die Kaffern, die ihnen im Ebenmaß der Glieder nicht nachstehen, überragen sie an Größe. Sie sind der größte Stamm, die reinen Athleten. Von Gesicht aber sind sie weniger schön als jene; Stirn und Schläfen sind flach, die Backenknochen stehen hervor; das Gesicht ist oval, der Blick ausdrucksvoll und kühn; sie sind blasser als die Neger, die Farbe eher dunkelschokoladenbraun als schwarz. Die Hottentotten sind noch heller, braun, übrigens ganz verschiedenartig, da der Stamm ein sehr zahlreicher ist. Ich sah auch Hottentotten von stumpfer, aber vollkommen schwarzer Färbung. Ihre Stirnen sind eingedrückt, wie bei den Kaffern, die Backenknochen hingegen treten hervor; ihre Nasen sind größer als bei allen andern Schwarzen. Die Gesichter sind reichlich von tiefen Falten durchfurcht; sie sehen alt aus, das Haar ist spärlich. Sie sind klein, mager, Arme und Beine sind dünn, sie baumeln herunter wie Lappen. Dabei ist es das tätigste Volk. Sie sind ausgezeichnete Ackerbauer, Viehzüchter, gute Diener, Kutscher und Tagelöhner.

Die Menge umringte uns und sah uns mit größerer Neugierde an als wir sie. Besonders die Neger und Kaffern blickten offen und kühn drein und antworteten ohne Zögern auf unsere Fragen. Öfters erscholl ein allgemeines Gelächter, aus Anlaß irgendeines Scherzes, und was für Zähne konnte man da sehen! «Haben Sie hier auch Buschmänner?» fragte ich. «Drei sind da», antwortete der Aufseher. – «Kann man sie nicht sehen?» Er rief irgend etwas; in einer Ecke am Zaun bewegte sich jemand. Der Aufseher schrie lauter; in der Ecke bewegte es sich stärker. Die Schwarzen sprachen und lachten. Zwei oder drei von ihnen gingen in die Ecke und zogen den Buschmann hervor. Welch ein jämmerliches Geschöpf! Er ging langsam, bewegte die gefesselten Füße kaum vorwärts und blickte zu Boden, die andern pufften ihn in den Rücken und führten ihn uns vor. Spottreden hagelten nieder; das Gelächter wollte nicht aufhören. Vor uns stand ein Wesen, das kaum etwas Menschenähnliches an sich hatte; es war nicht größer als ein Affe. Das gelbbraune, greisenhafte Gesicht hatte die Form eines Dreiecks, dessen Grundlinie oben liegt, und war mit großen Runzeln bedeckt. Die winzige Nase in dem winzigen Gesicht war ganz plattgedrückt, die Lippen, die weder dick noch breit waren, gleichsam zerquetscht. Er sah wie ein blödsinniger, kahlköpfiger, zahnloser alter Mann aus, der seine Zeit längst überlebt und den Verstand eingebüßt hat. Das Bemerkenswerteste war sein Kopf: eine Glatze, nur mit spärlichen Wollbüscheln bedeckt, die aber so klein waren, daß man sie nicht zwischen zwei Fingern fassen konnte. – «Wie heißt du?» fragte der Aufseher. Der Buschmann schwieg. Sein Gesicht trug einen stumpfen, sinnlosen Ausdruck. Er schien sich kaum bewußt zu sein, wo er war und was man mit ihm machte. Der Aufseher wiederholte seine Frage. Der Buschmann hob die Augen für einen Moment und senkte sie wieder. Ich hatte schon längst gehört, daß die Sprache der Buschmänner aus einem Gemisch von Kehllauten und einem Schnalzen der Zunge besteht und dem schriftlichen Ausdruck daher unzugänglich ist. Ich wollte das nachprüfen, und ich bat, ihn dazu zu bringen, daß er etwas in seiner Sprache sagte. «Wie heißt bei euch *Vater*?» fragte der Aufseher. Der Buschmann hob die Augen, senkte sie, hob sie wieder, dann öffnete er langsam den Mund, zeigte sein blaßrotes Zahnfleisch, schnalzte mit der Zunge und stieß zwei Kehllaute aus. «Und *Mutter*?» fragte der Aufseher. Der Buschmann schnalzte wieder und ließ wieder zwei Kehllaute hören, aber dieses Mal andere. Er wurde weiter gefragt. Die Antworten wechselten in den Lauten oder in der Art des Schnalzens ab. Ein vollständig tierisches Verfahren, sich zu verständigen. «Und das ist *mein Bruder, mein Nächster*!» dachte ich, während ich dieses von der Natur so stiefmütterlich behandelte, sozusagen halbfertige Jammergeschöpf betrachtete.

Wir dankten dem Aufseher und Herrn Ben für das uns bereitete traurige Vergnügen und setzten unsern Weg fort. «Das ist noch nicht das letzte Vergnügen: Drei stehen uns noch bevor», sagte Mister Ben.

Nun ging es in die Felsenschlucht hinein. Die grünen Hügel und Talkessel wurden von wilden, schwarzen und grauen Steinfelsen abgelöst. Die Straße war am Rande der Felsen durchbrochen. Die Berge drängten sich über die Schlucht hinweg dicht aneinander. Die Sonne drang nicht bis zu uns durch. Wir sahen voller Staunen auf die finsteren Massen, die über uns hingen. In dieser Wüstenei herrschte eine unheimliche Stille. Wir wechselten hin und wieder ein Wort und ließen unsere Augen zaghaft von Fels zu Fels, von Abgrund zu Abgrund schweifen. Wir schienen gleichsam in eine Falle geraten zu sein, obwohl uns nichts bedrohte.

Stellen Sie sich über Ihrem Kopf eine dichte Steinmauer von Bergen vor, die Ihnen Himmel und Sonne verbirgt und deren Kamm Sie nicht sehen können. Auf diese Berge sind andere, kleinere Berge geworfen; sie sind beim Stürzen geborsten, zersprengt und in die Abgründe gerollt; auf ihrem Weg aber sind sie plötzlich angehalten worden und hängen nun über der unermeßlichen Tiefe. Da glaubt man bald eine ganze Stadt zu sehen, deren Türme, Säulen und Grundmauern bei einem furchtbaren Umsturz zusammengebrochen sind, bald ganze Herden von Elefanten, Nashörnern und anderen Tieren, die sich in einem allgemeinen Gemetzel bekämpft haben und plötzlich versteinert sind. Dort scheinen ganze Gruppen in Stein gemeißelter Riesen zu sitzen. Hier auf diesem Berge klammert sich ein Felsen mit einem Ende kaum an einen andern Berg und hängt mit seiner ganzen Basis über der Tiefe. Und so geht es weiter – immer nur Bergwände, und auf ihnen hingestreute, riesengroße Bruchstücke, die Klöstern ähnlich sind oder gigantischen Grabsteinen, alles scheinbar nur Spuren einer furchtbaren Verwüstung.

Man hat den Eindruck, daß eine einzige Berührung dieser Blöcke genüge, um sie nach unten sausen zu lassen, und doch wäre selbst der Archimedische Hebel hier machtlos. Hier ist zum mindesten ein Erdbeben oder Mister Ben vonnöten, um sie von der Stelle zu rücken.

Wir fuhren durch einen von innen ganz ausgehöhlten Felsen, der mitten im Wege lag, dann bogen wir um eine Felsenklippe und waren gespannt, was uns dort erwarten würde: Wir fanden uns über einer Tiefe, die noch größer und schrecklicher war als alle, an denen wir vorübergekommen waren. Zudem war die Straße hier vorläufig nur für einen Wagen eingerichtet; an den Seiten gab es keine Prellsteine, und die Pferde gingen ganz hart am Rand. Mit einer qualvollen Empfindung fuhren wir um eine Biegung und atmeten befreit auf, als der Weg wieder breiter wurde.

Alsbald gelangten wir zu einem malerischen Punkt. Die Berge schoben sich für einen Augenblick auseinander, so daß sich ein Querschnitt bildete. Die Sonne machte sofort Gebrauch davon und warf ihr grelles Licht bis auf den Boden des tiefen Abgrunds. Dieser und die Wände des Abgrunds waren mit Gras und Büschen bewachsen. Unten floß ein Bach. Eine Brücke – ein Wunder der Ingenieurkunst – führte von Fels zu Fels über den Abgrund. Jenseits der Brücke wurde die Felsenschlucht an manchen Stellen wieder enger, aber man merkte bereits, daß sie bald ihr Ende erreicht haben würde. Die Natur zeigte hier ein freundlicheres Gesicht; auf den Bergen wuchs reichliches Grün. Sogar die auf den Abhängen hingeworfenen Steine waren mit Sträuchern und Gras und einer Menge von Blumen bewachsen. Hier gab es viele Vögel, Millionen von Insekten summten in der Luft; auf den Steinblökken sahen wir oft buntfarbige Eidechsen, die sich in der Sonne wärmten.

Nach kurzer Zeit erreichten wir die malerischste Stelle. Wir waren kaum um einen Felsen hinabgestiegen, als sich plötzlich ein großes, ausgerodetes Plateau, von einem Wall umgeben, vor uns ausbreitete. Auf dem Plateau waren einige Bauten aufgeführt. Das war das zweite Gefängnis. In einiger Entfernung, abseits von dem Gefängnis, stand ein kleines Häuschen, wo Bens Sohn wohnte, der Aufseher des Gefängnisses und Gehilfe seines Vaters war. Rundherum drängten sich Felsen; einer lugte hinter dem andern hervor, es sah aus, als ob sie alle auf den Zehenspitzen stünden. Das Plateau befand sich auf halber Bergeshöhe; unterhalb ragten auch Felsen empor, die mit dichtem Grün und Sträuchern bewachsen und mit launisch hingeworfenen Steinen geschmückt waren. Auf dem Grunde der malerischen Schlucht floß ein großer Bach, über den eine steinerne Brücke führte, die noch im Bau begriffen war. Neben der Brücke war ein Wehr angelegt, das dem Bach für die Dauer des Baues als Schranke diente. Dieses Wehr diente vorderhand auch als Fahrweg. Die Ufer des Bachs, die Abhänge des Berges – alles ertrank im Grün. Ben betrachtete uns lächelnd, wie wir dieses prachtvolle Bild schweigend genossen und uns langsam bald nach der einen, bald nach der andern Seite drehten. Dann blickten wir um uns und bemerkten, daß wir schon längst auf dem Hofe waren, daß van Dyck die Pferde ausgespannt hatte und zwei junge Männer vor uns standen: Der eine war Bens Sohn, ein blonder rotbackiger junger Mann, der andere ein Pastor und Missionar. Wir stellten uns vor und begaben uns ins Haus. Wir ließen unsern Mundvorrat aus den Wagen holen, und auch Bens Sohn schickte sich an, ein Frühstück zu bereiten.

Gegen drei Uhr fuhren wir weiter. Die Schlucht trat immer weiter auseinander, so daß wir den Horizont und die entfernten Orte sehen konnten. Die Berge ringsum verloren mit jedem Schritt ihre Düsterheit, und wir verließen die Schlucht unmerklich, überquerten ein Flüßchen, ein Brückchen und hielten um fünf Uhr vor dem kleinen Landgut Kleinberg, wo sich das dritte Gefängnis befand. Die Sonne war schon im Sinken begriffen, als wir dann auf einem noch nicht fertiggestellten Weg nach Uster weiterfuhren. Dieser Weg war entsetzlich: Sand, Steine, fortwährende Löcher. Zuweilen erhielten wir solche Püffe, daß der Wagen zur Seite geworfen wurde. Bald herrschte auch noch eine höllische Finsternis; wir sahen nicht, wo wir hinfuhren: vor unsern Augen schien eine Mauer zu stehen. Endlich, als wir schon eine gute Stunde von der Farm entfernt waren, hielt van Dyck die Pferde plötzlich an und fragte irgend jemand etwas auf holländisch. Ungefähr zwanzig Stimmen schrien ihm eine Antwort zu. «Was ist das? Wo sind wir?» fragten wir van Dyck. «In der Stadt», antwortete er. «Ich kann die Straße nicht sehen und weiß nicht, wie ich zum Gasthof gelangen soll.» Ich strengte meine Sehkraft in der Dunkelheit an und unterschied die Umrisse einiger dunkler Gestalten, die neben dem Wagen standen. «Was ist das für Volk?» – «Black people», antwortete van Dyck, die Pferde wieder antreibend. Plötzlich schrien die Schwarzen alle zusammen uns etwas nach, die Pferde erschraken und zogen scharf an. Lichter flammten auf, und wir rollten bereits in freiem Lauf auf einer breiten, endlosen Straße, mit niedrigen Häusern zu beiden Seiten, und blieben vor dem hell erleuchteten Gasthof am Ende der Stadt stehen. «Uuh, uff, ach, oh!» ertönte es immer wieder, als nun einer nach dem andern aus dem Wagen stieg.

Nach einer langen Unterhaltung beim Abendbrot wurden wir alle in unsere Zimmer geführt. Ich wollte mich schlafen legen, widmete aber vorher einige Minuten der Besichtigung meines Bettes. Es war groß, zweischläfrig, wie in allen englischen Besitzungen, aber ich hatte noch nie ein Bett wie dieses hier gesehen. Es hatte einen Baldachin von dunklem Wollstoff, der in schweren Festons, mit Quasten und Fransen verziert, herabhing. Auf der rückwärtigen Bettwand stand ein Schild, auf dem eine geschnitzte Krone und ein Wappen dargestellt waren. Die dunkelfarbigen Vorhänge umschlossen das Bett ganz dicht und in großen Falten. Ich ging dreimal um diesen Katafalk herum und wußte nicht, wie ich an das düstere Lager herantreten sollte; mir war bange. Ich mußte an ein altes Schloß und ein dunkles Zimmer denken, in dem irgendein Plantagenet oder Stuart einstmals übernachtet hatte. Seit jener Zeit wird dieses Zimmer als Heiligtum betrachtet: Es bleibt immer verschlossen, und das Bett ist in seinem damaligen Zustand belassen worden; noch niemand hat es seitdem berührt, und nun soll ich mich plötzlich da hineinlegen! Indessen war es Zeit geworden, schlafen zu gehen. Ich schob die Vorhänge auseinander, und meinem Blick bot sich ein ganzer Berg von Federbetten dar, mit dem unvermeidlichen langen und runden Kissen. Ein paar Bettdecken, die ineinander zusammengelegt waren, hatten ein solches Gewicht, daß ich sie kaum aufzuheben vermochte. Ich wollte hinaufklettern, aber es ging nicht: Es war zu hoch. Zweimal machte ich den Versuch, in die Mitte des Bettes zu gelangen, und zweimal rutschte ich zurück. So blieb ich denn auf dem Rande liegen. Ich war schon im Einschlafen begriffen, als ich plötzlich ein Geräusch vernahm. Was war das? War es am Ende gar der Geist des Königs, der sein altes Nachtlager aufsuchte? Das Geräusch wurde immer stärker und stärker; bald begann auf dem Baldachin ein feines, rasches Hin- und Herlaufen – von Mäusen! Nun, das war kein Unglück! Ich wollte wieder einschlafen, aber plötzlich kamen mir Zweifel: Wir sind doch in Afrika; hier sind die Bäume, das Vieh, die Menschen, sogar die Frösche anders als bei uns; weiß der Himmel, vielleicht sind die Mäuse hier auch anders; vielleicht werden sie... Ohne diese Frage zu entscheiden, schlief ich wieder ein, aber das Herumlaufen und das Quieken weckten mich von neuem. Ich öffnete die Augen und sah, wie sich ein Schatten von der Straße her dem Fenster näherte, hereinblickte und sich langsam zurückschob. Aber dann überwältigte mich wieder der Schlaf, wieder weckten mich die Mäuse, wieder kam und schwand der Schatten am Fenster... Genauso war es in der Kindheit gewesen, als sich die Nerven noch nicht gefestigt hatten: Der Ofen sah im Dunkeln wie ein Toter aus, die wie immer in einer Ecke hängenden Kleidungsstücke muteten mich wie unheimliche Wesen an. Nachdem mir dieser Vergleich durch den Sinn gefahren war, schlief ich trotz der lebhaft herumhuschenden Mäuse und des beharrlich in das Fenster blickenden Schattens ganz fest ein, ohne mir weiter Mühe zu geben, zu erfahren, wie die Mäuse in Afrika aussahen und wer zum Fenster hereinschaute.

Tags darauf traten wir den Rückweg an. Wir übernachteten in Stellenbosch, und am dritten Tage zur Essenszeit, das heißt gegen fünf Uhr nachmittags, hielten wir verstaubt, sonnenverbrannt, unrasiert vor der Freitreppe von Welch's Hotel in Kapstadt und trafen all die unseren im Hausflur an, Caroline in ihrem schwarzen Kleid, das ihr so gut stand, mit einem Netz auf dem Kopf. Es gab Fragen, Gespräche, Neuigkeiten von beiden Seiten. Die Hausfrauen empfingen uns wie alte Freunde.

Unser Leben floß nun wieder in der gewohnten Ordnung dahin. Am Morgen beschäftigte sich jeder in seinem Zimmer, womit er wollte: Einer ordnete die gesammelten Pflanzen, Tiere und Mineralien, ein anderer schrieb alles Gesehene und Gehörte auf, manche lasen die Beschreibung der Kapkolonie. Nach dem *tiffin* gingen alle in die Stadt oder in die Umgebung, dann wurde zu Mittag gegessen, dann ging man schlafen.

Und endlich kam auch an uns die Reihe, abzureisen. Man ließ uns wissen, daß die Arbeiten auf der Fregatte beendet, der Proviant verstaut sei und daß die «Pallas» in zwei Tagen den Anker lichten würde. Wir schickten nach van Dyck. Er kam auf seinem weißen Pferdchen aus Stellenbosch angeritten, trat in seinem Trauerhut lächelnd in unser Zimmer und blieb, genauso wie früher, auf die Peitsche gestützt, an der Tür stehen. «Wir wollen ein letztes Mal nach Simonstown fahren», sagte ich nicht ohne Trauer, «hol uns morgen früh ab.» – «Yes, Sir», antwortete er. «Aber wissen Sie schon», fügte er dann hinzu, «daß noch ein russisches Schiff angekommen ist?» – «Welches? Wann?» – «Gestern abend», antwortete er. Es erwies sich, daß das unser Transportschiff «Dwina» war, das wir in England gesehen hatten.

Je näher wir Simonstown kamen, um so trauriger wurde mir zumute. Die Wehmut überfiel mich besonders stark, als ich die Reede und unsere Fregatte erblickte, die ausgerüstet und fertig aufgetakelt dastand, bereit, in See zu stechen. Wir schleppten uns mühsam auf der Sandbank weiter, die von der Flut überspült wurde. Sobald eine Welle stärker gegen unsern Wagen schlug und der zischende Schaum die Räder übergoß, schnaubten unsere Pferde und sprangen zur Seite. «Hü!» rief van Dyck und ließ sie wieder durch den Sand laufen.

Der Abend war mondhell, das Meer glatt wie ein Spiegel. Der Schoner fuhr mit geringem Dampf. Am Ausgang der False Bay nahmen wir von K. für lange Zeit Abschied und gingen in unsere Schaluppe über. Der Phosphorglanz des Wassers war so stark, daß unsere Ruder geschmolzenes Silber zu schöpfen schienen, der Geruch der Meeresfeuchte stand in der Luft. Der Himmel war von leichtem Gewölk bedeckt, durch das die vom Mondesglanz verdunkelten Sterne schwach schimmerten. Die halbe Bucht war vom Mondlicht grell beleuchtet, die andere Hälfte verbarg sich im Schatten.

Am nächsten Tage, am 12. April, stachen auch wir in See. Es war still und schön, aber es blieb nicht lange so.

V

Vom Kap nach Singapore

12. April bis 20. Juni 1853

Vom Kap der Guten Hoffnung sollte es in einer großen Kurve weitergehen: abwärts bis 38° südlicher Breite und dann die Parallele entlang bis 105° östlicher Länge; dann aufwärts bis zur Kreuzung mit 30° südlicher Breite. Wir verließen die False Bay am 12. April.

Der Indische Ozean empfing uns noch freundlicher als der Atlantische: Dort hatte zwar ein sehr kräftiger, aber doch günstiger Wind geweht; hier war es ebenso kräftig, aber ungünstig und artete zu guter Letzt in einen richtigen Sturm aus.

Das berühmte Kap der Guten Hoffnung scheint sich vor den Reisenden seines Namens zu schämen und hält es für seine Pflicht, jeden daran zu erinnern, daß es früher einen anderen Namen gehabt hat, der besser zu ihm paßte. Und in der Tat, es gibt kaum ein Schiff, das das alte Kap der Stürme nicht von seiner unfreundlichen Seite kennengelernt hätte.

Ich ahnte nichts von den bösen Absichten des Kaps und saß nach dem Mittagessen friedlich unter dem Besanmast in der großen Kajüte. «Es wird frisch!» sagte der eine oder der andere von den Offizieren, wenn er von Deck herunter kam. Das ist aber auf See etwas so Gewöhnliches, als wenn man am Lande sagte: «Es regnet», oder: «Es klärt sich auf.» Das Schiff fing an zu schaukeln, und zwar recht stark – aber auch darüber regt man sich nicht mehr auf. Unser Naturforscher begab sich wie gewöhnlich in seine Kabine, um sich ungestört mit der Seekrankheit zu plagen; die Diener fingen Stühle,

Gläser und alles auf, was zu rutschen und zu fallen begann, befestigten die Möbel in den Kajüten. Es fing an zu regnen und tropfte in die Kajüte. Der Platz, auf dem ich saß, war der ruhigste und bequemste, und ich suchte ihn bis zum letzten Augenblick zu behaupten. Das Heulen des Windes drang bis in die Kajüte, das Schiff schwankte immer wilder. Es war ein klassischer Sturm, nach allen Regeln der Kunst. Im Laufe des Abends suchte man mich mehrmals auf Deck zu locken, damit ich mir das Schauspiel ansehe. Man schilderte mir ungeheuer lebhaft, wie von der einen Seite der aus den Wolken hervorbrechende Mond sein Licht über Meer und Schiff wirft, während von der andern flammende Blitze das Himmelsgewölbe zerreißen. Sie meinten, das wäre etwas für meine Reisebeschreibung. Da aber bereits drei oder vier Herren auf meinen sichern und trocknen Sitzplatz spekulierten, war ich entschlossen, bis zum Anbruch der Nacht da sitzen zu bleiben. Es gelang mir aber nicht. Gegen zehn Uhr abends ging eine große Welle über das Deck weg, überschwemmte es, und dann strömte das Wasser in die Luken, die man der frischen Luft wegen nicht geschlossen hatte. Ganze Kaskaden ergossen sich über die Kajüte, auf den Tisch, die Bänke, den Fußboden, unsere Köpfe – auch meinen schönen Platz und meine Person nicht ausgenommen. Alle zogen die Beine ein oder ergriffen schleunigst die Flucht. Der jüngste und lustigste aus der Gesellschaft, S., sprang auf eine Bank, kriegte mit seinem unvermeidlichen, dröhnenden Lachen den Kater zu packen, der irgendwo in einem Winkel gesessen hatte, und schleuderte ihn in den Wasserfall hinein. Unser kleiner holländischer Boy fing an zu weinen, weil er glaubte, sein letztes Stündlein habe geschlagen. B. guckte aus seiner Kajüte heraus und rief den diensttuenden Matrosen zu, sie sollten das Wasser mit Schwabbern in den Schiffsraum hinabfegen. Ich stand fast bis an die Knöchel im Wasser und wußte nicht, was ich tun und wohin ich mich begeben sollte. Dabei hatte ich Halbschuhe an; Stiefel trugen wir schon seit dem nördlichen Wendekreis nicht mehr. Ich wollte hinaufgehen in meine Kajüte und wartete, bis das Wasser sich verlaufen haben würde.

«Was stehen Sie denn hier? Kommen Sie mit auf Deck!» sagte S. zu mir, faßte mich unter den Arm und schleppte mich mit sich fort.

Noch liefen ganze Ströme die Treppenstufen hinab, doch meine Beine waren schon bis zu den Knien naß, da fragte man nicht viel, wie man trocken vorwärts kommen könnte. Endlich waren wir oben; es war stockfinster, das Heulen des Sturmes klang hier noch unheimlicher; man sah überhaupt nicht, wohin man trat. Plötzlich zuckte ein Blitz auf. Er beleuchtete nicht nur das Meer, sondern auch die Wasserlachen auf Deck, die Leute, die am Takelwerk zerrten, und die ausgespannten Taue, an denen man sich festhalten mußte, um nicht umgerissen zu werden. Ich stampfte durch das Wasser, über Taue hinweg, kam mit Mühe und Not bis zur Tür meiner Kajüte, hielt mich am Bugholz fest, um nicht umgerissen und in irgendeinen Winkel oder gar gegen ein Geschütz geschleudert zu werden, und blieb stehen, um mir den vielgerühmten Sturm anzusehen. Ich sah aber nichts als Blitze wie anderswo auch, nur war kein Donner zu hören; vielleicht wurde er vom Sturmgeheul übertönt. Vom Mond war nichts zu sehen.

«Wo ist er denn? Ich will den Mond haben!» sagte ich zu S., der mich hinaufgeschleppt hatte.

«Nein, der ist schon in Amerika!» erwiderte er. «Wer heißt Sie auch bis in den hellen Morgen in der Kajüte hokken!»

Es war nichts zu machen, ich mußte mit dem Blitz vorliebnehmen. Die Blitze zuckten so häufig und so nah, daß es aussah, als berührten sie die Masten und Segel. Ich schaute etwa fünf Minuten lang auf Blitze, Finsternis und Wellen, die sich unablässig bemühten, auf unser Deck zu stürzen.

«Nun, was sagen Sie zu dem Schauspiel?» fragte mich der Kapitän, der einen Begeisterungsausbruch erwartete.

«Dieses scheußliche Durcheinander!» erwiderte ich und ging pudelnaß in meine Kajüte, um Wäsche und Schuhe zu wechseln.

Das war aber nicht so leicht, besonders ohne Fadejew, der irgendwo auf den Brassen stand oder an den Rahen zu tun hatte; er allein wußte, wo mein ganzer Kram lag. Ich riß einen Schubkasten nach dem andern auf, die Kästen aber sprangen heraus und warfen mich um. Ich möchte mich auf einen Stuhl setzen, da gibt es einen Ruck, der Stuhl fliegt zur Seite, und ich setze mich auf den Fußboden. Endlich legte ich mich zu Bett und schlief ein. Der Wind ließ nach und wehte günstig; das Schiff lief schnell vorwärts.

Am nächsten Tage war es stiller, es schaukelte aber immer noch, und am Mittwoch in der Karwoche konnte der Schiffsgottesdienst nicht abgehalten werden. Die anderen Tage der Karwoche und der Ostersonntag verliefen friedlich. An diesem Tage befanden wir uns gerade auf dem Meridian von Petersburg.

«Das merkt man auch», bemerkte jemand, «es gießt ganz so wie bei uns.»

Es war wohl das erstemal, daß auf der südlichen Halbkugel, mitten im Ozean, nach kaum überstandenem Sturm ein Ostergottesdienst nach griechisch-orthodoxem Ritus abgehalten wurde. Als wir dann beim Admiral dinierten, flog plötzlich mit Krachen und Klirren ein Fensterrahmen aus der Kajütenwand, die Scheiben gingen in Scherben, und eine mächtige Welle, grau und lockig wie Neptun selber, drang in die Kajüte ein und ergoß sich über den Fußboden. Die meisten sprangen vom Tisch auf, nur drei blieben sitzen. Einer von diesen dreien war ich. Ich hielt mit der einen Hand meinen Teller, mit der anderen das Weinglas fest. Die Beine hatten wir hochgezogen. Dann kamen die Matrosen und trieben den ungebetenen Gast mit ihren Schwabbern hinaus.

Die weitere einunddreißigtägige Fahrt durch den Indischen Ozean war recht einförmig. Der Mai zeigte uns im Anfang kein freundlicheres Gesicht als daheim; der Himmel war immer bewölkt, selten nur blickte die Sonne durch. Es war weder kalt noch warm. Einige zogen übrigens ihre Tuchröcke an und taten recht daran. Ich war eigensinnig, behielt meinen Leinenanzug an und wurde zur Strafe mehrmals von Zahnweh und Gesichtsreißen heimgesucht. Am 10. Mai überschritten wir den Wendekreis des Steinbocks. Ich hatte meine ganze Hoffnung auf die Tropen gesetzt, hatte geglaubt, es werde im Indischen Ozean eine mäßige Hitze bei gleichmäßigem, beständigem Winde eintreten, wir würden in das Märchenreich des ewigen Sommers, des blauen Himmels mit phantastisch gemusterten Wolken und des azurblauen Meeres kommen. Aber nichts dergleichen: Wind und Wellen wie zuvor, nur von Norden her wehte es manchmal heiß herüber, aber es war nicht jene Wärme, die den Nerven wohltut, sondern eine dumpfe, feuchte Glut, wie im russischen Dampfbad. Hin und wieder gab es heftige Regengüsse, doch auch der Regen kühlte die Luft nicht ab, sondern erzeugte nur Feuchtigkeit und Nässe.

Doch endlich begann die Sonne durchzudringen, und zwar bald so, daß es schon fast zu viel war. Nun war es Zeit, den weißen Mantel und die Mütze herauszuholen. Je mehr wir uns der Küste näherten, desto größer wurde die Hitze. Schon wurde die Küste von Java sichtbar; wir wollten zwischen Java und der zwei Meilen breiten, mit Rotholzwäldern bedeckten Prinzeninsel in die Sundastraße hinein, aber die Strömung riß uns fort, wir mußten das kleine Pförtchen links liegen lassen und durch das Haupttor einziehen. Und nun trat wieder völlige Windstille ein. Das Wasser spiegelglatt, der Himmel klar und rein – eines freut sich am andern, und die ganze Natur hält den Atem an. Die Küste liegt da wie ein einziger grüner Streif. Was kann man noch mehr verlangen? Nun ist es endlich still und warm; aber bei dieser Wärme tut es wohl, auf dem Balkon einer Sommervilla zu sitzen, im Schatten undurchdringlicher grüner Ranken, und nicht hier bei einer

Temperatur von 25 Grad Reaumur im Schatten. Auch das Baden nützt nicht viel: Das Wasser hat eine Temperatur von 20–22 Grad und gibt keine Abkühlung. Das Atmen fällt einem schwer; wenn man sich niederlegt, sind Haar und Gesicht sofort naß.

Auch die Nächte brachten keine Kühle, obgleich sie herrlich waren. Jede Nacht zuckten am Horizont, an allen Enden, Wetterleuchten auf. Der Himmel zerfloß förmlich vor Hitze, und abends schwebten wie feiner Staub allerlei Atome in der Luft, die die flammenden Blitze ein wenig verdunkelten; sie erschienen mir wie Samen und Keime der heißen zeugenden Kraft, die von den Sonnenstrahlen so reichlich über Erde und Meer gestreut wurden. Häufig sahen wir auch Meteore, die den Horizont entlang flogen. In dieser Luft vollzieht die Natur ihr schaffendes Werk gleichsam offen vor den Augen des Menschen; hier kann auch das uneingeweihte Auge sehen, wie ihre Wunder werden, wachsen und reifen; hier kann man hören, wie das Gras wächst. Die schöpferischen Träume der Natur sind auf ihrem Antlitz hier so deutlich sichtbar wie die begeisterten Gedanken auf dem Antlitz des Künstlers. Vielleicht belauschen wir noch einmal das Wachstum von – nun, sagen wir: Kartoffeln oder Tabak. Nachts zeigte das Thermometer nur ein Grad weniger als bei Tage.

Eines Tages setzte ich mich ermattet in der Kajüte des Kapitäns auf das Sofa und war ganz unvermutet eingeschlafen. Ein lautes Geschrei weckte mich; ich schaute um mich, es war noch hell. Ich fragte, wie spät es sei. «Halb sechs», wurde mir geantwortet. «Das Geschütz mit einer Kugel laden!» höre ich den Wachthabenden kommandieren. «Was soll denn das bedeuten?» denke ich. Unterdessen kommt jemand von der Kommandobrücke und erzählt, es sei ein Dampfer in Sicht oder eigentlich kein Dampfer, sondern Gott weiß was. Ich stürze auf Deck, springe auf eine Kanone und sehe: Ganz nah, kaum fünfhundert Meter von uns entfernt, fliegt in der Tat «Gott weiß was» auf uns zu: eine schwarze, wirbelnde, rauchende Säule, die vielleicht wirklich einige Ähnlichkeit mit einem Dampfschiff hat; allein von Himmel, aus den Wolken, streckt sich ihr ein dunkler, breiter Streifen, wie ein Ärmel, entgegen; die Entfernung wird immer geringer... «Ist das Geschütz bereit?» schreit der Wachthabende. «Alles bereit!» tönt es von unten. Doch nun beginnt die Erscheinung blaß zu werden, sich aufzulösen, und bald, in einer Entfernung von etwa zweihundert Metern, war sie spurlos verschwunden. Bekanntlich werden Wassersäulen (auch Wasserhosen genannt) mit Kanonenkugeln zerschossen, da sie, wenn sie das Schiff erreichen, leicht die Segel zerreißen und die Rahen zerbrechen können. Die Geschützkugel reißt sie auseinander, und dann lösen sie sich in reichlichen Regen auf. Wir beobachteten noch zwei- oder dreimal ähnliche Erscheinungen, doch kamen die unserem Schiffe überhaupt nicht nah.

Die Windstille hielt uns zwei Tage lang auf demselben Platz fest; endlich, am 17. Mai, erhob sich ein leises Windchen und trug uns an der flachen, in Grün versunkenen Küste entlang bis zur Reede von Anjer, wo wir die Anker auswarfen. Wenige Stunden später langte auch ein spanisches Transportschiff dort an, das eine Abteilung Militär aus Spanien nach Manila beförderte.

Was ist Anjer? Eine Malaiensiedlung, die heute noch ebenso aussieht wie vor hundert Jahren. Auf der Reede versorgen sich die Schiffe mit Wasser und Früchten, die nicht nach Batavia gehen wollen, wo besonders für Europäer gefährliche Fieberkrankheiten herrschen. Die Fregatte war bald von Kähnen umringt, in denen braune, rote, halbnackte Malaien und Inder saßen, viele barhäuptig, andere in kegelförmigen Schilf- oder Schildkrothütten. Alle schrien sie zu uns hinauf und zeigten: einer einen Affen, ein anderer einen Korb mit Korallen und Muscheln, ein dritter einen Haufen Ananas und Bananen, ein vierter eine lebende Schildkröte, noch einer einen Papageien und so weiter.

Unsere Leute konnten nicht schnell genug an Land kommen. Ich war vom Kapitän aufgefordert worden, ihn zu begleiten, wenn auf der Fregatte alles erledigt sein werde. Gegen zwei Uhr machten wir uns zu dritt auf den Weg. Die Küste lag ungefähr zwei Kilometer entfernt. Kaum hatten wir etwa hundert Meter zurückgelegt, so sahen wir, wie unsere Matrosen einen Haifisch aus dem Wasser zogen. Sie hatten ihn schon fast bis an die Geschütze gezerrt. «Kehren wir um und sehen wir uns die Geschichte an», sagten meine Gefährten. Ich war dagegen. Mich lockte die Küste, und ich wäre nur ungern umgekehrt. Kaum aber hatte das Boot gewendet, da riß der Hai sich los und plumpste ins Meer. Glück auf den Weg! Ich war sehr erfreut, wir setzten unsere Fahrt weiter fort und gelangten bald in einen schmalen trüben Fluß mit einer steinernen Landungsbrücke.

Rechts erhob sich ein großes niedriges Backsteingebäude, das von einem Wall umgeben war, auf dem ein paar kleinkalibrige Geschütze standen. Über dem Gebäude hing träge die holländische Flagge herab; vor dem Tor schlichen wie schläfrige Fliegen Wachtposten mit Gewehren auf und ab. Das war die Festung und die Wohnung des Kommandanten. Wir wußten nicht, wohin wir gehen sollten. Links von der Festung, jenseits des Flusses, sah man durch die Bäume eine Reihe Hütten, dahinter dichten Wald; geradeaus war ebenfalls Wald, rechts von der Festung desgleichen. Wir traten in den Festungshof; am entgegengesetzten Ende fanden wir ein zweites Tor, durch das wiederum Wald zu sehen war. Wir gingen auf eine ziemlich breite Straße hinaus und fanden uns bald in einem undurchdringlichen tropischen Walde voll herrlicher Kokospalmen, die sich bald in langer Kette hinzogen, bald dicht zusammengedrängt und mit Buschwerk untermischt ein undurchdringliches grünes Dickicht bildeten.

Die Erde kann sich nicht reicher und schöner schmücken, als es hier der Fall ist. Wahrhaftig, wenn man diese Wälder betrachtet, möchte man kaum glauben, daß die Verteilung der

Bäume nur ein Werk des Zufalls ist. Hier erscheinen die Palmen wie nach einem sorgfältig ausgearbeiteten Plan mit Sträuchern vermischt; dort scheint mit Absicht ein freier Platz angelegt zu sein oder ein kleiner Weiher, ganz mit dem hohen, gelben Schilf bewachsen, aus dem man bei uns so vorzügliche Spazierstöcke anfertigt. Alles scheint von der sorgsamen Hand des Menschen zu zeugen, der sich lange und liebevoll mit jedem einzelnen Zweig, jedem Blättchen, jeder Kleinigkeit abgegeben hat. Und dabei sind das alles wilde Urwälder! Der Mensch hat sie kaum berührt. Der arme Malaie bricht sich mühsam mit der Axt einen Weg durch das Dikkicht, das er den wilden Tieren abringen muß.

Fast eine Stunde gingen wir immer geradeaus, und obwohl wir uns die ganze Zeit über im Waldesschatten befanden und von Kopf bis zu Fuß weiß und leicht gekleidet waren, schwitzten wir doch enorm. Auf dem Rückwege begegneten uns einige Malaien, Männer und Weiber. Plötzlich vernahmen wir bekannte Stimmen. Wir bogen rechts in den Wald ab, in der Richtung der Stimmen, und gelangten auf eine weite Lichtung.

Da waren alle unsere Herren versammelt. Doch was trieben sie da? Die Lichtung war von demselben trüben Fluß durchströmt, in den wir hineingefahren waren. Hier lief er in weitem Bogen über die Fläche, versteckt hinter dichtem Grase und Gebüsch. Rundherum wuchsen spärliche Palmen. Drei oder vier von unseren Gefährten hatten Rock und Weste abgelegt und versuchten, mit ihren Stöcken die Kokosnüsse herunterzuholen. Am eifrigsten war unser Freund S. bemüht; die anderen standen eigentlich nur herum und warteten, daß die Nüsse herunterfallen würden. Geschrei und Gelächter erfüllten den ganzen Wald. Etwa fünfzig Schritt entfernt, am schlammigen Flußufer, im dichten Grase, bis an die Knie in den Moorboden versunken, standen zwei Büffel gebeugten Hauptes da, blickten schüchtern, aber unverwandt auf die lärmende Gesellschaft und wußten nicht, was sie machen sollten. Sie waren hier plötzlich überrascht worden; das erkannte man an ihrer Stellung und der gespannten Aufmerksamkeit, mit der sie auf den Augenblick warteten, wo sie weggehen könnten. Allein es stand ihnen kein Weg offen: Ob rechts oder links, sie mußten entweder durch die Menge hindurch oder ins Wasser hinein.

Endlich fiel eine Nuß zu Boden, eine zweite, eine dritte. Kaum hatten die Herren uns bemerkt, so stürzten sie auf uns zu und fingen alle zu gleicher Zeit zu sprechen an.

«Wir haben ein Krokodil gesehen!» schrie der eine.

«So groß!» sagte ein anderer und breitete die Arme.

«Ein fürchterliches Tier! Was für Zähne!»

«Wo denn?» fragten wir.

«Gleich hier!»

Und sie schleppten uns zu einem Steg, der über den Fluß führte.

«Wir hatten eben den Steg betreten...» fing einer an.

«Nein, wir waren erst dort...» zeigte ein anderer.

«Ja, wo ist es denn geblieben?» fragte ich.

«Ins Gebüsch ist es gekrochen, hier!» schrien alle und zeigten auf die Büsche, die den Fluß beim Stege ganz zudeckten.

«Es erschien auf dem Wasser und schwamm unter dem Stege durch. Wir schrien und liefen ihm nach. Da erschrak es und verzog sich dorthin. Hier, hier, an dieser Stelle...»

«Es war wohl eine Eidechse», sagte ich, zum Teil nur aus Ärger, weil ich das Krokodil nicht gesehen hatte. Man würdigte mich keiner Antwort.

Durch den Wald kamen wir in ein Dorf. Alle Hütten sind aus Bambus und mit Palmblättern gedeckt; sie sehen ganz wie Ställe aus. Fenster haben sie nicht, denn durch die Bambuswände kann man alles sehen, was draußen vorgeht, ebenso wie man von außen in die Hütten hineinsehen kann. Zu sehen gibt es aber nicht viel: Ein Malaie liegt ausgestreckt auf einer Matte, Kinder walzen sich auf dem Boden wie Ferkel.

Die Malaien, die wir hier sahen, waren fast ganz nackt; nur

wenige hatten Hosen an. Sie begnügen sich meist mit einem Stück rohen Gewebes, das sie über die Schultern oder um die Hüften schlingen. Der Mund sieht bei allen wie blutig aus – vom Betelkauen, das das Zahnfleisch reizt. Hier sahen wir auch zum erstenmal Chinesen, erst Kinder mit halbrasierten Köpfen, dann alte Weiber mit einem ganzen Berg von Haaren auf dem Kopf, die von einer großen Bronzenadel zusammengehalten wurden. Auch der Kaufladen, den wir besuchten, gehörte einem Chinesen. Stellen Sie sich einen Laden irgendwo in einer russischen Kleinstadt vor, und Sie haben ein getreues Bild von diesem Chinesenladen in Anjer. Hier wie dort gibt es Kerzen, Seife, Bananenbündel als Ersatz für die Zwiebelbündel bei uns, ferner Tee, Zucker, Kisten, Schachteln, Spiegel und so weiter.

Wir ließen uns Tee geben. Es war schon ganz dunkel geworden; nur die Sterne strömten ein bleiches, aber scharfes Licht aus. Wir hatten alle Sitzgelegenheiten aus dem Laden hinausgeschleppt und saßen draußen an kleinen Tischen.

Was war das für ein Abend! Ein Zaubertraum, ein üppiges, berauschendes Fest, zu dem, so schien es, alle Künste ihr Bestes beigetragen hatten, und doch war von Kunst hier keine Spur. In welchen Farben strahlen hier die letzten Blicke des erlöschenden Tages und der heraufdämmernden Nacht! Seltsame Töne schwirren durch die Luft; der Wald atmet und lebt; durch banges Flüstern, durch ein plötzliches, vorsichtiges Rascheln machen seine Bewohner sich bemerkbar: Lief da ein Tier durchs Gehölz, flog ein aufgeschreckter Vogel vom Baume auf, oder schleicht eine Schlange durch das dürre Reisig? Drüben am Wasser bewegen sich dunkle Silhouetten menschlicher Gestalten. Leise plätschert der Fluß. Es ist immer noch sehr warm und duftet würzig.

Zwei Stunden lang genossen wir den herrlichen Abend, und ungern, langsam, gingen wir den Fluß entlang zur Landungsstelle. Es war Ebbe, und unsere Boote lagen auf dem Sande. Wir machten sie flott und blieben dann noch lange auf dem Wasser, den Blick immer auf das herrliche Land gerichtet. Die Bootsleute bewegten die Ruder kaum. Wie flüssiges Gold spielte das Wasser um die Ruder. Plötzlich wurden wir durch einen unerträglichen Fäulnisgeruch überrascht. Erst konnten wir ihn uns nicht erklären, dann erinnerten wir uns an Muscheln und Korallen, die einen starken, widerwärtigen Geruch ausströmen. Wir befanden uns wohl über einer Korallenbank.

Am nächsten Morgen segelten wir weiter, ohne einen einzigen Europäer gesehen zu haben. Es gibt deren ganze drei in Anjer.

Es waren uns noch viele solche Nächte beschert, als wir die Sundastraße verlassen hatten und langsam auf Singapore zusteuerten. Der Himmel ist hier wie ein Buch, das zu lesen man nie müde wird: Es liegt weit aufgeschlagen vor uns, und seine Schrift ist deutlich und klar, als wäre der Himmel selbst der Erde näher gekommen. B. K. und ich standen oft lange auf der Kommandobrücke und freuten uns an den Sternen, dem hellen Wetterleuchten und besonders den Meteoren, die, in bengalischem Feuer strahlend, den Himmel oft in allen Richtungen durchkreuzten.

In einer Nacht hörten wir plötzlich dicht bei der Fregatte Ruderschläge. «Was ist das? Ein Boot auf hoher See?» fragte ich und starrte ins Dunkel hinaus. Fadejew, der rittlings auf einem Geschütz saß und mit einem Eimer Wasser aus dem Meere schöpfte, um mich zu übergießen, strengte ebenfalls seine Augen an. Wir erkannten endlich drei Männer im Boot; wer sie aber waren, ließ uns die Finsternis nicht sehen. «Wer mag es nur sein?» fragte ich ratlos. «Wohl wieder Tschuchna (Finnen), Euer Wohlgeboren?» sagte Fadejew gleichgültig. Er meinte Malaien, wir wir sie in Java gesehen hatten. «Oder Polacken», meinte ein anderer Matrose noch gleichmütiger. Es waren Malaien, die uns ihre Dienste als Lotsen anboten und einen Korb mit Ananas mitgebracht hatten. Wir malten uns scherzend aus, es könnten Seeräuber sein, die von ihrer

Bande vorgeschickt seien, um auszukundschaften, was da für ein Schiff komme, wie stark seine Besatzung sei, ob es gut mit Waffen und Munition versehen sei – um dann zu entscheiden, ob ein Angriff gewagt werden könne oder nicht.

Ein Malaie kam an Bord und übernachtete hier; die beiden andern blieben im Boot, das an die Fregatte gekettet und von ihr geschleppt wurde. Am 24. Mai, gegen elf Uhr vormittags, fuhren wir lavierend in die Straße von Singapore ein. Es regnete, gleichzeitig hatte sich ein scharfer Wind erhoben, der die Luft ein wenig abkühlte. Das Thermometer zeigte 23 Grad Reaumur im Schatten; wir waren glücklich, der Malaie aber fror. Als er die Tür zu meiner Kajüte offen sah, schob er erst den einen, dann den anderen Fuß und den Rücken hinein, der Kopf blieb draußen. «Kalt?» fragte ich. «Yes!» erwiderte er und kam ganz in die Kajüte. Es schien mir aber unnatürlich, daß ein Mann bei mehr als 20 Grad im Schatten friert, ich empfand kein Mitleid mit ihm und gab ihm durch eine energische Handbewegung zu verstehen, er solle sich hinausbegeben, als er mir das Licht verstellte.

Am Abend hatten wir Singapore erreicht.

25. Mai. Es ist noch früh am Morgen. Die Sonne strahlt, und alles strahlt mit ihr. Diese Bilder ringsherum! Dieses Leben, dieses Gewühl, dieser Lärm! Diese Gesichter! Dieses Sprachgewirr! Rund um uns liegen Inseln, alle in leuchtendem Grün versinkend; geradeaus, hinter dem Wald von Masten, auf der Höhe, sind die städtischen Gebäude zu sehen. Dschunken, Kähne, Chinesen, Inder pendeln zwischen Land und Schiffen hin und her und versperren sich gegenseitig den Weg. Rechts und links von uns ist alles wild; ein undurchdringlicher Kokoswald spiegelt sich in der Bucht; hinter uns breitet sich das Meer aus.

Meine Kajüte wird förmlich gestürmt von Indern, Malaien, Chinesen mit Zeugnissen von Schiffen aller Nationen; sie empfehlen sich als Schneider, Wäscher, Kommissionäre. Auf Deck ist ein richtiger Markt: Die verschiedenstämmigen Gäste haben ihre Waren ausgelegt, und jeder brüllt in seiner Sprache. Sie bieten Stoffe, Muscheln, Affen, Vögel, Korallen an. Mir sind die Gesichter interessanter als der bunte Kram. Was für ein malerisches Volk sind die Inder und wie unmalerisch die Chinesen! Jene sind schlank, ungezwungen in ihren Bewegungen; ihr Gang, ihr Mienenspiel hat eine gewisse feierliche Würde, Trägheit und Grazie. Sie reden mit der Kehle und bewegen die Lippen kaum. Ihre Grazie ist ungewollt, unbeabsichtigt: Wäre sie nur im geringsten bewußt, man müßte in ein lautes Gelächter ausbrechen beim Anblick dieses langsamen, vorsichtigen Einherschreitens, dieser stolzen Kopfhaltung, dieser abgemessenen Armbewegungen. Aber es steht ihnen gut zu Gesichte; hastige Bewegungen würden nicht zu ihnen passen.

Die Chinesen sind heller als die fast schokoladenbraunen Inder; ihre Hautfarbe unterscheidet sich kaum von der unsern; Augen und Haar sind aber tiefschwarz. Auch sie gehen halbnackt. Viele haben richtige Greisengesichter; die Schädel sind glattrasiert, nur vom Nacken hängt der lange Zopf herab und schlägt gegen die Beine. Die Runzeln im Gesicht und das Fehlen von Bart und Schnurrbart macht sie alten Weibern sehr ähnlich. Nichts Männliches, Kraftvolles, ein Gesicht wie das andere.

Gleich nach Mittag war unser Schiff leer; alle waren an Land gefahren. Mich wollte wieder der Kapitän mitnehmen, bat mich aber zu warten, bis er alle seine Verfügungen auf der Fregatte getroffen hatte. Darüber wurde es sechs Uhr. Als wir uns dem Ufer näherten, war es schon dunkel. Wir wußten nicht, wohin wir gehen sollten; das Gaslicht ist noch nicht bis Singapore gedrungen, und in den Straßen konnten wir kaum etwas sehen. Wir gingen nach links: Da versperrte ein Flüßchen und etwas wie ein Pavillon uns den Weg; drüben schimmerte Licht, anscheinend aus einer ganzen Reihe von Kaufläden. Wir wußten, daß es hier auch Brücken gebe, wie aber sollten wir sie finden? Glücklicherweise trafen wir zwei

Deutsche, und die zeigten uns den Weg nach dem London Hotel. Merkwürdig war der süßliche, starke, moschusartige Geruch, der die Abendluft erfüllte. Insekten zirpten im Grase so laut, daß es fast wie Vogelgesang klang. Wir ließen uns im Hotel Sodawasser und Tee geben und nahmen oben auf dem Balkon Platz. Mit dem Einbruch der Nacht kam wieder jene seltsame nervöse Erregung über mich, die wohl mit den scharfen narkotischen Ausdünstungen der Luft zusammenhängt. Nein, lange erträgt man es nicht, dieses Leben unter Rosen, Giften, Bajaderen, Palmen, unter den senkrechten Pfeilen, die der Sonnenball unbarmherzig herabschleudert.

Aus Langeweile betrachtete ich die Mauern; da sah ich plötzlich über der Tür etwas krabbeln, weiter auf der Decke ebenfalls, über meinem Kopfe, rundherum an den Wänden, in den Ecken – überall! «Was ist das?» fragte ich den Kellner, einen Portugiesen. Er antwortete mir etwas Unverständliches. Ich stand auf, ging näher heran und sah, daß es Eidechsen von fast drei Zoll Länge waren. Sie werden in den Häusern gerne gesehen, weil sie die Insekten vertilgen.

27. Mai. Wir wollten zu vieren einen gründlicheren Ausflug machen und fuhren gegen elf Uhr vormittags aus, aber auch das war schon zu spät. Die Hitze war kaum zu ertragen. Wir gingen den Kai mit seinen Kaufläden entlang, die ganz so aussehen wie die Handelshöfe in den russischen Städten: dieselben Arkaden, dieselben Läden mit Ausgängen nach zwei Seiten, Speicher, Warenballen, Tonnen und so weiter; derselbe Lärm, dasselbe Gedränge. Die Händler sind meistens Chinesen. Wir gingen schnell an den steinernen Läden vorüber und gelangten endlich zu den aus Holz gebauten, die gleichzeitig auch als Wohnhäuser dienen. Im untern Stockwerk befindet sich der Laden, im obern die Wohnung. Hier scheint alles zusammengetragen, was Auge und Geruchssinn kränken kann. Halbnackte Chinesen saßen in den Läden oder vor der Tür und kämmten sich gegenseitig die langen Zöpfe oder rasierten einander Kinn und Schädel. Sie können dabei Stunden

verbringen; das ist ihre Siesta. Einige legten sitzend den Kopf auf den Tisch, und wenn der Barbier ihnen den Schädel rein geputzt hatte, begann er diese Sybariten mit großem Eifer, sehr lange und sehr kräftig, auf den Rücken zu klopfen. Das erinnert an die Liebhaberei einiger von unsern Landsleuten, sich nach dem Dampfbade die Fußsohlen kitzeln oder die Gelenke streichen zu lassen.

Doch der Anblick dieser kahlen Köpfe und Gesichter, dieser nackten gelben Leiber, dieser bald greisenhaften, bald zwar jugendlichen, aber immer glatten, weichlichen, listigen, jedes männlichen, energischen Zuges baren Gesichter und die Einzelheiten der Lebensweise dieser Leute, das häusliche Leben, das auf die Gasse hinausdrängt – das alles ist sehr eigenartig, aber nicht anziehend.

Auch die Waren, die man in den Läden liegen und hängen sieht, sind meist dazu angetan, daß man Auge und Nase schleunigst wegwendet. Da sieht man rohes, gebackenes und gewiegtes Fleisch, Fische, Krebse, Weichtiere und dergleichen. Gleich daneben sitzt ein fliegender Händler mit einem Kohlenbecken und einem Kochtopf, in dem sich irgendeine Brühe, ein Gallert oder etwas Ähnliches befindet, was man lieber nicht genauer betrachtet. Und zwei Schritte weiter das gerade Gegenteil: ein Laden mit Obst und Gemüse, das ungemein verlockend aussieht: Ananas, Mangustanen, Wassermelonen, Gurken, Bananen liegen haufenweise da. Und inmitten all der Herrlichkeiten sitzt ein alter nackter Chinese mit weißem Zopf, die Brille auf der Nase, und handelt. Etwas weiter wird man wieder von Knoblauchgeruch umweht, zu dem sich noch jener unvermeidliche moschusartige Geruch gesellt, der anscheinend vom Sandelbaum und anderen stark duftenden Bäumen ausgeht. Nehmen Sie nun noch Kokosöl, Tabak und Opium hinzu – da kann einem wohl schwindlig werden. Alle diese Düfte lösen sich in der heißen indischen Luft auf und werden von ihr überallhin getragen.

Wir gingen nun weiter über eine hohe Holzbrücke nach

dem Europäerviertel. Ein ganz anderes Bild! Weite Plätze und breite Straßen, tadellose Sauberkeit, schön gebaute Häuser, ganz versteckt hinter Spalieren von efeuartigen Ranken mit blauen Blumen; zwei Kirchen, eine protestantische und eine katholische, inmitten großer Höfe, die mit Feigen-, Muskat- und anderen Bäumen und mit Blumenbüschen bepflanzt sind. Ein Inder bot sich uns als Führer an. Wir baten ihn, uns auf die Anhöhe zum Hause des Gouverneurs zu führen. Der Weg geht durch eine prächtige Allee, zwischen Muskatbäumen, Pomeranzen- und Rosensträuchern. Der ganze Rasen bestand aus Mimosa pudica. Wir brauchten bloß mit der Schirmspitze das Gras zu berühren, und sofort schlossen sich die Kelche.

Die Hitze war so unerträglich, daß wir nicht bis zu dem Hause des Gouverneurs hinaufkamen. Wir blieben auf halber Höhe stehen und blickten hinab auf die Reede und die Stadt; dann ließen wir uns schnell nach dem Hotel führen, unter das schützende Dach, erreichten mit Mühe den Balkon und bestellten ein Frühstück, vorher aber tranken wir unglaubliche Mengen von Sodawasser, um halbwegs zur Besinnung zu kommen.

Mein Leichtsinn, an der gemeinsamen Mittagstafel teilzunehmen und mir noch gar zwei Glas Champagner aufschwätzen zu lassen, blieb nicht ungestraft. Nur die eisernen Mägen der Engländer können es sich erlauben, auch in den Tropen ihren europäischen Gebräuchen und Speisen treu zu bleiben. Alle andern haben dem Klima ihren Zoll zu zahlen. Zwei Tage lang ging ich nicht an Land. Krank, wie ich war, stand ich über Bord gelehnt und freute mich am Anblick des Himmels, der umliegenden Inseln, der Wälder, der an den Küsten verstreuten Hütten, der Reede, des buntbewegten Bildes der Dschunken und Boote; ich vertiefte mich in den Anblick der indischen und chinesischen Gesichter, hörte dem Stimmengewirr zu.

Besonders interessant war es zu beobachten, wie unsere

Matrosen bei den Eingeborenen Früchte, später auch allerlei Sachen, Schachteln, Fächer, einfache Gewebe kauften. Was sie sich für eine Sprache geschaffen hatten und wie gut sie einander verstanden! Fadejew ließ sich von mir Geld geben, stieg zu den Booten hinab, um Ananas oder sonst etwas zu kaufen, und dann konnte ich von oben sehen, wie er mit den Leuten zankte und feilschte. Endlich war man dann handelseinig geworden, und er brachte mir den Kauf. «So ein Pack! Da muß man die Augen offenhalten!» sagte er. «Gestern wollte er nur einen halben Schilnik (Shilling) haben, und heute verlangt er einen ganzen!» – «Wie redest du denn mit den Leuten?» – «Auf englisch!» – «Wie fragst du denn?» – «Ich nehme die Sache in die Hand und frage: Omatsch?» (How much?)

Endlich besserte sich mein Zustand, und ich begab mich mit einigen Gefährten wieder nach Singapore. Wir durchstreiften wieder die ganze Stadt, das Malaien-, Inder- und Chinesenviertel, mußten uns wieder oft genug die Nasen zuhalten und ließen uns endlich nach einem buddhistischen Tempel fahren. Von der Straßenseite sieht man nur das festverschlossene Tor mit dem Gitterzaun, hinter dem sich das Dach mit den nach oben gekehrten Ecken erhebt. Alles ist grell mit roter, grüner und gelber Farbe bemalt. Ein indischer Tempeldiener öffnete uns das Pförtchen, und wir traten in den sauberen, mit Steinfliesen gepflasterten Hof. Rechts befand sich ein Brunnen, dann eine leere Mauer und in der Ecke eine nach allen Seiten offene Küche. Hier wurden auf Herden und Kohlenbecken die verschiedensten Speisen gebraten und gekocht. Ein paar Chinesen machten sich dabei zu schaffen; links, in der Mitte der Mauer, befand sich ein kleiner Tempel mit Opferaltar, Götzenbildern, brennenden Ambra- und Wachskerzen. Vor dem Altar kniete ein Bonze; er schlug mit einem Stäbchen auf eine kleine runde Trommel und las dazu mit halb singender Stimme, ein wenig durch die Nase, aus einem Buche. In derselben Kapelle an einem Tisch saßen ein paar Chinesen und nähten etwas, ohne dem Mönch auch nur die geringste Beachtung zu schenken. Ich sah ihm ins Gesicht: Es war bleich und abgemagert, die Augen geschlossen.

Der ganze Hof ist an den Mauern entlang mit Bananen, Muskatbäumen und Palmen bepflanzt. In der Mitte des Hofes stand der Haupttempel – ein recht großes, nach allen Seiten offenes Gebäude, mit drei oder vier Dächern, alle mit nach oben gekehrten Ecken. Wieviel Vergoldung, Schnitzwerk, bunter Krimskrams, unechte Edelsteine und Geschmacklosigkeit in diesem Durcheinander von Formen und Farben! Chinesen und Inder scheinen gemeinsam ihren ganzen Kunstgeschmack an dieses Gebäude und seine Ausschmückung gewandt zu haben, daher ist es unmöglich, wenn man diesen Haufen von Steinen, Rauschgold, verschossenen Geweben und lebenden Blumen betrachtet, sich eine Idee von dem Stil des Gebäudes und seiner Verzierungen zu machen. Im Innern des Tempels befinden sich drei Nischen mit Götzenbildern; rundherum läuft eine gedeckte Galerie. Überall Schnitzwerk – an den Geländern, den Wänden; sogar die Granitsäulen, die das Dach stützen, sind behauen und stellen Tiere dar. Unter den Götzenbildern steht Buddha mit seinen zwei Jüngern, ferner irgendeine Göttin und noch zwei Gestalten, alle mit abstoßend häßlichen Gesichtern. Eine Figur stellt allegorisch Gegenwart, Vergangenheit und Zukunft dar. Vor den Götzenbildern brannten dünne, lange Kerzen. Ich wollte sehen, aus welchem Stoff sie angefertigt seien, und ließ mir eine geben. Der Inder zündete sofort eine an und reichte sie mir, doch O. A. sagte hastig: «Schmeißen Sie sie weg, der Mann will ja haben, daß Sie seinem Götzen eine Kerze weihen.»

Aus dem buddhistischen Tempel begaben wir uns in einen indischen, zu den Anbetern Brahmas. Unter einem ziemlich hohen Turm aus roh behauenen Steinen hindurch gelangt man in einen geräumigen, mit Bäumen besetzten Hof. Geradeaus führt eine von Säulen getragene, gedeckte Galerie nach dem Tempel. Kaum aber hatten wir ein paar Schritte gemacht, als ein Inder, der mit singendem Tonfall aus einem Buche las, uns anhielt und schweigend auf unsere Schuhe wies: Wenn wir weitergehen wollten, mußten wir sie ablegen. Wir blieben stehen und betrachteten uns den Tempel von ferne. Es war auch nicht viel zu sehen: dieselben drei Nischen wie bei den Buddhisten, mit vergoldeten Götzenbildern, aber ohne die bunte Bemalung, nur mit lebenden Blumen geschmückt. In der Galerie außerhalb des Tempels stand ein hölzernes Pferd, in der Art unserer Spielzeugpferde, aber in Lebensgröße, ganz bemalt, mit allerlei Anhängseln und Verzierungen. Es wird bei feierlichen Prozessionen gebraucht, erklärte uns der Inder.

Wir gingen fort. Der Inder heulte wieder seine Gebete aus dem Buche; zwei andere hockten sich hin, um ihm zuzuhören; ein vierter brachte uns aus der Nische Rosen auf einer Schüssel. Wir setzten uns wieder in unser Fuhrwerk und fuhren durch die Straßen, den Fluß entlang. Plötzlich klang eine seltsame Musik an unser Ohr.

Durch die Straße bewegte sich ein langer Zug, aus dem Gestammel der Chinesen war aber nicht zu erraten, was er bedeutete. Nur daß es eine Trauerprozession war, kriegten wir schließlich heraus. Einer von den Chinesen antwortete auf unsere Fragen immer nur mit dem einen Wort: «Sick» (krank), bis uns einer unserer Genossen, der in China gewesen war, aufklärte, daß es sich um eine Gedächtnisfeier für einen Verstorbenen handle. Zwei Frauen, die von oben bis unten in Musselinschleier gehüllt waren, wurden an der Hand geführt. Voran gingen Priester, dann einige seltsame, laut schreiende Gestalten in Lumpen, Musikanten mit Gongs. Wir stiegen aus dem Wagen und mischten uns in die Menge. Ich will nicht sagen, daß die Musik ganz unharmonisch gewesen wäre – nein, sie hatte eine gewisse Melodie, aber sie klang sonderbar und hatte etwas Quälendes. Der Zug bog in eine schmale Seitengasse ein, und wir begaben uns ins Hotel

Es ist eigentümlich: Trotz all der Farbenpracht, der bunten Trachten, der Verschiedenheit der nackten Leiber, der schlanken Grazie der Inder, der Geschäftigkeit der gelben Chinesen, der braunen Malaien, deren Mund vom ewigen Betelkauen das Aussehen einer Pfeife bekommen hat, aus der zehn Jahre lang russischer Tabak geraucht wurde, trotz der Berge von Waren und Früchten, trotz dem reichen und leuchtenden Grün ringsum ermüdet das Auge doch bald; es sucht etwas und findet es nicht. Dieser bunten Menge fehlt das Element, das ihr erst Leben verleihen könnte, ihre schönste Blüte und herrlichste Zier – die Frauen.

Können Sie sich das vorstellen: Unter sechzigtausend Einwohnern befinden sich hier kaum siebenhundert Frauen. Die Zahl der Europäerinnen – Frauen und Töchter der Konsuln und Kaufleute – ist sehr gering, und diese wenigen halten sich gleich den Blumen des Nordens im Schatten verborgen; Inderinnen und Chinesinnen gibt es aber noch weniger. Wir sahen in der Vorstadt etliche widerwärtige alte Chinesenweiber, aber kaum eine junge Person; dafür sahen wir einige junge und recht hübsche Inderinnen. Auffallend waren die großen goldenen Ohrringe und die silbernen Arm- und Beinspangen, die sie trugen.

Die Europäerinnen kann man in ihrem Heim sehen oder zwischen fünf und sechs Uhr nachmittags, wenn sie auf der Esplanade spazierenfahren, zurückgelehnt in die weichen Kissen ihrer eleganten Wagen, in Kleidern aus Stoffen, die so leicht und durchsichtig sind wie die Luft in diesem Lande, und in nicht minder leichten Hüten: Es ist, als säße ein Schmetterling auf dem zarten Köpfchen. Diese Ladies fahren die herrliche Straße entlang, im Schatten der wunderbaren Bananen und Palmen, dicht am Wasser, das wie ein grünliches Spitzenmuster plätschernd an die Räder schlägt. Eines nur ist mir ein Rätsel: Wie können die zimperlichen Engländerinnen, deren Schlafgemach nicht einmal der leibliche Bruder betreten darf, in deren Gegenwart man nicht einmal das Wort

«Hose» aussprechen darf – wie können sie inmitten dieser Bevölkerung leben, die ganz ohne Hosen herumläuft? Sind sie von so aristokratischer Verachtung gegen alle Tieferstehenden erfüllt, wie die römischen Matronen, die kein Schamgefühl vor den Sklaven kannten und sich in ihrer Gegenwart wuschen, ohne sie überhaupt zu bemerken? Auch das ist möglich; das Klima ändert auch die Sitten...

Anfang Juni verließen wir Singapore. Eine Woche war mehr als genug, diesen Ort kennenzulernen. Wären wir noch einen Tag länger geblieben, wir hätten nicht mehr gewußt, was wir anfangen sollten vor Langeweile und Hitze. Nein, Indien ist nichts für uns! Auch die Engländer fliehen bei der ersten besten Gelegenheit aus diesem Klima nach dem Kap der Guten Hoffnung, nach Port Jackson – mit einem Wort, weiter weg vom Äquator, von diesen glühenden Tagen, diesen kühlelosen Nächten, diesen Gegenden, wo man nicht ungestraft essen und trinken kann, wie man es gewohnt ist.

Ich bin froh, daß ich in Singapore gewesen bin, aber ich verlasse es ohne Wehmut, und sollte ich noch einmal dahin kommen, so würde ich keine Freude daran haben, sondern es nur gezwungen tun.

VI
Hongkong und die Bonin-Inseln

Ich habe Ihnen aus Hongkong nicht geschrieben, denn bei der Hitze war an Schreiben nicht zu denken. Ich begreife nicht, daß es Menschen gibt, die in Bureaus sitzen, schreiben, rechnen, Zeitschriften herausgeben! Die Sonne stand im Zenith, als wir in Hongkong waren, ihre Strahlen fielen senkrecht herab – da soll ein Mensch arbeiten! Ich schreibe jetzt auf hoher See und weiß nicht, wann und wo ich meinen Brief abfertigen kann; vielleicht aus China, doch nach China gehen wir erst, wenn wir in Japan gewesen sind. Aber gleichviel; ich will Ihnen nur etwas von Hongkong erzählen und auch das nur, weil ich Ihnen versprochen habe, von jedem Ort, wo wir uns aufhalten, etwas zu berichten. Denn über Hongkong ist eigentlich nichts zu sagen, man müßte denn eine ganze handelsgeschichtliche oder politische Abhandlung verfassen; das kommt mir aber nicht zu – Sie werden unsere Abmachung nicht vergessen haben!

Wenn man auf der Hongkonger Reede angelangt ist, möchte man glauben, in eine ganz nette Gegend gekommen zu sein: Überall grüne Hügel, allerdings ohne Bäume, doch die Küstengebiete, die etwas weiter entfernt vom Äquator und den Tropen liegen, zeichnen sich alle durch spärliche Vegetation aus. Man meint, die Bäume würden sich schon etwas tiefer im Land, in den Tälern, finden. Hier muß man sie sich aber sehr weit denken, ohne hoffen zu dürfen, je bis zu ihnen zu gelangen. Wendet man den Blick nun der Insel Hongkong selbst zu, so stößt er überall wie gegen eine Mauer auf den rötlichgelben Berg, der hie und da von Gras grün gesprenkelt ist. Am Fuße des Berges stehen dicht gedrängt Häuser, zwischen denen ab und zu Bananenstauden hervorlugen, ganz vergilbt im grellen Sonnenlicht, und hie und da sieht man noch über einem Zaune den von der Sonne getöteten Wipfel eines Baumes gleich einem Besen emporstarren.

Dafür gibt es hier Sand und Steine in Menge! Die Engländer haben auch dieses Material zu verwerten gewußt. Am Bergesabhang sieht man bald ein einzelnes Steinhaus, bald einen Bauplatz: Arbeit und Kunst haben sich bereits der Felsen bemächtigt. Nach einem Blick auf die Prachtgebäude am Kai malt man sich ganz von selbst das Bild aus, das der ganze Berg einst bieten wird. Die Chinesen hatten natürlich keine Ahnung, als sie 1842 nach dem Vertrag von Nanking den Engländern diesen unfruchtbaren Felsen überließen und dafür die blühende Insel Tschusan eintauschten, was die rothaarigen Teufel mit diesem Felsen machen würden. Noch weniger ahnten sie, daß sie selbst, sie, die Chinesen, mit ihren eigenen Händen, zu ihrem eigenen Schaden, diese Steine behauen, sie zu Mauern und Zinnen schichten, mit Geschützen ausrüsten würden...

Drei Tage lang ging ich nicht an Land; mir war nicht wohl, und es zog mich auch nicht hin. Erst am vierten Tage machte ich mich mit P. in einer Schaluppe auf den Weg. Wir fuhren zuerst am Chinesenviertel entlang, dessen Bevölkerung sich in zwei Gruppen teilt: Die einen wohnen auf ihren Booten, die anderen in Häusern, die alle dicht gedrängt hart am Wasser stehen, einige sogar auf Pfählen ins Wasser hineingebaut sind. Die Wohnboote stehen in langen Reihen nebeneinander oder fahren auf der Reede hin und her. Die Leute fischen, handeln, transportieren Menschen und Waren von den Schiffen nach der Stadt und zurück. Alle Boote haben ein Schutzdach, überall sieht man Familienszenen: Es wird gegessen, man macht Handarbeiten, eine Mutter stillt ihr Kind.

Wir stiegen an einer der vielen Landungsstellen des Europäerviertels aus und gelangten durch irgendein Kaufhaus, eine Schar von Chinesen, Händlern und Lastträgern (Kulis), durch Gerüche aller Art auf die Straße hinaus, in der Hoffnung, hier freier aufatmen zu können. Aber als wir die Luft einsogen, war es, als hätten wir heißen Dampf geschluckt; wir machten ein paar Schritte und mußten schon an eine Zuflucht denken, wo wir wirklichen, kühlen Schatten finden könnten, nicht jenen, der über der einen Straßenseite lag. Die Sonne brannte auch im Schatten. Wir flüchteten uns in einen Laden, in dem Berge verschiedener Waren aufeinandergehäuft lagen und in dem auf den Regalen auch Drogen standen. Hier konnte man Sodawasser und Limonade erhalten. Die Engländer trinken es auch hier mit Brandy gemischt, angeblich, um die äußere Temperatur mit der innern ins Gleichgewicht zu bringen.

Ich hatte schon früher von diesem Temperaturausgleich gehört, aber ich muß gestehen, daß die Sache mir immer verdächtig vorkam: So gibt es in Rußland Leute, die sich genieren, einen zweiten oder dritten Schnaps zu nehmen, und daher beim Trinken Mund und Glas mit dem Ärmel oder Ellbogen zudecken. Etwas ganz Ähnliches scheint hier der Fall zu sein. Manche gehen sogar so weit, daß sie behaupten, Rum und Kognak seien den heißen Ländern eben um dieses Ausgleichs willen gegeben... Ich warne vor dieser Methode: Man reizt den Magen bloß, verdoppelt die Hitze und wird erst recht matt. Verzichtet man dagegen auf Fleisch, auf alle schweren Speisen, sogar auf Gewürze – mögen sie auch alle in den heißen Ländern zu Hause sein –, vor allem aber auf Wein, so trägt sich die Hitze leicht; Brust, Kopf und Lungen befinden sich in normalem Zustand, und die Hitze berührt einen nur äußerlich. Aber... unser verehrter Proviantmeister läßt uns nicht einmal in China und Indien nach unserm Willen leben: Er macht ein so argwöhnisches Gesicht, wenn man an der Mittagstafel für Hammelkeule oder Schweinebraten dankt, wenn man von der Blätterteigpastete nicht nehmen will! Jeden Augenblick kann man auf die Frage gefaßt sein: «Ist denn das Fleisch schlecht? Ist die Pastete trocken?» Oder er wendet sich pathetisch an die ganze Gesellschaft: «Sehen Sie nur, meine Herren! Ihm schmeckt unser Essen nicht! Wenn meine Bemühungen vergeblich sind, wenn ich es Ihnen nicht recht machen kann, so wählen Sie einen anderen für dieses Amt!» Nein, lieber schon weiter unter der Hitze leiden!...

Nachdem wir uns ein wenig verschnauft hatten, gingen wir wieder auf die Straße hinaus. Überall waren die Fenster fest verschlossen, in den Häusern schien Totenstille zu herrschen, und doch sah man unausgesetzt Kulis hin und her laufen mit Warenballen, Briefen usw. Alle Warenspeicher stehen weit auf; überall sind Chinesen unter Aufsicht von Engländern beschäftigt, Ballen und Kisten zu öffnen und zu verpacken, sie von den Booten und nach den Booten zu schleppen, die die Waren auf die Schiffe befördern. Die Chinesen sind die einzigen, die unbeirrt in den Straßen umherlaufen, vor den Haustüren sitzen und auf Arbeit warten, Europäer in Sänften tragen. Überall sieht man ihre nackten Schultern, Rücken und kahlen Köpfe, die nur der aufgesteckte Zopf schützt.

Übrigens laufen keineswegs alle Chinesen nackt herum: Das tun nur Lastträger, Arbeiter und Händler. Die höhern Stände kleiden sich sogar sehr reich und elegant; man sieht Stutzer in schneeweißen Jacken und seidenen Pluderhosen, in Pantoffeln mit dicken Sohlen, mit glänzendschwarzen, dichten, bis an die Hacken herabhängenden Zöpfen und kostbaren Fächern, die ihnen als Schutz gegen die Sonne dienen. Die einfacheren Frauen gehen allein in der Stadt herum, die feineren werden geführt. Ihre Füße sind alle mehr oder weniger verkrüppelt; wo sie infolge «schlechter Erziehung oder Nachlässigkeit der Eltern» ihre natürliche Form behalten haben, da wird unter den wirklichen Fuß ein zweiter, künstlicher gesetzt, der dann aber so klein ist, daß man auf ihm überhaupt nicht mehr gehen kann, und so muß die Dame sich von ihren Dienerinnen führen lassen. Trotz der langen Gewänder, in die sich die Chinesinnen vom Halse bis zur Sohle hüllen, verhalf mir ein starker Windstoß doch dazu, hinter diese List zu kommen. Die Frauen mit ihrer olivenfarbenen Haut und den schwarzen, etwas schmalen Augen kleiden sich meist in dunkle Stoffe. Mit ihrer Frisur à la chinoise und der mächtigen Welle schwarzen Haares, die am Nacken mit einer großen goldenen oder silbernen Nadel zusammengehalten wird, machen sie einen nicht unangenehmen Eindruck.

Spätabends begab ich mich wieder zur Landungsstelle, wo ich auch P. vorfand, der auf unsere Schaluppe wartete. Da sahen wir ein Chinesenboot, in dem zwei weibliche Gestalten saßen, vom Mondlicht beschienen. «Warum auf die Schaluppe warten?» sagte ich. «Da ist ein Boot, steigen wir ein!» Wir stiegen ein, beide Frauen faßten das einzige Ruder, das am Hinterteil des Kahnes befestigt war, und begannen es nach rechts und nach links zu drehen. Das Mondlicht fiel ihnen gerade ins Gesicht; die eine war eine alte Frau, die andere mochte fünfzehn Jahre alt sein. Ein bleiches Gesicht mit schmalen, aber sehr schönen schwarzen Augen; die Haare im Nacken mit einer silbernen Nadel zusammengesteckt. «Bringen Sie uns zur russischen Fregatte!» sagten wir. «Two shillings!» nannte die Junge den Fahrpreis. «Hundert Pfund für so ein liebes Gesichtchen!» sagte mein Gefährte. «Das ist zu viel», bemerkte ich. «Two shillings!» wiederholte sie eintönig. «Du bist wohl nicht von hier, weil du so weiß bist? Wo kommst du her? Wie heißt du?» fragte P. und suchte ihr näher zu rücken. «Ich bin aus Makao und heiße Etola», erwiderte sie englisch und fügte dann hinzu: «Two shillings!» – «Ein reizendes Kind!» fuhr mein Gefährte fort. «Gib mir deine Hand! Sag mir, wie alt du bist! Wen hast du lieber, die Engländer oder die Chinesen?» – «Two shillings!» antwortete sie. Wir näherten uns der Fregatte; mein Gefährte faßte ihre Hand, ich ging schon die Treppe hinauf. «Sage mir etwas, Etola!» bat er und hielt ihre Hand fest. Sie schwieg. «Sag mir, ob du...» – «Two shillings!» wiederholte sie. Ich gab lachend, er mit einem Seufzer das Geld ab, und dann ging jeder in seine Kajüte...

An einem der nächsten Tage hatte ich mir im Chinesenviertel allerlei Kleinigkeiten zusammengekauft und gab sie einem Kuli, der alles in einen Korb packte und hinter mir her ging. Doch Fadejew, der mich begleitete, wollte das nicht dulden, riß dem Kuli den Korb aus der Hand und trug ihn selbst. Ich konnte ihn nie dazu bringen, den Ausländer und feinen Herrn zu spielen, und unsere ganze Wanderung bis zum Hafen war ein ununterbrochenes Zanken der beiden um den Korb. Ich nahm ein Boot und befahl Fadejew einzusteigen, doch auch der Kuli folgte ihm, und der Zank fing von neuem an. Die Chinesen in den Booten schlugen Lärm; der Kuli setzte Fadejew heftig zu, der sich wie ein Mandarin im Boot niedergesetzt hatte und den Korb mit beiden Händen festhielt. Der Bootsmann wollte nicht abstoßen, bevor der Streit entschieden war. Fadejew wollte mit dem Korb wieder an Land gehen, die Chinesen versperrten ihm den Weg. «Lassen Sie mich nur machen, Euer Wohlgeboren, ich werde mit ihnen schon fertig», sagte er, nahm den Korb unter den einen Arm und ging, mit dem andern Arm die Chinesen wegstoßend, ans Ufer. Ich überließ ihn seinem Schicksal und sah nur von weitem, wie er gleich einem Bären inmitten einer Schar von Hunden die Chinesen abwehrte, indem er sie auf die ausgestreckten Hände schlug. Dann sah ich ihn stolz auf unserer Schaluppe abfahren, mit meinen Einkäufen, aber ohne Korb, der dem Kuli gehörte und um den der ganze Streit gegangen war – was wir nicht begriffen hatten…

Am 26. Juni verließen wir Hongkong und nahmen unsern Kurs nach den Bonin-Inseln. Wir hatten 1600 Meilen zurückzulegen; bei einer Weltumsegelung bedeutet das nicht viel; bei günstigem Winde kann man die Strecke in sieben bis acht Tagen zurücklegen. Aber am 5. Juli hatten wir erst 300 Meilen gemacht, da wir die ganze Zeit gegen den Ostwind lavieren mußten. Endlich hatten wir es satt und nahmen die Richtung nach Süden, in der Hoffnung, dort andern Wind zu haben und bei der Gelegenheit auch die kleinen, südlich von Formosa gelegenen Bashi-Inseln anzulaufen, uns dort etwas umzusehen und Gemüse und Obst mitzunehmen. Es soll dort ein spanischer Alcalde residieren, auch ein paar indische Dörfer geben.

Am 7. Juli näherten wir uns gegen Abend der größten Insel der Gruppe, Batan. Wir umsegelten sie von der Nord- und der Ostseite, sahen aber nichts als mächtige Felswände und den weißen Schaum der gegen sie schlagenden Brandung. Kein Boot kam uns entgegen, wie das in bewohnten Gegenden sonst der Fall ist. Am Ufer war auch kein Mensch zu sehen, nur einmal schienen hinter der Brandung zwei Flammen aufzublitzen und verschwanden sofort wieder. Da es zu dunkel war, den Hafen zu suchen, begnügten wir uns mit dem Anblick des düstern Felsblocks, der die Nordspitze der Insel bildet, und fuhren hinaus in den Stillen Ozean.

Der Stille Ozean! Wie oft hat er sich den armen Seefahrern als das Gegenteil von still gezeigt, darunter auch uns, grade als ob wir ihm diesen Namen gegeben hätten.

Schon in Hongkong hatten sowohl Europäer als Chinesen uns gewarnt, es werde in diesem Jahre bestimmt einen Taifun geben, denn es habe seit vier Jahren keinen mehr gegeben. Taifun ist die chinesische Bezeichnung für einen Wirbelsturm, dessen Eigentümlichkeit darin besteht, daß er große Kriegsschiffe, Handelsschiffe, Dampfer, Dschunken, Boote und alles, was ihm auf See in den Weg kommt, manchmal auch das Meer selbst, an Land schleudert, dagegen Dächer und Mauern der Häuser, Bäume, Menschen und alles, was er am Lande findet, manchmal auch das Land selbst, ins Meer hinaus. Uns konnte allerdings nichts dergleichen passieren, aber vielleicht nur, weil wir überhaupt kein Land in der Nähe hatten. Daher schleuderte uns der Sturm nur auf dem Meere hin und her, spielte mit uns wie die Katze mit der Maus, packte das Schiff, bog es ganz auf eine Seite, aber statt es nun auf den Meeresgrund sinken zu lassen, warf er es plötzlich wieder auf die andere Seite, ließ es einen Augenblick senkrecht stehen, traf es dann mit einemmal von oben und ließ es tief in den Wellen versinken... Doch ich will der Reihe nach erzählen.

Wir befanden uns also im Stillen Ozean, 21° nördlicher Breite; die Hitze war kaum zu ertragen. Tags zu arbeiten war unmöglich. Nach dem Mittagessen legte man sich schlafen, um nachts munter zu sein. Am 8. Juli schlief ich sehr lange, fast drei Stunden, als hätte ich geahnt, daß es eine unruhige Nacht geben werde. Abends nahm die Windstärke zu. Ich wollte schreiben – verlorne Liebesmüh! Weder das Tintenfaß noch die Kerze wollten ruhig stehen, das Papier lief mir unter den Fingern davon. Ich gab den ungleichen Kampf schließlich auf. In der Nacht wurde der Wind noch stärker. Durch die halboffene Tür meiner Kajüte hörte ich jeden Lärm, jede Bewegung auf Deck. Bis drei Uhr früh hielt ich es in der Kajüte aus, dann stand ich auf und ging auf Deck. Ich fand alle Herren oben. Das Schiff wurde wild hin und her geschleudert. Die Wellen guckten alle Augenblicke über Bord, als wollten sie sehen, wie es da zugehe. Alle Augenblicke lief jemand zum Barometer. «Nun, fällt er?» 30,15. Gleich darauf 29,45, dann 29,30, weiter 29,15, endlich 28,42. Er fiel schnell, aber in gleichmäßigem Tempo und war in vierundzwanzig Stunden von 30,75 auf 28,42 heruntergegangen. Als diese Ziffer erreicht war, tobte der Sturm am wildesten. Gegenstände, die an den Wänden und auf dem Fußboden befestigt waren, wurden losgerissen und flogen nach der gegenüberliegenden Seite und dann wieder zurück. So rissen sich drei schwere Lehnsessel in der Kajüte des Kapitäns los. Sie gelangten bis zur Mitte des Raums, da legte sich das Schiff plötzlich auf die andere Seite, und zwar so schnell, daß die Möbel in die Luft sprangen, das Tischchen vor dem Sofa umrissen, es zertrümmerten, selbst in Stücke gingen und dann krachend auf das Sofa fielen. Leute kamen, wollten die Trümmer auflesen, aber in demselben Augenblick wurde der ganze Haufen, mit den Leuten zusammen, nach der anderen Seite gerissen und rollte geradewegs in die Ecke, wo ich saß. Ich hatte kaum Zeit, meine Beine in Sicherheit zu bringen.

Fadejew wollte mir Tee bringen, aber ehe er zu mir gelangt war, sauste er rücklings wieder zurück, Zuckerstückchen, Brotschnitten und die Scherben der Tasse als Spuren auf dem Fußboden hinterlassend. Ich konnte keinen Schritt machen und ging nicht zum Mittagessen. Sie können sich vorstellen, was das heißt, mit hungrigem Magen dazusitzen und nur daran zu denken, daß man aus seinem Winkel nicht herausgeschleudert wird. Die Fenster meiner Kajüte standen auf, und das Meer lag in seiner ganzen wilden Schönheit vor meinen Blicken. Diese Fenster waren die einzigen, die offenbleiben konnten, weil sie sehr hoch lagen; alle übrigen waren mit Brettern verschlossen, denn sonst gehen die Scheiben entzwei, und wenn das Schiff sich auf die Seite legt, schlägt Welle auf Welle hinein.

Am Abend konnte man überhaupt nicht mehr entscheiden, ob nur der Sturm heulte oder ob es donnerte. Plötzlich entstand eine lebhafte Bewegung auf Deck, hastige Kommandorufe ertönten, Leutnant S. suchte durch das Sprachrohr den Sturm zu überschreien.

«Was gibt's?» fragte ich.

«Das Focksegel ist gerissen», gab man mir zur Antwort.

Eine halbe Stunde später war auch das Bramsegel gerissen. Endlich riß auch das Vormarssegel. Die Situation wurde ernst, aber das Schlimmste sollte erst kommen. Gegen sieben Uhr abends machten die Offiziere bedenkliche Gesichter, und sie hatten Grund genug dazu; die Wanten hielten nicht mehr fest, die Bindseile verschoben sich, und der Großmast drohte zu stürzen. Das durfte nicht geschehen, die Wanten mußten angezogen werden, und obgleich die Nacht bereits angebrochen war, ging man sofort an die Arbeit. Glücklicherweise ließ der Sturm gegen Morgen nach. Wir atmeten erleichtert auf, aber ganz frei fühlten wir uns doch noch nicht.

Wenn der Wind wieder zunimmt, weiß kein Mensch, was geschehen kann. Aller Augen sind auf den Mast und die Wanten gerichtet. Die Matrosen kleben wie Fliegen an den Wanten, ziehen, drehen an den Tauen, klopfen mit Holzhammern. Das alles läßt sich nicht so bequem machen, wie wenn das Schiff vor Anker liegt. Nach dem Sturm ist das Meer immer noch sehr bewegt, das Schiff schwankt immer noch tüchtig, wenn auch nicht so wild wie in der Nacht. Und bis zum Lande sind es noch gute fünfhundert Meilen. Viele sind von den schlaflosen Nächten, von der angestrengten Arbeit abgemagert; sie gehen herum, als wenn sie gestern eine wilde Orgie gefeiert hätten.

16. Juli. Ich schrieb Ihnen, daß wir am 9. Juli noch etwa fünfhundert Meilen bis zu den Bonin-Inseln hatten. Heute ist der sechzehnte, und es sind ebenfalls fünfhundert – oder sagen wir vierhundertzwanzig! Wir haben also kaum achtzig Meilen in einer Woche gemacht. Nach dem Taifun trat Windstille ein. Der Stille Ozean treibt seinen Spott mit uns; jetzt möchte er uns plötzlich beweisen, daß er seinen Namen mit Recht trägt! Ach, diese Windstillen! Sie sind zwar nicht ganz so schlimm wie ein Taifun, aber doch unerträglich. Gestern waren es noch vierhundert Meilen, heute sind es vierhundert, und morgen werden es auch noch vierhundert sein! Und bei nur leichtem Winde könnte diese Strecke in vierundzwanzig Stunden zurückgelegt werden! Man sollte meinen, das wäre die beste Zeit zum Arbeiten, aber nein! Die Eintönigkeit, die Totenstille, die dumpfe Hitze, der Mangel an frischer Nahrung lähmen alle Willenskraft...

24. Juli. Endlich – wir hatten noch etwa einhundertfünfzig Meilen vor uns – erhob sich ein kräftiger Wind, und gegen Morgen hörte ich draußen den üblichen Lärm und das Gerenne. Alles war auf Deck, um die neue Küste zu begrüßen. An unseren Besuch in Port Lloyd knüpften sich zahlreiche freudige Erwartungen: Dort sollten wir die Korvette aus Kamtschatka, ein Transportschiff aus Sitcha und Kuriere aus

Rußland vorfinden. Alle freuten sich auf die Briefe, die Nachrichten von daheim, die sie erhalten mußten.

Wir befanden uns in einer hufeisenförmigen Bucht, die von hohen, ganz mit Grün bewachsenen Felsen begrenzt war. Zwei riesige Steine ragten wie Türme in der Bucht aus dem Wasser empor. Ich hatte schon nachts in meiner Kajüte, als auf der Fregatte alles still geworden war, ein Rauschen und Brausen gehört, das mich an eine Wassermühle erinnerte. Es war die gegen die Felsen schlagende Brandung.

«Wo sind denn hier die menschlichen Behausungen?» fragte ich und sah mich vergebens nach einer Hütte, einem Dach, einem Menschen, ja auch nur einem Tier um. Nichts war zu sehen; unsere Freunde aber waren schon am Lande. Da, in jener kleinen Bucht zeigt sich eine Hütte, in jener sind sogar zwei zu sehen, und hinter dem Berge lugen auch noch einige hervor.

Ich hatte geglaubt, mein Traum, eine unbewohnte Insel zu sehen, würde sich endlich erfüllen, aber nein! Auch hier wohnen Menschen, freilich nicht viel mehr als dreißig Köpfe, allerlei Robinsons, flüchtige Matrosen und ehemalige Piraten; einer von ihnen trägt die Zeichen seiner einstigen Würde noch heute an seinem Leibe: Sie sind ihm mit Pulver in den Arm gebrannt. Sie bauen Kartoffeln, Ananas, Melonen, haben Schweine, Hühner, Enten. Auf der anderen Insel halten sie Rindvieh; hier werden die Bäume durch das Vieh sehr beschädigt.

Sie haben auch Frauen – meist Kanakinnen von den Sandwichinseln. Auch einige von den Männern sind Kanaken; dazu kommen Flüchtlinge und Auswanderer aus London, San Francisco, kurz, aus der ganzen Welt. Einer lebt schon zweiundzwanzig Jahre hier und hat eine einäugige fünfzigjährige Kanakenfrau. Alle wohnen sie weit voneinander entfernt, denn jeder will seinen kleinen Acker, seinen Gemüsegarten, seine Zuckerrohrplantage haben. Aus dem Zuckerrohr stellen die Leute übrigens Rum her und trinken sehr tüchtig.

Eine merkwürdige Insel: Sie hat weder Täler noch Ebenen, nur Berge. Wenn man gelandet ist, geht man eine Viertelstunde auf Sand, dann heißt es sofort steigen und sich den Weg durch dichten Wald bahnen. Meine Genossen hatten sich zu dem Zweck mit Äxten bewaffnet. Der Wald besteht zum größten Teil aus Fächerpalmen und aus Kohlpalmen, die so genannt werden, weil ihr Mark im Geschmack etwas an Kohl erinnert; es ist nur zarter und weicher. Dazu kommen Kardamonen und Tomanen, wie die Eingeborenen diese Bäume nennen. Die Tomanen geben ein vorzügliches Rotholz. Wir stießen im Walde auf einen kleinen Süßwassersee, ungefähr acht Meter breit und ebenso lang und etwa anderthalb Meter tief. Unsere Matrosen plätscherten mit Wonne darin herum. Ich sah zu, wie aus den gefällten und stürzenden Baumen Eidechsen sprangen. Jemand gab einer von ihnen einen Schlag mit einem Zweige; der Schwanz brach ab und lief nach einer Seite, die Eidechse nach der andern. Auf dem Sande krabbelten Tiere, die ich für Spinnen oder Tausendfüße hielt; es waren aber Krebse von den verschiedensten Farben, Formen und Größen, angefangen mit ganz winzigen, die wirklich nicht größer waren als eine Spinne, bis zu solchen von den uns geläufigen Dimensionen. Da gab es rosenfarbene, blaue, violette, mit Muscheln auf dem Rücken, in denen sie sich versteckten, und ohne Muscheln; sie huschten am Strande hin und her, runde, lange und Gott weiß noch was für welche.

2. August. Heute geht es auf der Fregatte lustig zu. Es ist beschlossen worden, die Mannschaft an Land zu bringen. Die Offiziere wollten auch gern einen ganzen Tag da zubringen, Mittag essen und Tee trinken. «Wo werden sie denn speisen?» dachte ich. «Da gibt es doch weder Tische noch Stühle.» Und ich wußte nicht, ob ich mitmachen sollte oder nicht. Doch fast ganz allein auf der Fregatte zu bleiben schien auch nicht sehr verlockend. Dann kam S. zu mir und meldete, das letzte Boot gehe jetzt ab, ich müßte mich beeilen.

«Wo wird denn gegessen?» fragte ich.

«Dort hatten wir doch ein Bad eingerichtet», sagte er. «Das ist nun fortgeschafft, und statt dessen ist ein Speisesaal aufgeschlagen.»

«Aber Stühle, Tische?»

«Das gibt's nicht. Es wird auf Segeln gegessen.»

«Auf Segeln!» dachte ich. Ich bin ein Todfeind aller improvisierten Diners und Tees im Grünen, wo einem bald ein Löffel fehlt, bald das Brot mit Sand, der Tee mit Käfern vermengt ist. Aber es half alles nichts; ich mußte mit, trotz der fürchterlichen Hitze.

Kaum waren wir gelandet, so flüchtete ich mich ins Zelt, denn die Mittagsstunde nahte, und sonst gab es nirgends einen Schutz gegen die glühenden Strahlen. Doch die Luft im Zelt war so schwer und dumpf, daß ich in den Wald floh. Aus dem Walde rief K. mir zu, ich sollte mit ihm kommen, mir den malerischen Bach ansehen, den ich noch nicht kannte. Ich zwängte mich durch Stämme und Büsche, Tomanen und Palmen und ging mit den andern am Bach entlang. Es war tatsächlich sehr malerisch: Ein schmaler Bach, keine anderthalb Meter breit, an einzelnen Stellen noch schmäler, stürzt vom Felsen herab über Steine und Geröll und mündet in den See. Zwischen den Steinen kriechen unzählige winzige Krabben und Insekten herum. Sie verschwanden mit fabelhafter Geschwindigkeit in den Ritzen, wenn man sie berührte. Der Doktor und G. waren schon lange da und fingen die Tiere mit den Händen. S. war weit voraus und riß Bäume und Sträucher um wie ein Bär; am Krachen und Knacken konnte man immer erkennen, wo er sich befand.

Wir gingen im tiefen Schatten der Palmen und Tomanen; ab und zu nur drang ein Sonnenstrahl durch die Zweige wie durch ein Brennglas, warf ein grelles Licht auf eine Steingruppe und spielte auf dem Wasser. In einem Augenblick waren wir ganz beschwitzt; dann aber wurde es wieder kühl und dunkel. Diese von der Natur geschaffene Allee, die Stille, das grelle Grün – alles ist ungemein malerisch, aber etwas düster. Man sieht keine Blumen, Vögel nur selten, hört nicht einmal Insekten zirpen. Hie und da wachsen Bananen am Strande – das Brot der Tropen – und längliche grüne Zitronen. Ihr Geschmack hat etwas Muffiges; man merkt, daß man es mit einer eingeführten und auf dem fremden Boden verdorbenen Frucht zu tun hat.

Endlich rief man uns zum Essen. Es war doch ein Tisch aufgeschlagen, denn auf dem Boden war nicht Platz genug für alle; es waren unser rund zwanzig Mann. P. trat mir seinen Platz am Tisch ab. Zu anderer Zeit hätte ich mich geniert, aber bei der Hitze schreckte mich sogar der kurze Weg von einem Zelt zum andern, und ich setzte mich auf den mir überlassenen Platz – um sofort wieder aufzuspringen: Mein «Sessel» bestand aus übereinandergeschichteten Ziegelsteinen, die in der Sonne glühend geworden waren.

Zu Mittag gab es Schildkrötensuppe, allein nach der Suppe, die ich in London gegessen hatte, wollte diese mir nicht schmecken. Das Fleisch war zäh, und der Suppe fehlte der feine Duft, den sie in London hatte. Auch Enten gab es; sie waren auf der Fregatte stark abgemagert. Das alles störte die Heiterkeit nicht. Während ich von der Hitze ganz erschlagen war, lachten und scherzten meine Genossen und tranken Sherry und Portwein, als waren sie in Petersburg. Das kann man nur, wenn man ganz jung ist! Ich wartete das Ende der Mahlzeit nicht ab, sondern ging, um mir rechtzeitig einen guten Platz zu sichern, ins andere Zelt und legte mich schlafen.

Als ich erwachte und aus dem Zelt trat, stand die Sonne schon ganz tief. Die Leute schlenderten im Walde umher, saßen oder lagen in Gruppen am Strande, badeten. Noch nie haben die bescheidenen Bonin-Inseln ein so buntes Treiben an ihrem öden Strande gesehen!

Abends wurden unter den Bäumen Feuer angezündet; die Matrosen saßen dicht gedrängt um die Flamme; im Zelt wurde Tee getrunken, gesungen und gelacht. Die Brandung schlug wütend gegen das sandige Ufer. Weit draußen lag der Ozean im Mondschein und glitzerte wie Quecksilber, in der Bucht zwischen den Felsen aber herrschte tiefe Finsternis...

Es war beschlossen worden, nachts die Anker zu lichten, aber der Wind war nicht günstig. Am nächsten Tage ging es uns auch nicht besser. Am 4. August wurde ich gegen vier Uhr morgens durch Lärm, Pfeifen, Stimmengewirr geweckt; ich schlief aber gleich wieder ein. Gegen sieben Uhr guckte S., verschmitzt lächelnd, in meine Kajüte.

«Guten Morgen! Ich gratuliere!»

«Was gibt's denn?»

«Wir sind auf hoher See!»

«Weit draußen?»

«Nagasaki in Sicht!»

«Alter Schwindler! Von dem erfährt man nie die Wahrheit!» Ich ging aufs Deck hinaus.

Vor mir das blaue Meer, über mir der blaue Himmel und die Sonne, die wie eine glühende Kohle mir in das Gesicht brennt, und hinter uns ein Häuflein Berge, die sich eng zusammendrängen, als wollten sie Abschied nehmen von uns. Es sind die Bonin-Inseln. Lebt wohl, lebt wohl!

VII
Die Russen in Japan

9. August bis 11. November 1853

Am 9. August sichteten wir bei klarem, aber leider übermäßig heißem Wetter das märchenhafte Kaiserreich im Osten.

Endlich gelangten wir nun an das Ziel der zehnmonatlichen Reise und aller Mühen. Da ist dieser verschlossene Schrein mit dem verlorenen Schlüssel, das Reich, in das man bis jetzt vergeblich hineinzublicken versucht hat, das man mit Gold und Waffen und schlauer Politik einer Annäherung geneigt machen wollte. Da ist ein nicht so kleines Häuflein Menschen, das dem Joch der Zivilisation geschickt ausweicht, indem es wagt, nach eigenem Gutdünken und eigenen Gesetzen zu leben, das die Freundschaft, die Religion und den Handel der Fremdvölker hartnäckig zurückweist, über unsere Versuche, es aufzuklären, lacht und die inneren, willkürlichen Gesetze seines Ameisenreiches dem natürlichen, nationalen und jedem anderen europäischen Recht oder Unrecht entgegenstellt.

Wir erblickten das Kap Nomo, das die Einfahrt zur Reede von Nagasaki bezeichnet. Alle versammelten sich auf dem Achterdeck und bewunderten die grünen, von der Sonne grell beschienenen Ufer. Aber hier kamen uns nicht schon ein paar Meilen vorher Boote mit Früchten, Muscheln, Affen und Papageien entgegen, wie auf Java oder vor Singapore, am allerwenigsten mit dem Angebot, «uns an Land zu bringen». Im Gegenteil!

Wir fuhren mit etwas beklommenem Herzen ein, wenigstens ich, mit dem drückenden Gefühl, das man beim Eintritt in ein Gefängnis empfindet, selbst wenn dieses Gefängnis mit Bäumen umpflanzt ist.

Plötzlich erschien ein Boot, in dem drei oder vier Japaner saßen, zwei bekleidete und zwei nackte von rötlicher Hautfarbe, sonnengebräunt, mit einer dünnen Binde um den Kopf, die das Haar festhalten sollte, und einer ebensolchen Binde um die Lenden – das war alles. Sie machten ungefähr sechs Meter vor der Fregatte halt und sagten uns etwas, entschlossen sich aber nicht, näher zu kommen; sie wichen vor den aus den Pforten herausragenden Geschützen zurück. Wir winkten ihnen mit Händen und Taschentüchern, daß sie kommen sollten.

Endlich entschlossen sie sich dazu, und wir alle umringten sie: Es waren unsere ersten Gäste in Japan. Sie sahen sich furchtsam nach allen Seiten um und knieten und verneigten sich beinahe bis zur Erde, wobei sie ihre Hände auf die Knie legten. Zwei von ihnen waren ärmlich gekleidet: Sie trugen blaue Überjacken mit weiten Ärmeln und einen langen Kittel, der Lenden und Beine eng umschloß. Der Kittel wurde durch einen breiten Gürtel zusammengehalten. Und was weiter? Weiter nichts; keine Hosen, nichts...

Kopf und Gesicht sind glattrasiert, nur am Hinterkopf sind die Haare in die Höhe genommen und in einen schmalen, kurzen, gleichsam abgehackten Zopf geflochten, der ganz fest oben auf dem Kopf liegt. Wieviel Schererei mag solch eine kniffliche und häßliche Frisur machen! Der Ältere hatte zwei Säbel im Gürtel stecken, einen kürzeren und einen längeren. Wir baten sie, uns die Waffen zu zeigen, und fanden die Klingen vorzüglich.

Wir führten die Gäste in die Kajüte des Kapitäns: Hier wurde ihnen Tee, Likör und Konfekt vorgesetzt. Sie hatten schon vom Boot aus auf unsere Vorbramstenge gezeigt, an der ein Stück Leinwand mit einer Aufschrift in japanischer

Sprache: «Schiff des russischen Kaiserreiches» wehte. Sie baten, sie abschreiben zu dürfen, natürlich auf Befehl, um in der Stadt der Obrigkeit Mitteilung zu machen.

Nach einer halben Stunde erschienen andere, die etwas reicher gekleidet waren. Sie brachten ein Schriftstück mit, in dem die üblichen Ermahnungen standen: Nicht an Land gehen, die Japaner nicht beleidigen und so weiter. Der Likör fand bei ihnen so großen Anklang, daß sie sich den Rest, der in der Flasche geblieben war, ausbaten, angeblich für die Ruderer. Ich bin jedoch überzeugt, daß sie sie nicht einmal daran riechen ließen.

In dem Schriftstück bat die Regierung ferner in französischer, englischer und holländischer Sprache, an der ersten Reede stehenzubleiben und nicht weiterzufahren, um großen Unannehmlichkeiten aus dem Wege zu gehen. Es fehlte aber jede nähere Erklärung, was für Unannehmlichkeiten das seien und wem sie erwachsen könnten. Man muß annehmen – für den Wanst des Gouverneurs.

Die japanische Regierung verlangt, wie uns aus Büchern bekannt war und wie wir uns in diesem Fall und auch späterhin selber überzeugten, eine bedingungslose Befolgung der vorgeschriebenen Maßregeln; im Falle einer Nichtbefolgung trägt derjenige, der die Verfügung getroffen hat, die Verantwortung. Die ausländischen Schiffe werden zum Beispiel nicht anders als mit Genehmigung des Gouverneurs auf die zweite und dritte Reede zugelassen. Wir hatten um keine Genehmigung nachgesucht, aber alsbald erschien eine dritte Abordnung Japaner bei uns, acht Mann, ohne die Ruderer, und brachte die «Genehmigung», auf die zweite Reede zu gehen. Alle diese Besuche erfolgten kurz nacheinander. Der Gouverneur hatte sich beeilt, die Genehmigung zu schicken, da er nicht wußte, ob wir auf die erste Benachrichtigung hin geneigt sein würden, an der bezeichneten Stelle zu halten. Wenn er zum Beispiel den Befehl erhalten hätte, uns zu vernichten, hätte er es natürlich nicht vermocht, wäre aber trotzdem verpflichtet gewesen, es zu versuchen und sich im Falle eines Fehlschlags den Bauch aufzuschlitzen (Harakiri).

Die dritte Gruppe der Japaner war besser gekleidet: Ihre Jacken waren aus feinem, halbdurchsichtigem Stoff, einige hatten eingewebte weiße Zeichen am Rücken und an den Ärmeln – das waren Wappen. Jeder, selbst der Ackerbauer, hat sein Wappen und besitzt das Recht, es auf seiner Jacke zu tragen. Manche aber erhalten von ihren Vorgesetzten und überhaupt von höherstehenden Personen das Recht, deren Wappen zu tragen, die höchsten Würdenträger erhalten das Wappen des Shogun, so wie bei uns Orden verliehen werden.

Nicht alle haben das Recht, zwei Säbel im Gürtel zu tragen: Diese Ehre ist nur der höchsten Klasse und den Offizieren vorbehalten; die Soldaten tragen nur einen, das einfache Volk überhaupt keinen; dieses läuft ja auch nackt herum, so daß der Säbel sich nirgends befestigen ließe, es sei denn im Winter.

Die Jacken unserer Gäste, oder unserer Wirte – wie Sie wollen – wurden durch lange seidene Schnüre zusammengehalten.

Sie erklärten, daß sie Dolmetscher seien, *upper-talks* und *unter-talks*, das heißt ältere und jüngere. Sie sind für den Verkehr mit der holländischen Faktorei bestimmt. Wir ließen sie in der Kapitänskajüte Platz nehmen, und sie zogen ein Schriftstück hervor, das eine Menge Fragen enthielt.

Die Dolmetscher bilden hier einen ganzen Stand: In kurzer Zeit suchten uns gegen dreißig auf, es sind ihrer insgesamt aber etwa sechzig Mann. Sie kennen nur die holländische Sprache und werden zum Verkehr mit den Holländern gebraucht, die natürlich, da sie jahrelang hier sitzen, auch selber Japanisch lernen könnten. Wer aber sollte sie unterrichten? Es ist bei Todesstrafe verboten. Alle Japaner beherrschen das Chinesische, so wie wir das Französische, wie die Schweden das Deutsche, wie die Gelehrten das Lateinische. Sie schreiben sowohl japanisch als auch chinesisch, sprechen aber die chinesischen Schriftzeichen nach ihrer Art aus. Sie haben überhaupt alles von den Chinesen übernommen: ihre Sprache, den Glauben, die Sitten, die Kleidung, die Kultur und die Erziehung.

Wir waren schon darauf aufmerksam gemacht worden, daß man uns hier mit Fragen empfangen werde, und hatten uns daher vorbereitet, wie es sich gehört, mit voller Aufrichtigkeit zu antworten. Sie fragten: woher wir kämen, wie lange wir unterwegs seien, seit welchem Tage, wieviel Leute sich auf jedem Schiff befänden, sowohl Matrosen als Offiziere, wieviel Geschütze vorhanden seien und so weiter.

Nach unserer Mitteilung, daß wir einen Brief an den Gouverneur hätten, fragten sie, warum wir den einen Brief denn mit vier Schiffen bringen mußten? Diese ironische Frage zeigte, daß sie unsere Ankunft mit Mißtrauen betrachteten und feindselige Absichten befürchteten. Wir beeilten uns, sie zu beruhigen, und beantworteten alles aufrichtig und offenherzig, vermochten uns aber gleichzeitig eines Lächelns nicht zu erwehren, wenn wir diese weichen, glatten, weißen, verzärtelten Gesichter, die schlauen Mienen, die Zöpfchen und die Knickse betrachteten.

Die freundliche Behandlung machte sie bald zutraulicher. Man setzte ihnen Gebäck, Liköre und Wein vor. Sie betrachteten alles voller Neugierde, besichtigten die Kajüte sehr genau und sperrten den Mund auf vor Staunen, als jemand eine Taste des Klaviers berührte. Man bot ihnen Zigarren an, sie verstanden aber nicht, damit umzugehen: Einer rauchte sie an, ohne die Spitze abzubeißen, ein anderer vom falschen Ende. Die Zigarren behagten ihnen nicht: Sie waren zu stark. Dem einen wurde von der Stickluft in der Kajüte übel, vielleicht auch vom Schaukeln, obgleich nur schwacher Wellenschlag und die Bewegung der Fregatte kaum zu merken war. Sie sind überhaupt sehr empfindlich. So konnten sie, zum Beispiel, gar nicht in der Kajüte sitzen, wischten sich fortwährend den Schweiß von Kopf und Gesicht, pusteten und schwenkten ihre Fächer. Sie nahmen ihren eigenen Tabak aus ihren Röcken, Pfeifen aus Palmholz mit silbernem Mundstück und einen Kopf, der kaum halb so groß war wie der kleinste Fingerhut. Der Tabak lag in einem baumwollenen Beutel, der nicht größer war als ein Portemonnaie. Diesem entnahm der Japaner ein Prischen Tabak, rollte es zu einem Kügelchen zusammen, wie Watte oder Hanf, die man ins Ohr stecken will, legte es in das Pfeifchen, zog dreimal daran, klopfte die Pfeife aus und verbarg sie wieder im Rock. Alles dies vollzog sich mit unglaublicher Schnelligkeit. Der Tabak ist sehr fein und faserig wie Flachs, von rotgelber Farbe und erinnert im Geschmack ein wenig an türkischen; er ist aber sehr schwach.

Endlich erreichten wir die erste Reede und fanden uns zwischen Inseln und Hügeln. Hier stießen wir auf Windstille, dann begann ein widriger Wind zu wehen; es mußte laviert werden. «Wohin fahren Sie denn?» fragte der Japaner, der dieses Lavieren nicht begriff, «Sie müssen hierher, nach links.» Endlich gelangten wir auch auf die zweite Reede an den uns bezeichneten Platz.

Was ist das? Eine Dekoration oder Wirklichkeit? Welch eine Gegend! Nahe und ferne Hügel, einer grüner als der andere, bedeckt mit Zedern und einer Menge von anderen Bäumen – ihre Arten lassen sich nicht unterscheiden –, drängen sich amphitheatralisch einer über dem anderen; da ist nichts Furchtbares; überall lächelnde Natur: Hinter den Hügeln liegen sicherlich lachende Täler, Felder... Aber lacht dieses Volk denn je? Wenn man nach den nackten, in der Sonne bratenden Ruderern urteilen will, von denen drei sich, im Boot sitzend, zum Schutz gegen die Sonne in eine bunte Decke gehüllt haben, kann man nicht denken, daß das Volk inmitten dieser Hügel dem Lachen gerade sehr geneigt sei. Alle Berge sind vom Pflug durchfurcht und von oben bis unten bebaut.

Wir hatten einen prächtigen Standplatz. Stellen Sie sich eine riesengroße Bühne vor, in deren Tiefe, etwa drei Meilen entfernt, hohe Hügel, fast schon Berge, sichtbar sind, und an ihrem Fuß ein Haufen Häuser mit weißen Kalkmauern und Dächern aus Holz oder Ziegeln. Das ist die Stadt, die am Ufer der halbrunden Bucht liegt. Von der Bucht aus zieht sich eine Meerenge hin, beinahe so breit wie die Newa, mit grünen hügeligen Ufern, die mit Hütten, Batterien, Dörfern, Zederwäldern und Saatfeldern bedeckt sind.

Das Bild der Bucht, der Reede mit der Unmenge von Booten, der seltsamen Stadt mit den Haufen grauer Häuser, die Meerenge mit den Hügeln, dieses Grün, das auf den näher gelegenen Hügeln grell, auf den entfernteren matt erscheint, alles dies ist so harmonisch, so malerisch, der Wirklichkeit so unähnlich, daß man zweifelt, ob diese ganze Landschaft nicht am Ende bloß hingemalt oder in ihrer Gesamtheit einem Zauberballett entnommen ist.

Aber ich betrachte diese spielerisch erschaffenen lachenden Ufer mit einem seltsamen Gefühl: Es ist unangenehm, diesen Schlaf, diesen Mangel an Bewegung zu sehen. Menschen sieht man nur selten; Tiere erblickt man gar nicht: Ich habe nur einmal einen Hund bellen hören. Es fehlt die menschliche Geschäftigkeit, es sind zuwenig Lebenszeichen vorhanden. Außer den Wachtbooten gleiten die anderen zaghaft und hastig an den Ufern entlang mit zwei, drei nackten Ruderern, mit einem rotzigen Bengel oder einem scharfäugigen Mädel.

Müßten diese Gestade nicht ganz anders bevölkert sein? Wo haben sich ihre Bewohner verborgen? Warum bewegen sie sich nicht in Haufen auf diesen Ufern? Warum sieht man keine Arbeit, kein geschäftiges Hin und Her? Warum hört man keinen Lärm, kein Geschrei, keine Lieder? Warum huschen keine Dampfer auf diesen breiten Gewässern hin und her? Nur ein großes plumpes Boot, mit blauen, weißen und roten Stoffen behängt, schleppt sich dahin. Das eintönige Bum-Bum-Bum einer japanischen Trommel tönt daraus hervor: Der Fürst von Hizen oder Satsuma besichtigt seine Besitzungen, wird man Ihnen sagen.

Sie wissen, daß Japan in Teilfürstentümer zersplittert ist, die alle vom Shogun abhängen, ihm Tribut zahlen und Heere unterhalten. Die Stadt Nagasaki gehört ihm, ringsum aber liegen die Besitzungen der Fürsten.

Warum sind diese herrlichen Ufer denn so öde und leblos? Warum ist es so langweilig, sie zu betrachten, daß man die Kajüte nicht einmal verlassen möchte? Wird sich dies alles denn nicht bevölkern und beleben?

Wir fragen die Japaner danach, sind eigens deshalb hergekommen, können aber keinerlei Antwort erlangen. Die Beamten sagen, man müßte den Gouverneur fragen, der Gouverneur wird Sie nach Yeddo zum Shogun schicken und dieser nach Miako zum Mikado, dem Sohne des Himmels. Urteilen Sie selbst, wann wir da auf eine Antwort rechnen können.

Die Japaner verließen uns. Der Abend brach an; Sterne leuchteten auf, und zwischen ihnen erschien noch dazu ein Komet. Wir beobachteten ihn schon den dritten Abend; es ist aber nicht leicht, ihn am Horizont zu entdecken – so früh verbirgt er sich.

Wir wurden von weitem, etwa zweihundert Meter von der Fregatte entfernt, von Wachtbooten umzingelt, eines vom anderen in einem gewissen Abstand; sie waren durch große, runde, buntbemalte Laternen aus Fischhaut erleuchtet; auf einigen befanden sich sogar Teerfässer. Mit dem letzten Strahl der scheidenden Sonne flammten Lichter auf den Höhen auf, umgürteten die Gipfel der Hügel mit leuchtenden Bändern, umsäumten die Ufer – mit einem Wort, man hätte absichtlich keine herrlichere Illumination zu Ehren der Gäste veranstalten können als diese, die die Japaner aus Furcht entzündeten, daß die Gäste sie jetzt gleich, ehe sie sich dessen versahen, überfallen könnten. Überall riefen sich die Wachtposten an; Kähne fuhren hin und zurück. Die Ruderer ruderten stehend, mit dem Ruf: «Ossilian, ossilian!», um gleichmäßiger zu arbeiten. Im Walde auf den Bergen schwebten die Lichter wie

Sterne, stiegen auf den Abhängen der Hügel auf und nieder: Man sah, daß überall Leute aufgestellt waren, daß Tausende von Augen auf uns blickten und jede unserer Bewegungen bewachten.

Am nächsten Tage, vielleicht aber auch zwei Tage nach dem Besuch der Dolmetscher, kamen drei oder vier Boote herangefahren, die mit Flaggen, Wimpeln, Abzeichen, Wappen und Lanzen geschmückt waren – alles Attribute von Kriegsbooten, obwohl auch sie nur dieselben nackten Ruderer und keinen einzigen Soldaten trugen. Uns war hier alles noch neu, und wir erwarteten mit Ungeduld, was das bedeuten könnte.

Zuerst betraten die Dolmetscher das Deck. – «Die Oberbanjos», sagten sie, auf die Boote weisend, mit ehrerbietigem Flüstern und stellten sich selber in Reih und Glied auf. Alsbald erschienen zwei Japaner, die ansehnlicher und reicher gekleidet waren als die übrigen, zuerst auf der Schiffstreppe, dann auf dem Deck. Die Dolmetscher begrüßten sie, indem sie die Hände auf die Knie legten und sich beinahe bis zur Erde verneigten. Sie wurden von einem Gefolge von etwa zwanzig Mann begleitet.

Einer der Oberbanjos war ein hagerer Mann mit angenehmem Gesicht, vorstehendem Oberkiefer und großen Zähnen, die Hauern glichen, wie bei vielen Japanern. Der andere war pockennarbig mit einem klugen Ausdruck und ebensolchen Kiefern, wie der erste sie hatte. Über der schwarzen Leinenjacke und dem langen seidenen Kittel trugen sie noch bunte seidene Röcke mit aufgeschlitzten Seiten und seidenen Quasten.

Auf japanisch nennt man sie Hoken. Sie sind nach dem Gouverneur und seinen Sekretären die ersten Persönlichkeiten der Stadt. Man führte sie auf das Achterdeck, wohin Stühle gebracht wurden; die Hoken nahmen Platz, die übrigen aber lehnten es mit einem ehrerbietigen Hinweis auf die Banjos ab, sich zu setzen. Als es zu der Frage über den Zweck ihres Besuches kam, stellte sich der eine der Dolmetscher, ein dicker, pockennarbiger Mann namens Lyoda, vor die Banjos, verbeugte sich tief und vermittelte unsere Frage, in dieser gebückten Stellung verharrend. Der Hoken fing leise, leise, beinahe flüsternd und sehr schnell an zu sprechen, wobei er sich gleichfalls zu dem Dolmetscher niederbeugte, und sowohl alle übrigen Dolmetscher als auch der zweite Hoken und ein Teil des Gefolges beugten sich nieder und hörten zu. – «Hi – hi – hi!» wiederholte der Dolmetscher abgehackt, während der Hoken ihm antwortete. Die Silbe «hi» bedeutet eine Bestätigung der Rede, in der Art wie «Ja, zu Befehl». Sie wird nur von jüngeren Leuten älteren gegenüber gebraucht. Dann, als der Hoken geendet hatte, zog Lyoda Luft in sich ein, richtete sich plötzlich vor uns in die Höhe und übersetzte, daß sie gekommen seien, um uns einige Fragen vorzulegen.

Er sprach mit gewöhnlicher Stimme, die er mitunter plötzlich bei irgendeinem Wort bis zum Schreien erhöhte, nickte mit dem Kopf und lächelte. Die übrigen Dolmetscher schwiegen: Es ist Brauch bei ihnen, daß der Jüngere schweigt, wenn der Ältere anwesend ist, aber unbedingt mit zuhört; auf diese Weise kontrollieren sie einander. Dieses System gegenseitiger Spionage hat mit dem jesuitischen einige Ähnlichkeit. Wenn Lyoda sprach, schwieg der Dolmetscher Sadagora, der mit seinem grauen Zopf einem ältlichen Mädchen sehr ähnlich sah – es fehlte nur die Brille und der Strickstrumpf in den Händen; wenn Lyoda nicht da war, sprach Sadagora, und Narabayosi schwieg, und so weiter.

«Warum hat man bei Ihnen auf der Fregatte gesagt», begannen sie, ein Papier hervorziehend, das mit japanischen Schriftzeichen eng beschrieben war, «daß die Korvette Kamtschatka im Mai verlassen habe, während man auf der Korvette gesagt hat, daß es im Juli gewesen sei?» – «Darum!» ließ sich plötzlich die Stimme des zufällig anwesenden Kommandeurs dieses Schiffes vernehmen. «Ich habe zwei Monate gestrichen, damit es keine Händel und keine Ausfragereien gebe, wo wir in dieser Zeit waren und was wir gemacht haben.» Wir fingen alle an zu lachen. P. aber ersann irgendeine Erklärung, mit der er sie zufriedenstellte.

Die Korvette hatte Kamtschatka in der Tat im Mai verlassen, war aber die Sandwichinseln angelaufen. Wir fragten die Japaner, wozu sie das wissen wollten? «Was geht es euch an, wo wir gewesen sind, für euch ist es nur von Bedeutung, daß wir hier sind.»

Um diese Widersprüche in Einklang zu bringen, schlug Lyoda plötzlich vor zu sagen, daß die Korvette Kamtschatka, wir aber Petersburg zu gleicher Zeit verlassen hätten. «Es ist besser, Sie sagen, daß Sie im selben Zeitraum, in drei Monaten angekommen sind.» Man zeigte ihm die Karte und erklärte ihm, daß man aus Kamtschatka in ein bis zwei Wochen herkommen könne, aus Petersburg aber in einem halben Jahr. Er wurde verlegen und fing an, über sich selbst zu lachen.

Bei dieser Gelegenheit zeigte man ihnen auch Japan und Rußland auf der Karte. Als sie sahen, wie klein letzteres sei, begannen sie gutmütig zu lachen.

Man bemerkte ihnen, daß sie sich und andere unnötigerweise mit diesen Fragen beschwerten. «Man muß es nach Yeddo melden», antworteten sie. Dann folgte eine zweite und dritte Frage, alle in derselben Art. – «Und das muß man alles nach Yeddo melden?» – «Alles!» sagte Lyoda, die Luft in sich einziehend. – «Na, da habt ihr genug zu tun in Yeddo», dachte jemand laut neben mir. Sie fuhren spät in der Nacht lächelnd, knicksend und sich verneigend fort.

Beim Abschied wurde den Banjos gesagt, daß wir zwei Briefe hätten: einen an ihren Gouverneur, den andern an eine höhere Persönlichkeit; den ersten solle er durch einen Beamten holen lassen, den andern selbst entgegennehmen. «Wir werden es dem Gouverneur sagen», antworteten sie. In dem Wunsche, den Grund unserer Ankunft zu erforschen, fragten sie, ob wir vielleicht schiffbrüchige Japaner mitgebracht hätten, und dann: ob wir Lebensmittel und Wasser brauchten –

zwei Gründe, welche die Japaner für die Ausländer einzig und allein als genügend erachten, um bei ihnen zu erscheinen, und auch das erst in letzter Zeit. Vordem hatten sie bekanntlich auch ihre eigenen schiffbrüchigen Landsleute nicht mehr nach Japan zurückgelassen. «Ihr seid aus Nippon fortgefahren», sagten sie, «so geht nun, wohin ihr wollt.» Mit den Ausländern verfuhren sie noch strenger: Sie hielten sie in Gefangenschaft.

Zwei Tage vergingen; in dieser Zeit ließ man die Japaner wissen, daß wir einen Platz an der Küste und Lebensmittel brauchten. Sie schickten uns eine kleine Menge von Lebensmitteln als Geschenk, bezüglich des Platzes aber erkärten sie, daß sie nicht wagen dürften, ihn uns ohne Genehmigung aus Yeddo zu geben.

Am dritten Tag nach diesem Bescheid kamen zwei Banjos angefahren: Der eine von ihnen war unser Freund Baba-Gorozaymon, der schon das letztemal dagewesen, bereits mit uns bekannt und mit der Fregatte vertraut war, oft scherzte, uns bei Namen nannte, nach der Benennung von allen möglichen Dingen fragte und sich alles notierte. Der andere hieß Sambro. Glauben Sie nicht, daß in den Begriffen, Worten und Manieren der Japaner irgend etwas Wildes, Seltsames, den Europäern Verblüffendes liegt – nicht das Geringste mit Ausnahme etwa des Schneuzens in Papierblättchen und des Einsteckens von Konfekt. Aber denken Sie daran, wie zwei Drittel des russischen Volkes sich schneuzen und wie vor kurzer Zeit erst unsere Damen mit den Pompadours gebrochen haben, die bei Diners und Abendgesellschaften mit fremdem Konfekt gefüllt wurden! Nur der Anzug und die in der Tat alberne Frisur fallen in die Augen. In allem übrigen ist dieses Volk, wenn man keinen Vergleich mit den Europäern zieht, ziemlich entwickelt, ungezwungen und angenehm im Verkehr und in der Eigenart seiner Sitten äußerst amüsant. Davon wird noch später zu reden sein.

Die Banjos hatten die Dolmetscher Lyoda und Sadagora

mitgebracht. Der Admiral empfing sie in seiner Kajüte. Baba-Gorozaymon beugte sich ein wenig zu Lyoda hinab und begann, die Luft in sich einziehend, schnell und lang im Flüsterton zu sprechen. Lyoda hörte ehrerbietig zu, richtete sich dann auf und erklärte, daß der Gouverneur bitte, ihm den Brief zu schicken, der an seine eigene Person gerichtet sei. Bezüglich des anderen Briefes, der nach Yeddo an die höchsten Behörden geschickt werden müßte, ließ er sagen, daß er unter Beobachtung eines bestimmten Zeremoniells entgegengenommen werden müßte, welches er, der Gouverneur, selbst zu bestimmen außerstande sei, daß er daher in die Residenz geschickt habe, um die Genehmigung nachzusuchen.

Ein dem Gefolge angehöriger Japaner machte sich die ganze Zeit mit einem Kasten zu schaffen, der in ein Tuch eingebunden war. Als man Baba-Gorozaymon den Brief übergeben hatte, band dieser Japaner den lackierten Holzkasten auf, stellte ihn auf den Tisch, nahm den Brief in beide Hände, hielt ihn zum Zeichen der Ehrerbietung vor die Stirn und legte ihn in den Kasten, den er wieder in das mit den Wappen des Gouverneurs geschmückte Tuch band. Dann umwickelte er das Bündel mit einer Schnur, holte ein kleines Siegel aus dem Busen hervor, brachte es an der Schnur an und übergab den Kasten einem Beamten, wobei er dem Dolmetscher etwas sagte. «Hi – hi – hi!» wiederholte dieser und übersetzte, sich an uns wendend, daß der Brief sicher und noch am selben Tag bestellt werden würde.

Sie blieben beinahe bis zum Abend bei uns. Ihr Gefolge wandelte auf dem Deck herum und sah alles mit aufgerissenem Munde an. Strohsandalen raschelten, und seidene Röcke rauschten, und das klang manchmal so vertraut … Man blickte auf und war enttäuscht. Es gab einige gar zu blöde Gesichter unter unsern Gästen.

So verging ein Tag nach dem andern. Wir befanden uns bereits in der zweiten Hälfte des August. Die Japaner machten, was sie wollten. Sie kamen täglich etwa zweimal, bald mit

Lebensmitteln, bald mit einer Frage oder mit einer Antwort. Oh, dieser Ferne Osten! Außer Langeweile hat er uns bisher nichts beschert!

Ich war zu bequem, um die Namen aller uns besuchenden Hoken und Talks zu notieren. Baba kam beinahe jedesmal und brachte immer noch einen neuen Banjos mit, wahrscheinlich einen Freund, der das große Schiff, die zwei Meter langen Geschütze, Geschosse in der Größe eines Menschenkopfs zu sehen wünschte, Musik hören und die Übungen mit ansehen wollte, militärischen Alarm, das Klettern auf den Wanten und das Manövrieren mit den Segeln.

Die Japaner tauschten ihre Bemerkungen leise, mit einem befriedigten und erstaunten Lächeln, in ihrer klangvollen Sprache aus. Mehrere von ihnen, besonders einer der Dolmetscher, Narabayosi II. (sie waren Vettern), ein junger Mann von etwa fünfundzwanzig Jahren, der ein wenig Englisch sprach, gestand seufzend, daß alles, was er bei uns sah, ihn entzückte, daß er gern ein Europäer wäre, ein Russe, gern reisen und irgend etwas sehen würde, und seien es nur die Bonin-Inseln… Du Ärmster, wirst du es wohl erleben, daß deine Landsleute freiwillig oder gezwungen andere zu sich lassen oder ihre eigenen Landeskinder an andere Orte schikken werden? Du wirst dann natürlich einer der ersten sein. Dieser Narabayosi II. ist sehr bescheiden und nachdenklich: er hat nicht jene Starrheit im Gesicht und im Gebaren, die man bei einigen der Japaner bemerkt, er besitzt auch nicht das Selbstbewußtsein der vielen, die mit ihrem Lose vollständig zufrieden sind und an nichts anderes denken. Man sieht, daß etwas in seinem Kopfe gärt, die Erkenntnis und das Bedürfnis nach etwas, das besser ist als das, was ihn umgibt… Und er ist nicht der einzige von dieser Art. In diesen Leuten liegt die Zukunft Japans – und unser Erfolg.

Die Zeit zog sich inzwischen hin und zog sich schließlich bis zum 9. September. Man wartete auf die Antwort aus Yeddo, langweilte sich, wenn man arbeitete, und langweilte sich, wenn man nicht arbeitete. An Zerstreuungen fehlte es fast gänzlich. Ab und zu fuhren unsere Leute auf die Korvette, oder man kam von der Korvette zu uns – zum Mittagessen und zum Tee. Nebenbei bereitete man eine Theateraufführung vor. Die Japaner besuchten uns vorderhand seltener. Bald aber kamen sie wieder häufiger, und zwar aus folgendem Grunde. Bald nach unserer Ankunft hatten wir sie ersucht, uns Lebensmittel zu schicken, natürlich gegen Bezahlung, und hatten gesagt, daß wir sie anders nicht nehmen würden. Als Antwort darauf sangen die Japaner wieder ihr altes Lied, das heißt, daß sie nach Yeddo schicken müßten, an den Obersten Rat, dieser würde es dem Shogun melden, der Shogun dem Mikado, und es sei daher unmöglich, eine rasche Antwort zu bekommen. Der Gouverneur sandte nur eine geringe Menge Geflügel und Gemüse und bat uns, das als Geschenk anzunehmen. Man ließ ihm sagen, man würde es nur unter der Bedingung annehmen, daß auch er ein Gegengeschenk annähme.

Unsere aus China und von den Bonin-Inseln mitgebrachten Hühner und Enten waren zum Teil alt geworden, weniger durch die Zeit als durch das Schaukeln, die Kanonenschüsse und andere Widerwärtigkeiten der Seereise; zum Teil waren sie auch schon verzehrt. Man mußte das Transportschiff nach China senden, um Ochsen und Geflügel zu holen, den Schoner aber in besonderem Auftrage nach Norden, an die sibirische Küste. Der Gouverneur wurde davon verständigt, damit er den Seinen Befehl erteile, unsere Schiffe bei ihrer Rückkehr unbehindert auf die Reede zu lassen. Er geriet in große Aufregung, da er befürchten mochte, die Schiffe könnten am Ende Verstärkung herbeiholen, und ließ uns eiligst sagen, wir sollten das Transportschiff nicht entsenden, wir könnten Frischvorräte bei den Holländern kaufen, die sie ihrerseits von den Japanern erhalten würden.

Das war uns sehr genehm; der Admiral ging auf den Vorschlag ein, schickte das Transportschiff aber doch ab, da es den Japanern verboten ist, Ochsen zu schlachten, weil diese nützliche Arbeitstiere sind und sie kein Fleisch, sondern nur Fische und Geflügel essen, und wir daher in Japan kein Rindfleisch erhalten konnten. Außerdem mußten Briefe über Hongkong und Ostindien nach Europa geschickt werden. Der Gouverneur hatte sich gründlich verrechnet. Wir aber haben den Vorteil: Zweimal in der Woche wird ihnen eine lange Liste zugestellt, uns dies und das und jenes zu schicken, Geflügel, Gemüse und so weiter. Daher drängt sich mittwochs und freitags ein Haufen Japaner auf dem Verdeck. Heute kam eine Abordnung, um zu melden, daß die nächste ein Schwein mitbringen würde, und diese brachte es auch wirklich. Gestern ließen sie es sich nicht nehmen, erst zu melden, daß man Wasser bringen werde, und dann wurde es gebracht.

Nach dem einen Fehlschlag wurden die Japaner allzu vorsichtig: der Admiral ließ ihnen sagen, daß wir in Erwartung einer Antwort aus Yeddo, bezüglich eines uns anzuweisenden Platzes, unsere Chronometer zur Überprüfung auf einen in der Nähe gelegenen Felsen schaffen müßten. Das wurde den Japanern ganz beiläufig mitgeteilt. Was taten sie? Am nächsten Tage setzten sie einen Baum auf den Felsen, damit dieser der Küste ähnlich sähe! Wir aber hatten versprochen, die Küste nicht zu betreten. Diese Possenreißer!

So kamen sie auch am 5. September. Ich fühlte mich unwohl und war, von Schwäche übermannt, vor dem Mittagessen eingeschlafen. Fadejew weckte mich: «Geh hinaus, Euer Hochwohlgeboren, die Japaner sind da; ein neuer ist mit ihnen gekommen, so ein dicker!» Ich traf ihn mit den anderen bereits beim Admiral. Er hat ein rundes, volles, gebräuntes Gesicht, ohne jegliches Rot auf den Wangen, wie sie alle, mit unglaublich stark hervortretenden Oberzähnen und einem beständigen, zum Teil unfreiwilligen, durch die vorstehenden Zähne bedingten Lächeln. Er ist sehr beweglich und geschäftig; er heißt Kitshibe. Er kam, um mit uns über das Zeremoniell zu reden, mit dem der Gesandte und das Schriftstück für den Obersten Rat empfangen werden müßten! Ah! Somit ist eine Antwort aus Yeddo eingetroffen, obgleich sie sagen, daß keine da ist; sie lügen, denn sie würden nicht wagen, von dem Zeremoniell zu reden, ohne sicher zu sein, daß wir empfangen würden. Ich wurde beauftragt, einen Plan für das Zeremoniell zu entwerfen, das heißt wie der Admiral in die Stadt fahren, was für ein Gefolge ihn begleiten, welch ein Empfang vorbereitet werden solle und so weiter. Das ist hier eine sehr wichtige Angelegenheit.

6. September. Es stimmt, die Antwort ist da. Heute erschien der neue älteste Dolmetscher Kitshibe wieder und sagte, daß die Antwort eben erst eingetroffen sei. Mein Entwurf des Zeremoniells war fertig, als man mich zum Admiral in die Kajüte rief, wo sich auch die Japaner befanden. P. teilte ihnen die Punkte des Zeremoniells mündlich in holländischer Sprache mit. Kitshibe lächelte, krächzte, konnte vor Ungeduld kaum auf dem Stuhl sitzen, während er zuhörte. Er berief sich auf unseren Gesandten Resanow und sagte, daß dieser ein weit kleineres Gefolge gehabt hätte. Man antwortete ihm, daß das Beispiel für uns nicht bindend sei, daß die heutige Gesandtschaft in größerem Maßstabe vorgesehen, daß daher auch das Gefolge größer sei. Der Admiral bestand um so mehr darauf, als alle Offiziere den Wunsch hatten, an Land zu gehen.

Da ich keine Möglichkeit sah, Ihnen Briefe aus Nagasaki zukommen zu lassen, hörte ich auf, solche zu schreiben, und führte statt dessen ein Tagebuch. Aber nun bietet sich mir eine Gelegenheit, einen Brief abzusenden, und ich reiße einige Seiten aus meinem Tagebuch und füge sie diesem Brief bei. Ich will Ihnen hier auch von unserm Empfang beim Gouverneur von Nagasaki berichten, wie ich es unter dem 9. September in meinem Tagebuch aufgezeichnet habe.

Was ist das? Woher komme ich? Wo war ich, was habe ich gehört und gesehen? Habe ich eine Stunde aus Tausendundeiner Nacht verlebt, habe ich einem Zauberballett beigewohnt, oder ist eines jener kaleidoskopartigen Bilder an mir vorbeigehuscht, die einmal in der Phantasie auftauchen, durch ihre Farbigkeit und Unmöglichkeit verblüffen und spurlos verschwinden?

Am 5., 6. und 7. September kamen noch täglich Banjos zu uns, um sich endgültig über das Zeremoniell unseres Empfanges zu einigen. Ihr dort in Europa sorgt euch in diesem Augenblick um die Frage «Sein oder nicht sein», aber wir plagten uns tagelang mit den Fragen: sitzen oder nicht sitzen, stehen oder nicht stehen, wie und worauf sitzen und so weiter. Die Japaner schlugen uns vor, auf ihre Art zu sitzen, nämlich auf dem Boden zu hocken. Knien Sie nieder, und hocken Sie sich dann auf die Fersen – das heißt auf japanische Art sitzen. Versuchen Sie es, Sie werden sehen, wie bequem das ist: Sie werden es keine fünf Minuten lang aushalten, die Japaner aber sitzen stundenlang so da. Wir erklärten ihnen, daß wir nicht imstande seien, auf diese Art zu sitzen; würde der Gouverneur nicht geneigt sein, auf unsere Art im Lehnstuhl zu sitzen? Allein die Japaner verstehen auf unsere Art nicht zu sitzen, und doch möchte man meinen, es gäbe nichts Einfacheres! Die Beine schlafen ihnen von der ungewohnten Haltung ein. Denken Sie daran, wie Storch und Fuchs in der Fabel sich gegenseitig bewirteten – es geht uns hier buchstäblich ebenso.

Am nächsten Tag erschienen in aller Frühe Japaner, tagsüber wieder Japaner und gegen Abend nochmals Japaner. Was wollten sie denn noch? – «Es geht immer noch um das Zeremoniell!» – «Wieder?» – «Sie haben die Ansicht des Gouverneurs zu übermitteln.» – «Nun?» – «Der Gouverneur läßt bitten, ob Sie nicht auf dem Fußboden sitzen könnten», begann Kitshibe mit Lachen und Faxen.

«Ach, mein Gott, es ist Ihnen doch gesagt worden, daß wir uns nicht auf den Boden setzen können, daß wir das nicht verstehen, auch unsere Kleidung nicht danach eingerichtet, und es fällt uns schwer, auf den Fersen zu hocken» ... – «So setzen Sie sich eben nicht auf die Fersen, sondern einfach, strecken Sie nur die Beine irgendwo nach der Seite hin aus...» – «Sollten wir sie nicht lieber auf der Fregatte lassen», brummten einige unter uns und wurden schließlich ärgerlich. Wir erklärten, daß wir unsere Lehnsessel und Stühle mitbringen und darauf sitzen würden, der Gouverneur aber könne sitzen, worauf und wie er wolle.

Kitshibe, Lyoda und Sadagora ließen die Köpfe hängen, willigten dann aber ein. «Und nun noch eines», baten sie, «der Gouverneur möchte Sie gern bewirten und bittet Sie, ein Frühstück bei ihm einzunehmen...» – «Mit Vergnügen», ließ ihnen der Admiral sagen. – «Nach der geschäftlichen Unterredung», fuhr Kitshibe fort, «wird der Gouverneur sich zurückziehen, um auszuruhen, und auch Sie werden in ein anderes Zimmer gehen, um auszuruhen», setzte er, krampfhaft lachend und auf dem Stuhl hin und her rückend, hinzu, «dann werden Sie... frühstücken.» – «Allein?» fragte man ihn. «Sind Sie am Ende gar verrückt geworden? Bei uns in Europa ist das nicht üblich.» – «In Japan ist das durchaus gebräuchlich», sagten sie, «wir machen es immer so...»

Aber sie logen anscheinend: Sie wollten es dem Admiral nachtun, der bei der ersten Zusammenkunft mit den Japanern auf der Fregatte ein Frühstück für die Hoken angeordnet und uns beauftragt hatte, sie zu bewirten, während er selbst nicht zugegen war. Du lieber Himmel, wieviel Bitten und Flehen es da gab! Kitshibe drehte und wand sich; der Schweiß floß ihm in Strömen über die Schläfen. Lyoda lächelte und verneigte sich, so schlecht er nur konnte. Sogar der rauhe Sadagora grinste. Aber wir waren unerbittlich.

Alles das sind solche Nichtigkeiten! Es wäre lächerlich gewesen, darüber zu streiten, wenn sie nicht ziemlich wichtige Folgen nach sich gezogen hätten. Eine Nachgiebigkeit gegenüber den Forderungen der Japaner in diesen Kleinigkeiten konnte ihnen zum Anlaß dienen, auch in ernsten Fragen Nachgiebigkeit zu verlangen, und sie womöglich dazu führen, im Verkehr mit uns Hochmut an den Tag zu legen. Deshalb hielt sich der Admiral auch an das für den Verkehr mit ihnen angenommene System: Milde, Höflichkeit und Festigkeit, in nichtigen und in ernsten Angelegenheiten.

Wir überlegten uns, wodurch wir ihnen eine Aufmerksamkeit erweisen könnten, um die Ablehnungen zu mildern, und wir kamen auf den Gedanken, leichte Schuhe aus Leinen oder Kaliko nähen zu lassen, die wir beim Betreten der japanischen Zimmer über die Stiefel ziehen wollten. Es ist eine orientalische Sitte, das Schuhwerk abzulegen, und den Japanern mußte es natürlich gefallen, daß wir nicht auf ihren Fußboden treten wollten, auf dem sie essen, trinken und liegen. Es gab eine große Aufregung: innerhalb vierundzwanzig Stunden mußten die Schuhe angefertigt werden, die natürlich nur leicht zusammengenäht werden konnten. Jeder, der nur eine Nadel zu halten verstand, wurde zur Arbeit herangezogen. Meine Schuhe waren so schlecht genäht, daß ich den Verdacht hegte, Fadejew habe sie selbst angefertigt, obwohl er mir versprochen hatte, sie dem Segelmacher in Arbeit zu geben. Übrigens wäre ich nicht abgeneigt gewesen, auch die Stiefel abzunehmen, ja sogar mich auf den Fußboden zu setzen, um nur der Zeremonie beiwohnen zu können.

Am nächsten Tage, dem 8., erschienen die Japaner wieder, um zu sagen, daß die Zusammenkunft auf morgen, den 9., angesetzt sei und daß der Rentmeister, der höchste städtische Beamte nach dem Gouverneur, und zwei Sekretäre des Gouverneurs uns melden würden, wann dieser zu unserm Empfang bereit sein werde. Wir ersuchten sie, um zehn Uhr vormittags zu kommen. Nun begannen sie darüber zu verhandeln, wie wir die Beamten empfangen und wo wir sie hinsetzen würden. «Auf Lehnstühle, auf das Sofa, auf den Fußboden, wie sie wollen, rechts oder links; sie können, wenn es ihnen Spaß macht, auch auf den Tisch kriechen», wurde ihnen geantwortet. «Könnte man nicht aufzeichnen, wie sie sitzen werden?» fragte Kitshibe.

Nun, tun Sie mir den Gefallen und sagen Sie mir, was man mit solch einem Volk anfängt! Und man mußte doch zur Sache reden! Gott schenke uns Geduld! Da sieht man, wohin es führt, sich vor allem zu verschließen: Man wird, ohne es zu merken, kindisch.

Der ersehnte Morgen brach an. In der zehnten Stunde erschienen zuerst die Oberbanjos, hierauf die Sekretäre. Mir und P. war der Auftrag geworden, sie an der Schanze zu erwarten und zum Admiral zu geleiten. Rings um die Fregatte hatten sich gegen hundert japanische Boote mit nacktem Volk versammelt. Prächtig: Da gibt es keinerlei Buntheit, alle sind in demselben Anzug von auserlesenem Geschmack! P. und ich warteten am Großmast, ob unsere Gäste wohl bald erscheinen und ob die Sekretäre in Japan wohl den unseren ähnlich sein würden.

Nun kamen sie über die Treppe, betraten das Verdeck, einer nach dem andern, alte und junge Japaner, mit einem und zwei Säbeln, in schwarzen und grauen Jacken, mit besonders sorgfältig gekämmtem Hinterkopf, besonders sauber ausrasierten Stirnen und Gesichtern, mit einem Wort, einer vornehmer als der andere: lange Gesichter und runde Gesichter, tief gebräunte, gelbliche und hellere, kurzsichtigere und solche mit hervortretenden Augen, bald bis zum Äußersten glatt, bald bis zur Unmöglichkeit pockennarbig. Und was für Kinnbacken, was für Zähne! Und alles das kroch und kroch auf das Verdeck... Wollte das denn kein Ende nehmen? Dann erschienen die Dolmetscher und nach ihnen die Sekretäre. «Welches sind denn die Sekretäre? Wo?» fragten wir. – «Nun, hier!»

Das ganze Volk, das heißt das Gefolge, legte plötzlich vom ersten bis zum letzten Mann, wie auf Kommando, die Hände auf die Knie und verneigte sich tief; sie verharrten lange in dieser Stellung, als wollten sie Huckebuck spielen. «Das sind die Sekretäre?» Zwei Greise von etwa siebzig Jahren betraten die Treppe mit watschelndem Gang; sie waren glatzköpfig, mit dünnen grauen Zöpfchen, und trugen reiche Stoffröcke mit einem breiten Samtstreifen am Saum, weiße Baumwollstrümpfe und Strohsandalen wie alle andern. Kaum daß sie die Lider hoben, um uns und alles ringsherum zu betrachten, dann senkten sie sie sofort wieder. Die Musik erdröhnte – wieder hoben und senkten sich ihre Lider. Dann trotteten sie langsam, mit den Füßen schlurfend, dorthin, wohin wir sie führten, ohne nach links oder rechts zu schauen.

Zuerst führte man sie in die Kapitänskajüte und setzte sie, der gestrigen Zeichnung entsprechend, in zwei Lehnsessel. Die übrigen wagten es nicht, Platz zu nehmen. Die Sekretäre erklärten, daß es ihnen erwünscht wäre, den Admiral zu sehen. Sie stiegen ebenso schläfrig, ohne auf etwas um sich her zu achten, in die Kajüte des Admirals hinab. Dort hatte man ihnen, um ihnen die höchste Ehre zu erweisen, im Gegensatz zum Gefolge, je ein Saffiankissen auf die Sitze der Lehnstühle gelegt, so daß ihre Füße den Boden nicht erreichten. Konnte man ihnen noch größere Ehren erweisen? Man setzte ihnen Tee und Liköre vor. Vom Tee nippten sie ein wenig, die Schnäpse wiesen sie mit der Bemerkung zurück, daß sie keine Zeit hätten und nur gekommen seien, um im Namen des Gouverneurs zu melden, daß Seine Exzellenz die Russen erwarte. Sie baten uns, ihnen nicht auf dem Fuß zu folgen, damit sie Zeit hätten, rechtzeitig anzukommen und uns zu begrüßen. «Unsere Boote können nicht so schnell fahren wie Ihre.»

In dem Augenblick, da wir uns anschickten, die Schaluppen zu besteigen, stiegen, auf einen Signalpfiff hin, zusammengerollte Flaggen am Takelwerk empor, und die Leute kletterten auf die Rahen, sobald die russische Flagge auf dem Ruderboot des Admirals erschienen war. Kaum hatte sich dieses Boot in Bewegung gesetzt, als sich die Fahnen aller Nationen unverzüglich auf beiden Schiffen entfalteten und mit ihren bunten Farben in der Sonne glänzten. Gleichzeitig mit der Hymne «Gott schütze den Zaren» erdröhnte ein dreifaches Hurra. Alle Japaner, die sich in den Schaluppen befanden, wohl fünfhundert an der Zahl, erstarrten für einen Augenblick und erfüllten dann ihrerseits die Luft mit einem einmütigen Schrei des Staunens und des Entzückens.

Wir blickten voller Neugierde auf die herrlichen Ufer der Meerenge, an denen wir vorüberkamen. Ich konnte mich wiederum eines Gefühls des Unwillens nicht erwehren beim Anblick dieser Stätten, wo die Natur ihrerseits alles getan hatte, um dem Menschen Gelegenheit zu geben, nun auch *seine* schöpferische Hand anzulegen und Wunder zu wirken, und wo der Mensch nichts getan hatte.

«Wie wär's, wenn wir den Japanern Nagasaki wegnähmen?» sagte ich von meinen Gedanken hingerissen, ganz laut. Einige fingen an zu lachen. «Sie verstehen es nicht auszunützen», fuhr ich fort. «Was wäre hier, wenn andere über diesen Hafen herrschten? Sehen Sie, welch eine Gegend! Der ganze östliche Ozean würde sich durch Handel beleben...»

Ich wollte meine Gedanken darüber entwickeln, wie Japan über China und Korea in Handelsverbindungen mit Europa und Sibirien treten würde; aber wir näherten uns bereits dem Ufer. «Wo ist denn die Stadt?» – «Da ist sie ja», hieß es. – «Das ist die ganze Stadt? Hinter dem Kap ist nichts? Das ist alles?»

Wir trauten unseren Augen nicht, als wir den Haufen grauer, unansehnlicher, einstöckiger Häuser vor uns sahen. Links, wo ich die Fortsetzung der Stadt vermutet hatte, war nichts: eine leere Küste, kleine Dörfchen und einzelne Hütten, wahrscheinlich Fischerhütten.

Ich hatte so viel von der zahlreichen Bevölkerung der japanischen Städte gelesen und konnte jetzt gar nicht begreifen, wo hier etwa 60000 Einwohner Platz haben sollten, von denen, soviel ich mich erinnere, Thunberg spricht. «Wieviel Einwohner hat Nagasaki?» hatte ich einst Baba-Gorozaymon, natürlich durch einen Dolmetscher, gefragt. Er hatte die Frage auf japanisch wiederholt und den zweiten Banjos angesehen, dieser den dritten, dieser den Unterbanjos und der

Unterbanjos den Dolmetscher. Und so waren Frage und Blick wieder bis zu Baba gelangt, doch die Antwort blieb aus. «Manchmal sind es weniger», hatte Sadagora endlich gesagt, «und ein andermal wieder mehr.» Das nennt sich eine Antwort! Sie fürchten sich vor allem; alles ist ihnen verboten. Wenn sie sich bei der geringsten Lappalie verplappern, kann es ihnen aber auch schlecht ergehen.

Wir kamen der Stadt immer näher: Überall, auf den Höhen, auf der Küste, in den Booten – Unmengen von Menschen. Da war endlich auch eine holländische Faktorei. Mehrere Holländer saßen auf dem Balkon. Es schien mir, daß einer von ihnen grüßte, als wir an ihnen vorbeikamen. Doch nun hatten unsere vordersten Schaluppen angelegt, während das Boot des Admirals, in dem auch ich mich befand, durch die Ruder zurückgehalten wurde und abwartete, bis dort alles bereit wäre.

Kaum hatte der Admiral das Ufer betreten, als die Musik einsetzte, die Wachtposten und die Offiziere salutierten. Wo aber war die Abordnung, die uns begrüßen sollte? Sollten die Dolmetscher allein uns empfangen? Nein, das war ein Unsinn! Es wurde befohlen, den Sachverhalt zu erfragen und eine Abordnung zu verlangen.

Die Dolmetscher gerieten in geschäftige Bewegung, wir aber betrachteten indes die Sänften, auf japanisch *norimono*, die uns, der Abmachung gemäß, am Ufer erwarteten. Es waren ihrer zwölf oder vielleicht auch mehr, der Zahl der Offiziere entsprechend. Ich glaube, man hatte sie in der ganzen Stadt zusammengesucht. Sie ersetzen den Japanern unsere Kutschen. Die vom Ansehen recht hübschen Sänften waren mit verschiedenen Stoffen ausgeschlagen, mit Abzeichen und Quasten verziert. Aber man konnte sich nicht hineinsetzen: Entweder fand der Kopf keinen Platz oder die Füße. «Ob diese Kutschen bei ihnen nicht am Ende zu Folterzwecken eingeführt sind?» muß man denken, wenn man sie sieht. Halbnackte Träger tragen die *norimono* an einer dicken

Stange, die oben durchzogen ist, auf den Schultern. Das ist alles äußerst ungeschickt, ganz anders als in China. In Hongkong trug man mich in einer überaus ruhigen und bequemen Sänfte, in der Art der Schaukeln, mit denen unser einfaches Volk sich in der Osterwoche vergnügt. Man sitzt darin wie in einem Lehnstuhl. Außer den Sänften soll übrigens auch ein Pferd dagewesen sein. Ich habe jedoch kein Pferd bemerkt und weiß nicht, wozu es da war. In diesem Wirrwarr wäre es verzeihlich gewesen, selbst einen Elefanten nicht zu bemerken. Einige von uns versuchten, in diese Käfige, das heißt die Sänften, hineinzukriechen, sie sprangen aber sofort wieder heraus und gingen zu Fuß.

Endlich erschien ein gutgekleideter Greis mit schläfrigen Augen, hinter ihm das Gefolge. Er blieb unbeweglich vor uns stehen und sah uns mit mattem Blick an. Ob sie durch diesen apathischen Blick etwa Feierlichkeit ausdrücken wollen, weiß ich nicht, aber es fällt einem im Anfang, solange man nicht daran gewöhnt ist, schwer, diese Gestalten in den Weiberröken, mit den Zöpfchen und den nackten Knien anzusehen, ohne zu lachen.

Ich stand hinten, im Gefolge des Admirals, am Ende unserer Kolonne. Plötzlich ertönte vorn das Kommando: Vorwärts marsch! Die Musik fiel ein, und die ganze Abteilung setzte sich in Bewegung. Man vernahm die gleichmäßigen und kurzen Schritte unserer marschierenden Matrosen. Wir waren nicht mehr als zweihundert Meter auf dem sandigen Ufer dahingeschritten, dann ging es eine Steintreppe hinauf. Zu beiden Seiten standen, in einem Abstand von je zwei Metern, japanische... waren das wirklich Soldaten? Stellen Sie sich das einmal vor: ausgesucht kleine Japaner mit winzigen, trichterartigen, lackierten Mützen, mit schläfrigen Augen. Sie standen mit zurückgeworfenem Körper, auseinandergespreizten Beinen und gebogenen Knien da. Auf den Schultern schienen sie Gewehre zu halten: Man mußte das wenigstens annehmen, da die Gewehre selbst in Hülsen steckten. Vielleicht waren es auch nur Hüllen ohne Gewehre. Hier ist alles möglich. Wir waren noch unten, während die Kolonne sich bereits die Treppe hinaufschlängelte; die Bajonette blitzten in der Sonne, die Musik schritt voran und klang immer dumpfer und dumpfer. Es wurde kommandiert: Der linke Flügel vor! Die Kolonne zog sich wie eine Schlange in einen Ring zusammen, entfaltete sich dann und marschierte nach rechts; die Musik erklang noch dumpfer, als habe sie ein Gewölbe betreten, und brach plötzlich ab.

Wir schwenkten hinter der Kolonne nach rechts, durchschritten ein Tor und gelangten in einen reinen gepflasterten Hof, vor eine breite hölzerne Anfahrt ohne Türen.

Zuallererst fällt einem die außerordentliche Sauberkeit des Hofes, ebenso der hölzernen, mit Bastmatten bedeckten Treppe und der Japaner selber in die Augen. Hierin muß man ihnen Gerechtigkeit widerfahren lassen. Sie zeichnen sich alle durch Sauberkeit und Ordnungsliebe, sowohl in bezug auf ihre Person als auch auf ihre Kleidung, aus. Was muß man hingegen bei den Chinesen erleiden, wenn man inmitten einer Volksmenge steht! Allein der Geruch des Sandelholzes ist etwas wert! Ihr knoblauchgeschwängerter Atem kann einer vorübersummenden Fliege das Leben rauben, müßte man meinen. Von den Japanern geht keinerlei Geruch aus. Man blickt auf ihren Kopf: Durch den Zopf schimmert ein rasierter, aber reiner Schädel; die nackten Arme sind in dem breiten Ärmel weit sichtbar: Sie sind braun, das ist wahr, aber dennoch sauber. Ihr Benehmen ist anständig; im Verkehr sind sie höflich – mit einem Wort, sie wären ganz annehmbare Menschen, nur darf man nichts mit ihnen zu tun haben: Sie ziehen einen hin, wenden Kniffe an, belügen einen und erteilen schließlich eine abschlägige Antwort. Aber man hat nicht den Mut, es ihnen heimzuzahlen. Sie haben in ihrem Lande Verhältnisse geschaffen, daß sie überhaupt nichts tun können, was nicht schon früher bei ihnen Brauch war, auch wenn sie es als nützlich erkannt haben. Wenigstens tun sie es nicht freiwillig. So haben sie vor reichlich zweihundert Jahren beschlossen, daß die Europäer schädlich sind und daß man nichts mit ihnen zu schaffen haben dürfe, und nun können sie das aus freien Stücken nicht ändern. Natürlich aber haben sie sich längst, besonders in neuerer Zeit, überzeugt, daß sie vieles von den Ausländern lernen könnten, wenn sie ihnen Zutritt in ihr Land gewährten: sie könnten viel besser leben, von allem besser unterrichtet, stärker, reicher sein.

Die Regierung weiß das, befürchtet aber nach alter Überlieferung, daß der christliche Glauben ihren Gesetzen und ihrer Macht schädlich sein könnte. Möchte sie doch jetzt beschließen, daß das Unsinn und daß es unbedingt nötig ist, sich wieder mit den Ausländern anzufreunden! Aber wie? Wer soll anfangen und den Vorschlag machen? Die Mitglieder des Obersten Rates? Der Shogun würde ihnen befehlen, sich den Bauch aufzuschlitzen. Der Shogun selbst? Der Oberste Rat würde ihm vorschlagen, seinen Platz einem andern abzutreten. Der Mikado wird es auch nicht vorschlagen; fiele es ihm je ein, so würde der Shogun ihm keinen neuen Kittel anfertigen und ihm das Mittagessen zwei Tage hintereinander auf ein und demselben Geschirr servieren lassen. Es ist bekannt, daß dieser Mikado (der wirkliche, rechtmäßige Herrscher, der von den Statthaltern, den Shoguns, die die Macht an sich gerissen haben, in den Hintergrund geschoben wird) weder ein Kleidungsstück zweimal anziehen noch zweimal von demselben Geschirr essen kann. Das alles wird täglich gewechselt, und der Shogun liefert ihm die neuen Sachen regelmäßig, nimmt aber einfachere, billigere Ware.

Die Japaner haben ihre innere Verwaltung so gut eingerichtet, daß der Rat nichts ohne den Shogun tun darf, der Shogun nichts ohne den Rat und beide zusammen nichts ohne die Teilfürsten. Und so hält sich dieses System und wird sich auf seiner künstlichen Grundlage so lange halten, bis jemand ihnen helfen wird, es zu stürzen – seien es die Amerikaner oder meinethalben … wir!

Ich glaube, daß die Ausländer, wenn die Regierung nur erst nachgibt, mit dem japanischen Volk keine allzu großen Schwierigkeiten haben werden. Es fühlt ein starkes Bedürfnis nach Fortschritt, und dieses Bedürfnis äußert sich in vielem. Zudem ist es arm und bedarf des Verkehrs mit andern. Ordentliche Leute, besonders aus dem Stand der Dolmetscher, die mit den Europäern Umgang pflegen, stöhnen, wie ich schon schrieb, vor Langeweile und Mangel an geistigem und sittlichem Leben. Das einfache Volk betrachtet unsere Schiffe und unsere Leute gleichfalls mit Neid und Staunen, bittet uns um Wein, trinkt gierig unsern Schnaps, betrachtet jede Kleinigkeit mit kindlicher Neugier, fängt im Flug in seinen Booten jedes Läppchen auf und verwahrt es. Vor kurzem war ein Boot zu uns herangefahren: Es führte zwei Ruderer, auf dem Vorderteil lag ein gut gekleideter Knabe von etwa dreizehn Jahren lässig hingestreckt. Er hatte offenbar die Erlaubnis erhalten, spazierenzufahren, die Schiffe und die fremden Menschen anzusehen. Die Ruderer fingen wie gewöhnlich alles auf, was man ihnen zuwarf, aßen es aber nicht, sondern überreichten es ihm; er betrachtete alles voller Neugierde und verwahrte es. Man ließ ihnen an einer Schnur Wein hinab, Schnaps, gab ihnen Zwieback, Konfekt – sie nahmen alles. Aber auch die höhere Klasse scheint die Entfremdung von der Welt und das schläfrige, öde Leben schwer zu empfinden. Einer der Dolmetscher verriet uns, daß beim Besuch Resanows nur zwei von sieben oder acht Mitgliedern des höchsten Rates ihre Stimmen zugunsten eines Verkehrs mit den Europäern abgegeben hätten, jetzt aber sprächen nur zwei Stimmen dagegen. Es braucht nur der Ruf an sie zu ergehen – und die Japaner werden in hellen Haufen aus den Toren ihres Gefängnisses hervorbrechen. Sie sind gesellig, lassen sich gern von etwas Neuem hinreißen; und wenn ihre Spione nicht jedes dem Ausländer zugeflüsterte Wort, jeden ausgetauschten Blick, wie etwas Verbotenes, verfolgten, so wären unsere Schiffe sofort, ohne alle Verträge, mit den verschiedensten

Waren überschwemmt worden, ohne Hilfe des Shogun, der alle Gewinne in seine Tasche steckt – ungeachtet der Aussage seiner Behörden, daß Japan ein armes Land ist und nichts zum Handeln haben soll.

Wieviel Leben verbirgt sich hinter dieser Apathie, wieviel heiterer Sinn, wieviel Munterkeit! Eine Fülle von Fähigkeiten und Begabung – alles das offenbart sich in tausend Kleinigkeiten, in jedem unbedeutenden Gespräch, aber man sieht auch, daß diesem Leben der Inhalt fehlt, daß alle ursprünglichen Kräfte verdunstet und verglommen sind und nach neuen, auffrischenden Grundlagen verlangen. Die Japaner sind sehr lebhaft und natürlich. Torheiten, wie die schwere, veraltete, unnütze Gelehrsamkeit der Chinesen, die die Leute nur dumm macht, kennen sie nicht. Im Gegenteil, sie achten auf alles, fragen nach allem und notieren alles. Wenn die Japaner am Alten festhalten, so geschieht dies nur aus Furcht vor dem Neuen, obgleich sie überzeugt sind, daß dieses Neue besser ist.

Doch ich habe ganz vergessen, daß Owosawa-Bungono-Kami-Sama, der Gouverneur von Nagasaki, uns erwartet. Wir blieben auf dem Treppenaufgang stehen, die Wache und die Musikanten im Hof. Im Flur oder im ersten Zimmer, das mit weißen Bastmatten ausgelegt war, erblickten wir auch unsere Dolmetscher. Nun begann die Zeremonie des Anziehens der Kalikoschuhe. Ich plagte mich sehr lange damit und konnte sie trotz Fadejews Beistand kaum an die Füße bringen.

Wir gingen durch die Zimmer: Auf der einen Seite reichten die Fensterrahmen, die statt der Scheiben mit Papier beklebt waren, bis zum Fußboden, auf der anderen Seite standen bewegliche Papierschirme, die entweder bemalt waren, und durchaus nicht schlecht, oder aus vergoldetem und versilbertem Papier angefertigt; so konnte man nicht erkennen, ob es ein riesengroßer Saal war oder mehrere Zimmer.

Ganz weit hinten kauerten, eng zusammengedrängt, in mehreren Reihen menschliche Gestalten auf den Fersen, in reicher Gewandung, mit komischer Würde. Keine Wimper, kein Auge zuckte. Man hörte und sah nicht, ob diese Gestalten atmeten, mit den Augen zwinkerten, ja ob sie überhaupt lebten. Und wie viele waren ihrer! Da saßen ganze Reihen in einem großen Zimmer; dort hatte man die massiven Figuren zweier grauhaariger Greise in einen engen Durchgang wie Porzellanpuppen hingesetzt, dann zogen sich wieder lange Reihen hin. Da waren Junge und Alte, mit dicken und dünnen Zöpfchen, die Rattenschwänzen ähnlich sahen. Was für Gesichter, welcher Ausdruck in ihnen! Keine der Gestalten sah uns an, keine verfolgte uns mit neugierigen Blicken, dabei hatten sie doch vierzig Jahre lang nichts Ähnliches gesehen, und fast keiner von ihnen hatte je andere Menschen als seinesgleichen erblickt! Indessen hefteten sie alle ihre Augen auf die Wand oder auf den Fußboden und hatten scheinbar gewettet, wer von ihnen das dümmste Gesicht machen könne. Die meisten waren mehr oder weniger erfolgreich darin gewesen; viele natürlich unbeabsichtigt. Das Gesamtbild war ganz eigenartig. Ich wenigstens war von dem seltsamen, phantastischen Schauspiel aufs höchste befriedigt. Die Stille war ideal, nur unsere Schritte störten sie. – «Die Schuhe, die Schuhe!» hörte ich plötzlich jemand hinter mir flüstern. Ich sehe an mir hinab – ich bin in Stiefeln. Wo aber waren die Schuhe? «Du hast sie bereits drei Zimmer vorher verloren», sagte man mir. Ich hatte es, in meine Betrachtungen versunken, nicht gemerkt. Ich ging zurück: Die Kalikoschuhe lagen wirklich auf dem Fußboden. Die in diesem Zimmer sitzenden Gestalten saßen in unserer Abwesenheit genauso regungslos da wie bei unserm Durchgang; sie sahen nicht einmal nach mir hin. Ich holte die Gefährten ein. Aber ich war nicht der einzige Nachzügler: Bald bückte sich der eine, bald der andere, um die Schuhe aufzuheben. Endlich betraten wir einen Saal, der heller und größer war als die andern. Rechts stand ein großer vergoldeter Bogen in einer Nische: Ob das ein Abzeichen der Gouverneurswürde war oder einfach ein Schmuckstück, habe ich nicht in Erfahrung bringen können. Der Saal war, wie auch alle andern Zimmer, mit so weichen Bastmatten belegt, daß man wie auf einer Matratze dahinschritt. Hier war der Effekt der auf dem Boden kauernden Gestalten noch greller. Ich zählte ihrer dreißig.

Gleichzeitig mit uns erschien Owosawa-Bungono-Kami-Sama im Saal, ein großer hagerer Mann von ungefähr fünfzig Jahren, mit einem feierlich-strengen und ziemlich klugen Gesicht.

Wir verbeugten uns gegenseitig. Während der Verbeugung sah ich zufällig auf meine Füße – die verfluchten Schuhe waren wieder weg: Sie lagen neben den Stiefeln. Gestützt auf den Arm von B., der ihn mir aus Mitleid hinstreckte, zwängte ich sie mit Mühe auf meine Füße. «Das ist nicht schön!» flüsterte B. mir zu und verbarg ein nur von ihm und mir gehörtes Lachen unter einem Hustenanfall. Statt der Antwort wies ich ihn auf seine Füße hin: Sie waren ohne Schuhe. «Das ist nicht schön!» flüsterte ich nun meinerseits.

Jetzt hätte man doch eigentlich von den Geschäften reden müssen, aber der Gouverneur bat uns, erst auszuruhen, Gott weiß von welchen Heldentaten, und dann die Unterhaltung wieder aufzunehmen, und zog sich selbst zurück. Der erste Teil der Zusammenkunft war, der Verabredung gemäß, stehend vor sich gegangen.

In dem Ruhezimmer, wie wir den Raum, in den man uns führte und durch welchen wir schon gekommen waren, benannten, war niemand mehr anwesend: Die kauernden Figuren hatten sich davongemacht. Dort standen der von uns mitgebrachte Lehnsessel und vier Stühle. Wir nahmen sofort darauf Platz. Diejenigen, für die es nicht reichte, blieben stehen. Ich brauche wohl nicht erst zu erwähnen, daß ich ohne Schuhe in das Ruhezimmer kam: Sie waren im Empfangssaal geblieben, wohin ich zurückgehen mußte, um sie zu holen. Schließlich legte ich sie in meinen Hut, und damit hatte die Sache ihr Bewenden.

Hinter uns trat ein lärmender Haufe, die uns bekannten

Dolmetscher, ins Zimmer. Sie warfen sich auf den Fußboden und setzten sich auf ihre Art in drei Reihen nieder. Wir begannen eine Unterhaltung mit ihnen. «Gibt es bei euch gar keine Scheiben in den Fensterrahmen?» fragte P. «Nein», war die Antwort. «Sind die Häuser bei euch alle einstöckig, oder gibt es auch zweistöckige?» fragte P. weiter. «Es gibt auch zweistöckige», antwortete Kitshibe und sah auf Lyoda. «Auch dreistöckige», sagte dieser und sah auf Sadagora. «Es gibt auch fünfstöckige», sagte Sadagora. Und in diesem Ton ging die ganze Unterhaltung weiter.

Plötzlich erschienen, einer nach dem andern, der Zahl der Gäste entsprechend, zwölf Diener in den Türen; jeder hielt in beiden Händen eine Tasse Tee, aber ohne Untertasse. An den Gast herantretend, ließ sich der Diener gewandt auf die Knie nieder, verneigte sich, stellte die Tasse auf den Fußboden, da in den Zimmern weder Tische noch sonstige Möbel vorhanden waren, stand auf, verneigte sich und ging. Es war in unserer Kleidung furchtbar unbequem, sich vom Stuhl aus zum Fußboden zu recken. Ich streckte bald den einen, bald den andern Arm aus und konnte die Tasse nur mit Mühe erreichen. Der Tee war ausgezeichnet, dunkel, stark und aromatisch, aber ohne Zucker.

Wieder erschienen die Diener: jeder trug ein lackiertes Holzgestell mit einer Pfeife, Tabak, einem kleinen tönernen Kohlenbecken mit glühenden Kohlen und einem Aschenbecher und stellte sie in derselben Ordnung vor uns hin. Damit umzugehen war noch schwerer. Den Japanern fällt es leicht, all diese Dinge zu handhaben, weil sie auf dem Boden sitzen und weite Kleider anhaben: Da können sie die Pfeife stopfen, an den Kohlen in Brand setzen und die Asche ausklopfen, wie aber sollen wir das vom Stuhl aus machen? Ich erinnerte mich wieder an die Bewirtung des Fuchses und des Storches.

Kaum hatten wir zu rauchen aufgehört, als die Diener wiederum erschienen, jeder mit einem hölzernen, glatt gehobelten und sehr schönen, wenn auch einfachen Kasten. Sie stellten vor jeden von uns einen solchen Kasten hin: Die Höhergestellten erhielten Kästen auf Füßchen, die andern ohne Füßchen. Wir öffneten sie – Konfekt! Ein großes Stück, das so ähnlich aussah wie Torte, dann eine teigartige Paste in Herzform, ein Fischchen aus ganz elendem Zucker, gefärbt und mit irgendeinem Öl bestrichen; schließlich noch kleines, trockenes Konfekt: gezuckerte Früchte, darunter auch Möhren. Nicht wahr, eine verwegene Leistung der Konditorkunst? Aber es schmeckte nicht übel. Wenn man nach dem russischen Sprichwort sogar «verzuckerte Schuhsohlen essen» kann, so kriegt man eine Möhre erst recht herunter. Ja, wenn man hinter Schloß und Riegel gehalten wird, kann man nicht viel erfinden, oder man erfindet die tollsten Dinge von in Zucker gesottenen Möhren bis zum Schießpulver, was die Chinesen und Japaner bewiesen haben, indem sie das eine und das andere erfanden.

Endlich kam Kitshibe, ich weiß nicht zum wievielten Male, hereingelaufen und erklärte, der Gouverneur erwarte uns, wenn wir ausgeruht hätten. Er wollte wahrscheinlich sagen, wenn wir müde geworden wären! Wir waren in der Tat vom Nichtstun müde geworden. Das nennt man bei ihnen Geschäfte abwickeln. Wir begaben uns wieder in den Empfangssaal, und die Verhandlungen begannen.

Zuerst setzten wir uns auf die in den Saal hinübergetragenen Lehnstühle, der Gouverneur aber nahm auf einer kleinen Erhöhung, etwa zwanzig Zentimeter über dem Fußboden, Platz. Kitshibe und Lyoda lagen beide neben unsern Stühlen und berührten den Boden mit der Stirn. Es war heiß, große Schweißtropfen liefen über Kitshibes Gesicht. Er hörte die Worte des Gouverneurs an, indem er vom Fußboden aus einen ehrfurchtsvollen, durchdringenden Blick auf ihn warf, dann hob er den Kopf, übersetzte uns das Gesagte und legte sich wieder mit der Stirn auf die Erde. Ringsum, an den Wänden entlang, kauerten alle Beamten und das Gefolge des Gouverneurs wie eine gleichmäßige Einfassung.

Es trat tiefes Schweigen ein. Der Gouverneur nahm ein Schreiben aus einem lackierten Kasten und begann mit kaum hörbarer Stimme, aber dennoch deutlich zu lesen. Als er geendet hatte, stand ein alter Mann aus der Reihe, die zur rechten Hand saß, träge auf, ging zum Gouverneur hin, stellte sich, oder richtiger gesagt, fiel auf die Knie, nahm das Papier mit einer Verbeugung entgegen, ging auf Kitshibe zu, fiel wieder auf die Knie, überreichte ihm das Papier ohne Verbeugung und setzte sich wieder auf seinen Platz.

Darauf ertönte Kitshibes schreiende harte Stimme, wie das Krächzen einer Krähe: Er übermittelte uns den Inhalt des Schriftstückes in holländischer Sprache.

Das Papier enthielt das Einverständnis, den Brief entgegenzunehmen. Ich hatte eben erst den Mund aufgemacht, um eine Frage des Admirals zu beantworten, als der Gouverneur schon ein anderes Schriftstück ergriff, das er in derselben Weise vorlas; derselbe alte Mann, ein Sekretär, nahm es und übergab es Kitshibe unter denselben Zeremonien. In diesem zweiten Schreiben hieß es, daß «der Brief angenommen werden würde, aber es könne keine baldige Antwort auf ihn erfolgen.»

Während die Schriftstücke vorgelesen wurden, beobachtete ich die Gesichter des Gouverneurs und seines Hofstaates und gruppierte die Gesichter in aufgeweckte, lebhafte, durchaus dumme oder nur aus Mangel an geistiger Regsamkeit stumpf gewordene. Es gab auch ein paar rätselhafte, verschlossene und listige Gesichter darunter. In vielen Augen verbarg sich ein Feuer, obwohl sie ihrer Gewohnheit nach schläfrig und matt blickten. Es war fesselnd, alle diese schlafenden Leidenschaften zu beobachten, diese nicht geweckten und unberührten Wünsche, an deren Stelle kindische Verstellung und äußerste Verlegenheit zu sehen war.

In dieser Ansammlung von seidenen Kitteln, Röcken und Umhängen fiel mir auch der Mangel an allen grellen und schreienden Farben angenehm auf. Da war keine ungebrochene Farbe zu sehen: Rot, Gelb, Grün; alles nur Mischfarben, zarte, weiche Töne. Schenken Sie den Bildern, welche die Japaner wie Papageien darstellen, keinen Glauben. Auch das einfache Volk hier gleicht in seiner Kleidung nicht jener Menge von Männern, Frauen und Kindern, die ich auf einer Plantage in Singapore gesehen habe. Dort war ich durch das Gemisch greller Gewänder an den Malaien und Indern verblüfft und dachte an die Vogelsammlung eines naturhistorischen Kabinetts. Hier aber fällt einem, wie ich schon sagte, in der Menge des einfachen Volkes vor allen Dingen am meisten die Nacktheit in die Augen; im übrigen herrscht irgendeine einzelne Farbe vor, doch keine grelle, am häufigsten die blaue. In der Kleidung der höheren Klassen sind alle Farbenmischungen zugelassen, zeigen aber große Strenge und Geschmack in der Auswahl.

Mit welch einer kalten Würde und Strenge im Gesicht, mit welcher Feierlichkeit sprach der Gouverneur, wobei er uns finster, aber mit Neugierde ansah, unsere ihm so neuen Gesichter, Manieren, Frisuren, die mit Gold und Silber gestickten Uniformen musterte, unsern offenen und freien Verkehr untereinander beobachtete. Wir mußten das Lachen verbeißen, wenn wir sahen, wie er sich bemühte, seine wahrhaft japanische Würde aufrechtzuerhalten.

Allein das währte nicht lange. Als er anfing zu erklären, warum keine schnelle Antwort aus Yeddo zu erlangen sei und als Grund hierfür unter anderem die Entfernung anführte, stellte der Admiral ihm plötzlich eine ganz einfache und natürliche Frage: «Würde die Angelegenheit sich erheblich beschleunigen lassen, wenn wir selbst auf unsern Schiffen nach Yeddo führen? Bei günstigem Winde könnten wir in einer Woche dort sein. Wie denken Sie darüber?» Welch eine Veränderung da plötzlich mit dem Gouverneur vor sich ging! Was war mit ihm geschehen? Wohin war der feierliche, kalte, herablassende Ton und die stolze Miene geraten? Die japanische Exzellenz war verlegen geworden. Er stieg plötzlich von seiner majestätischen Höhe herab, Haltung und Blick veränderten sich auffällig. Endlich neigte er den Kopf ein wenig auf die linke Seite und begann mit einem milden Lächeln und weicher, einschmeichelnder Stimme leise und lange zu reden. Der Gouverneur sagte, daß es «dem japanischen Auge schmerzlich sei», fremde Schiffe in einem andern Hafen Japans als in Nagasaki zu sehen; daß wir die Antwort durch ein persönliches Erscheinen nicht beschleunigen würden und so weiter.

Nach der «geschäftlichen» Unterredung begannen die gegenseitigen Höflichkeitsbezeugungen. Von beiden Seiten wurde versichert, daß man sich freue, Bekanntschaft geschlossen zu haben. Wir logen nicht: Für uns war es allerdings von großem Interesse gewesen, den Gouverneur zu sehen, um so mehr, da wir die Fregatte einen ganzen Monat lang nicht verlassen hatten und für jeden Fall eine Zerstreuung darin sahen. Was aber Herrn Owosawa betraf, so konnte man dafür einstehen, daß in ihm in diesem Augenblick der Vater der Lüge selbst, der Teufel, saß, zu dem er uns natürlich alle in Gedanken schickte.

Der Gouverneur stand auf und wandte sich zum Gehen, aber der Admiral legte ihm noch einige Fragen vor. Der Gouverneur bat, sie auf einen andern Zeitpunkt zu verlegen, da er natürlich allerhand Fragen befürchtete, auf die er ohne Genehmigung aus Yeddo keine Antwort zu geben wußte. Er verneigte sich und verschwand. Wir traten den Rückweg an.

Als wir durch das Ruhezimmer kamen, wurden wir von den Dolmetschern zurückgehalten. Sie vertraten uns den Weg und baten uns zum Essen. In dem Zimmer stand ein großer, prächtig gedeckter Tisch, der mit Schüsseln und Flaschen in allen Gestalten besetzt war, mit Madeira, Bordeauxwein – und was gab es da alles! Und alles auf europäische Art. Wahrscheinlich waren der Tisch, das Geschirr und die Weine, vielleicht auch die Speisen, von den Holländern bezogen worden. Der Admiral befahl, seine unumstößliche Forderung zu wiederholen, daß der Gouverneur an dem Frühstück teilnehmen solle. Kitshibe verbeugte sich, fuchtelte mit den Armen, erstickte beinahe an einem krampfhaften Lachen und bewegte sich immerfort dem Tische zu, uns eifrig zum Folgen einladend. Die andern standen ihm nicht nach, knicksten – alles vergeblich. Wir schielten nach der Frühstückstafel, gingen aber standhaft daran vorüber, ohne auf die Dolmetscher zu hören. Kaum waren wir auf dem Treppenaufgang erschienen, als die Musik einsetzte, die Wache salutierte und wir uns in derselben Ordnung zum Hafen begaben.

15. und 16. September. Man sagt, daß heute der neue Gouverneur, der Owosawa-Bungono ablösen soll, eingetroffen ist. Der neue heißt Misno-Tshikogono-Kami-Sama. Auch ein neuer, aus Yeddo eingetroffener Dolmetscher, Einoske, hat uns besucht. Ich habe geschlafen und habe niemanden gesehen. Die Ankömmlinge lassen sich nichts merken, daß die Amerikaner bei ihnen in Yeddo gewesen sind: Sie denken, wir wüßten nichts davon; man könne in Europa, so wie bei ihnen, verheimlichen, daß ein ganzes Geschwader in See sticht, und in einem Lande brauche man nichts davon zu wissen, daß ein zweites mit einem dritten Krieg führt. Der Admiral gedenkt, das Transportschiff wieder nach Shanghai zu schicken, um zu erfahren, ob in Europa Krieg oder Frieden sei.

17. September. Wir haben den ganzen Tag und gestern die ganze Nacht Berichte nach Petersburg geschrieben; unser Sinn stand nicht nach Besuchern. Trotzdem kamen sie wieder, um uns anzubieten, auf der inneren Reede vor Anker zu gehen. Es wurde ihnen gesagt, daß wir weiter gehen wollten, als sie es uns angewiesen hatten. Sie begaben sich mit dieser Meldung zum Gouverneur und wollen morgen die Antwort bringen. Von der Küste verlautet noch immer kein Wort: Sie warten ab, ob wir nicht am Ende fortgehen. Wahrscheinlich hat der Gouverneur den Befehl erhalten, uns nicht eher einen Platz anzuweisen, als bis man in Yeddo den Brief aus Rußland gelesen und erfahren haben werde, um was es sich handelt, in der Hoffnung, daß eine Landung sich vielleicht erübrigt.

18., 19., 20. September. Banjos und Dolmetscher sind eingetroffen: Der eine Hoken ist ein neuer, mit einem dummen Gesicht, der mit dem neuen Gouverneur aus Yeddo gekommen ist. Ich habe nun auch den neuen Dolmetscher Einoske kennengelernt. Er spricht sehr wenig Englisch, versteht aber fast alles. Er hat es von den Holländern gelernt, von denen einige die englische Sprache beherrschen. Einoske lernt auch ein wenig Französisch. Er sagte, er habe viele Bücher, größtenteils holländische, aber auch einige französische. Das Holländische kann er nach P.s Behauptung gut. Sie überbrachten die Aufforderung, dort zu ankern, wo wir es haben wollten; sie baten sogar eifrig darum, bestanden darauf, daß die Fregatte von der zweiten Reede in die Durchfahrt gehe, die zu der Nagasaki am nächsten gelegenen Reede führt. Der Admiral wünschte im Gegenteil, daß unsere Schiffe eine Kette bilden; die Korvette soll am Eingang zur inneren Reede Aufstellung nehmen, der Schoner und das Transportschiff in der Durchfahrt selbst, während die Fregatte auf der zweiten Reede bleiben soll, die wir uns sicherstellen müssen. Andernfalls würden die Japaner, sobald die Fregatte in die Durchfahrt eingefahren wäre, in ihrem Rücken eine Linie aus ihren Booten herstellen und uns die zweite Reede versperren, in der unsere Schaluppen dann nicht mehr umherfahren können. Und das ist es ja, was sie bezwecken. Doch wir durchschauten sie und willigten nicht ein. Aber wie baten sie und versicherten, daß sie nur darum besorgt seien, es uns so bequem als möglich zu machen! – «Sie sind unsere Gäste», sagte Einoske. «Stellen Sie sich vor, daß es im Garten geregnet hat und man dem ältesten Gast (damit war die Fregatte gemeint) einen Schirm anbietet, er aber schlägt ihn aus...» – «Um ihn den jüngeren zu überlassen (den kleinen Schiffen)», setzte P. hinzu.

Die japanischen Boote ließen es sich einfallen, die unseren daran zu hindern, weiter hinauszufahren, und winkten ihnen sogar zu, sie sollten zurückkehren. Sofort wurde die rote

Fahne gehißt, durch welche wir die Hoken herbeirufen: Man erklärte ihnen, daß das zu unterbleiben habe; daß man ihre Boote mit Gewalt fortführen würde, falls sie uns zu nahe kämen. Überhaupt wurden die Banjos sehr kühl empfangen, und der Admiral zeigte sich ihnen gar nicht, obwohl sie den Wunsch äußerten, ihn zu sehen. Er ließ ihnen sagen, daß er ihnen auch ohnehin ein großes Entgegenkommen zeige, indem er sich ihrer Sitte füge und wir nicht an Land gingen; wir seien nach Nagasaki gekommen und nicht nach Yeddo, obwohl wir das hätten tun können, sie aber wüßten das alles nicht zu würdigen, und daher würden wir nach Beblieben umherfahren.

Am 19. September wurden wir auf den neuen Standort bugsiert. Erst die Korvette, dann das Transportschiff, während wir, ohne Hilfe der Japaner, vermittels der Segel, selbst an unsern neuen Standort fuhren. Jetzt sind wir der Küste näher. Ich habe den ganzen Tag durch das Fernrohr die Häuser und die Bäume betrachtet. Da gibt es nur Hütten und elende Batterien mit Kanonen auf zerfallenen Lafetten. Ich sah auch in das Innere der Hütten: sie haben keine Fenster, nur Eingänge. Ich sah nackte Männer und Frauen, die ebenfalls von oben bis zum Gürtel nackt waren; sie tragen einen einfachen blauen Rock – das ist alles. Vor den Türen laufen und spielen Kinder wie überall; ich höre Hundegebell, aber nur selten.

25. September. Genau vor einem Jahr wurde die Flagge auf der «Pallas» gehißt, und sie fuhr auf die Reede von Kronstadt hinaus: Das bedeutete den Beginn des Feldzugs. Bei uns fand eine Festlichkeit statt, ein Gottesdienst und eine große Mittagstafel.

Man hat den Japanern wiederum den Kopf gestreichelt; wir baten sie in die Admiralskajüte, bewirteten sie mit Likör und Tee und fragten wegen des Platzes an der Küste. Sie sagten, daß sie in einem oder zwei Tagen die Antwort aus Yeddo zu erhalten hofften. Wir erklärten ihnen, daß wir nicht abgeneigt seien, die Fregatte in die Durchfahrt zu führen, wenn sie die

Kette von Booten, die die Einfahrt versperren, entfernen wollten. Anfänglich beriefen sie sich, ihrer Gewohnheit gemäß, auf ihre Gesetze, dann sagten sie, daß die Leute, die sich als Wachtposten in den Booten verdingen, sich dadurch ihren Lebensunterhalt verdienten. P. antwortete auf Befehl des Admirals, daß ihre Gesetze doch keine ewigen seien und daß die bedrückenden Bestimmungen hinsichtlich der Ausländer doch erst seit zweihundert Jahren beständen und es an der Zeit sei, sie, den Umständen gemäß, zu ändern. Einoske antwortete sehr klug und gründlich. «Sie verstehen, warum diese Gesetze bei uns so sind» (hierbei zeigte er durch eine Handbewegung, wie sie sind, das heißt bedrückend, da er nicht wagte, es auszusprechen). «Es unterliegt keinem Zweifel, daß sie abgeändert werden müssen. Aber die europäischen Schiffe», fügte er hinzu, «haben erst seit zehn Jahren begonnen, Nagasaki fleißig und in großer Anzahl zu besuchen, daher lag keine Veranlassung vor, die Bestimmungen früher zu ändern.»

So reden die Japaner heutzutage! Ist's aber lange her, daß sie sich nicht scheuten, die angekommenen Gäste an Händen und Füßen zu fesseln? Ist's etwa lange her, daß sie die europäischen Regierungen der Frechheit ziehen, weil diese es gewagt hatten, an sie zu schreiben?

28. und 29. September. Die Japaner sind mit der Meldung des Gouverneurs gekommen, daß er sich außerstande sehe, die Boote völlig aus der Durchfahrt zu entfernen. Das war gestern, aber heute, das heißt am 29., erklärten sie, es sei dem Gouverneur erwünscht, die Mitte der Durchfahrt ganz zu schließen, sie hingegen an den Seiten, an der Küste, durch die Entfernung je eines Bootes zu öffnen. Der Admiral ließ sagen, daß er, falls das geschähe, seinen Schaluppen befehlen würde, die Kähne gewaltsam zu entfernen, die es wagen würden, die mittlere Durchfahrt zur Korvette zu versperren. Als die Dolmetscher merkten, daß man nicht mit ihnen scherzte, verdufteten sie sofort, ohne Tee zu trinken.

Mein Tagebuch gleicht den Aufzeichnungen eines Gefangenen – nicht wahr? Was soll man machen! Es ist hier ja beinahe wie im Gefängnis, obgleich die Natur herrlich ist und der Mensch klug, gewandt, kräftig. Er versteht es vorläufig aber noch nicht, normal und vernünftig zu leben.

30. September. Am Tage vor Mariä Schutz fand ein Abendgottesdienst statt. Nach dem Gottesdienst ging ich auf dem Achterdeck umher und stieß zufällig auf eine Unterhaltung, die der Midshipman B. mit dem Signalisten Fedorow führte, demselben, der sich geirrt hatte und statt des Signals zum Wecken das Signal zum Gebet geblasen hatte. Dieser Fedorow zeichnet sich durch äußerste Einfalt aus. «Sieh durch das Fernrohr auf den Mond», sagte ihm B., der auf dem Achterdeck umherging, «und sobald du dort drei, vier Menschen siehst, sage es mir.» – «Zu Befehl.» Er guckte lange durch das Rohr. «Warum meldest du denn nichts?» – «Da sind nur zweie, Euer Wohlgeboren.» – «Was machen sie denn?» – «Nichts.» – «Nun, sieh noch einmal hin. Was sind denn das für Menschen?» fragte B. Fedorow schwieg. – «Antworte doch.» – «Kain und Abel», sagte er. – «Sieh dir hier noch die zwei Sterne an und merke dir, wie sie heißen: Dieser hier ist die Venus und jener der Jupiter.» – «Zu Befehl.» – «Und wenn irgend etwas mit ihnen geschieht, so melde es.» – «Zu Befehl!» Und er blickte voller Ernst nach jener Seite. Nach einer Minute fragte ich ihn, an welchen Orten er seit der Zeit, da wir England verlassen hatten, gewesen war. Er schwieg. «So rede doch.» – «Auf der Hoffnung.» (Das Kap der Guten Hoffnung.) – «Und vorher?» – «Das habe ich vergessen.» – «Denk mal nach.» Er schwieg. «Also wo denn?» Er schwieg. «Nun, so denke an die Benennung verschiedener Weine, dann wirst du darauf kommen.» Schweigen. «Was gibt es denn für Weine?» – «Champagner.» – «Nun, und noch?» – «Rheinwein.» – «Und Madeira?» – «Ja, Madeira gibt es auch. Wir sind auch selber dagewesen», fügte er hinzu. – «Aber was machen die Sterne?» fragte B. plötzlich. Fedorow sah

sich unruhig um: Wups – da war einer weg; er war schon hinter dem Horizont verschwunden. «Wo sind sie denn?» – «Es ist nur einer geblieben.» – «Wo ist denn der andere?» – «Das weiß ich nicht.» – «Wie heißt er denn?» Schweigen. «Nun, wie?» – «Madeira», antwortete Fedorow nach längerem Nachdenken. «Und der andere?» – «Piter!» sagte er. Und das war nun unsere Unterhaltung in Ermangelung einer besseren.

1. Oktober. Heute waren, glaube ich, keine Japaner da... ach, Verzeihung – freilich waren sie da: mit Fischen und Krebsen. Die Banjos kommen noch immer nicht; sie fürchten wohl, sich zu zeigen; sie glauben einen Verweis zu erhalten, weil sie die Kähne nicht auseinandertreiben; vielleicht vernachlässigen sie uns auch unserer Sanftmut wegen. Aber wir brauchten nur zu sagen, daß wir sofort selber in unseren Schaluppen nach Nagasaki zu fahren gedächten – dann würden sie, ohne Zweifel, unverzüglich erscheinen. Wenn man sie erschrecken wollte und nach dem Gouverneur verlangte, so würde auch er herkommen. Aber dann müßten wir die vom Admiral erwählte Methode, das heißt nur durch Milde und Höflichkeit zu wirken, für immer aufgeben.

Zuweilen aber würde es wirklich nicht schaden, ihnen einen ordentlichen Schreck einzujagen. So fand zum Beispiel heute, gegen acht Uhr abends, irgendeine Prozession statt. Ein großes Boot wurde von zwanzig kleineren mit Laternen am Schlepptau nachgezogen; die Prozession ging unter rasendem Geschrei vor sich; die Boote fuhren von den Inseln zur Stadt. P. und N. fuhren auf zwei Schaluppen zur Korvette in die Durchfahrt; in P.s Schaluppe wurde ein Holzscheit geworfen, N. wollten sie mit Wasser bespritzen, trafen ihn aber nicht – eine rohe Ausschreitung des gemeinen Volkes! P. machte sofort kehrt und näherte sich dem Boot, in dem sich gegen zwanzig Mann befanden. Sie wurden sofort alle zahm und versteckten sich auf dem Boden des Kahns.

2. und 3. Oktober. Es stimmt: Die Furcht kann eine starke Wirkung ausüben. Gestern, am 2. Oktober, haben wir einen Brief an die Japaner geschickt, mit der Mitteilung, daß einer unserer Offiziere die Banjos aus der Stadt holen würde, falls sie nicht erschienen. Spät am Abend kam ein Dolmetscher, um zu sagen, daß die Banjos morgen um zwölf Uhr eintreffen würden.

Um elf erschienen ihrer drei: Oyke-Sabroski, einer aus Yeddo und ein dritter, neuer. Sie entschuldigten sich, daß sie so lange nicht gekommen wären, schoben alles auf den Dolmetscher, der sie angeblich falsch unterrichtet hatte, und sagten, daß es nicht wieder vorkommen solle. Gestern wurden zwei ihrer Boote gewaltsam in eine größere Entfernung von der Fregatte geschafft; ich habe es nicht selber gesehen, aber man sagt, daß es ein sehr ergötzlicher Anblick war, wie sie mit den Armen fuchtelten, als unsere Tender heranfuhren, ihren Anker lichteten und sie weit wegschleppten. Die Banjos verloren hierüber kein Wort. Man erzählte ihnen von dem in die Schaluppe geworfenen Holzscheit und den anderen Dummheiten: Sie entschuldigten sich mit der Ausrede, daß sie nichts von alledem gewußt hätten. Die gestrige Prozession – die Auffahrt der Kähne – war nichts weiter als ein Besuch, den der regierende Fürst von Hizen den Holländern abgestattet hatte, aber durchaus keine religiöse Feier, wie wir geglaubt. Bezüglich des Platzes am Ufer meldeten sie, daß sie täglich eine Antwort erwarteten.

6.–10. Oktober. Endlich habe ich auch japanische Damen gesehen: Sie tragen genau solche Röcke wie die Männer, Jakken, die den Hals verdecken, nur haben sie keine rasierten Köpfe, und die vornehmeren tragen den Zopf mit einer Nadel aufgesteckt. Alle haben eine bräunliche Hautfarbe und sind durchaus nicht hübsch. Man sagt, daß sie sich nicht sehr sittsam benehmen; ich weiß das nicht, habe es nicht gesehen und will den Ruf der japanischen Frauen nicht anschwärzen. Heute fahren ihrer viele um die Fregatte herum: Sie sind alle häßlich und haben schwarze Zähne. Die meisten blicken keck darein und lachen; die hübscheren und feiner gekleideten verbergen sich hinter ihren Fächern.

Doch das ist alles nicht wichtig; was ist denn wichtig? Ja, das: Am 9. Oktober, nach dem Mittagessen, hieß es, die Hoken kämen. Aber auch das ist nichts Wichtiges: Wir sind schon daran gewöhnt. Der wachthabende Offizier schickt dann gewöhnlich zu P., um sie anzumelden. Man führte die Hoken in die Kajüte des Kapitäns. Ich war auch dabei. «Ah! Oye-Sabroski! Kitshibe!» begrüßte ich sie und reichte ihnen fröhlich die Hand; sie aber ergriffen meine Hand schweigend und erwiderten meinen Gruß kaum. Was bedeutete das? Sie waren immer so freundlich und höflich gewesen, besonders Sabroski: Er ist ein Spaßmacher, der immer lacht, und nun... Warum zeigten sie alle eine so feierliche Miene? Warum lächelte keiner? «Ist Sabroski krank?» fragte ich. – «Nein.» – «Warum ist er denn so traurig und auch die anderen alle?» Es erfolgte keine Antwort. Nur Kitshibe zeigte fortwährend seine oberen Zähne und war, wie gewöhnlich, sehr geschäftig: Bald lief er vor den Banjos her, dann kehrte er wieder um und krächzte und lächelte wider Willen. Auch Einoske war dabei. Er hat regelmäßige Gesichtszüge und einen kühnen Blick, ganz anders als alle übrigen.

Aus den Gesprächen und dem zeitweilig zutage tretenden Neid, mit dem Einoske, Syosa, Narabayosi II. auf uns und auf alles Europäische blicken, sieht man, daß sie ihre peinliche Lage sehr wohl empfinden, daß sie traurig sind und eine stumme, ergebene Opposition bilden: Das ist das junge Japan. Sadagora, der den Holländern als Aufpasser zugeteilt ist, und der Fremdenschreck Lyoda gehören dagegen anscheinend ganz und gar zu dem alten rückständigen und verstockten Japan. Sie sind jenen in der Überlieferung erstarrten Dienern ähnlich, die am Alten festhalten; man kann ihren Eigensinn durchaus nicht brechen. Sie finden alles Alte herrlich, wünschen keine Änderung und halten alles Neue für Sünde.

Sadagora ist ein alter roher Zyniker, Lyoda im Gegenteil ein schmeichlerischer, kriechender Gauner. Kitshibe bildet das *juste milieu* zwischen dem einen und dem anderen; er ist frischer als sie: Er besitzt nicht den verhärteten Haß gegen das Neue und den Glauben an das japanische Regierungssystem, aber er kann auch mit dem Neuen nicht Schritt halten. Er dient einfach nur dem Geld zuliebe, wem und wie man will.

Die Banjos erklärten, daß sie den Admiral zu sprechen wünschten. Ich und P. zerbrachen uns den Kopf – worüber? «Wahrscheinlich wegen des Platzes an der Küste», sagte er. «Es scheint aber nichts Freudiges zu sein», bemerkte ich. Ich teilte ihren Wunsch dem Admiral mit. Er befahl, sie hereinzuführen. Alle nahmen Platz; es herrschte Schweigen. Sabroski ließ den Kopf ganz auf die Brust sinken; der andere Banjos, ein kurzsichtiger alter Mann mit dickem Gesicht, blickte mit schläfrigen Augen auf alles und gähnte von Zeit zu Zeit; der dritte, ein kleiner Mann, verschwand gänzlich zwischen ihnen und bemühte sich, die Miene und Haltung seiner Nachbarn nachzuahmen. Einoske schwieg nachdenklich. Nur Kitshibe trug die Nase hoch und wartete, bis man ihm befehlen würde zu reden. So harrten wir der kommenden Dinge.

Endlich seufzte Sabroski tief, kniff die Augen zusammen und fing so leise an zu sprechen wie ein Geist, als ob er weder Lippen noch eine Zunge oder Kehle hätte; er sprach in Seufzern und endete, indem er einen langen Seufzer ausstieß. Kitshibe erklärte mit seinem üblichen Lächeln, dem klaren Blick und dem geneigten Kopf einfach, ohne Seufzer und ohne Kummer, daß der Shogun nichts mehr und nichts weiter als «gestorven» sei.

Für einen Augenblick waren wir zu Stein erstarrt, aber dann faßten wir uns. «Sagen Sie den Herren», bemerkte der Admiral zu den Dolmetschern, «daß ich ihre Trauer vollkommen teile.» Die Banjos verneigten sich, einige seufzten wieder. Oye fing von neuem an zu flüstern. Von Kitshibe hörte man nur ein «Hi – hi – hi», das wie das Schlucken vor dem

Tode klang. Dann begann er, die Luft einziehend, wie immer, in Pausen zu übersetzen, wobei ihm das Lachen die Kehle zusammenschnürte – ein Anzeichen, daß er eine abschlägige Antwort zu übermitteln hatte und sie durch dieses Lachen mildern, die Pille versüßen wollte. «Aus diesem traurigen Anlaß... ist es... ho, ho, ho... unmöglich... aus Yeddo bald... eine Antwort zu erhalten», brachte er schließlich hervor in einem Tone, als ob man die letzten Worte gewaltsam aus ihm herausgequetscht hätte.

Der Admiral erwiderte, daß er schriftlichen Einspruch erheben werde. «Alle sind mit der Beerdigung des verstorbenen und der Thronbesteigung des neuen Shogun beschäftigt», fuhr Kitshibe fort zu dolmetschen. «Das ist sehr umständlich...» und so weiter. Der Admiral befahl zu fragen, ob man uns bald einen Platz am Ufer anweisen würde. Sabroski antwortete mit einer langen Rede. Kitshibe hörte ihn an und sagte, daß hierüber aus Yeddo... hier schnürte ihm das Lachen vollständig den Hals zusammen... keinerlei Bescheid eingetroffen sei. «Er hätte aber schon dreimal dasein können», wurde ihm streng geantwortet, «weshalb ist denn keine Antwort da?» Kitshibe übersetzte die Frage, dann hörte er die Entgegnung an und begann wieder: «Aus Yeddo ist diesbezüglich – ho, ho, ho – keinerlei Erlaubnis eingetroffen.» – «Das haben wir gehört», übersetzte P., «aber wird eine Genehmigung eintreffen und wann? Wir müssen die Chronometer prüfen. Sie schätzen unsere Höflichkeit und Aufmerksamkeit nicht: Andere wären längst von selbst an Land gegangen. Wir sehen jetzt, daß Nagasaki einfach eine Falle ist, in die man die Ausländer lockt, um sie an der Nase herumzuführen und zu betrügen. Bis zur Residenz ist es weit, die Unterhandlungen werden auf die Dauer langweilig, die Gäste werden es müde und gehen fort – und das wollt ihr nur haben! Aber ganz Europa soll das erfahren, und nicht ein einziges Schiff wird in Zukunft hier anlaufen, sondern sich sofort nach Yeddo begeben; des könnt ihr gewiß sein...» Kitshibe übersetzte das wieder und begann von neuem: «Aus Yeddo ist keinerlei... ho, ho, ho...»

Wer sollte dabei nicht die Geduld verlieren! «Fragt den Gouverneur: Hat er die Absicht, uns einen Platz anzuweisen, oder nicht? Morgen muß die Antwort dasein!» waren die letzten Worte, mit denen die Sitzung endete.

Zwei Tage darauf kamen die Japaner mit der Antwort des Gouverneurs über den Platz am Ufer wieder, und Kitshibe begann abermals: «Aus Yeddo ist keinerlei...» und so weiter. Der Admiral empfing sie nicht. P. sagte ihnen, daß er die Antwort dem Admiral übermittelt habe und nicht wisse, was dieser unternehmen werde, weil Seine Exzellenz keine Antwort erteilt habe. Das jagte unseren lieben Wirten Schrecken ein: Sie waren schon einmal wegen irgendeiner Kleinigkeit gekommen, eigentlich aber nur, um sich zu überzeugen, ob wir nichts im Schilde führten und über unsere Absichten nichts verlauten lassen würden. Und wir haben wirklich etwas vor: Wir wollen selber mit unseren Chronometern an Land gehen. P. ließ hierüber ein Wort fallen. Sie beriefen sich immer wieder darauf, daß der Gouverneur nichts anordnen könne, daß er einen Verweis dafür erhalten würde. «Nun, und wenn wir selber landen oder andere das tun, erhält er dann keinen Verweis?» fragten wir. – «Das wäre keine freundschaftliche Handlungsweise», lautete die Antwort. – «Aber ist es etwa freundschaftlich, daß ihr uns keinen Platz anweisen wollt, wenn man euch sagt, daß wir ohne das nicht in See stechen können?» – «Aus Yeddo... ho, ho, ho... ist keinerlei...» begann Kitshibe wieder.

Was sollte man da anfangen! Sie beriefen sich auf ihre Gesetze, ihre Sitten. Am andern Morgen kam Kitshibe und holte die Antwort für den Gouverneur ab. Kaum war er abgefahren, so erschienen die Banjos, und heute, am 11., sind sie gekommen, um uns zu sagen, daß sie den Brief abgegeben hätten, daß aber aus Yeddo keinerlei und so weiter. Dann machten sie eine Bemerkung, warum wir immer rund um den

Papenberg herumführen. «Weil es uns so gefällt», antworteten wir ihnen.

Auf der Fregatte hat sich nichts Besonderes ereignet: Die Banjos kommen alle Tage, um etwas über die Absichten des Admirals auszuspionieren. Heute waren zwei jüngere Dolmetscher und zwei Unterbanjos da: Sie baten, ob es uns nicht möglich sei, nicht so weit spazierenzufahren, weil sie den Befehl erhalten hätten, uns zu beobachten, ihre Kähne aber den unseren nicht so schnell folgen könnten. «Wozu beobachtet ihr uns denn?» – «Es ist uns befohlen», sagte ein großer alter Mann in einem blauen Kittel. – «Ihr könnt uns jedoch nicht daran hindern.» – «Es ist befohlen, was ist da zu machen! Wir wünschen ja selber, daß das rascher anders werden möchte», fügte er hinzu.

17., 18., 19. Oktober. Wir warten auf unsere Schiffe und werden nach und nach unruhig. Das Transportschiff kann bei einem widrigen NO-Passatwind allerdings eine Verzögerung erleiden, indem es nur zwanzig Meilen in vierundzwanzig Stunden zu lavieren vermag, aber der Schoner? Jetzt sind es schon zwei Monate, daß er abgefahren ist; dabei ist ihm bedeutet worden, daß er nicht länger als sieben Wochen fortbleiben dürfe. Man stellt verschiedene Vermutungen an...

Endlich, am Morgen des 23. donnerten die japanischen Kanonen. «Ah! Ein Schiff kommt!» Welches? Wir gerieten in Aufregung. Manche fuhren ihm entgegen, andere kletterten in die Mastkörbe, auf die Saling, um auszuspähen. Sind es nicht am Ende gar Engländer? Das könnte uns passen! Nein, es ist unser Transportschiff aus Shanghai mit Briefen, Zeitungen und Proviant.

Am 24. kam Oye-Sabroski mit Kitshibe und Einoske. Letzterer schlug entschieden die Bücher aus, die ihm der Admiral und auch ich anboten: Er fürchtete sich. Die Banjos sagten, daß sie mit dem Bevollmächtigten zu sprechen wünschten. Man führte sie in die Kajüte. Sie erklärten, daß endlich eine Antwort aus Yeddo eingetroffen sei. *Grande nouvelle!* Wir freuten uns. «Was ist los? Wie? Worum handelt es sich?» wurden sie mit Fragen überschüttet. Wir erwarteten voller Ungeduld, daß man uns nach Yeddo berufen oder dies und jenes mitteilen würde...

Doch nun zog Kitshibe die Luft ein und lächelte sein süßestes Lächeln – ein böses Zeichen! – «Aus Yeddo...» begann er herumzudrücken und zu krächzen... «ist eine Antwort gekommen.» – «Nun?» – «Ihre Briefe sind dort wohlbehalten... eingetroffen», brachte er endlich heraus, wobei der Schweiß in Strömen von ihm floß, als hätte er eine schwere Last an Ort und Stelle geschleppt. – «Nun?» – «Daß sie... wohlbehalten eingetroffen sind...» wiederholte er. – «Das haben wir gehört. Was weiter?» – «Weiter... das ist alles.» – «Das ist keine Antwort», wurde ihnen gesagt. Sie fingen an, sich zu rechtfertigen, da nicht sie die Schuld daran trügen und so weiter. Der Admiral sagte, daß er in ein paar Tagen eine andere Antwort zu erhalten hoffe, eine bessere und vernünftigere als diese. Dann fragte man sie nach dem Platz am Ufer. «Aus Yeddo», begann Kitshibe lächelnd und krächzend, «ist keinerlei...» Und er fing wieder sein altes Lied an. «Das wissen wir. Wird aber überhaupt eine Antwort kommen? Da scheint der Gouverneur schuld zu sein: Er wollte dieserhalb wohl nicht vorstellig werden?» Die Banjos verteidigten sich, daß weder er noch sie schuld daran wären. «Aus Yeddo...» und so weiter.

1., 2., 3. November. Bald regnet es, bald ist es klar, bald warm, beinahe heiß, wie zum Beispiel heute, dann plötzlich wieder kalt, wie in der Heimat.

Die Japaner haben uns bereits vor drei Tagen mitgeteilt, daß das holländische Handelsschiff endlich mit einer Ladung nach Batavia abginge (ich weiß nicht, ob ich gesagt habe, daß wir es bereits hier antrafen), und daß der Gouverneur bitten ließe – was glauben Sie wohl? –, daß wir nicht auf das Schiff gehen möchten. Wir aber ließen ihm sagen, daß wir Briefe nach Europa mitgeben würden und uns wunderten, wie dem

Gouverneur der Gedanke hätte kommen können, den Verkehr zweier europäischer Schiffe untereinander hindern zu wollen? Die Dolmetscher kamen noch einmal wieder, beinahe schon in der Nacht, und baten uns, wenigstens erst außerhalb der Bucht, in der Nähe des offenen Meeres mit dem holländischen Schiff in Verbindung zu treten. Sie wollen nicht, daß das Volk es sehe und hieraus Schlüsse über die Schwäche seiner Regierung ziehen könne; sie schämte sich, weil man ihr nicht gehorchte. Es wurde mit «Nein» geantwortet. Die Dolmetscher erklärten, daß der Gouverneur es vielleicht nicht erlauben würde, an Bord zu gehen, uns den Weg mit seinen Kähnen versperren würde. «Er soll es nur versuchen», wurde geantwortet, «wenn unangenehme Folgen daraus erwüchsen, würde er die Verantwortung dafür tragen.»

Freude über Freude! Heute ist ein Festtag: Der Schoner ist angekommen! Heute, am 3., schießen die japanischen Kanonen. Von der Saling hat man den Schoner gesichtet. Um ein Uhr ging er neben uns vor Anker. Wieviel Neuigkeiten!

5. November. Langeweile, trotz der Arbeit, trotz der äußeren Ruhe, des herrlichen Wetters. Gestern gegen Abend bin ich auf unser Transportschiff gefahren; auch der Kapitän fuhr dahin. Ich nahm auch O. A. mit. Wir aßen zu Abend; plötzlich erschien P. und meldete, daß der Admiral seinen Entschluß geändert habe: Leb wohl, Manila, Riukiu! Wir fahren nach Yeddo. Heute sind die Banjos herbeigerufen worden; es kamen Oye-Sabroski, Kitshibe und Syosa und noch ein Banjos. Alle waren entzückt, als wir erklärten, daß wir Nagasaki verlassen wollten. Sie wären aber wohl weniger erfreut gewesen, wenn sie erfahren hätten, daß wir nach Yeddo wollen. Es wurde ihnen hierüber kein Wort gesagt. Wir baten sie nur, morgen wiederzukommen, die Papiere und Geschenke für den Gouverneur und die Dolmetscher in Empfang zu nehmen und uns noch möglichst viel Wasser und Proviant zu schicken. Sie ahnten nicht, daß wir uns da-

mit für den Weg nach – Yeddo verproviantieren wollten. Was wird wohl morgen sein?

6. November. Die Banjos waren heute am Morgen und am Abend da. Nun hat die Sorge auch sie heimgesucht. Beide Gouverneure sind in Aufregung. «Warum ist es Ihnen plötzlich in den Sinn gekommen, abzufahren? An welchem Tage soll es geschehen und wohin?» möchten sie gerne fragen, aber sie wagen es nicht: Sie fühlen es selber, daß wir es nicht sagen würden. Heute waren sie nicht mehr so heiter. Unter den Banjos befand sich der Älteste von ihnen, Hagiwari. Sie wurden zum Admiral gerufen. Sie sagten, daß die Gouverneure beschlossen hätten, das Schreiben an den Rat anzunehmen. Dann fragten der Sekretär und die Banjos, was uns veranlasse, so plötzlich abzureisen. «Wir haben hier nichts mehr zu tun», antwortete man ihnen. – «Ist der Grund im Brief an den Gouverneur angegeben?» – «In dem Schreiben sind meine Absichten erklärt», ließ der Admiral sagen.

Bezüglich der Geschenke bemerkten sie, daß weder die Gouverneure noch die Banjos, noch die Dolmetscher sie annehmen könnten. «Unmöglich!» – «Aus Yeddo», begann Kitshibe zu würgen, «ist in dieser Angelegenheit keine Genehmigung erteilt worden.» – «Nun, so ist's nicht nötig. Wir werden auch nie etwas annehmen, wenn wir mit euch zu tun haben», sagten wir.

Kitshibe wand sich wie eine Schlange, forschte uns aus, wann wir in See zu stechen, ob wir zurückzukommen beabsichtigten, bat, ihm den Tag der Abreise anzugeben und so weiter – «Bald, sehr bald», antwortete ihm P. Sie baten, es ihnen wenigstens einen Tag vor der Abfahrt mitzuteilen, aber auch das wurde nicht zugesagt. Sie waren offenbar sehr bekümmert. Jetzt war die Reihe an sie gekommen, uns als Spielzeug zu dienen. Wir führten sie hinters Licht, indem wir ihren Fragen geschickt auswichen. So fuhren sie denn auch voller Sorge ab, ohne etwas erreicht zu haben, wir aber setzten uns zum Mittagessen.

7. November. Es ist eine wahre Komödie mit diesen Japanern, ein richtiges Theater auf der Reede von Nagasaki! Es hatte eben erst acht Glas geschlagen und die Flagge war gehißt worden, als die Dolmetscher erschienen, nach ihnen die Oberbanjos Hagiwari, Sabroski und noch ein anderer, ein schüchterner, unansehnlicher Mensch. Sie fragten uns, ob wir mit irgend etwas unzufrieden seien. Dann baten sie, den Admiral sprechen zu dürfen. Nach alter Gewohnheit nahmen alle in seiner Kajüte Platz, und es trat ein tiefes Schweigen ein. Dann sprach Hagiwari, wohl zehn Minuten lang; wir glaubten, sein Redefluß werde kein Ende nehmen. Er fing an: Da der Admiral nicht einverstanden sei, zu bleiben, so wage der Gouverneur nicht, ihn zurückzuhalten, aber er bitte ihn, einen Umstand in Betracht zu ziehen und demgemäß zu handeln: Er, der Gouverneur, wisse mit Bestimmtheit, daß wahrscheinlich in zehn, keinesfalls aber später als in elf Tagen, vielleicht sogar schon in sieben Tagen eine Antwort aus Yeddo eintreffen werde; sie habe sich nur zufällig etwas verzögert.

Hierauf wurde geantwortet: «Es kommt uns nicht darauf an, noch sieben Tage zu warten, nachdem wir bereits drei Monate lang gewartet haben; wir brauchen aber unbedingt einen Platz am Ufer, um unsere Schiffe instand zu setzen, die Chronometer zu überprüfen und so weiter. Wenn die Antwort unsere Angelegenheit fördert, bleiben wir; andernfalls fahren wir dahin... wo wir hin müssen.»

Während wir uns noch in der Kajüte des Kapitäns befanden, bemerkten wir, daß bald der eine, bald der andere Dolmetscher zu den Booten hinausging und wieder zurückkehrte. Die Banjos antworteten, daß sie die Erklärung des Admirals dem Gouverneur zur Kenntnis bringen würden und...

Plötzlich wurden vor der Tür Lärm und Stimmen laut. Einoske stand auf, ging zur Tür, kam eilig zurück und meldete, daß noch zwei Banjos gekommen seien, der Wachtposten sie aber nicht hereinlasse. Es erging der Befehl, sie einzulassen. Zwei uns schon bekannte Banjos erschienen, deren Namen ich mir aber nicht gemerkt hatte. Sie verneigten sich, gingen zu Hagiwari und überreichten ihm ein Schreiben. Ich erriet, daß es die Antwort aus Yeddo war. Hagiwari las das Schriftstück mit geheucheltem Staunen durch, reichte es Sabroski, der es auch las und weitergab, und so kam es endlich bis zu Kitshibe. Sie riefen ah und oh! Kitshibe erstickte beinahe beim ersten Wort. «Die Post... die Post... aus Yeddo... eingetroffen!»

Ich konnte mich nicht mehr beherrschen, wandte mich ab und verschluckte mit Mühe das aufsteigende Lachen. Diese Possenreißer! Wie schlau: Sie wollten versuchen, eine neue Verzögerung herbeizuführen, baten um zehn Tage Frist, während die Antwort bereits eingetroffen war! Der Brief enthielt, wie gewöhnlich, nur sechs oder sieben Zeilen. «Vier Bevollmächtigte, große Herren, hohe Würdenträger», war darin gesagt, «kommen aus Yeddo, zur Zusammenkunft und zur Unterhaltung mit dem Admiral.»

Da haben wir's! Da haben wir Yeddo! Uns fiel ein Stein vom Herzen. Ohne Proviant nach Yeddo gehen, also nur kurze Zeit dort bleiben dürfen und unverrichteter Sache fort müssen!

Wir fragten, wann die Bevollmächtigten eintreffen würden... «Aus Yeddo... ist hierüber... keinerlei...» Wieder die alte Leier! Hagiwari und Sabroski gaben uns, auf das Schreiben deutend, durch Zeichen zu verstehen, welch ein Wunder hier geschehen sei: Kaum hatte man davon zu reden angefangen, und schon war es da! Hier hielt es niemand mehr aus, und wir alle und sie selber lachten laut. Der Brief war vom Präsidenten des Obersten Rates, Abe-Iseno-Kami-Sama, an beide Gouverneure gerichtet und enthielt die Nachricht, daß die Bevollmächtigten kämen, aber wer sie seien, wann sie kommen würden, ob sie schon abgereist oder unterwegs seien – davon stand kein Wort darin.

Die Japaner gingen mit dem Versprechen fort, am Abend

vom Gouverneur eine Antwort wegen der Landung zu bringen. «Von dem Früheren, also von der Abreise kann nicht mehr die Rede sein», sagten sie uns im Fortgehen und wischten sich den Mund ab, als wollten sie damit die früheren Worte wegwischen.

Nach dem Mittagessen erschienen die Japaner sofort wieder und teilten uns mit, daß der Gouverneur zwar noch immer keine Genehmigung habe, uns einen Platz anzuweisen, es aber auf seine eigene Verantwortung hin tun wolle. Am Abend kamen sie noch einmal und fragten, ob wir vielleicht die Bucht einnehmen wollten, wo unser früherer Gesandter Resanow gelandet sei. Der Admiral antwortete, daß er den Platz auf jeden Fall erst besichtigen lassen werde, ehe er ihn übernehme. P. und G. fuhren hin und kamen lachend und unwillig zurück, da der Platz nichts taugte: Es gab dort nur Sand und Steine. Mit diesem Volk muß man viel Geduld haben. Jetzt wird schon den vierten Tag wegen des Platzes verhandelt.

Wir haben unsere Segel zwar eingezogen, aber der Admiral hat dennoch die Absicht, in See zu stechen, jedoch nicht nach Yeddo, sondern nach Shanghai, um zu erfahren, was in Europa vorgeht, und frischen Proviant für mehrere Monate zu fassen. Den Japanern wurde erklärt, daß der Platz nichts tauge. Der Gouverneur antwortete, daß kein anderer da sei: Er schien erzürnt zu sein. Wir entgegneten, daß es hier und da und überall schöne Plätze gäbe. «Wenn man uns keinen anweist, gehen wir fort», sagten wir. «Schickt uns Proviant.» – «Das kann ich nicht», antwortete der Gouverneur. «Verlangen Sie den Proviant wie bisher von den Holländern, in kleinen Rationen.» Er hoffte uns dadurch zurückzuhalten. «Nun, wir werden auch ohne Proviant segeln», lautete die Antwort.

10. November. Heute sehen wir plötzlich, daß sich ein Häuflein Volkes am Eingang der uns als Landungsplatz vorgeschlagenen Bucht drängt. Auch die Banjos sind dabei und die Dolmetscher; sie sehen alles an, messen aus, stecken Pflöckchen ein: Es ist klar, daß sie einen andern Platz vorbe-

reiten, aber was für einen! Wieder einen ganz kahlen; es ist allerdings etwas Grün da, aber das ist die Saat von Reis und Gemüse; da kann man keinen Schritt machen.

Als der Gouverneur erfuhr, daß wir auch diesen Platz ablehnten, antwortete er, daß er keinen weiteren besitze, daß der von uns bezeichnete Platz dem Fürsten Omura gehöre und er über ihn kein Verfügungsrecht habe. Beide Gouverneure beruhigten sich nach diesen Vorgängen: Sie meldeten uns, daß die Bevollmächtigten ernannt seien, daß uns ein Platz angewiesen sei; wenn wir nach alledem doch abfahren wollten, so liege die Schuld nunmehr nicht an ihnen.

Der Admiral bat sie, den Bevollmächtigten die Dokumente zu übergeben, falls sie vor uns in Nagasaki eintreffen sollten. Den Schriftstücken war ein Briefchen an den Gouverneur beigelegt, in dem der Admiral ihm mitteilte, daß er in nicht allzu langer Zeit nach Japan zurückkehren und Nagasaki anlaufen werde; wenn dann weder die Bevollmächtigten noch eine Antwort auf seine Vorschläge dasein sollte, würde er unverzüglich nach Yeddo gehen.

Die Banjos fragten, was dieser Zettel enthalte; es wurde ihnen aber nicht mitgeteilt, ebenso wie auch dem Gouverneur nicht geantwortet wurde, wohin und für wie lange Zeit wir gingen. Wir glaubten alle, daß man uns zurückhalten, uns einen Platz geben und sagen werde, daß die Bevollmächtigten unterwegs seien, aber es erfolgte nichts von alledem. Die Gouverneure beruhigten sich, als sie erraten hatten, daß wir nicht nach Yeddo gingen. Wir teilten ihnen mit, daß wir bei günstigem Wind noch heute segeln würden.

Um drei Uhr lichteten wir den Anker, nachdem wir genau drei Monate in Nagasaki geweilt hatten: Wir waren am 10. August gekommen und fuhren am 11. November ab.

VIII
Shanghai

November – Dezember 1853

Wieder beginnt das Leben auf dem Meer, wieder hängen wir von der Gnade des Windes ab, werden nach seinem Willen getrieben oder liegen still. Wie er in diesem Augenblick heult und wie kalt es ist! Ich habe mich in den drei Monaten vom offenen Meere entwöhnt und sehe voller Mißvergnügen, wie alle ihren Platz einnehmen, wie die vier Steuermänner, die Handhabe des Rades festhaltend, an das Steuerrad angewachsen scheinen, wie die Matrosen in die Mastkörbe klettern, die Fregatte ihre Flügel entfaltet. Wir fuhren mit einer Geschwindigkeit von sechs bis sieben Knoten, dicht beim Winde. Eine japanische Dschunke folgte uns lange Zeit, um zu sehen, welche Richtung wir einschlagen würden. Ich wußte nicht, wo ich mich vor Kälte lassen sollte, legte mich, so wie ich war, in meinem Flausmantel aufs Bett und deckte mich mit einer wattierten Decke zu – und mir war noch immer kalt. Die Zukunft verhieß auch keine Wärme: In Shanghai gibt es Fröste, trotzdem es unter 31° nördlicher Breite liegt.

14. November. Da ist nun Saddle Island, wo wir mit unsern Schiffen bleiben müssen, um nicht nach Shanghai zu gehen und dort auf eine Sandbank aufzulaufen oder womöglich auf Engländer zu stoßen, wenn inzwischen vielleicht der Krieg erklärt ist. Wir wissen vorläufig noch nichts. Mit großen Schiffen kann man auch nicht bis Shanghai fahren: Der ganze Jang-tse-kiang ist mit Sandbänken durchsetzt; man muß ein

Dampfschiff und einen Lotsen haben. Es gibt auch einen Dampfer «Konfuzius» in Shanghai, aber der nimmt vierhundert Dollar, um das Schiff nach Shanghai zu bringen. Was hätte der tugendhafte Philosoph wohl gesagt, wenn er vorausgesehen hätte, daß sein Namensvetter den ankommenden Schiffen so viel abknöpfen würde? Selbstverständlich hätte er die Ankömmlinge verflucht, doch wer weiß: Wäre er Aktionär dieses Unternehmens gewesen, so hätte er vielleicht selber das Doppelte verlangt. Hier ist die Kohle unglaublich teuer: eine Tonne kostet zehn Pfund Sterling, daher läßt sich der Dampfer auch so viel für das Bugsieren bezahlen.

Saddle Island heißt «Sattelinsel»: Schon daran sieht man, daß hier Engländer gewirtschaftet haben. Während des chinesischen Krieges haben die englischen Kriegsschiffe auch hier gelegen. Ich kann die Küste jetzt aus dem Fenster meiner Kajüte sehen: Es ist eine ganze Gruppe von Inselchen und Felsen, die wie Interpunktionszeichen aussehen; unfruchtbar, wie eine große Anzahl von Inseln bei China; die Winde entblößen die Ufer. Übrigens schreibt man, daß es hier viele Austern gibt und – was denken Sie wohl: Narzissen!

P. hat mich soeben gerufen, die Fischerflotte anzusehen. Ich dachte, daß ich vielleicht zwei Dutzend Fischerboote zu sehen bekommen werde, und wollte nicht hinausgehen; stellen Sie sich aber vor, daß wir gegen fünfhundert zählten. Sie stehen alle in einer langen Linie ausgereckt, etwa drei Kabeltau, das heißt gegen sechshundert Meter von uns entfernt – das ist das Bild zu unserer Linken. Rechts erblickt man die Inseln, die wie Meeresungeheuer aussehen und ihr dunkles farbloses Rückgrat zeigen: kein Grün, keine Bodenerhöhung; übrigens mag es bis zu ihnen noch gute zwölf Meilen weit sein. Ich blicke auf den Zaun der chinesischen Boote. Was mögen diese Fischer dort tun, die bei Gelegenheit vielleicht auch Piraten sind, wie die Mehrzahl der auf den Inseln lebenden Chinesen? Sie unterstehen keiner Behörde. Die chinesische Regierung ist zu schwach und vermag ohne Flotte nichts gegen sie auszurichten. Engländer oder andere, die auf dem Meere stärker sind als sie, rühren die Piraten nicht an, folglich kümmern die sich auch nicht um sie. Man sagt sogar, daß die Engländer sie zu verschiedenen Dienstleistungen verwenden. Dafür haben die kleinen Handelsschiffe sehr unter ihnen zu leiden. Man kann sie schwer überführen: Wenn sie ein Schiff überwältigen, so ertränken sie die ganze Besatzung bis zum letzten Mann; wenn sie es aber nicht zu übermannen vermögen, so verschwinden sie schnell, und man kann sie in den Inselgruppen jener Meere nicht mehr ausfindig machen. Übrigens wagen sie nur dann einen Überfall, wenn sie bestimmt auf einen Sieg hoffen. Die ganze Schwierigkeit, sie zu fangen, besteht darin, daß sie nicht bloß das eine Handwerk betreiben. Heute sind sie Kaufleute, morgen Fischer und bei jeder sich bietenden Gelegenheit Räuber. Unsere Seeleute ergötzten sich daran, wie geschickt sie mit ihren roten tonnenartigen Booten und den Segeln aus Bastgeflecht im Meere hantieren: Man sieht, daß das Meer ihr Element ist. Es scheint, daß sie keinen Vorgesetzten über sich anerkennen: Heute sind sie hier, morgen dort und wissen sich jeglichem Gericht zu entziehen. Die Bevölkerung drängt von allen Seiten aus China hinaus, wie die Erbsen aus einem übervollen Sack, und verbreitet sich nach allen Richtungen, auf alle nahe und fern liegenden Inseln, auf der einen Seite bis Java, auf der andern bis Kalifornien. Überall gibt es Chinesen: Sie sind Kaufleute, ausgezeichnete Handwerker und Arbeiter. Ich wunderte mich, daß sie bis jetzt noch nicht auf dem Kap der Guten Hoffnung erschienen sind. Dieses Volk ist dazu ausersehen, eine große Rolle im Handel zu spielen, und vielleicht nicht im Handel allein.

16. November. Gestern sind unsere Herren mit dem Schoner nach Shanghai gefahren. Ich bin nicht mitgefahren, in der Hoffnung, daß sich noch später Gelegenheit dazu bietet; wir bleiben ja mindestens einen Monat hier. Sie wollten mich mitnehmen, aber ich war nicht fertig; mögen sie nur erst erfah-

ren, was dieses Shanghai für ein Ort ist, wo man sich dort aufhalten kann und was man dort machen soll! Ob man überhaupt in die Chinesenstadt eingelassen wird? Denn wenn man in einer englischen Faktorei wohnen muß und nur diese zu sehen bekommt, so lohnt es überhaupt nicht der Mühe, dahin zu fahren; man findet da nur die wohlbekannten Engländer, das unvermeidliche Roastbeef, das ewige *much obliged* und *thank you*. Bei den Chinesen aber gibt es Aufruhr und Unruhen. Die Aufständischen sind in der Stadt, das Heer liegt rundherum im Lager: Es besteht keine Hoffnung, ein chinesisches Theater zu sehen, eine Einladung zu einem chinesischen Mittagessen zu erhalten, Vogelnester zu kosten. Wenn sie sich doch wenigstens hier vor unsern Augen raufen wollten! Von hier bis Shanghai sollten es achtzig Meilen sein, später aber stellte sich heraus, daß es hundertundfünf sind, also fast zweihundert Kilometer.

19. November. Es ist ganz schrecklich, daran zu denken, daß wir seit dem 5. August, das heißt seit dem Tage unserer Ankunft in Japan, nicht mehr an Land gewesen sind, mit Ausnahme des Besuches beim Gouverneur von Nagasaki. Das sind genau drei Monate. Und ich weiß noch nicht, wann wir an Land gehen werden. Ob der Schoner uns abholen wird oder nicht, ob ich nach Shanghai komme, ist ungewiß. Man geht auf Deck umher und horcht, besonders am Abend, auf das hier beinahe niemals verstummende Heulen des Windes. Dazwischen glaubt man auch fremde Stimmen zu vernehmen, oder es blitzt ein plötzliches Licht vor den Augen auf, das vielleicht von einem entfernten Kanonenschuß herrührt oder von einem Irrlicht in den Bergen. Vielleicht sind das auch nur Visionen, die in Augenblicken auftauchen, da der Organismus geschwächt oder gestört ist.

23. November. Gestern sichteten wir schon am Morgen einen Schoner; wir glaubten, es sei der unsere – doch nein: Das Mastwerk war viel zu hoch, aber er lavierte auf uns zu. Der Kapitän, der Pfarrer und ich sahen aus dem Fenster der

Kapitänskajüte, wie er von allen Seiten vom Wasser überspült wurde, wie er untertauchte; er wollte wenden und konnte nicht, schließlich gelang es ihm, und er warf gegen fünf Uhr in der Nähe der Fregatte seinen Anker aus. Wir hatten gar nicht erwartet, daß uns das etwas anginge. Aber auf dem Schoner befanden sich unser P. und Sch.; sie brachten Gemüse, lebende Ochsen, Hühner, Enten aus Shanghai mit, mit einem Wort frischen Proviant und Nachrichten, die aber weniger frisch waren: Sie stammten vom August, und jetzt ist November.

In China ist Aufruhr; in Rußland bereitet man sich zum Krieg mit der Türkei vor. Sie brachten nur zwei Privatbriefe mit. Man forderte mich auf, nach Shanghai zu kommen: Wieder befallen mich Bedenken und Unentschlossenheit. Wie kann ich und wie soll ich? Kälte und Trägheit haben mich ganz übermannt, besonders die Kälte, und die Trägheit auch ganz besonders. Gestern habe ich in des Kapitäns Kajüte geschlafen; bei mir ist ein Auskleiden unmöglich; ich schreibe und verstecke die andere Hand unter der Weste; die Füße frieren…

Es ist wirklich so, wie ich dachte: Shanghai ist gesperrt, man kann nicht hinein; die Aufständischen lassen niemanden ein. Sie haben mit der Regierungsarmee gekämpft – die Unsern haben es gesehen. Ich muß hinfahren, wenn auch nur, weil es eine Schande ist, zweihundert Kilometer von der chinesischen Küste entfernt zu sein und sie nicht zu besuchen. Über den Krieg mit der Türkei weiß man immer noch nichts Gewisses, daher ist es auch noch nicht entschieden, ob wir noch einen Monat hierbleiben, wie wir anfangs wollten, oder gleich nach Japan gehen, obwohl wir keinen Zwieback haben.

27. November. Alle, die nach Shanghai wollten, machten sich bereit, nur ich schwankte, meiner Gewohnheit nach, noch immer, ob ich mit sollte oder nicht. Endlich beschloß ich, dazubleiben. Es war beabsichtigt, am Morgen um acht Uhr aufzubrechen. Ich stand um sechs Uhr auf und – fuhr

mit. Das Wetter war ganz gut, mäßiger Wellengang, für die Fregatte überhaupt nicht spürbar, für den kleinen Schoner aber doch. Ich sah mich auf dem Schoner um: Welch ein Unterschied zu der Fregatte! Dort weiß man nicht, was auf dem andern Ende vorgeht, manch einen sieht man tagelang nicht; überall herrscht Sauberkeit, Ordnung. Hier fährt man wie in einem Boot. Das Deck ist mit allem möglichen Schund beladen; man kann sich vor Masten und Segeln kaum umdrehen; alles ist schwarz, schmutzig, schlüpfrig, die Füße bleiben am Deck kleben. Der Kapitän des Schoners ist ein englischer Matrose, der früher auf Handelsschiffen gedient hat und von dem Besitzer für fünfundzwanzig Dollar monatlich angestellt ist, um verschiedene Besorgungen in den umliegenden Ortschaften zu machen. Am Steuer saß ein Malaie im Turban; die Matrosen waren durchweg Chinesen.

Nachdem wir eine Weile auf Deck gesessen hatten, gingen wir hinunter und bemächtigten uns der Kajüte des Kapitäns. Sie bestand aus zwei Kämmerchen, die wie Höhlen anmuteten, und sah in ihrer Schwärze und Unordentlichkeit wirklich wie ein Fuchsloch aus. Der Geruch des verfluchten Pflanzenöls, das die Chinesen zu ihren Speisen verwenden, verursachte mir die größte Übelkeit. Dieser Geruch verfolgt mich seit Java: Dort verspürte ich ihn zum erstenmal in einem chinesischen Verkaufsladen und hasse ihn von dem Augenblick an. In Singapore und Hongkong vermischte er sich mit dem Geruch von Knoblauch und Sandelholz und war noch widerlicher; in Japan hatte ich ihn drei Monate lang nicht verspürt, und nun war er wieder da. Ich sah mich überall um, um zu erkunden, wo der Geruch herkam – und konnte nichts entdecken: Auf der Bank lag nur eine lederne Regenjacke, die wahrscheinlich dem Schiffer gehörte. Ich öffnete alle Schränkchen: Dort waren nur Tassen, Tee – und weiter nichts, aber es stank fürchterlich.

Nun hatten wir uns endlich durch die Gruppen der Inselchen und Felsen durchgearbeitet, hatten auch Gutzlaff passiert. Hier, im offenen Meer, fing es stark an zu schaukeln; das Wasser überspülte das Deck mehr als einmal. Ein feiner Regen rieselte herab. Der Schiffer zog seine Regenjacke an und – plötzlich verbreitete sich der widerliche Ölgeruch um ihn. Ach, wenn ich das früher gewußt hätte, daß der Geruch von der Jacke herrührte! ... Das Wasser wurde immer gelber und gelber. Bald fuhren wir in den Fluß ein. Ich «sprang» aus der Kajüte, um mir die Ufer anzusehen. «Wo sind sie denn?» – «Es gibt keine Ufer.» – «Aber das ist doch der Fluß?» – «Ja.» – «Der Jang-tse-kiang?» – «Ja, auf chinesisch der ‹Sohn des Ozeans›.» – «Und die Ufer? ...»

«Dort, dort», sagte der Schiffer. Ich sah hin – es war nichts zu erblicken.

Endlich zeigte sich ein Streifen auf der linken Seite, rechts aber war nur Wasser – sonst nichts: Das rechte Ufer konnte man überhaupt nicht sehen. Das linke trat allmählich deutlicher hervor. Es ist so niedrig, daß es sich kaum über den Wasserspiegel erhebt, besteht aus grauem Lehm und ist ganz durch Dämme geschützt, hinter denen Dächer mit aufgebogenen Ecken zu sehen sind, spärliche Bäume, Ackerfurchen, und auch dies erst in der Nähe von Shanghai, denn bis dahin wird der Gesichtskreis durch einen kaum bemerkbaren dunklen Saum begrenzt.

Drei Meilen von Shanghai sahen wir eine ganze Flotte von Handelsschiffen, alles Dreimaster, die sich an den beiden Ufern des Wu-Sung drängten. Ich zählte bis zu zwanzig Reihen, zu neun und zehn Schiffen in jeder Reihe. An manchen Stellen lagen die amerikanischen sogenannten Klipper vor Anker; das sind große dreimastige Schiffe mit spitzem Vorder- und Hinterteil, die sich durch Schönheit und schnellen Gang auszeichnen.

Nun kam auch Shanghai in Sicht. Schiffe und Dschunken, prachtvolle europäische Gebäude, ein vergoldeter Götzentempel, protestantische Kirchen, Gärten – alles drängte sich vorläufig in einen undeutlichen Haufen zusammen, ohne jegliche Perspektive, als ob die Kirche im Wasser und das Schiff auf der Straße stände. Unsere Ungeduld wuchs: Wir verlangten danach, uns umzukleiden, zu erwärmen, spazierenzugehen. Wir hätten geradeaus fahren sollen, fuhren aber immer noch bald nach rechts, bald nach links. Plötzlich – o Jammer! Wir hatten nicht rechtzeitig gewendet – und der Schoner wurde durch die Strömung zurückgetrieben, geradewegs auf eine riesengroße plumpe, dunkle Dschunke: Es gelang uns kaum, uns loszumachen, und wir fingen wieder an zu lavieren. Der Wind pfiff wütend; der Regen peitschte uns ins Gesicht.

Endlich gelangten wir, Gott sei Dank, beinahe bis an die Stadt. Nun nähern wir uns dem Hafen, dem Dock, sehen bereits den Schornstein unseres Schoners; die chinesischen Jollen huschen hin und her. In dem Haufen der Schiffe sieht man Klipper; etwas abseits liegt, durch die Windung des Flusses verdeckt, eine kleine, sechsundzwanzig Kanonen starke englische Fregatte, noch weiter zurück französische und englische Dampfschiffe. Auf den Gebäuden wehen die Flaggen der europäischen Nationen und bezeichnen die Häuser der Konsulate.

Wir sahen voller Neugierde auf alles. Meine Augen suchten China, und der Kapitän suchte mit uns zusammen nach jemandem. «Das Ufer ist sehr nah, ist es nicht Zeit zu wenden?» rief einer von den Unsern lebhaft. Der Kapitän ergriff das Steuer, schrie – wir duckten uns schnell, die Segel wurden auf die andere Seite geworfen, aber der Schoner wendete nicht; ein starker Windstoß griff in die Segel, aber das Schiff stand noch immer: Wir waren auf eine Sandbank aufgelaufen. «Fiert die Schoten ab!» riefen die Offiziere unsern Matrosen zu. Sie taten es, und der Schoner, der sich auf die Seite legen wollte, richtete sich auf, ging aber nicht von der Sandbank herunter.

Der Kapitän schlug ein Bein über das andere, steckte die Hände in die Ärmel und setzte sich ruhig auf eine Bank, wobei er sich nach allen Seiten umsah. Die Chinesen zogen hurtig die Segel ein, unsere Matrosen zogen den zerrissenen Klüfer ein, der gegen den Bugspriet schlug. Es schien mir, daß die andern Schiffe und Dschunken spöttisch auf uns blickten. Es war genau dasselbe wie eine auf schlammigem Landwege gebrochene Achse: Der Wagen steckt mit dem Vorderteil im Schmutz, das zerbrochene Rad liegt daneben, ein Haufen von Fuhrleuten starrt gleichgültig und stumpf bald auf das Rad, bald auf die Insassen des Wagens. Da sitzt man nun, und alle gehen und sprengen an einem vorüber: Manche lächeln, wenn sie sehen, wie niedergeschlagen wir aus dem Wagenfenster blicken, andere sehen voller Neugierde hin, aber der größte Teil bleibt gleichgültig – und alle überholen uns. Genauso ist es auf einer Sandbank. Man mußte ein Boot herbeischaffen. Es fuhren ihrer viele in der Ferne hin und her, setzten Leute über den Fluß, schenkten uns aber wenig Beachtung. W. A. Korsakow erlöste uns: Er bemerkte uns vom Deck aus und kam sofort zu uns. Ich und noch einer von unsern Herrn fuhr mit ihm, die andern blieben bei unsern Sachen, in der Erwartung eines Bootes, das wir nach ihnen schicken wollten.

Bei strömendem Regen und schneidendem Wind fuhren wir in dem kleinen gedeckten chinesischen Boot, das wie ein Spielzeug sauber gedrechselt, mit Verzierungen aus Bambus geschmückt und mit weißen Bastmatten ausgelegt war, auf dem Fluß Wu-Sung dahin. Der Chinese lenkte das Boot stehend, nur mit dem Ruder! Er ruderte angestrengt gegen Wind und Strömung. K. zeigte mir die ausländischen Schiffe: französische und englische Dampfer, dann eine von den Chinesen gekaufte europäische Brigg, die von einem englischen Kapitän kommandiert wurde. Das heißt: er manövrierte nur mit den Segeln, nahm aber an den Kämpfen gegen die Insurgenten nicht teil. Dann fuhren wir an den Kriegsdschunken vorüber, die zum Kampf gegen die Aufständischen bestimmt waren. Kanonendonner erscholl auf ihnen: Der chinesische Admiral ließ Übungen machen. Hier erfuhr ich, daß bei dem gestrigen Kampf zwei Dschunken in die Luft gesprengt worden seien. Die Chinesen kämpfen unter anderm auch mit sogenannten Stinktöpfen. Sie werfen diese Gefäße, die mit einem besondern Brennstoff gefüllt sind, aus den Mastkörben auf das Deck der feindlichen Schiffe. Die den Töpfen entströmenden Gase wirken so erstickend, daß die Menschen es keine Minute lang aushalten können und über Bord springen. Die chinesischen Piraten überfallen die Handelsschiffe und sogar Kriegsschiffe mit denselben Töpfen.

Eine halbe Stunde später saßen wir in einem sauberen Hotelzimmer beim Kamin, an einem Tisch, der nach englischem Brauch mit einer Menge von Gerichten besetzt war. Unsere Reisegenossen, die vor uns nach Shanghai gefahren waren, freuten sich indessen nicht allzusehr über unsere Ankunft. «Sind viele von Ihnen hergekommen?» fragten sie uns statt jeder anderen Begrüßung. – «Wir sind noch lange nicht alle; in einer Stunde kommen noch sechs Mann», antworteten wir unsererseits nicht ohne Vergnügen. «Weshalb denn?» – «Wo werden Sie denn alle unterkommen? Es gibt keine Zimmer mehr, alles ist besetzt; wir wohnen schon zu zweit und sogar zu dritt.» – «Das tut nichts», antworteten wir, «da werden wir eben zu viert wohnen.» So geschah es auch. Der Wirt wiederholte immer wieder mit äußerer Verzweiflung, aber innerem Vergnügen: «Mein Haus ist im Sturm erobert worden», und lief geschäftig hin und her. Woher kamen alle die Chaiselongues, Sofas, Kissen? Die Hotelzimmer, die ohnehin an Biwaks erinnerten, gewannen das Aussehen einer Poststation.

Den ganzen Abend saßen wir alle zusammen zu Hause, unterhielten uns über die europäischen Neuigkeiten, über das gestrige Feuer, über das Lager der Regierungstruppen, über ihren am Abend vorher mißlungenen Versuch, die Stadt in Brand zu stecken, über die umzingelten Aufständischen, über den Regenten des Kreises Shanghai, Tautai Samqua, der beim Hof in Ungnade gefallen und dem Verzeihung versprochen worden war, falls er die Stadt eroberte. Am selben Abend hörten wir Kanonenschüsse, die sehr rasch aufeinander folgten: Es war ein Geplänkel des kaiserlichen Heers mit den Aufständischen, das für diese unschädlich, für jene unnütz war.

Am folgenden Tage, dem 28. November, gingen wir nach dem Frühstück auf die Straße; unser Hotel stand an der Ecke, an einem Kreuzungspunkt. Gerade vom Tor aus zieht sich eine Straße ohne Häuser hin, die nur endlose steinerne Zäune aufweist, hinter denen Laubwerk hervorlugt. Rechts war genau solch eine Straße, links ebenfalls, und eine war wie die andere. Die Straßen wimmelten von Volk.

Die Chinesen sind ein lebhaftes und tätiges Volk; man sieht fast nie einen ohne Beschäftigung. Überall Lärm, Getümmel, Bewegung, Geschrei und Reden. Auf Schritt und Tritt begegnet man Lastträgern, wobei sie gleichmäßige Rufe ausstoßen und im Takt auftreten. Dieses Volk ist dem, das wir in Hongkong und Singapore gesehen haben, nicht ähnlich: Es ist still, bescheiden und sehr reinlich. Alle Männer und Weiber sind sauber gekleidet, und in den Straßen spürt man viel weniger von den verschiedenen Gerüchen als in Hongkong, die Marktplätze allerdings ausgenommen.

Wir begaben uns zum Kai; dort ist die Menge noch tätiger und malerischer. Hier tritt die Vermischung von Ost und West besonders scharf hervor. Am Ufer stehen prachtvolle europäische Häuser mit Säulengängen, Balkons und aristokratischen Anfahrten, die Pförtner und Hausknechte aber tragen ihre Jacken, ihre langen Röcke oder Pumphosen; in den Straßen bewegt sich eine Menge gleichen Aussehens. Da geht ein Kaufmann, der ganz glattrasiert ist, mit sorgfältig geflochtenem Zopf, in einem weißen oder grauen, kleinen, kuppelartigen Hut mit umgeschlagener Krempe, in seidenem Kaftan oder im Schafpelz; daneben geht ein Arbeiter, der seinen Zopf zweimal um seine durchaus nicht «lilienweiße

Stirn» gewickelt hat, weil es ihm an Zeit mangelt, sich zu kämmen. Dort steht ein ganzer Haufen dieser Leute in Erwartung, daß jemand sie dingt oder sich sonst Arbeit bietet, sie schreien in ihrer unharmonischen Sprache bunt durcheinander. Da hat ein Barbier mit einem kleinen Holzschränkchen, in dem sein Handwerkszeug liegt, sein Geschäft aufgetan, das heißt eine Bank hingestellt, auf der sich ein anderer Chinese niedergelassen hat; er drückt seine Augen wollüstig zusammen, wie ein Kater, während der Barbier ihm den Kopf und das Gesicht rasiert, die Ohren reinigt, die Haare ausreißt und so weiter. Da ist eine fliegende Küche, weiterhin am Zaun ein Porzellanladen. Die Bootsleute stehen gruppenweise am Landungsplatz, in der Nähe ihrer Kähne, die sich eng am Ufer zusammendrängen. Da kommt ein Europäer – und die Menge tritt ein wenig zur Seite, macht ihm Platz. Auf der Reede zeichnen sich die leichten Umrisse der Kriegsschiffe ab, daneben liegen große Barken, unweit davon auch chinesische Kriegsschiffe mit schlanken Masten, die nach verschiedenen Richtungen sehen. Hinter dem schlanken Hinterteil eines europäischen Handelsschiffes schaut das gemalte Fischauge eines chinesischen Schiffes hervor. Alles ist in Bewegung, lädt aus, lädt ein, eilt, hastet, spricht, ruft, schreit durcheinander...

Wir waren inzwischen vom Fluß zum Kanal eingebogen, überschritten eine kleine Brücke und befanden uns plötzlich in einer bunten, bewegten Menge, mitten im Stimmengewirr, verschiedenen Zurufen, Püffen, Gerüchen, Gewändern, mit einem Wort: auf dem Markt. Hier bot sich mir ein vollständiges Bild der chinesischen Bevölkerung, ohne jede Verschönerung, *in natura*.

Wissen Sie wohl, was mir zuallererst auffiel? Welches mein erster Eindruck war? Es kam mir so vor, als ob ich plötzlich auf irgendeinen unserer Moskauer Trödelmärkte versetzt sei oder auf den Jahrmarkt einer Provinzstadt, weit von Petersburg entfernt, wo weder breite Straßen noch Verkaufsläden vorhanden sind, wo an ein und demselben Ort gehandelt und Essen zubereitet wird, wo man in einer Bude Seidenstoffe zwischen einem riesengroßen brodelnden Samowar und einem Haufen Brezeln verkauft und eine Bude mit Früchten oder mit Bastschuhen oder Kummeten gleich daneben steht. Der Unterschied zeigt sich nur in Einzelheiten: Bei uns wird Teer und Bast feilgeboten – hier Seide und Tee; bei uns gibt es Berge von Holz- und Fayencegeschirr – hier Porzellan. Aber die chinesische Küche des einfachen Volkes übertrifft die unsere an Reichhaltigkeit der Speisen, an Aussehen, Gestank und Eigenart. Was gibt es da nicht alles! Schade, daß man nicht alles eingehender betrachten kann. «Man kriegt das Kotzen», sagt mein guter Fadejew. Es gibt aber wirklich mancherlei zu sehen. Das Meer, die Flüsse, die Erde, die Luft – alles wetteifert hier darin, wer dem Menschen mehr zum Geschenk gebracht hat – und alles das fällt einem in die Augen... Das wäre ja kein Unglück, es fällt einem aber bisweilen auch in die Nase.

Lange, endlose, überdeckte Gassen oder, besser gesagt, Korridore ziehen sich nach allen Richtungen hin und bilden einen vollständigen Irrgarten. Wenn Sie wollen, so sind das alles Häuser, die dicht aneinander gebaut sind, mit Wohnungen im oberen und Verkaufsläden im unteren Stockwerk. Die überhängenden Dächer stoßen von beiden Seiten beinahe aneinander, daher herrscht dort immer Dämmerung. Und in diesem Labyrinth bewegt sich eine tausendköpfige Menge. Die Kaufleute allein verursachen schon ein Gedränge, und da kommen noch die vielen Straßenhändler dazu, daß man meinen möchte, ein Durchkommen sei überhaupt unmöglich. Dabei flutet das Volk ununterbrochen auf und ab. Die Lastträger winden sich mit erstaunlicher Geschicklichkeit hindurch und tragen die umfangreichsten Bürden, Kisten mit Tee, Ballen mit Seidenstoff, Bündel von Baumwolle, die beinahe so groß sind wie Heuschober. Und da tragen zwei Männer einen Toten, nicht wie bei uns auf den Schultern, sondern auf den Händen; dort rennt ein Kuli mit einem Brief, hier wird ein Korb mit Hühnern geschleppt. Und alle laufen mit Geschrei und singenden Zurufen, damit man ihnen ausweiche. Hier schlägt einer mit einem kleinen Stöckchen gegen ein Brett: Das bedeutet, daß er Leinwand verkauft; dort trägt einer lebende Wildenten und tote, über die Schulter hängende Fasanen, oder umgekehrt. Die Verkäufer schreien ganz so wie bei uns. Du bist eben dem einen ausgewichen, da berührt ein anderer leise deine Schulter; du weichst zurück, aber da schreit schon ein dritter hastig – du springst zur Seite, denn er trägt in beiden Händen Därme oder einen langen Fisch, der auf der Erde nachschleift. – «Wo sollen wir hinlaufen? Da kommen zwei Kühe», sagt B., und wir stürzen in einen Laden, die Kühe aber gehen ruhig weiter. In den Läden sind die Lebensmittel in den offenen Türen zur Schau ausgestellt: Fische von verschiedenen Arten und verschieden zubereitet – an der Luft gedörrt, gesalzen, getrocknet, frisch. Der eine sieht wie ein Säbel aus und heißt auch Säbel, ein anderer hat einen gespaltenen Kopf; da ist ein runder, dort ein flacher Fisch, ferner gibt es Krebse, Krabben, Seefrüchte. Wildgeflügel gibt es in unglaublichen Mengen, besonders Fasanen und Enten; sie hängen an den Türen und liegen in Haufen auf dem Boden umher.

Hier ist ein nach der Tiefe zu geräumiger Laden, der von Männern und auch Weibern überfüllt ist. Das ist eine Garküche. Man hat geradezu Lust, nach russischer Sitte zu sagen: «Gott segne euer Salz und Brot.» Das Volk sitzt, wie bei uns, gruppenweise, an einzelnen Tischen. Sie trinken Tee aus kleinen blauen Tassen ohne Henkel, aber der breitschultrige Postkutscher beißt nicht winzige Stückchen Zucker ab wie bei uns: Es gibt überhaupt keinen Zucker, und er wird nicht zum Tee genossen. Dafür rauchen alle aus kleinen Pfeifen, mit langen dünnen Rohren; das ist unserm Brauch wieder entgegengesetzt: Bei uns raucht man aus kurzen Pfeifenrohren und ganz langen Pfeifen. Über ihnen ballt sich der Dampf aus den kleinen, in verschiedenen Ecken des Ladens stehenden Herden wie eine Wolke zusammen, strömt, nachdem er sich in der Garküche Genüge getan hat, auf die Straße hinaus, umgibt die Vorübergehenden mit einem unglaublich starken Duft und löst sich auf. Was gibt es da nicht alles! Da liegen kleine Teigfladen *au naturel*, die dann auf Verlangen in siedendes Wasser geworfen und nach ein paar Minuten gar aufgetragen werden. Nebenan kocht eine schwarze Suppe, die kaum besser ist als die spartanische, mit Stückchen von Schweinefleisch oder Fisch. Ich habe sogar Stschi (russische Kohlsuppe) gesehen – jawohl! Ein schöner grüner Krautkopf kochte im Wasser mit einem Stück Hammelfleisch, wie es mir schien. Es gibt auch Plinsen, Schweinebraten und Pastetchen.

Ich habe hier viel Bekanntes, aber auch viel Unbekanntes gesehen und besonders gerochen. Mein Gott, was der Mensch doch alles ißt! Ich werde Ihnen natürlich nicht sagen, was ein Chinese (ich habe es gesehen) auf dem Markte, vor allem Volk aß ... Ich habe früher geglaubt, daß die Reisenden stark übertreiben, aber jetzt mache ich die Erfahrung, daß man so manches abschwächen muß. Was es da alles für Tunken gibt! Und alles das kocht, brät, bäckt, siedet, prasselt und verbreitet überallhin einen duftenden Dampf. Man würde sich umsonst Mühe geben, diesen Geruch mit irgend etwas zu betäuben: da hilft kein Patschuli! Besonders wird man von zwei widerlichen Gerüchen verfolgt: von dem ekelhaften Pflanzenöl, ich glaube, es ist Sesamöl, und von Knoblauch.

Nach dem Mittagessen kam K., und ich zeigte ihm die Stadt und die Umgebung. Wir gingen auf den Uferweg des Wu-Sung und bogen nach links ab, gingen an dem prachtvollen Hause des englischen Konsuls vorüber, dann an dem des portugiesischen, des dänischen Konsuls und so weiter. Unterwegs begegneten wir Lastträgern, die ihr gleichmäßiges: «A–a, a–a!» riefen; sie trugen Tee und verstreuten ihn in freigebigster Weise auf der Straße. Hier spielten Matrosen von französischen Schiffen mit Bällen, die sie an die Mauer warfen und auffingen; es waren durchweg schöne, großgewachsene, gutgekleidete Leute. Wir gingen an das Flüßchen, das in den Wu-Sung mündet, zur Überfahrt. Eine große Menge von der Arbeit heimkehrenden einfachen Volkes drängte sich auf dem Landungsplatz und wartete der Reihe nach auf die Fähre, die sie auf die andere Seite übersetzte, wo einem zuallererst ein Misthaufen in die Augen stach, das schmutzige Ufer, zwei, drei elende Bäume und hinter alledem – aufgepflügte Felder.

Wir gingen an geflochtenen Zäunen, an Gemüsegärten vorbei, über Felder, die mit Baumwollsträuchern bewachsen oder mit verschiedenen Getreidearten besät waren, und gelangten zuerst in ein Dörfchen. Die Hütten waren aus Bambus, ohne Fenster, nur mit Türen versehen, und klebten eine an der andern. Ein schmutziger Graben schlängelte sich durch das Dorf, überall standen Fässer mit Dünger zur Aufbesserung des Bodens. Man konnte dem Geruch nirgends entfliehen; wir waren wenig erfreut, daß wir hierhergeraten waren. Unsere Füße kamen in dem feuchten lehmigen Boden nur langsam vorwärts. Hunde stürzten bellend auf uns los, und über die Hunde fiel eine alte Chinesin her, um sie zu beschwichtigen. Einige Chinesen verzehrten auf der Schwelle ihres Hauses ihr Abendbrot, indem sie den Reis mit zwei Stäbchen geschickt aus den Schüsseln in den Mund beförderten und ihn so vollstopften, daß sie unsern Gruß: «Tsching-tsching» (guten Abend), gar nicht erwidern konnten und nur freundlich mit den Köpfen nickten.

Aber trotz des Geruchs, der Armseligkeit, des Schmutzes konnte man nicht umhin, Verstand, Ordnung, Sorgfältigkeit, sogar in Kleinigkeiten der Feld- und Bauernwirtschaft, zu entdecken. Man sieht sofort, daß man sich hier in einem vorwiegend Ackerbau treibenden Lande befindet und daß die Hand des Kaisers nicht umsonst einmal im Jahr den Pflug berührt, als den hauptsächlichen großen Ernährer des Reiches. Man sieht kein Strohhäuflein, das unachtsam und nicht am gehörigen Platze hingeworfen wäre, es gibt keinen umgefallenen Zaun, keine in der Saat umherirrenden Ziegen und Kühe; nirgends liegt ein sinnlos und nutzlos verlassener Balken herum oder sonst ein noch verwendbarer Gegenstand. Hier scheint jeder Holzspan, jedes Steinchen, jeder Kehricht seine Bestimmung zu haben und Verwendung zu finden.

Der Boden ist von Natur sumpfig, aber es ist nirgends ein Sumpf zu sehen, ebensowenig gibt es einen Meter nichtgepflügten Landes; kein Beet, keine Furche ist breiter oder schmäler als die andere. Selbst die Häuschen, so ärmlich und schmutzig sie auch sein mögen, sind mit Verstand gebaut. Alles in ihnen ist berechnet; die Chinesen verstehen jedes Winkelchen auszunützen, jedes Ding hat seinen Platz, und überall herrscht Ordnung.

Endlich hatten wir das Dörfchen hinter uns und gelangten auf die sogenannte Promenade, ein den Europäern für Ausfahrten und Spaziergänge überlassener Platz vor der Stadt. Das ist eine breite Straße, die sich von der Stadt aus zwischen Feldern hinzieht und am Wall vorbeiführt, der das Lager der Reichsarmee vom städtischen Boden trennt. Diese ganze Gegend sieht wie eine Zirkusarena aus: Die Erde ist genauso locker, von Pferdehufen zerstampft. Die Rennbahn war stark besucht. Europäer und Europäerinnen aus Shanghai ritten hier auf und ab, manche auf herrlichen Pferden der besten englischen Rasse, die aus England hergebracht worden waren, andere auf kleinen chinesischen Pferdchen. Nur eine Familie fuhr in einem Jagdwagen spazieren, und eine Lady, ich glaube, es war die Frau eines Pastors, wurde von vier Chinesen in einem eisernen Lehnstuhl getragen, der auf zwei langen dünnen Bambusstangen ruhte. Ein paar Fußgänger, Offiziere von den Schiffen und wir alle bildeten das Publikum oder, besser gesagt, wir waren die handelnden Personen. Das wirkliche Publikum bildeten die Chinesen, friedliche Stadt- und Dorfbewohner, Kaufleute und Feldarbeiter, die ihr Tagewerk vollendet hatten. Hier herrschte ein buntes Gemisch von Gewändern aller Art: Man sah die seidene Jacke und die Pumphosen des Kaufmanns, den blauen langen Rock des Bauern, das Kamisol und die Hosen des Soldaten mit einem gestickten Kreis oder Buchstaben auf dem Rücken. Diese ganze Zuschauerschar blickte sorglos, aber voller Neugierde auf die Ankömmlinge, die mit Gewalt in ihr Gebiet eingedrungen waren und nicht nur selber frei zwischen ihren Feldern spazieren durften, sondern auch noch Pfosten mit Aufschriften aufgestellt hatten, die den Wirten hier das Fahren verboten. Die Chinesen empfingen und begleiteten jeden Vorüberfahrenden mit Bemerkungen und lachten. Die reitenden Frauen erweckten ihre Aufmerksamkeit ganz besonders: Das war für sie eine noch nicht dagewesene Erscheinung. Ihre Frauen sind vorläufig nur ein hauswirtschaftliches Zubehör: Sie sind noch weit davon entfernt, «Löwinnen» zu sein.

Unsere Reisegefährten gesellten sich zu uns. Wir gingen durch die Phalanx von Neugierigen an den Wall, erstiegen eine kleine Brücke, die über den Kanal führt, und betrachteten das Lager. Chinesische Beamte und Kaufleute wurden fortwährend in Sänften dorthin und von dort zurück an uns vorübergetragen. Auf den in einem dichten Haufen aufgeschlagenen Zelten waren Tausende verschiedenartiger Fahnen und Abzeichen aufgestellt, alles Familienwappen und Auszeichnungen dieses Reiches der Beamtenaristokratie. Von Zeit zu Zeit wurde aus dem Lager geschossen, aber meistens mit blinden Schüssen, um, wie uns die englischen Offiziere erklärten, zu zeigen, daß man wachsam war. Die Leute taten auch wirklich nichts anderes als wachen und sich gegenseitig erschrecken. Sie schießen auch in der Nacht bei Nebel, ohne den Feind zu sehen. Sogar der nächtliche Überfall und das Feuer, das wir vom Wu-Sung aus gesehen hatten, war nur ein armseliges Zerrbild eines Kampfes.

Während ich auf dem Wall stand, griffen ein paar Soldaten

plötzlich einen dem Anschein nach ganz friedlichen Mann aus der Menge heraus und schleppten ihn zum Lager. Ich glaubte, daß es sich um eine gewöhnliche Straßenszene, um irgendeinen Streit handle; aber da kam mir ein Engländer in die Quere, der mir erklärte, daß die Soldaten jeden ergriffen, der sich eine Nachlässigkeit zuschulden kommen ließe, und ihn als Rebellen in das Lager schleppten, wobei sie ihm zum Zeichen, daß er ein Aufrührer sei, etwas Rotes um den Kopf bänden. Dort werde er geköpft und sein Kopf auf eine Lanze gespießt. Für jeden eingelieferten Rebellen werde eine Belohnung gegeben. «Oh, that's bad, very bad!» schloß der Engländer mit einer abwehrenden Handbewegung und ging seines Weges.

Aber die Aufständischen zahlen es ihnen ordentlich heim. Vor einiger Zeit erklärten sie, daß sie bereit seien, die Stadt zu übergeben, und baten, Bevollmächtigte zum Zweck von Verhandlungen zu entsenden. Der Tautai war sehr erfreut und entsandte zehn Beamte oder Mandarine mit Gefolge. Kaum waren sie in die Stadt gekommen, als die Aufständischen sie jenen furchtbaren raffinierten Martern überlieferten, durch die sich alle Bürgerkriege auszeichnen.

Unsern Offizieren gelang es späterhin auch, in Gesellschaft englischer Offiziere in das Lager einzudringen, wo sie Berge von gebratenen Schweinen und Hühnern, Fladen und so weiter sahen, die den Kanonen zum Opfer gebracht worden und an ihren Mündungen aufgestellt waren.

Die Belagerungstruppen hätten natürlich die Versorgung der Stadt mit Lebensmitteln unterbinden können, wenn sie selber mehr Freiheit gehabt hätten als die Belagerten. Sie wagten aber kaum, sich außerhalb des Lagers zu zeigen, während wir täglich Aufständische sahen, die in der europäischen Stadt frei spazierengingen. Sie tragen auch andere Kleidung und rasieren ihre Stirnen nicht, weil das ein erniedrigender, von den Mandschus eingeführter Brauch sein soll. Aber die Amerikaner und Engländer halten die einen wie die andern fest in der Hand. P. hat gesehen, wie zwei Reiter, die aus der Stadt in das Lager zurückkehrten, über das Stück Land ritten, das den Engländern zu Spazierritten dient, und wie ein englischer Marineoffizier sie beide derart mit einem Stocke schlug, daß der eine vom Pferd fiel. Der Festungsgraben und die Mauer, wo die Hausierer handeln, sind der Stadt zugewandt; wenn nun eine Kugel das europäische Viertel träfe, so würden die Belagerten und die Belagernden mit den Konsuln nie fertig werden. Eine Kanonenkugel hatte schon einmal zufällig das Rad eines französischen Dampfers getroffen: der Kommandant wollte daraufhin die Stadt beschießen. Ich weiß nicht, wie die Sache beigelegt wurde.

Überhaupt behandeln die Engländer die Chinesen wie auch alle andern, besonders die ihrer Herrschaft unterstehenden Völker nicht gerade grausam, aber herrisch, roh oder kalt-verächtlich, so daß es einem weh tut, das mit anzusehen. Sie erkennen diese Völker nicht als Menschen an, sondern betrachten sie als eine Art Arbeitsvieh, das sie nicht etwa schlagen, eher sogar pflegen, das heißt: Sie geben ihnen gut zu essen, bezahlen sie pünktlich und reichlich, verbergen ihre Verachtung gegen sie aber nicht. Zu uns ins Hotel kommt öfters ein englischer Seeoffizier, ein junger Mann von zwanzig Jahren; ich glaube, er geht auch auf Abenteuer aus. Er heißt Stockes; er begab sich fortwährend in die belagerte Stadt, aber auch ins Lager. Wir gingen manchmal in den Straßen mit ihm spazieren, und wenn ein Chinese vor uns herging, uns lange nicht bemerkte und uns deshalb nicht auswich, so nahm ihn Stockes ohne alle Umstände am Zopf und zog ihn zur Seite. Der Chinese geriet anfangs außer Fassung, dann sah er ihm mit einem Lächeln unterdrückten Unwillens nach. Dabei gibt es kein Volk, das ruhiger, demütiger und höflicher wäre als das chinesische – ausgenommen die Chinesen aus Kanton; diese sind, wie jeder Großstadtpöbel, roh und heftig. Hier aber bin ich keinem spöttischen Blick begegnet, den ein Chinese auf einen Europäer geworfen hätte: Auf allen Gesichtern sieht man eine ehrerbietige und schüchterne Aufmerksamkeit. Und wie zahlen die Engländer es ihnen heim! Sie bereichern sich auf ihre Kosten, vergiften sie und verachten ihre Opfer noch obendrein. Unser Wirt, Donald, der wahrlich der widerlichste aller Engländer und in England wahrscheinlich ein Bettler ist – sonst hätte er sich wohl kaum entschlossen, ohne Aussicht auf Erfolg im fremden Land ein Gasthaus zu eröffnen –, dieser Donald hat, wie T. erzählte, einen im Gasthaus dienenden Chinesen so geschlagen, «daß mich sogar Mitleid mit ihm ergriff», fügte der gute T. hinzu.

Ich weiß nicht, wer von ihnen den andern zivilisieren könnte: Vielleicht der Chinese den Engländer durch seine Höflichkeit, Sanftmut und auch durch seine kaufmännische Gewandtheit.

Aus dieser flüchtigen Skizze eines von den fünf Häfen, die den Engländern geöffnet worden sind, können Sie durchaus nicht schließen, welch eine glänzende Rolle Shanghai jetzt spielt und mit der Zeit noch spielen wird. Schon jetzt hat es durch die kolossalen Ziffern seiner Umsätze im Handel an den hiesigen Küsten Hongkong, Kanton, Sidney verdunkelt und steht an erster Stelle neben Kalkutta. Und das bewirkt alles das Opium. Für Opium geben die Chinesen ihren Tee, Seide, Metalle, Arzneimittel, Farbstoffe, Schweiß, Blut, Energie, Verstand, ihr ganzes Leben hin. Die Engländer und Amerikaner nehmen das alles kaltblütig entgegen, verwandeln es in Geld und ertragen genauso kaltblütig die alten, bereits verstummenden Vorwürfe wegen des Opiums. Sie hören sie, ohne zu erröten, an und schieben die Schuld einer auf den andern. Die englische Regierung schweigt – das ist das einzige, was ihr zu tun übrigbleibt, weil viele an der Spitze der Regierung stehende Personen auf ihren indischen Plantagen selber Mohn pflanzen, selber Schiffe ausrüsten und nach dem Jang-tse-kiang schicken. Sechzehn Meilen vor Shanghai, in Wu-Sung, steht eine ganze Flotte der sogenannten Opiumschiffe. Dort ist der Stapelplatz des Giftes. Andere Schiffe bringen und löschen die Ladung, diese aber verkaufen sie nur schnell. Der Handel damit ist verboten, wird von der chinesischen Regierung sogar verflucht: Was aber bedeutet ein Fluch ohne Macht? Man schafft das Opium natürlich nicht auf das Zollamt, aber wenn es jemand heimlich durchbringt, so geschieht ihm nichts.

Das hiesige Zollamt hat für die Regierung auch wenig Sinn, ungeachtet dessen, daß die Zollbeamten in demselben Gebäude thronen, in dem früher Buddha gethront hat, das heißt in einem Götzentempel. Die Chinesen stürzen gierig über das Opium her und verkaufen es schnell in das Innere des Landes. Die Regierung hat nur dann das Recht, die Waren auf den Schiffen zu untersuchen, wenn sie überzeugt ist, daß sie dort Opium findet. Aber sie findet es niemals, weil die bestochenen Agenten den Besitzer immer rechtzeitig warnen und die Ladung dann in den Fluß geworfen oder fortgeschafft wird: Dann kann die Regierung wegen ihres falschen Verdachtes mit den Ausländern nicht fertig werden, und deshalb findet nie eine Untersuchung statt. Die englische Regierung rechtfertigt sich damit, daß sie nicht das Recht habe, den Anbau von Mohn in Indien zu verbieten; es sei aber nicht ihre Sache, sondern Pflicht der chinesischen Regierung, darauf aufzupassen, daß sich das Opium nicht in China einbürgere. Das sagt dieselbe Regierung, die an dem heiligen Bündnis gegen den Handel mit Negern beteiligt ist!

So lebten wir still und friedlich bis zum 15. Dezember, als die Post uns plötzlich die Nachricht von dem Bruch Rußlands mit den Westmächten brachte. Von dieser Stunde an warteten wir auf den Dampfer mit der Post aus Ostindien; hätte er die Nachricht vom Ausbruch des Krieges gebracht, so hätte unser Schoner leicht von englischen Kriegsschiffen gekapert werden können. Die Fregatte mit ihren zweiundfünfzig Geschützen und die Korvette mit zwanzig sind natürlich stärker als die hier ankernden Schiffe, aber sie liegen weit draußen, neunzig Meilen entfernt und können in den flachen Wu-Sung nicht einlaufen. Dem Kommandeur des Schoners und den in Shanghai befindlichen Offizieren wurde befohlen, nach Saddle Island zu eilen und sich dort der Flottille anzuschließen. Mir wurde freigestellt, in Shanghai zu bleiben und später mit einem chinesischen Schiff nach der Fregatte zu kommen. Aber neunzig Meilen in diesem großen, gedeckten, bemalten und lackierten, mit Schnitzereien verzierten Fahrzeug zurückzulegen ist eine Qual; es ist eng und unruhig, und mehr als einmal bekommt man ein salziges Sturzbad.

Ich wußte nicht, wozu ich mich entschließen sollte, und saß finster auf meinem Koffer, während meine Gefährten lärmend das Gasthaus verließen. Kulis liefen hin und her und trugen das Gepäck hinaus. Endlich waren alle fort; es war halb neun, und um zehn sollte der Schoner abgehen. Da sprang ich auf, rief schnell unsern Schreiber, der mit im Gasthaus wohnte, weil er für mich zu arbeiten hatte, ließ zwei Kulis holen und machte mich auf den Weg zum Schoner.

Die Kulis trugen meinen Koffer auf einer langen Bambuslatte, an der große bunte Laternen hingen, und schrien unausgesetzt ihr: «A–a–a!» Ich und der Schreiber konnten kaum mit ihnen Schritt halten. Wir erreichten den Hafen: Überall tiefe Finsternis, kein Mensch, kein Boot zu sehen. Einer der Kulis rief nach einem Boot; von den Dschunken her antwortete ein schwacher Ruf, aber kein Fahrzeug kam heran. Der Kuli wandte sich nach der andern Seite und schrie lauter. Bei einem Schiffe machte sich nun eine Bewegung bemerkbar, Ruder schlugen aufs Wasser; ein Boot kam heran. Zugleich wurden aber auch von den Dschunken her kräftige Ruderschläge vernehmbar. Endlich stießen wir von Land. Ringsum alles finster, nur der Fluß schimmerte wie Glas. In einer halben Stunde hatten wir endlich den Schoner erreicht. Drüben, in der Stadt, wurde geschossen.

Auf dem Schoner wimmelte es von Leuten. Für einige gab es nicht einmal Sitzplätze. Aber in Wu-Sung gingen viele auf das Transportschiff hinüber, und nun hatte man etwas mehr Bewegungsfreiheit. Man schlief auf dem Fußboden, in den Kajüten, auf den Bänken – überall, wo man Platz fand. Ich legte mich in der Kapitänskajüte nieder, die mit Bergen von Kisten, Koffern, Bündeln vollgestellt war. Hammel und Hühner, in enge Käfige gezwängt, erinnerten durch ihr Geschrei immer wieder an ihre Anwesenheit. Mitten unter den Hühnern befanden sich zwei lebende Fasanen, die wohl zum erstenmal in eine so demokratische Gesellschaft geraten waren. Mir gegenüber lag O. A. Er schien irgendwelche Betrachtungen anstellen zu wollen, machte den Mund auf, aber noch ehe er ein Wort gesagt hatte, war er schon eingeschlafen. Sein Gesicht behielt den nachdenklichen Ausdruck, der Mund stand auf, der Ellbogen war aufgestützt, und die Hand hielt die Tabaksdose. «Die fällt ganz sicher hin, wenn das Schiff zu schaukeln beginnt!» dachte ich. Es schaukelte auch schon. Ich wartete gespannt auf den großen Augenblick und schlief darüber ein. Im Halbschlaf sah ich noch, wie K. eintrat, erst uns, dann den Platz betrachtete, den man ihm übriggelassen und der dreimal größer hätte sein müssen, bei seinem Riesenwuchs. Er stand eine Zeitlang sinnend da und streckte sich endlich aus; die Füße lagen auf dem Fußboden, der Kopf, glaube ich, auf einem Wandbrett. Dann kam T. und bat höflich um Erlaubnis, sich auf den Fußboden zu legen. «Ich hoffe, Sie gestatten mir», fing er mit seiner üblichen Beredsamkeit an, «hier ein kleines Plätzchen zu belegen; ich will keinen belästigen; aber in solchen Fällen muß man sich immer ein bißchen einschränken, und daher...» Keiner gab ihm Antwort, denn alle schliefen schon oder waren im Einschlafen; er seufzte, legte eine Lederschürze oder etwas Ähnliches auf den Boden, deckte seinen Mantel darüber und streckte sich mit sichtlich betrübter Miene aus. Am nächsten Morgen beklagte er sich bitter, daß meine Decke ihm immer auf den Kopf gefallen sei und sein Gesicht gekitzelt habe.

Kaum waren wir im offenen Meer, so zahlte G. dem Ozean seinen Tribut. Der Anblick wirkte auf O. A. so stark, daß er zu seinem äußersten Mißbehagen dem schlechten Beispiel folgte. Von den «Landratten» war ich der einzige, der während der ganzen Reise von der Seekrankheit verschont blieb.

Gegen Abend sahen wir unsere Schiffe auf den Wellen schaukeln, und gegen sieben Uhr warfen wir den Anker aus und waren daheim. Daheim! Was man nicht alles als sein Heim bezeichnet! Es wirkt fast wie Spott!

IX
Wieder in Japan

Auf der Reede von Nagasaki

Vier Tage dauerte die Rückfahrt von Saddle Island nach Hause, wie wir Nagasaki nannten, wo wir uns in den drei Monaten ganz eingelebt hatten. Und dann fing die alte Geschichte von neuem an. Gleich waren die Japaner da: die Banjos mit Syosa. Sie kamen, um uns zu unserer Rückkehr zu beglückwünschen. Nachdem sie mit P. in der Kapitänskajüte gesprochen hatten, begaben sie sich zum Admiral, um ihm ihre Aufwartung zu machen. Oye-Sabroski mit seinem Kindergesicht war der Führer der Abordnung. Er kauerte sich vor dem Admiral hin und sah sich dabei schon um, ob er nicht irgendeinen Streich loslassen könnte. «Ah! Gontscharow!» rief er mit seiner Kinderstimme, als er mich erblickte, und lachte laut; er wurde aber durch die ernste Frage, ob die Bevollmächtigten schon da seien, unterbrochen. «Sie sind in drei Tagen da», erwiderte er durch Syosa. «Wenn sie nicht rechtzeitig da sind», wurde ihm darauf gesagt, «dann gehen wir, wie das von Anfang an unsere Absicht war, nach Yeddo. Unsere Zeit ist uns zu kostbar; wir können sie nicht nutzlos vergeuden. Vielleicht sind die Bevollmächtigten schon da; ihr wollt es uns bloß nicht sagen.» – «Nein, nein, sie sind noch nicht da», beteuerten die Japaner. Die Drohung hatte eine so starke Wirkung auf sie, daß sie alsbald verschwanden.

Abends saß ich in meiner Kajüte und las; da hörte ich draußen einen Ton, als würden Holzspäne zerhackt. «Wer ist da?» fragte ich. «Die Japaner sind wieder da.» – «Ja, wer hackt denn da Holz?» – «Kitshibe redet.» Ich ging in die Kajüte des Kapitäns und fand dort Einoske, Kitshibe, den ältesten Banjos Hagivari Matasa, Oye-Sabroski und noch zwei Ersatzmänner, lauter alte Bekannte. Sie wurden sofort zum Admiral geführt. «Die Gouverneure lassen sich empfehlen und beglückwünschen die fremden Gäste zur glücklichen Wiederkehr», sagte Hagivari. Kitshibe drehte sich viermal auf seinem Stuhl um, räusperte sich und übersetzte, jede Silbe einzeln betonend und mit dem Lachen kämpfend. «Wir danken den Gouverneuren für ihre Aufmerksamkeit», wurde ihnen geantwortet. Kitshibe übersetzte die Antwort; alle vier rasierten Japanerköpfe beugten sich wie auf Kommando. Wieder sagte Hagivari etwas. «Ihre Exzellenzen, die Herren Gouverneure, erkundigen sich nach dem Befinden der werten Gäste», übersetzte Kitshibe. – «Wir danken für die Nachfrage und hoffen, daß es den Herren ebenfalls gutgeht.» Wieder eine Verbeugung und die Antwort: «Sie sind wohlauf.» – «Die Herren Gouverneure wünschen», fuhr Kitshibe fort, «daß der Herr Gesandte sich auch weiterhin wohl befinde.» Wir wünschten ihnen das gleiche.

Weiß Gott, wie diese Unterhaltung weiter verlaufen wäre, wenn man den Banjos nicht Likör vorgesetzt und sie wieder nach den Bevollmächtigten gefragt hätte. Sie erklärten, die Herren wären noch nicht da, würden auch nicht in drei Tagen kommen, wie sie heute früh versehentlich gesagt hätten, sondern erst in fünf Tagen, und zwar vom 8. oder 9. Dezember an gerechnet. Man ließ sie nicht ausreden. «Wenn die Herren bis Sonnabend» – es war Mittwoch – «nicht da sind, segeln wir ab!» Sie versuchten nun zu feilschen, baten, doch in jedem Fall die Ankunft der Bevollmächtigten abzuwarten – «dann könnt ihr machen, was ihr wollt», hieß es zum Schluß.

Es war klar, daß der Gouverneur Befehl hatte, uns aufzuhalten, und auf die Ankunft der Vorgesetzten wartete, um die Verantwortung für alles, was wir noch unternehmen würden, von sich abzuwälzen. Übrigens war alles möglich. Vielleicht waren die Bevollmächtigten längst da – wie sollten wir die Wahrheit erfahren? Die Leute hatten alle Mittel in der Hand, um uns hinters Licht zu führen. Sie konnten ja auch sagen, einer der Bevollmächtigten sei unterwegs erkrankt und die drei anderen könnten ohne ihn nichts entscheiden und so weiter. Eine Kontrolle war unmöglich.

Schon am Morgen hatten wir von ihnen Wasser und Lebensmittel in so großer Menge verlangt, daß wir damit bequem bis Yeddo hätten kommen können. Die Banjos brachten uns auch eine Menge Geflügel, Gemüse, Obst und ganze Kisten mit Konfekt als Geschenk des Gouverneurs. Es wurde ihnen gesagt, ihre Geschenke seien schon einmal von uns zurückgewiesen worden, weil auch der Gouverneur nichts habe annehmen wollen. Nun fingen sie wieder an zu betteln. Kitshibe kroch förmlich aus seinen langen Röcken heraus, deren er in Anbetracht der Winterszeit mindestens fünf übereinander gezogen hatte; es half aber alles nichts. Der Befehl erging, die Lebensmittel wieder auf die Boote zu verladen.

Nun baten die Dolmetscher um Erlaubnis, sich von den Gouverneuren Bescheid zu holen. Sie zogen ab, und am Abend kamen sie wieder mit der Nachricht, daß der Gouverneur bereit sei, unsere Geschenke entgegenzunehmen. In bezug auf die Bevollmächtigten bat der Gouverneur wieder um Verlängerung der Frist bis Donnerstag statt Sonnabend und fügte hinzu, die Herren genössen das volle Vertrauen der Regierung. Die Banjos fügten hinzu, die Bevollmächtigten kämen mit einem Gefolge von sechshundert Personen, daher sei die Reise so umständlich, und die Herren könnten auch nicht alle vier zugleich eintreffen, sondern müßten einzeln kommen. Darauf wurde unsererseits geantwortet, wenn der Gouverneur sich verbürgen könne, daß die Unterredung mit den Bevollmächtigten am Donnerstag wirklich zustande komme, so seien wir bereit, bis dahin zu warten. Andernfalls würden wir nach Yeddo segeln.

Dieser Beschluß schien den Leuten große Freude zu machen. Daraus schlossen wir, daß, wenn nicht alle vier Bevollmächtigten, so doch mindestens einer von ihnen schon da sein müsse.

Nun wurde das vom Gouverneur geschickte Konfekt nebst den Lebensmitteln schleunigst von Deck weggeschafft, und dann ging es an die Verteilung der Geschenke, die wir darzubringen beabsichtigten. An diesem Abend erhielten die Banjos nur Geschenke für den ersten Gouverneur: eine Standuhr aus Malachit mit Bronzefiguren darauf und zwei Kristallvasen; außerdem Liköre, Sherry und ein paar Zuckerhüte.

Nun galt es, noch für den andern Gouverneur, die Oberbanjos, die vier Dolmetscher und so weiter, insgesamt für zwanzig Personen, auszuwählen. Das war eine langwierige Arbeit: Der ganze Schiffsraum des Transportschiffes mußte durchwühlt, Spiegel, Stoffe, Taschenuhren und so weiter heraufgeschafft und dann bestimmt werden, wie die Gaben zu verteilen seien. Das war nicht so leicht, da wir nur die Hauptpersonen bei Namen zu nennen wußten; die andern kannten wir nur nach dem Aussehen. Daher standen sie in der Liste als der Schielende, der Magere, der Pockennarbige, der Krummbeinige verzeichnet; einige gingen sogar unter dem Namen verschiedener von unsern Landsleuten, denen sie angeblich ähnlich sahen. Schließlich wurde man auch damit fertig. Zwei Tage lang plagten wir uns mit den Geschenken. Der zweite Gouverneur erhielt einen großen Stehspiegel, einen Fußteppich und zwei farbige Zimmerlaternen. Die Banjos erhielten jeder einen Spiegel sowie Tuch und andere Stoffe zu Leibröcken. Keiner wurde übergangen, der uns irgendwie nützlich gewesen war. Auch die untersten Beamten, unter deren Aufsicht das Wasser und die Lebensmittel auf das Schiff geschafft wurden, erhielten je einen Leibrock und noch irgendeine Kleinigkeit.

Tuch kennen die Japaner nicht und wissen nicht einmal alle, wie es verwendet wird. Wir beschenkten sie absichtlich damit; sie sollten es kennenlernen und sich gewöhnen, es zu tragen. Das Bedürfnis danach ist vorhanden: Im Winter tragen sie drei oder vier Röcke aus Leinenstoff übereinander, die nicht einmal soviel wärmen wie ein einziger Tuchrock. Das einfache Volk aber läuft, wenn die Sonne scheint, ganz nackt herum; wird es dann kalt, so werfen sie irgendeinen Lappen über die Schultern. Die armen Kerle boten einen traurigen Anblick, wenn sie mit entblößter Brust, nackten Schultern und Beinen, ganz blau vor Kälte, zitternd dasaßen und oft drei Stunden lang in ihren Booten auf die Banjos warteten, die sich in unserer Kajüte wärmten.

Wir schenkten ihnen ferner Glasspiegel, an deren Stelle sie poliertes Metall oder Porzellan verwenden; auch Bilder, Thermometer, Kompasse, Necessaires – mit einem Wort alles, was ihre Neugier wecken und bei ihnen Gebrauchsgegenstand werden konnte.

Tags darauf, am 24. Dezember, war herrliches Wetter. Solch einen Tag vergißt man nicht so leicht. Himmel und Meer sind eine einzige blaue Masse; die Luft ist warm und ganz still. Wie schön ist diese Bucht von Nagasaki! Und auch Nagasaki selbst sah im hellen Sonnenscheine nach etwas aus. Zwischen den braunen Hügeln zeigten sich hie und da grünende Reis-, Weizen- und Gemüsefelder. Wendet man dann den Blick nach dem Meere hin – da dehnt sich die blaue Fläche unendlich aus.

An diesem Tage erschien mit den Banjos ein neuer Beamter, namens Sinovara Tomotaro, der zu dem Gefolge der Bevollmächtigten gehörte und angeblich diesen vorausgereist, in Wahrheit wohl gleichzeitig mit ihnen eingetroffen war. Alle versicherten sie uns, daß der Gouverneur sich dafür verbürge, daß die Zusammenkunft tatsächlich am Donnerstag stattfinden werde. Also bleiben wir hier. Wir setzten die Japaner bloß noch in Kenntnis, daß wir nach wie vor die Anweisung eines geeigneten Platzes am Lande verlangen; es dürfe aber keiner von denen sein, die sie uns bisher gezeigt hätten. Sie erklärten sich sofort bereit. Hagivari zog sogar einen Plan aus der Tasche und zeigte, wo uns der Platz angewiesen werden sollte: irgendwo in der Nähe der Stadt.

«Es befindet sich dort ein Tempel», fügte er hinzu. «Die Bonzen können sich für eine Zeitlang anderswohin begeben.» Außerdem soll da noch ein Haus stehen oder gar zwei, aus denen die dort befindlichen Beamten ebenfalls hinausgeworfen werden. Morgen soll P. im Auftrage des Admirals den neuen Platz besichtigen. Die Gouverneure scheinen sich jetzt die größte Mühe zu geben, uns alles zu Gefallen zu tun, oder wenigstens geben sie sich den Anschein. Also ganz anders als vor drei Monaten! Der Eindruck, den man in Yeddo von unserm Erscheinen gewonnen hat, die Ernennung so hoher Beamter, die mit uns verhandeln sollen, endlich wohl auch direkte Anweisungen an die Gouverneure, wie sie sich gegen uns zu verhalten haben, dürften den Hochmut der Herren gründlich gedämpft haben.

Das Weihnachtsfest feierten wir ganz so, als wenn wir in Rußland wären. Am Christabend hatten wir den üblichen Vespergottesdienst, am ersten Feiertag Hochamt und Dankgottesdienst; dann wünschten wir einander Glück, und dann gab es ein Diner beim Admiral. Später spielte das Orchester auf Deck. Einoske, der uns alle in Paradeuniform sah, fragte, was wir für ein Fest feierten. Obgleich wir es vermieden, mit ihnen über die christliche Religion zu reden, sagte ich es ihm doch. Man muß sie nach und nach an unsere Anschauungen und Gebräuche gewöhnen; dazu sind wir doch hierhergekommen.

Am 28. Dezember erschienen Hagivari, Oye-Sabroski und Sabro mit der Meldung, daß die Bevollmächtigten eingetroffen seien. Sogar Einoske und Kitshibe hatten sich in festliche Seidenröcke gestürzt und neue Jacken (schwarz wie immer) an. Die erste Zusammenkunft soll am Donnerstag stattfinden. Der Admiral wünscht, daß die Bevollmächtigten auf die Fregatte kommen, denn er ist schon an Land gewesen und hat das Schreiben seiner Regierung vorgelegt; also müssen die Herren jetzt, wenn sie dem Admiral eine Antwort bringen, diese selbst überreichen. Es ist aber noch nicht entschieden, wie die Sache verlaufen soll.

Der Platz am Lande ist besichtigt worden; unsere Herren sind zufrieden. Der Platz befindet sich an der linken Landzunge, beim Eingang zur inneren Reede. Heute wurde den Banjos mitgeteilt, daß die Fregatte näher an das Ufer heran muß, damit wir keinen so weiten Weg zu der Stelle haben. Wieder gab es verlegene Gesichter, Beratungen und endlich den üblichen Bescheid: «Wir müssen den Gouverneur fragen.»

Der Gouverneur wurde gefragt. Er erklärte, es müsse noch verschiedenes geräumt werden; die Beamten und Bonzen müßten erst fort. Gestern und heute wurde über die Zusammenkunft verhandelt. Der Admiral erklärte, er werde nicht länger in Nagasaki bleiben, wenn die Zusammenkunft nicht am 1. Januar stattfinde. Er ließ noch einmal sagen, er erwarte die Bevollmächtigten auf der Fregatte; sie antworteten, er möge zu ihnen kommen, da sie von der Reise sehr angegriffen seien. Der Admiral stellte ihnen darauf gewisse Bedingungen, und da er ahnte, daß sie wieder nach ihrer Gewohnheit die Sache hinziehen würden, erklärte er, daß er noch am Abend Bescheid haben müsse. Die Banjos kamen am Abend wieder mit der Meldung, daß die Bevollmächtigten einverstanden seien, und baten um schriftliche Festsetzung unserer Bedingungen. Die erhielten sie.

Heute, am 30., wird uns, als wir aufstehen, gemeldet, Kitshibe und Einoske seien schon von sechs Uhr früh an da – so eilig haben sie es jetzt! Dem ersteren geht das besonders nahe. «Ich tu nichts lieber als lang liegen und faulenzen!» sagt er immer wieder. Dann erschienen die Banjos und brachten ein Schreiben in holländischer und japanischer Sprache, in dem alle unsere Bedingungen angenommen werden, mit Ausnahme von zweien. Wir hatten gefordert, daß unser Kommando noch morgen an Land gehe. Darauf wird uns gemeldet, der Platz sei noch nicht geräumt, und wir möchten uns noch drei Tage gedulden. Zweitens wurde uns mitgeteilt, die Bevollmächtigten würden nicht am Tage nach der ersten Zusammenkunft zu uns kommen, sondern erst nach zwei Tagen.

Der Admiral gab sich nicht erst Mühe, darüber nachzudenken, warum sie es so haben wollten, um so mehr, als die Japaner an glückliche und unglückliche Tage glauben. Er erklärte sich bereit, an Land zu gehen, um nicht noch mehr Zeit zu verlieren.

Die Hauptforderung unsererseits bestand darin, daß einer von den Bevollmächtigten den Admiral vor der Haustür empfangen solle, daß bei der Bewirtung auch die Bevollmächtigten anwesend seien und wir nicht, wie Owosawa es wünschte, allein abgefüttert würden. Ferner sollte unser Begleitkommando vierzig Mann stark sein, die Musikanten nicht gerechnet; Offiziere sollten dreimal soviel mitkommen wie das vorige Mal; wir sollten in neun Schaluppen an Land gehen. Dementsprechend wollten auch wir die Bevollmächtigten mit allen Ehren bei uns empfangen; auch, wenn es ihnen genehm sein sollte, Salutschüsse abgeben.

Zu dem letzten Punkt ließen die Bevollmächtigten uns sagen, sie würden uns am Tage vor ihrem Besuch Bescheid wegen der Salutschüsse geben. Der Admiral aber beschloß, ohne ihre Antwort abzuwarten, vor unserer Flagge zu salutieren, sobald die Boote von der Fregatte abstoßen würden. Das wird eine schöne Aufregung drüben geben! Alles übrige soll ebenso gehandhabt werden wie das erste Mal: Die Schiffe werden alle Flaggen hissen, die Mannschaft wird die Rahen besetzen und so weiter.

1. Januar 1854. Prosit Neujahr! Wie haben Sie das alte Jahr verabschiedet und das neue begrüßt? Sie haben wohl, wie immer, in fröhlicher Gesellschaft getanzt, gelärmt, Karten gespielt und dann etliche Male von Herzen gegähnt, weil es immer noch nicht zwölf schlagen wollte? Bis endlich der er-

sehnte Augenblick da war und Sie Ihre Gläser erhoben – genauso wie Sie es vor fünf, vor zehn Jahren getan haben?

Zum erstenmal in meinem Leben habe ich den letzten Tag des alten Jahres anders zugebracht als sonst, ganz anders. Ich habe an diesem Tage mit japanischen Würdenträgern diniert! Lassen Sie sich also, wenn es Sie nicht langweilt, erzählen, was ich gestern alles gesehen habe! Ich erkühne mich nicht, alle Bilder und Szenen in ihrem vollen Farbenglanze zu zeigen. Ich kann nur versprechen, unsere gestrigen Erlebnisse so genau als irgend möglich zu schildern.

Wir sollten um elf Uhr vormittags von der Fregatte abstoßen. Doch es ist ja bekannt, daß solche Termine nur angesetzt werden, damit man weiß, um wieviel man sich verspäten darf – so ist es Brauch in der guten Gesellschaft. Und so machten auch wir uns als wohlerzogene Leute erst um halb ein Uhr auf den Weg. Kaum waren unsere Boote um das Bugspriet der Fregatte herum, da strömte aus der Flanke des Schiffes eine Rauchwolke hervor, ein Salutschuß donnerte, und plötzlich schienen die Berge rings erwacht und antworteten in rollendem Echo, als wenn ein Gigant in ein wildes Gelächter ausbreche. Ein zweiter Schuß, dann ein Schuß von der Korvette, wieder von der Fregatte, noch einmal von der Korvette: Das Gelächter der Berge klang doppelt so laut. Die Schüsse dröhnten immer weiter, bald auf beiden Schiffen zugleich, bald abwechselnd. Die Berge waren ganz außer sich, die Herren Gouverneure wahrscheinlich auch.

Bei der Landung wieder das bekannte Bild: die Ehrenwache, die Musik, alles wie früher. Auch die japanischen Truppen standen wieder zu beiden Seiten der Straße – die wohlbekannten Soldaten mit den Pappmützen auf den Köpfen und *soi-disant* Gewehren in Futteralen, die Beine gespreizt und die Knie vorgeschoben. Im Flur hockten dieselben Leute wie das vorige Mal, nur auf der Freitreppe stand, unserer Abmachung gemäß, der jüngste von den Bevollmächtigten mit einem höchst seltsamen Kopfschutz.

Wir hatten keine Zeit, ihn genau zu betrachten. Er ging voraus, wir hinterher. Im Gange hockten nicht weniger Beamte als das vorige Mal. Wir traten alle zusammen in den großen Empfangssaal. Nie hatte es vielleicht in diesen friedlichen Räumen soviel Lärm und Gedränge gegeben. Bisher waren hier nur schattengleich, in weißen Baumwollstrümpfen, japanische Beamte umhergeschlichen, und nun ertönten hier schon zum zweitenmal so kräftige Schritte.

Als wir in den Empfangssaal traten, schob sich gleich einer Kulisse ein Schirm weg, und hinter ihm traten langsam, einer nach dem andern, die Bevollmächtigten hervor. Zuerst erschien ein ganz alter Mann, der sich etwas krumm hielt und dessen Unterkiefer immer ein wenig herabhing. Ihm folgte ein Mann von etwa fünfundvierzig Jahren mit großen braunen Augen und einem klugen, lebhaften Gesicht. Der dritte war ein älterer Mann, mager und von dunkler Gesichtsfarbe. Seine Züge hatten etwas Vogelartiges; er hielt den Blick gesenkt, als hätte er sein ganzes Leben in der Einsamkeit verbracht. Der vierte war ein Mann mittleren Alters mit einem ganz gewöhnlichen, ausdruckslosen Gesicht.

Alle vier stellten sich nebeneinander in einer Reihe auf, und wir verneigten uns voreinander. Rechts von den Bevollmächtigten standen die zwei Gouverneure von Nagasaki, links noch vier aus Yeddo eingetroffene Herren, augenscheinlich sehr vornehme Personen. Hinter den Bevollmächtigten nahmen ihre Waffenträger Platz; sie hielten kostbare Säbel auf den Armen. Links am Fenster saßen Beamte in langer Reihe; sie waren anscheinend auch aus Yeddo gekommen; wenigstens konnten wir keine bekannten Gesichter unter ihnen entdecken.

Alle vier Bevollmächtigten trugen weite Mäntel aus kostbarem, dickem, gemustertem Seidenstoff, der sich kaum in Falten legen wollte. Die Ärmel waren am Handgelenk außerordentlich weit; vorne, vom Kinn bis zum Gürtel, hing ein Brustlatz aus dem gleichen Stoff herab; unter dem Mantel hatten sie den üblichen langen Rock, natürlich auch aus Seide. Das Gewand des Alten war aus grünem Stoff, das des zweiten weißgerippt. Alle vier Bevollmächtigten hatten, wie auch die Gouverneure, kleine, schwarze, mit dem Boden nach oben gekehrte, facettierende Krönchen auf dem Scheitel; sie erinnerten lebhaft an die Arbeitskörbchen unserer Damen oder auch an die Behälter, in denen unsere Bauernweiber Pilze sammeln. Diese Krönchen werden, wie ich später erfuhr, aus Papiermaché angefertigt. Zwei von den Beamten, die links von den Bevollmächtigten standen, hatten Krönchen von derselben Form wie die Bevollmächtigten; der dritte hatte eine dreieckige, der vierte eine quadratische, beide sehr flach. Bei den älteren Herren waren die Krönchen mit weißen, bei den jüngeren mit schwarzen Bändern versehen, die unter dem Kinn zusammengeknupft waren. Das alles hätte noch hingehen können; viel merkwürdiger war, daß bei dem dritten Bevollmächtigten, den beiden Gouverneuren und noch einem Beamten die seidenen Beinkleider um einen halben Meter länger waren als die Beine. Die Gouverneure gingen nur mit großer Mühe und konnten kaum die Beine heben.

Diese Kleidung ist für einen bestimmten Rang vorgeschrieben. Überhaupt hatten sie alle ihre festlichsten Gewänder angelegt, die etwa unseren Paradeuniformen entsprachen. Wenn man so einen Japaner betrachtete, wie er dastand mit leicht gesenktem Kopfe, im weiten Obergewand, die Schachtel auf dem Kopf und die Beine in der endlosen Hose, dann kam einem unwillkürlich der Gedanke, daß irgendein Spaßvogel sich zur Aufgabe gemacht habe, den Mann in möglichst unbequeme Kleider zu stecken, in denen er nicht nur nicht gehen und nicht laufen, sondern sich überhaupt nicht rühren könnte. Die Japaner sind gerade so gekleidet: Es ist nicht leicht, sich in diesem Aufputz zu bewegen. Er ist erfunden, damit man darin steif dasitze und den großen Herrn spiele. Und wenn man so einen Japaner auf dem Boden kauern sieht, dann muß man wieder sagen, daß dieser ganze Staat ausgezeichnet zur sitzenden Stellung paßt und daß ihm dann eine gewisse Würde und sogar Schönheit nicht abzusprechen ist. Diese Stücke kostbaren Seidenstoffes, die sich in Wellen um den Körper legen, drapieren sich prächtig um die träge lebende Masse, die die Feierlichkeit und die Unbeweglichkeit einer Statue bewahrt.

Die Bevollmächtigten gaben durch ein Zeichen zu verstehen, daß sie reden wollten, und plötzlich kamen – Gott weiß woher – wie zwei Ringelnattern aus zwei verschiedenen Winkeln unsere Freunde Einoske und Kitshibe gekrochen.

Sie drückten die Stirnen an den Fußboden und hörten in dieser Stellung mit verhaltenem Atem zu. Zuerst sprach der Alte. Wir starrten ihn an: Er hatte uns sofort bezaubert. Solche alte Männer gibt es überall, bei allen Völkern. Runzeln legten sich strahlengleich um seine Lippen und Augen; in dem Blick, in der Stimme, in allen Zügen seines Gesichts leuchtete die kluge, freundliche Güte des Alters, die Frucht eines langen Lebens und vielfacher praktischer Erfahrung. Jeder, der diesen Alten sah, hätte ihn sich zum Großvater gewünscht. Außerdem bekundeten auch seine Manieren, daß er eine gute Erziehung genossen hatte. Er fing an zu sprechen, aber Lippen und Zunge hatten schon ihre Kraft verloren: Er sprach langsam; seine Rede machte den Eindruck, als würde eine Flüssigkeit behutsam und gleichmäßig aus einer Flasche in eine andere gegossen.

Kitshibe hob den Kopf, schluckte einmal und übersetzte erst dann die Begrüßungsworte. Der Alte hieß den Admiral willkommen und wünschte ihm gute Gesundheit und Wohlergehen. Der Admiral erwiderte den Gruß. Kitshibe verbeugte sich bis zur Erde und übersetzte die Worte des Admirals. Der Alte richtete nun eine ähnliche formelle Begrüßung an den Kommandeur des Schiffes; allein diese offiziellen Gefühlsäußerungen, die im Munde Owosawas sehr schön geklungen hätten, paßten nicht recht zu ihm. Er sah uns so freundlich und wohlwollend an, als wollte er uns etwas anderes, echter Empfundenes sagen. Und in der Tat sagte er es hernach auch. Jetzt aber mußte der Etikette ihr Recht werden.

Kaum war der Alte mit seiner Rede zu Ende, da rief der Beamte, der links von ihm stand und eine Art von Zeremonienmeister zu sein schien, mit leiser Stimme: «Einoske!» und zeigte auf den zweiten Bevollmächtigten. Einoske kam schnell zu dem zweiten herangekrochen und berührte den Boden mit der Stirn; der Bevollmächtigte wiederholte die Begrüßungsformeln des ersten in derselben Reihenfolge. Die Dolmetscher krochen dann zu dem dritten und vierten Bevollmächtigten hinüber und zuletzt zu den Gouverneuren. Alle wiederholten sie der Reihe nach die Begrüßungen, wobei sie die russischen Namen deutlich aussprachen. Der Admiral antwortete ihnen allen in seinem und unser aller Namen.

Während dieser Begrüßung versank ich wieder in Träumereien wie bei der ersten Unterredung mit dem Gouverneur; das war nun das zweite Erlebnis dieser Art, aber noch charakteristischer und farbenfroher. Auge und Geist konnten sich nicht so schnell an das neue Bild gewöhnen. Ich wollte nicht glauben, daß das alles Wirklichkeit war. Ab und zu war mir zumute, als wäre ich ein Kind und meine Wärterin erzählte mir ein wundersames Märchen von seltsamen Leuten, wie ich sie noch nie gesehen, und ich schlief in ihren Armen ein und träumte von all diesen Dingen und Menschen. Ja, wo bin ich denn? Was sind das für Menschen mit rasierten Stirnen, braunen, mumienartigen Wangen, gesenkten Häuptern und halbgeschlossenen Augen, in langen, weiten Gewändern? Wie versteinert sitzen sie da und bewegen nur leise die Lippen, von denen mit unterdrückten Seufzern dumpfe, unserm Ohr kaum faßbare Laute kommen. Sind die Toten aus tausendjährigen Grüften emporgestiegen und haben sich zu einer Beratung versammelt? Können diese Wesen auch gehen, lächeln, singen, tanzen? Kennen sie unser Menschenleben, unsern Schmerz und unsere Freude, oder haben sie in langem Schlaf vergessen, wie Menschen leben? Was ist das für ein Haus, was für ein Zimmer: Die Fenster sind mit Papier verklebt, im Zimmer ist es dumpf und feucht, wie in einer Gruft; rundherum stehen vergoldete Schirme mit darauf gemalten Störchen – soll das ein Symbol der Langlebigkeit sein? Das Dach wird gestützt von einer Reihe einfacher, viereckiger hölzerner Pfeiler; es ist aus glatt gehobelten Brettern, eine eigentliche Decke ist nicht vorhanden; das Haus ist von jener primitiven Bauart, die die ersten Menschen erfunden haben müssen... Wo bin ich?

Die Illusion, der ich mich hingab, währte nicht lange: Jetzt holte eines dieser Traumwesen, und zwar der Alte, ein Päckchen Seidenpapier aus seiner Brusttasche, riß ein Blatt ab und benutzte es als Schnupftuch; dann warf er das Blatt wie in einen Abgrund in seinen unermeßlich weiten Ärmel. «Ach, es sind doch nur Menschen!»

Man forderte uns nun auf, auszuruhen und eine Tasse Tee zu trinken, bis das Mittagessen fertig sein werde. Nun, Gott sei Dank! Wir befinden uns tatsächlich noch unter Lebenden: Hier wird gegessen!

Im «Ruhezimmer» reichte man uns Tee, dann Pfeifen und Tabak, endlich Konfekt wieder in den bekannten, sehr glatt gehobelten Schachteln aus Tannenholz, die nicht mal an den Ecken zusammengefügt, sondern aus einem Stück angefertigt sind. Nach einer halben Stunde erschien der Zeremonienmeister und bat uns zum Mittagessen. Er bat um Entschuldigung, daß die engen Räume es unmöglich machten, die ganze Gesellschaft zusammen speisen zu lassen: Wir mußten uns auf mehrere Zimmer verteilen. Ich gehörte zu denjenigen, die mit dem Admiral in den Empfangssaal geführt wurden; mit uns speisten nur noch die beiden ältesten Bevollmächtigten, die andern gingen hinaus. In dem großen Saal hätten gut sechzig Personen Platz gefunden, doch die Japaner hatten für jeden von uns einen besonderen Tisch hingestellt. Die Bevollmächtigten hatten ihre erhöhten Plätze behalten; hier wurden auch die Speisen vor sie hingestellt.

Nun erschienen sechs Diener, der Zahl der Gäste entsprechend; jeder trug ein Tablett, auf dem etwas in Papier Gewikkeltes lag; ich glaube, ein Fisch. Sie stellten die Tabletts vor uns hin, gingen für einen Augenblick hinaus, kamen dann wieder und trugen die Tabletts fort; vor uns standen nur die leeren, mit nichts gedeckten Tische aus Zedernholz, die eigens für uns angefertigt waren. «Das scheint mir keine sehr patriarchalische Sitte», dachte ich. «Was das wohl zu bedeuten hat?» – «Das ist so Sitte bei uns», sagte der Greis, «eine Schüssel mit ‹diesem› wird auf den Tisch gestellt und wieder hinausgetragen. Das ist ein Symbol der freundlichen Gesinnung.» «Dieses» war übrigens kein Fisch, wie es mir anfangs ausgesehen hatte, sondern ein länglicher schleimiger Körper, den ich dann für Seegras hielt, der aber sich als Haut einer Schnecke erwies, die sich mit Hilfe der schleimigen Ausscheidungen dieser Haut an den Felswänden festhält. Und die erscheint ihnen nun als Sinnbild der Sympathie, der Anhänglichkeit oder, wörtlich genommen, der «Klebrigkeit».

Die Diener hatten inzwischen vor jeden Gast einen rotlakkierten Schemel gestellt, in der Art jener Fußbänkchen, die bei unseren Damen so beliebt sind. Der Diener kam heran, hob den Schemel mit einer geschickten, taktmäßigen Bewegung bis zur Höhe seines Kopfes – was auch besondere Hochachtung vor dem Gast ausdrücken sollte –, kniete dann nieder und setzte ebenso geschickt, taktmäßig und leise den Schemel vor dem Gast auf den Boden. Sechsmal kamen die Diener, und sechs Schemel stellten sie vor jeden von uns hin. Aber keiner von uns rührte etwas an. Alle Schemel waren vollgestellt mit lackierten Holztassen, die wie Teetassen aussahen, nur hatten sie keine Griffe; jede Tasse war mit einer ebenfalls hölzernen flachen Schale zugedeckt. Daneben standen auch noch blaue Porzellantassen, alle gefüllt, und noch ganz kleine Schalen mit einer scharfen Tunke. Zu alledem wurden noch je zwei Stabchen gereicht.

«Nun, da wird man wohl hungrig vom Tisch aufstehen

müssen», dachte ich, während ich die zwei glatten, weißen, ganz stumpfen Stäbchen betrachtete, mit denen man weder etwas Hartes noch etwas Weiches fassen kann. Wie soll man nun essen? Mein Nachbar machte ein ebenso nachdenkliches Gesicht, vielleicht plagte ihn auch der Hunger mehr als mich – kurz, er nahm die zwei Stäbchen in die Hand und betrachtete sie mit trauriger Miene. Die Bevollmächtigten lachten und machten sich dann endlich ans Essen. In diesem Augenblick kamen die Diener wieder, und jeder trug auf einem Tablett einen silbernen Löffel und eine Gabel für uns.

«Zum Beweise, daß alles, was hier gereicht wird, zum Essen bestimmt ist», sagte der Alte, «wollen wir anfangen. Haben Sie die Güte, die Schalen aufzudecken und zu essen, was jedem von Ihnen schmeckt.»

«Nun, was mag wohl in dieser Schale sein?» flüsterte ich meinem Nachbarn zu und hob den Deckel ab: Es war gekochter Reis, ohne Salz. Von Salz war nirgends ein Körnchen zu sehen, auch kein Brot.

Ich hielt die Schale mit Reis eine Zeitlang in der Hand, dann stellte ich sie wieder auf ihren Platz. «Und was mag hier sein?» dachte ich und öffnete eine zweite Schale: Sie enthielt eine dunkle Brühe; ich nahm meinen Löffel und kostete: Es schmeckte nicht übel, erinnerte an unsere roten Rüben; es schwamm auch Wurzelwerk drin.

«Wir genießen Reis zu jeder Speise», sagte der zweite Bevollmächtigte. «Vielleicht wünscht jemand ihn frisch serviert, weil die erste Schale schon kalt geworden ist?» Der Zeremonienmeister mit seinem breiten, runden Gesicht, der platten und ein wenig aufgeworfenen, aber arabisch-breiten Nase stand neben dem Podium, auf dem die beiden Bevollmächtigten thronten, und kommandierte die Dienerschaft durch Blicke und kaum bemerkbare Gesten.

Hinter Einoske kauerten zwei Diener, einer mit einer Teekanne, der andere mit einem lackierten Holzkrug, in dem sich heißer Reis befand.

Wir versuchten inzwischen eine Schale nach der andern, ab und zu ein paar Worte wechselnd. «Versuchen Sie mal das», flüsterte mir P. zu, «der Krebssalat in der blauen Schale ist fein. Die Krebse sind mit kleingehacktem Fisch oder Kaviar bestreut; dann ist auch Gemüse dabei und noch irgend etwas.» – «Ich habe die ganze Schale leer gegessen», erwiderte ich. «Haben Sie aber den rohen Fisch gekostet?» – «Nein, wo ist er denn?» – «Hier, in langen Streifen geschnitten.» – «Ach, ist das wirklich roher Fisch? Ich habe ja schon fast die Hälfte aufgegessen!» sagte er mit einer Grimasse.

In einer andern Schale war Reisbrühe mit Fisch; in der fünften oder sechsten Schale, die ich vornahm, schwamm ein Stückchen Fisch in ganz reiner heller Bouillon, die fast wie Wasser aussah. Ich dachte, es wäre eine Fischsuppe, und aß drei oder vier Löffel davon, aber es schmeckte mir nicht. Es war in der Tat nur heißes Wasser.

Mein Nachbar bemühte sich, mit den Stäbchen zu essen, und reizte wie wir alle die Japaner mehr als einmal zu einem leisen Lächeln. Wiederholt deckten sie den Mund mit dem Ärmel zu, wenn sie sahen, wie mißtrauisch und neugierig wir die Speisen betrachteten und wie vorsichtig wir kosteten. Von der dritten Schale an hörte ich aber zu kosten auf und aß den ganzen Rest, ohne viel zu prüfen, und alles mit dem gleichen Löffel, wobei ich mehrmals auch zum Reis griff, der mir das fehlende Brot ersetzen mußte. Ich erinnere mich, daß es da gebratenen Fisch gab, gekochte Austern – wenn es nicht irgendwelche Mollusken mit Austerngeschmack waren. G. behauptete, es hätte auch Trepangs gegeben; ich aß wohl etwas Schwarzes, Knuspriges und Schleimiges, weiß aber nicht, was es war. Einmal kam mir etwas Süßes in den Mund, anscheinend eine Birne, die mit einer roten, süßen Tunke begossen war, dann knirschte etwas Salziges, Feuchtes in meinen Zähnen – ein Rettich, der den Japanern das Salz ersetzt. In einer der blauen Schalen fand sich etwas Teigartiges, das sich als eine Art Rührei erwies, dazu gab es gekochte Möhren. In einer andern Schale schwamm ein Entenflügel unter allerlei gekochtem Grünzeug in heißem Wasser.

Hinter all den Tischchen stand vor jedem Gast noch ein Extratischchen, auf dem ein ganzer gebratener Fisch mit nach oben gedrehtem Schwanz und Kopf lag. Ich dachte schon lange daran, ihn mir näher heranzuschieben, und streckte schon die Hand aus, da bemerkte der zweite Bevollmächtigte meine Bewegung. «Dieser Fisch wird bei uns fast immer zum Diner serviert», sagte er, «er wird aber nie an Ort und Stelle verspeist, sondern den Gästen ins Haus geschickt.» Eine einzige anständige Speise gab es – und gerade die durfte man nicht essen! Der Teufel hole diese Symbole und Embleme!

Die Bedienten traten zu uns allen heran und streckten die Hände aus: Ich dachte, sie wollten die leeren Schüsseln wegräumen, und gab dem Mann gleich drei, aber er brachte sie mir nach einer Minute wieder mit denselben Speisen gefüllt. Was war da zu machen? Ich dachte nach und machte mich zum zweitenmal an die Brühe, wollte es auch noch einmal mit dem gekochten Fisch versuchen, aber meine Genossen waren fertig, und so bändigte auch ich meinen Eifer. Unseren Wirten hatte es ausnehmend gefallen, daß wir so brav aßen; der Alte sah einen jeden von uns freundlich an und lachte von Herzen über die vergeblichen Versuche meines Nachbarn, mit den Stäbchen zu essen.

Gegen Ende des Diners erschienen die Bedienten mit dampfenden Teekannen. Wir waren gespannt zu sehen, was sie enthielten. «Jetzt wollen wir Saki trinken», sagte der Alte, und die Diener gossen in die roten, fast flachen Tassen eine heiße Flüssigkeit. Wir tranken jeder eine Tasse. Wir hatten schon früher mit einer Lebensmittellieferung auch ein paar Krüge von diesem Saki bekommen; damals hatte er uns nicht gut geschmeckt. Warm schmeckt er besser; er erinnert an schwachen Rum. Saki wird aus Reis hergestellt. Man füllte unsere Tassen zum zweitenmal. Wir wollten danken, allein der Alte erklärte, wir müßten uns dreimal einschenken lassen. So tranken wir zum drittenmal und unsere Gastgeber desgleichen. Während wir aßen, wurde uns immer von neuem heißer Reis gereicht. Nach dem Saki wurde wieder eine dampfende Kanne gebracht; ich dachte, es gebe abermals Saki, aber nein! Der Alte schlug uns vor, nun einen Schluck – heißes Wasser zu nehmen! Seltsamer Scherz! Das nennt man doch eine Delikatesse! Wir verzichteten. Dann dachte ich aber: «Wenn du schon an einem japanischen Diner teilnimmst, dann mußt du auch alles mitmachen!» und ließ mir Wasser geben. Es schmeckte nicht besser, als es mir bei einem russischen Diner geschmeckt hatte. «Wollen Sie denn nicht das Wasser über Ihren Reis gießen und ihn aufessen?» fragte der Alte wieder. Wir dankten abermals. Mittlerweile hatten die beiden Würdenträger ihre flachen Schalen hingereicht, man goß ihnen heißes Wasser ein, und sie tranken es aus. Sie erklärten, daß sie ihren Durst mit heißem Wasser stillen.

Zu guter Letzt gab es noch Tee, der aber sehr sonderbar roch. Ich sah in die Kanne hinein und erblickte auf ihrem Boden eine Gewürznelke! Welche Barbarei! Und das in der Heimat des Tees!

Der Alte – er hieß Tsutsui-Hiseno-Kama-Sama – lächelte uns die ganze Zeit freundlich an. «Wir sind viele hundert Meilen weit gereist, ihr aber viele tausend», sagte er, «wir haben einander nie gesehen, waren so weit voneinander – und nun haben wir uns kennengelernt, sitzen zusammen, unterhalten uns, speisen... Wie sonderbar und wie schön das ist!» Wir wußten nicht, wie wir ihm für diese freundlichen Worte, die unser aller Empfinden zum Ausdruck brachten, danken sollten. Wir hatten dieselben Gedanken, denselben Eindruck von der Seltsamkeit dieser Begegnung...

Als endlich alles weggeräumt war, sagte der Admiral, er habe an die Bevollmächtigten in der Angelegenheit, die ihn hergeführt, zwei Fragen zu stellen, und er bitte, ihm noch heute Antwort zu geben. Der Alte zog wieder sein Papierpäckchen aus dem Busen, riß ein Blatt ab, schneuzte sich, steckte das Blättchen in den Ärmel und sagte dann sanft, nach japanischer Sitte würden bei der ersten Bekanntschaft die geschäftlichen Gespräche gewöhnlich auf eine spätere Zeit verschoben, weil der Anstand und die Gesetze der Gastfreundschaft das so erforderten. Der Admiral erwiderte, unsere Freundschaft würde dadurch in keiner Weise gestört werden; die Beantwortung seiner Fragen sei auch durchaus nicht schwierig, es handle sich nur um ein einfaches Ja oder Nein. Wir sahen ihnen deutlich an, daß sie zu faul waren, jetzt noch über Geschäfte zu reden. Überhaupt redeten die hohen und weniger hohen Beamten nach dem Essen fast nur noch in Interjektionen, die sich in Worte nicht kleiden lassen. Aus allen Ecken vernahm man eigentümliche Brusttöne. Ein geschäftliches Gespräch wäre gegen den Anstand, aber das ist erlaubt!

Der Admiral erklärte sich endlich bereit, seine Fragen schriftlich niederzulegen und das Schreiben morgen den Herren zuzustellen, doch nur unter der Bedingung, daß die Antwort bis Abend in seinen Händen sei. «Wie können wir das versprechen», sagten sie, «wenn wir nicht wissen, worin die Fragen bestehen?» Es wurde ihnen geantwortet, wir wüßten den Inhalt der Fragen und wüßten, daß die Beantwortung ihnen nicht schwerfallen würde. Sie versprachen, ihr möglichstes zu tun, und so schieden wir als die besten Freunde.

Die Antwort kam tatsächlich tags darauf. Sie wurde uns am Abend des Neujahrstages, als auf dem Schiff schon alles zu Bett gegangen war, von zwei Beamten überbracht. Ich empfing sie auf Deck. In dem Schreiben, das ich entgegennehmen mußte, wurde mitgeteilt, die Bevollmächtigten könnten unsere Fragen jetzt nicht beantworten, denn sie hätten eine Antwort des Obersten Rats auf ein Schreiben aus Rußland mitgebracht, und wenn der Admiral dieses Antwortschreiben gelesen haben werde, dann werde es vielleicht gar keiner besonderen Antwort auf seine gestrigen Fragen bedürfen. Man mußte sich also wieder in Geduld fassen.

Wir machten uns nun an die Vorbereitungen zum Empfang der Gäste. Kein europäisches Schiff sah noch solchen Besuch! Was hat uns dieser Empfang Nachdenken, Arbeit, Laufereien gekostet! Alle Gäste in bunter Reihe an einen Tisch setzen, wie wir das in Europa gemacht hätten, war ein Ding der Unmöglichkeit. Hier herrschen so strenge Rangordnungen, daß man durch ihre Mißachtung sich die Leute im Handumdrehen zu Feinden machen kann. Man muß überhaupt ihnen gegenüber die größte Vorsicht walten lassen, denn das Studium der Etikette ist hier eine richtige Wissenschaft, wohl weil sie sonst keine haben. Am 4. Januar prangte die Fregatte schon am frühen Morgen in festlichem Gewand. Das mit Steinen und Sand – auf Kosten meiner Nachtruhe – geputzte Deck schimmerte weiß wie ein Leintuch; die Messingteile glitzerten hell in der Sonne; das Takelwerk lag in schöner Ordnung da und bildete malerische Buchten; eine von diesen hatte unser allgemeiner Liebling, der Kater Waska, sich zum Ruheplätzchen erkoren. Alle waren festlich gekleidet. Vorne war aus Signalflaggen ein Zelt aufgebaut und darin aus Teppichen vier Sitze errichtet für die Bevollmächtigten; für ihr Gefolge waren Stühle hingestellt. In der Kajüte des Admirals waren ebensolche Sitze aufgebaut mit einem eigenen Tisch davor. Ein zweiter Tisch stand für den Admiral und drei Herren seines Gefolges bereit. An einem kleinen besonderen Tische sollte der japanische Zeremonienmeister sitzen. Für die Dolmetscher hatte man auch zwei Stühle bereitgestellt, sie durften aber weder darauf sitzen noch am Essen teilnehmen, sondern mußten wie immer auf dem Fußboden kauern.

Gegen elf Uhr erschienen die Banjos mit Geschenken der Bevollmächtigten für den Admiral. Alle Gegenstände befanden sich in einfachen Holzkisten, und diese lagen auf ebenfalls hölzernen Ständern, die wie Bahren mit niedrigen Füßchen aussahen. Diese Ständer ersetzten teilweise unsere Tische. Die Japaner halten es für unschicklich, ein Geschenk einfach auf den Boden zu stellen. Auf jeder Kiste lag, in Papier gewickelt, das uns schon bekannte Symbol der «Anhänglichkeit».

Aber was für entzückende Sachen hatten sie geschickt! Da war eine schwarze, lackierte Schachtel mit goldenen Reliefdarstellungen von Tempeln, Lauben, Bergen, Bäumen. Der Lack ist außerordentlich dick und schwarz; er soll jahrzehntelang halten und ist rein wie ein Spiegel. Solche lackierte Sächelchen findet man sonst nirgends. In der Schachtel befanden sich allerlei Kleinigkeiten: ein Räucherfaß, wie die Japaner es am Gürtel tragen, und allerlei Zubehör dazu. Ein anderer hatte ein Tintenfaß mit goldenen Verzierungen geschickt und alles, was dazugehört: Tusche, Pinsel, einen Ballen Papier und sogar buntbemalte Wachskerzen.

Das bedeutungsvollste und wertvollste Geschenk aber war ein Säbel. Denn dieses Geschenk gilt als unanfechtbares Zeichen der Freundschaft. Die japanischen Säbelklingen sind unzweifelhaft die besten in der Welt. Ihre Ausfuhr ist streng verboten. Die Klingen werden – wenn Einoske uns nicht etwas vorgeflunkert hat – von dem Scharfrichter beim Ausüben seines Amtes erprobt. Der Meister gibt die Klinge nach Fertigstellung dem Scharfrichter, und dieser probiert, wieviel Köpfe auf einen Hieb abgeschlagen werden können. Dann prägt der Meister die Ziffer in die Klinge ein. Der unserm Admiral dargebrachte Säbel konnte, wie Einoske behauptete, drei Köpfe mit einem Hieb niederlegen. Der Säbel gilt bei den Japanern als Wertgegenstand. Die Klinge blitzt immer wie ein Spiegel. Einoske behauptete, daß der Säbel, den er von einem Freunde geschenkt bekommen, fast fünfhundert Jahre alt sei.

Die Gäste selbst ließen lange auf sich warten. Wir liefen schon ganz ungeduldig auf Deck umher, ab und zu verschwand auch einer in der Kajüte, um schnell ein heißes Pastetchen oder ein Kotelett zu sich zu nehmen – und die Herren wollten sich immer noch nicht zeigen! Da endlich, gegen ein Uhr mittags, stieß eine ganze Flottille vom Ufer ab. Umringt von fünfzig oder sechzig Booten, bewegten sich langsam zwei riesige gedeckte Kähne oder Barken, die fast wie Särge aussahen und auch wie Särge mit rotem Stoff beschlagen waren. Rundherum waren sie mit vergoldeten Bogen und Pfeilen, Speeren und Keulen besetzt. Die Boote waren zweistökkig, mit einer rund um das ganze Fahrzeug laufenden Galerie, in der sich die Ruderer befanden. Das Gefolge war im oberen Stockwerk untergebracht; unten saßen die Bevollmächtigten. Eine Unmenge kleiner Kähne diente als Schlepper. An der Spitze des großen Bootes stand ein Japaner mit einer Art Besen in der Hand; mit ihm regierte er die Schleppkähne, und in das laute Geschrei der vielen Menschen mischten sich die eintönigen Klänge des Gongs in regelmäßigen Abständen. Es war ein furchtbarer Lärm. Beide Barken blieben nebeneinander vor der Schiffstreppe stehen.

Wie aus einem Sack kamen Banjos und Dolmetscher herausgekrochen und überschwemmten das Verdeck. Ihnen folgten gegen sechzig Mann Militär. Die Japaner wollten uns an Feierlichkeit nicht nachstehen. Zur Bewirtung des Gefolges und zur Aufsicht waren mehrere von unseren Offizieren beordert. Endlich stiegen auch die Bevollmächtigten aus. P. und ich empfingen sie auf Deck, der Admiral in der Tür seiner Kajüte. Den Gästen wurde eine Besichtigung der Fregatte vorgeschlagen, und sie sagten erfreut ja. Ich hatte gar nicht geglaubt, daß der Alte auch kommen würde. Er schien mir so hinfällig. Und nun zeigte er sich außerordentlich rüstig, besichtigte alle Teile des Verdecks, stieg auch mit hinunter ins Arsenal und zeigte nicht die geringste Spur von Ermüdung. Sie blieben überall stehen, fragten nach allem Möglichen, und wenn sie etwas zugedeckt oder verhängt fanden, schoben sie die Hülle zurück, fragten, was das bedeute, wozu jenes gebraucht werde.

Dann führte man die Gäste in die Kajüte des Admirals. Die Bevollmächtigten benahmen sich wie gut erzogene, weltgewandte Leute. Sie, die noch nie ein europäisches Schiff, europäische Möbel, Schmucksachen gesehen hatten, mußten von allem überrascht sein. Alles war ihnen neu und fremd. Sie gaben das am nächsten Tage auch zu, hier aber zeigten sie durch keine Bewegung, keinen Blick, keinen Ausruf an, daß sie erstaunt oder entzückt wären. Auch Musik hörten sie zum erstenmal, aber nur einer bewegte den Kopf im Takt der Melodie, wie es bei uns in der Oper die Musikschwärmer machen.

Inzwischen waren die Tische gedeckt worden. Die Bevollmächtigten und der Zeremonienmeister erhielten ihre Plätze in der Admiralskajüte. An einem zweiten Tische saßen der Admiral und drei von uns. Obgleich die Japaner gebeten hatten, sie ganz nach europäischer Weise zu bewirten, so konnte man ihnen doch nicht zumuten, mit Messern und Gabeln zu essen, daher waren Stäbchen für sie geschnitzt worden. Brot essen sie nicht, und so wurde ihnen fortwährend heißer Reis serviert. Auch von Tellern zu essen sind sie nicht gewohnt, also reichte man ihnen die Fleischbrühe und Fischsuppe in Teetassen. In dem Speiseraum, wo das Gefolge untergebracht war, waren auf dem Tisch Teller mit Marmelade und Kuchen aufgestellt. Die Gäste machten sich gleich daran und hatten, noch ehe die Suppe kam, den ganzen Nachtisch verzehrt, weil sie meinten, man müsse mit dem anfangen, was auf dem Tisch steht. «Was ist das?» fragten sie bei jeder Speise und schienen auf etwas ganz Besonderes zu warten. Es wurden ihnen verschiedene Fischspeisen gereicht, doch die Dolmetscher sagten, sie warteten mit Ungeduld auf Fleisch, weil das bei ihnen eine Seltenheit sei. Es erweckt bei ihnen keinen Widerwillen; im Gegenteil, sie mögen es sehr und essen es nur deshalb nicht, weil es verboten ist, denn bei dem Mangel an Vieh müssen die vorhandenen Rinder als Arbeitstiere gebraucht werden. Von Fleischspeisen gab es für sie nur Hammelfrikassee und, glaube ich, Schinken, da wir keine Rinder mehr an Bord hatten. Daneben gab es nur noch Fisch und Geflügel. Sie aßen das Hammelfleisch mit großem Vergnügen, besonders der vierte Bevollmächtigte. Als er seinen Teller geleert hatte, reichte er ihn selbst dem Diener: ein Zeichen, daß er eine zweite Portion wünschte. Tischtücher,

Servietten, Salzfäßchen – alles fesselte ihre Aufmerksamkeit. Und man muß ihnen Gerechtigkeit widerfahren lassen: Sie hatten sich so schnell unsern Gebräuchen angepaßt, daß man kaum einen Unterschied zwischen ihnen und irgendwelchen Europäern hätte feststellen können. Nur einer von ihnen, namens Kawazi, benahm sich einmal wie ein echter Japaner. Es wurde eine Art Creme mit Biskuit gereicht; er kostete davon, und es schien ihm zu schmecken; er zog ein Blatt Papier aus der Tasche, packte alles hinein, was noch auf dem Teller übrig war, und steckte es in seinen Busen. «Denken Sie nicht, daß ich es einer Schönen bringen will», sagte er, «nein, das ist für meine Untergebenen!»

Im Trinken waren sie mäßig. Sie kosteten neugierig vom Wein, nahmen ab und zu einen kleinen Schluck, tranken die Gläser aber nicht leer, ausgenommen der vierte Bevollmächtigte, ein großer, kräftiger Mann. Der leerte drei oder vier Becher.

Man versuchte auf das Geschäftliche anzuspielen, von der morgen bevorstehenden Besprechung zu reden, doch die Herren erwiderten, sie seien so entzückt von unserm Fest, dem freundlichen Empfang und der angenehmen Unterhaltung, daß sie alles Geschäftliche ganz vergessen hätten.

Die Dolmetscher krochen auf dem Fußboden umher; vergebens forderte ich sie auf, im Nebenzimmer Platz zu nehmen, sie wollten vom Essen ebensowenig etwas wissen wie vom Geschäft; das sei in Gegenwart so großer Herren ganz unmöglich. Aber ihre Kehlen waren ganz ausgetrocknet. Kitshibe drehte sich wie ein Kreisel nach allen Seiten. «Hihi!» antwortete er bald dem einen, bald dem andern. Gegen Ende des Festmahls, an dem er gar nicht teilgenommen hatte, war er ganz heiser und schlapp. Ich goß ihm und Einoske je einen Becher Champagner ein; sie wollten erst auch ablehnen, doch Kawazi nickte mit dem Kopfe, und da verbeugten sie sich bis zur Erde und tranken die Gläser gierig leer. Dann blickten sie mich dankbar an und hoben die Becher an ihre Stirn.

Zum Nachtisch wurde als Ersatz für den Saki Glühwein gereicht. Die Herren kosteten etwas, mehr aus Neugier. Dann stellten wir, ebenfalls in Nachahmung ihrer Sitte, vor jeden der Bevollmächtigten eine Schachtel mit Konfekt. Hier konnten sie ihre Freude oder ihre Verwunderung schon nicht mehr verbergen – so schön waren die Schachteln: aus kostbarem Rotholz mit Intarsia. Auch das Konfekt fiel ihnen durch seine Buntheit auf. Dann zeigten und schenkten wir ihnen zahlreiche farbige Stiche mit Ansichten von Moskau, Petersburg, Darstellungen russischen Militärs sowie allerlei in England gekaufte Bilder: Frauenköpfe, Früchte, Blumen und so weiter. Und wieder staunte alles und war entzückt.

Endlich, als der Abend dämmerte, verließen uns unsere Gäste mit der Bitte, wir möchten sie bald wieder besuchen.

Tags darauf, am 5. Januar, frühmorgens, erschienen wieder die Dolmetscher, um sich nach der Zahl der zu erwartenden Gäste zu erkundigen. Als sie den Bescheid erhielten, es würden nur wenige kommen, baten sie um zahlreicheren Besuch; zum mindesten sollten alle höheren Offiziere kommen. Sie sagten, der eigentliche feierliche Empfang sollte erst an diesem Tage stattfinden, und es würde sich ein Festmahl daran schließen. Wie sollte man da fortbleiben? Viele, die anfangs gar nicht die Absicht gehabt hatten, mitzugehen, entschlossen sich nun doch dazu.

Die japanischen Herren und ihr Gefolge waren wieder so festlich gekleidet wie das erstemal. Tsutsui und Kawazi erklärten, sie hätten uns ein Schreiben vom Obersten Rat zu überreichen. «Bitte, wo ist es?» fragten wir. «Hier!» sagten sie und zeigten auf eine mit Eisen beschlagene weiße Truhe, wie man sie bei uns in jeder alten Kaufmannsfamilie sehen kann, und auf eine mit Seide bezogene Kassette, die daneben stand. «Wer soll den Brief in Empfang nehmen?» Auf Befehl des Admirals trat G. vor. Der Zeremonienmeister ging mit einer tiefen Verbeugung auf ihn zu und öffnete die seidene Kassette. «Ist das Schreiben wirklich so groß?» dachte ich und betrachtete neugierig die Kassette. G. nahm die Kassette entgegen, er konnte sie kaum halten. Er begab sich in das «Ruhezimmer», wir folgten ihm. Die Truhe wurde uns nachgetragen. «Was soll bloß die große Truhe?» dachte ich. Sie wurde geöffnet; drinnen befand sich ein zweiter Kasten, in diesem ein dritter, dann ein vierter, einer immer kleiner als der andere. In diesen vierten Kasten nun gehörte die seidene Kassette. Warum aber war sie so schwer? Der Deckel wurde aufgehoben, und da sahen wir, daß sie noch einen, den sechsten und letzten Kasten, enthielt, aus weißlackiertem Holz von sehr feiner Arbeit mit silberbeschlagenen Ecken. Und erst in diesem Kasten lag das Schreiben von Horotshiu, die Antwort auf das Schreiben aus Rußland, auf dickem, vergoldetem, pergamentartigem Papier und in mehrere seidene Umschläge gesteckt!

Dann erschien wieder der Zeremonienmeister und meldete, Seine Hoheit der Shogun habe befohlen, uns ein Mittagsmahl vorzusetzen. Das Mahl war in der Tat festlich. Statt der sechs Ständer oder Bänkchen waren heute vor jeden von uns zwölf gestellt. Auf jeder Platte befanden sich zwei, drei, auf einigen auch noch mehr Schalen mit Speisen. Außerdem standen allerlei Miniaturtischchen da, Schachteln, die wie Spielzeug aussahen; in diese waren Blumen gesteckt, die aus Gemüse und Stoffen sehr kunstvoll hergestellt waren. Unter den Blumen lagen allerlei Vorspeisen: kleine Stückchen gepreßten gelben Kaviars, der ganz ausgezeichnet schmeckte, roher Fisch und so weiter.

Auf einem eigenen Miniaturtischchen saß auf einem Holzstöckchen ein ganzer Vogel, der Natur getreu nachgeahmt, mit Federn, Schwanz und Kopf. Er sah fast aus wie eine Bekassine. Als ich überlegte, womit ich wohl anfangen sollte, ging Nakamura Tameja, der Zeremonienmeister, auf mich zu, zeigte auf den Vogel und schlug mir vor, von ihm zu kosten. «Wie soll ich ihn denn essen, wenn er noch in den Federn steckt?» dachte ich und nahm den Vogel in die Hand. Aber zwischen den Federn befand sich das Fleisch des Vogels, gebraten und in kleine Stückchen zerschnitten. Es schmeckte ausgezeichnet, und ich verzehrte den ganzen Vogel. Nakamura fragte mich durch Zeichen, ob ich noch einen zweiten wünschte. «Hm!» erwiderte ich bejahend. Der Diener sprang auf, ergriff das Miniaturtischchen, auf dem der Vogel gestanden hatte, trug es hinaus und brachte ein anderes.

Was mich mit der japanischen Küche völlig aussöhnte, war das Fehlen jeglicher Pflanzenöle in den Speisen. Die Japaner essen dreimal täglich, und zwar sehr mäßig. Wenn sie aufgestanden sind – und sie stehen sehr früh auf, noch vor Morgengrauen –, essen sie zum erstenmal, dann um Mittagszeit und endlich um sechs Uhr abends. Ihre Portionen sind sehr klein, so daß ein ganzes japanisches Diner für einen Mann mit gutem Appetit nicht mehr als eine Vorspeise bedeutet. Die Schalen, in denen das Essen gereicht wird, sind sehr klein, und dabei sind sie auch nie ganz voll. In so einer Schale liegt zum Beispiel nur ein kleines Stückchen Fisch, in einer andern schwimmen drei Pilze in heißem Wasser, dann gibt es wieder Fisch mit einer Soße – gerade einen Mundvoll. Und so ist es mit allen ihren Speisen.

Wir erfuhren später, daß zur Bereitung dieses festlichen Mahles der Koch des Fürsten von Simabara geholt worden war. Simabara ist eine tiefe Bucht jenseits des Kaps Nomo, etwa zwanzig Meilen von Nagasaki entfernt. Wenn der Fürst von Simabara sich an den Hof begibt, erzählen die Japaner, begleitet sein Koch ihn immer, um in der Residenz seine Kunst zu zeigen.

Am nächsten Tage begannen die Verhandlungen, und nun mußten wir fortwährend nach Nagasaki, aber ohne alle Feierlichkeiten. Wir fuhren immer in zwei Booten. In dem einen befand sich der Admiral und vier von uns, im andern die Bedienten mit unsern Stühlen. Als wir den Vorschlag machten, die Stühle im Hause des Gouverneurs zu lassen, widersetzte sich seine Exzellenz aufs energischste, sozusagen mit Händen und Füßen. Er sagte, dann müsse er selbst nachts bei den Stühlen wachen. «Es könnte ein Brand entstehen, und dabei könnten die Stühle vernichtet werden», sagte er, «außerdem sind sehr viel Ratten im Hause, die könnten ihnen auch Schaden zufügen.» Wir fingen an zu lachen, und auch er konnte sich nicht beherrschen und fletschte die Zähne. «Wir nehmen es nicht so genau, wir haben noch Stühle genug», sagte der Admiral. «Sie nehmen es nicht genau, aber ich bin verantwortlich, wenn auch nur ein einziger Stuhl beschädigt wird», sagte er und wies unsern Vorschlag zurück, doch meinte er, wenn wir die Stühle nicht selbst transportieren wollten, könnten sie auf einem japanischen Boot abgeholt und zurückgebracht werden. So geschah es denn auch.

Ich habe wohl schon erwähnt, daß uns ein Platz am Lande angewiesen war, der Gouverneur aber gebeten hatte, wir sollten uns noch ein wenig gedulden, da das Haus für uns noch hergerichtet werden müsse. So verging ein Tag nach dem andern, und immer bekamen wir dieselbe Ausrede zu hören, das heißt, daß das Haus noch nicht eingerichtet sei. Wenn wir unsere Unzufriedenheit äußerten, lächelte der Gouverneur bloß; man sah es ihm an, daß er nicht aus eigener Initiative handelte. Er hatte augenscheinlich den Auftrag bekommen, die Sache bis zu unserer Abreise hinzuziehen, und er entledigte sich dieses Auftrags glänzend. Zu guter Letzt aber konnte die Sache nicht mehr verschleppt werden, und er teilte uns mit, der Platz stehe zu unserer Verfügung, zugleich aber wurden uns solche Bedingungen vorgeschlagen, daß wir doch noch verzichten mußten. So sollten zum Beispiel die Banjos uns an das Land begleiten und ebenso zurück zu den Schiffen. Da ließ der Admiral sagen, wir brauchten keinen Landungsplatz, und schickte das Schreiben, in dem die Bedingungen mitgeteilt wurden, zurück. Das eben hatten die Japaner gewünscht.

Ich verzichte auf eine Wiedergabe der Verhandlungen des Admirals mit den japanischen Bevollmächtigten. Diese Verhandlungen können einmal den Inhalt einer andern Darstellung bilden, die sich höhere Ziele setzt als meine bescheidenen Briefe, in denen ich nur wie in einem Panorama die Außenseite unserer Fahrt zeigen will.

Wir fuhren nun fast jeden zweiten Tag nach Nagasaki. Die japanischen Beamten holten uns jedesmal ab, obgleich wir sie gebeten hatten, das nicht zu tun, da wir den Weg ja kannten. Aber sie möchten das Volk immer noch glauben machen, daß Ausländer nur unter ihrer Begleitung sich am Lande zeigen dürfen.

Die Tage der Verhandlungen festzusetzen war dem Admiral überlassen. Einmal setzte er die nächste Besprechung nach zwei Tagen an, doch zu unserer großen Verwunderung baten die Japaner, schon am nächsten Tage die Verhandlungen fortzusetzen. Es erwies sich, daß Kawazi möglichst bald nach Yeddo, zu seiner Gattin, heimzukehren und deswegen die Verhandlungen schneller zum Abschluß zu bringen wünschte. «Mein Leib ist hier, doch meine Seele in Yeddo», sagte er.

Dieser Kawazi gefiel uns allen sehr – wenn nicht noch mehr, so doch sicher nicht weniger als der alte Tsutsui, wenn auch in anderer Weise. Er war äußerst gescheit, und das flößt immer Achtung ein, obgleich er seinen Verstand gerade in seiner geschickten, gegen uns gerichteten Dialektik zeigte. Ich sah es gern, wie er, auf seinen kostbaren Fächer gestützt, vor sich hinblickte und zuhörte, wenn zu ihm gesprochen wurde. Bis zur Mitte der Rede hielt er den Mund halb offen, und sein Blick schien etwas besorgt – Beweise gespannter Aufmerksamkeit. Auf seiner Stirn, in dem wechselnden Muster der feinen Runzeln, spiegelte sich deutlich, wie die Gedanken in seinem Hirn sich langsam zusammenfügten und wie sich aus ihnen der allgemeine Sinn dessen ergab, was zu ihm gesagt wurde. Wenn er die Rede bis zur Hälfte angehört und ihren allgemeinen Sinn offenbar erfaßt hatte, zog sich sein Mund zusammen, die Falten auf der Stirn verschwanden, das ganze Gesicht wurde hell: Er wußte nun, was er zu antworten hatte. Wenn eine Frage der Gegenseite außer dem, was offen ausgesprochen war, noch einen andern geheimen Sinn enthielt, zeigte sich auf Kawazis Gesicht ein feines Lächeln. Wenn er selbst redete, ging er ganz in seinem Gegenstand auf, und dann leuchtete der klare Geist förmlich aus seinen Augen. Sprach der Alte, so schlug Kawazi die Augen nieder und sah den Alten nicht an, als gehe ihn die ganze Sache nichts an, aber das lebhafte Spiel der Falten im Gesicht und das Zucken der Augenlider zeigten deutlich, daß er ihm noch viel aufmerksamer zuhörte als uns.

In einem Privatgespräch versuchte der Admiral einmal, den Japanern klarzumachen, daß ihre Furcht, mit den Europäern in Handelsbeziehungen zu treten, ganz unbegründet sei; ein reger Handel könne dem Volke nur Nutzen bringen; es sei noch keine Nation durch den Handel zugrunde gerichtet worden, sondern im Gegenteil, alle wären durch ihn bereichert worden.

Es wurden ihnen Waren genannt, die sie von den Fremden beziehen könnten. «Es fehlt Ihnen an zahlreichen notwendigen Dingen», sagte der Admiral, sich im Zimmer umsehend, «Ihre Fenster sind mit Papier verklebt, davon ist es in den Zimmern dunkel und kalt. Wir könnten Ihnen Glas liefern und Sie lehren, wie es hergestellt wird. Glas ist besser als Papier und kostet auch weniger. In Kamtschatka und in den angrenzenden Gebieten», fuhr er fort, «gibt es viel Fische, aber kein Salz. Sie haben Salz; wenn Sie es uns liefern wollen, liefern wir Ihnen Salzfische, die Hauptnahrung der japanischen Bevölkerung. Warum beschäftigen Sie alle Ihre Arbeitskräfte mit Reisbau? Verwenden Sie einen Teil von ihnen zur Gewinnung von Metallen aus Ihren Bergen! Den Reis können Sie von den Sundainseln beziehen. So können Sie reich werden...»

«Ja», fiel ihm Kawazi ins Wort, seine breiten Augenlider plötzlich hebend, «es wäre sehr schön, wenn die Fremden uns

Fische, Glas, Reis und ähnliche nützliche Dinge brächten! Wenn sie uns aber solche Uhren bringen, wie Sie mir gestern eine geschenkt haben? Wir waren alle ganz hin! Und dann ist der Japaner imstande, sein Letztes wegzugeben.»

Er hatte nämlich eine sehr schöne astronomische Standuhr bekommen, die auch die Mondphasen anzeigte und außerdem noch mit einem Thermometer versehen war. Wir lachten nun alle, und er lachte mit. «Nehmen Sie diese Worte als nichts anderes denn einen Ausdruck der Bewunderung für Ihr schönes Geschenk!» fügte er hinzu.

Nun, ist er nicht der reine Europäer? Was tut's, daß er einmal bei Tisch die Nachspeise in Papier wickelte und in seine Tasche steckte und ein anderes Mal die Soße vom Teller leckte, weil sie ihm so gut geschmeckt hatte? Das entspricht eben den Sitten seiner Heimat. Er hat bisher nie einen Teller und einen Löffel gesehen, er hat mit zwei Stäbchen gegessen, hat seine Brühe unmittelbar aus der Tasse getrunken. Kann man ihm das verübeln, oder daß er, wenn er von einer Speise gekostet hatte, den Teller nachlässig dem Einoske gab, der wie ein Pudel zu seinen Füßen hockte? Der Dolmetscher nahm mit einer tiefen Verbeugung den Teller entgegen und verzehrte den Rest.

Nach acht oder zehn Besprechungen erklärten die Bevollmächtigten, sie müßten nun wieder zurück nach Yeddo. Die Erledigung einiger Fragen wollten sie vertagt haben, denn ihr Herrscher sei gestorben und der neue Shogun noch sehr jung; er müsse dem Volk erst zeigen, daß er die alten Gesetze achte, und dürfe sie nicht gleich übertreten. Er könne erst später dem Druck der Verhältnisse nachgeben. Außerdem müsse er erst alle Vasallenfürsten zur Beratung zusammenrufen, und die Zahl dieser Fürsten sei sechzig.

Auf die Frage, warum sie sich immer nicht entschließen könnten, Handelsbeziehungen mit dem Ausland anzuknüpfen, antwortete Kawazi einmal: «Der Handel ist für uns etwas ganz Neues, Ungewohntes; wir müssen erst gründlich überlegen, wie, wo, womit wir handeln sollen. Ein Mädchen verheiratet man, wenn es herangewachsen ist; der Handel bei uns ist noch nicht erwachsen!» fügte er hinzu.

Am 20. Januar gab der Admiral den Japanern ein Abschiedsdiner an Bord der Fregatte. Diesmal saß man nach europäischer Art zu Tische, das heißt die vier Bevollmächtigten, der Zeremonienmeister und sieben von uns. Kitshibe und Einoske hockten wieder auf dem Boden, zu Füßen der beiden ältesten Bevollmächtigten. Die Speisen wurden ebenfalls nach europäischer Sitte serviert. Kawazi erkundigte sich bei jeder Speise, woraus sie zubereitet sei, während der alte Tsutsui anscheinend alles aß, ohne zu fragen, was es sei. Sie tranken mehr und mit mehr Vergnügen als das erste Mal, hatten gelernt zuzutrinken und schenkten unausgesetzt sich und uns ein. Wir tranken immer nur einen Schluck, während sie treuherzig jedesmal ihr Glas ganz leerten.

Kawazi wurde mit der Zeit etwas erregt, der Alte behielt seinen Gleichmut. Nun wurde Champagner gebracht. Als der Pfropfen aus der Flasche flog und der Wein herausschäumte, machten unsere Gäste große Augen. Einoske als erfahrener Mann erklärte ihnen die Eigentümlichkeit dieses Weines. Der Admiral erhob sein Glas «auf einen glücklichen Verlauf unserer Geschäfte»! Kawazi, der nach dem Champagner noch drei Gläschen Likör getrunken hatte, legte den Kopf auf den Tisch, blieb eine Minute in dieser Stellung, dann schüttelte er den Rausch ab, wie man den Schlaf aus den Augen scheucht, und fragte schnell, wann er das Vergnügen haben werde, den Admiral und uns zum letzten Male bei sich bewirten zu können? «Wann es Ihnen beliebt, wenn es Ihnen bloß nicht zuviel Umstände macht», sagte der Admiral. Er bat aber, einen Tag festzusetzen, und so sagte der Admiral: «Ubermorgen.» Bis zu diesem Tage versprach Kawazi dann auch die letzten Papiere auszufertigen, die der Admiral noch verlangt hatte.

Bei Tisch hatte ich einmal den Fächer Kawazis in die Hand genommen, um ihn mir näher anzusehen. Es war ein ganz einfacher Fächer aus Palmenholz, mit Papier bezogen. Ich gab ihn Kawazi zurück, doch er bat mich durch Zeichen, ich möchte ihn «zum Andenken» behalten, wie Einoske mir seine Worte übersetzte. Ich dankte, wollte ihm aber nichts schuldig bleiben, nahm die goldene Kette von meiner Uhr ab und reichte sie ihm. Er sah mich erstaunt an, ließ sich meine Ansprache übersetzen und sagte darauf, er nehme das Geschenk an. Dann erhob er sich von seinem Platze und flüsterte Einoske etwas zu. Es handelte sich um folgendes: Kawazi und Tsutsui hatten zum Geschenk für mich und P. je zwei Kästen mit Pfeifen bestimmt. Nun ich ihm die goldene Kette verehrt hatte, erschien ihm die Gabe wohl zu gering. Kitshibe, der nichts davon wußte, war nach dem Essen die ganze Zeit um mich herum, lachte und ächzte nach seiner Gewohnheit. Er versuchte zweimal ein Gespräch mit mir anzuknüpfen und setzte es beim drittenmal auch wirklich durch, unbekümmert um meine Unkenntnis des Holländischen. «Ihre Exzellenzen Tsutsui und Kawazi bitten Sie und P., ein kleines Geschenk entgegenzunehmen ...» Einoske ließ ihn nicht weiterreden und führte ihn in den Speiseraum zurück. Die Pfeifen bekam P. alle geschenkt, mir aber schickte Kawazi am nächsten Tage drei Stück Seidenstoff und vier Pfeifenrohre aus Palmenholz mit kupfernen Mundstücken und Köpfen. Das Kupfer glänzte wie Gold, und in der Tat ist das japanische Kupfer goldhaltig.

Die Geschenke für den Admiral füllten das ganze Verdeck und die ganze Kajüte! Die einzelnen Gegenstände waren gar nicht so groß, aber für jeden von ihnen war ein besonderer Kasten angefertigt, und zwar von so solider Arbeit, als müßte er Jahrhunderte halten. Herrlich waren die Porzellanvasen und -tassen, noch schöner die lackierten Sachen. Da waren Tische, Schränkchen, Etageren, sogar Schirme; ferner Puppen in japanischer Tracht, ein Dolch. Dazu kamen noch Lebensmittel, Saki, Dörrfische, Kaviar und was weiß ich noch alles.

Nach dem Diner überreichte der Admiral Kawazi eine goldene Uhr. «Zu der Kette, die Sie soeben erhalten haben», fügte er hinzu. Kawazi war entzückt; er hatte schon bei den Besprechungen immer angedeutet, was er sich wünschte, indem er seine dicke, plumpe silberne Uhr hervorzog, ein Monstrum, wie man sie bei uns heute höchstens noch bei einem Dorfküster findet. Tsutsui erhielt ebenfalls eine goldene Uhr und zwei Stück Seidenstoff. Die beiden andern Bevollmächtigten erhielten auch Stoffe.

Um acht Uhr machten sie sich auf den Heimweg. Kaum befanden sie sich etwa zwanzig Meter von unserm Schiff entfernt, so flammten an den Spitzen aller Rahen erst kleine Fünkchen, dann Flämmchen auf, und dann schien die ganze Fregatte plötzlich in feurigen Gluten aufzugehen; der Schein der bengalischen Flammen leuchtete weit über die ganze Umgebung. Auf Deck konnte man eine am Boden liegende Stecknadel sehen, so grell war das Licht, das über die Fregatte und die sich entfernenden japanischen Boote fiel und sich fast noch heller im Wasser spiegelte. Die Wirkung blieb nicht aus: Am nächsten Tage redeten die Japaner von nichts anderem als von der zauberhaften Beleuchtung, fragten nach tausend Einzelheiten, ließen sich zeigen, wie es gemacht wird.

Am Sonnabend waren wir dann bei den Japanern zu Gast. Bis zum Essen tauschte man Freundschaftsbeteuerungen aus; nach dem Essen gab es wieder Gastgeschenke. Vor jeden von uns wurde ein Tischchen gestellt, auf dem Stoffstücke – Leinwand, Seide und, ich glaube, auch Baumwolle, gestiftet vom Shogun – lagen. Von den Offizieren bekam jeder einen Kasten mit einem Dutzend Tassen aus ganz dünnem, beinahe durchsichtigem Porzellan – ebenfalls ein Geschenk des Beherrschers von Japan. Die Stoffe gelten, glaube ich, als das wertvollere Geschenk, man kann sie aber leicht gegen die entzückenden, ganz eigenartigen Tassen eintauschen.

Die Bevollmächtigten suchten wieder zu erfahren, wohin wir segeln wollten, ob wir nicht vielleicht nach dem Ochotskischen Meer, das heißt nach Petersburg, wollten. «Vorderhand gehen wir nach China», wurde ihnen geantwortet, «das Ochotskische Meer ist jetzt vereist.» Diese Zurückhaltung schien ihnen nicht sonderlich zu gefallen. Vergebens kniff Kawazi die Augen zusammen und biß sich in die Lippen: Man sah es ihm an und lächelte. Wehe ihm, wenn wir nach Yeddo gehen!

Der Admiral wollte ihnen aber auch nicht unnütz angst machen: Er hatte die Absicht, ihnen mitzuteilen, daß wir nicht vor dem Frühling zurückkehren würden, wollte es ihnen aber erst bei unserer Abfahrt sagen, damit sie keinen Einspruch erheben könnten. Daher wurde ihnen die Nachricht erst zugestellt, als wir schon die Anker lichteten.

Der Wind war günstig, das Wetter milde. Wir brauchten nun nicht mehr mit den andern Schiffen zusammenzugehen. Der Admiral entließ sie mit der Weisung, nach den Riukiu-Inseln zu steuern, und wir spannten alle Segel aus und zogen südwärts.

X

Die Riukiu und Manila

31. Januar bis 27. Februar 1854

In blassen Umrissen tauchten die Riukiu-Inseln vor mir auf. Als halb blaue, halb graue Masse lag das Land in klumpigen Haufen da oder dehnte sich als schmaler Streifen am Horizont entlang. Bis zur Küste waren es noch fünf oder sechs Meilen; eine Kette von Korallenriffen führte dahin; die Wellen schlugen heftig gegen diese steinerne Mauer, und der Schaum der Brandung breitete sich bald als weiße Decke weit aus, bald sprang er wild in die Höhe und zerstäubte in Millionen von Tropfen nach allen Seiten. Zuweilen sah es aus, als wenn aus dem Wasser dicke weiße Rauchwolken emporstiegen; rundherum aber lag das tiefblaue Meer, in das von den Riffen Perlen und Smaragde hinabrollten. Die Küste war dunkel; hin und wieder aber fiel ein Strahl auf irgendein mit frischem Grün bewachsenes Fleckchen Erde – und wie hell erglänzte es dann!

Die Küste erschien uns im Vergleich zu der von Nagasaki flach, aber wie abwechslungsreich war sie! Links von uns waren die ins Meer hineinragenden Partien ganz verwittert. Da wuchs nur spärliches Gras, durch das, wie die kahlen Stellen auf einem noch nicht ganz enthaarten Schädel, von Wind und Wetter grau gewordene Korallen, hie und da auch Sträucher und nackter Lehmboden durchschimmerten. Gerade vor uns trat die Küste von den Sandbänken weit zurück und bot uns eine Reihe von Landschaftsbildern, von denen eins immer schöner war als das andere. Der niedrigliegende Teil versinkt in dichten Gärten; die Hügel sind mit Äckern bedeckt, die wie bunte Flicken auf einem dunkeln Kleide aussehen; die Gipfel sind mit Zederbäumen gekrönt, und diese stehen in ganzen Gruppen da und breiten ihre waagrechten Zweige weit aus.

Die ganze Reede ist mit Riffen und Sandbänken bedeckt. Wehe dem, der sie ohne gute Karte zu befahren wagt! Nach einer Stunde stieß unser Boot, mit dem Kiel leicht über die Steine der bei Ebbe sehr flachen Landungsstelle kratzend, an das lehmige Ufer. Wir sprangen aus dem Boot und sahen uns – in einem Garten? Nein, es war kein Garten! Es war aber auch kein Wald, sondern eine Art Park! Über uns ein undurchdringliches Gewölbe aus ineinander verflochtenen Zweigen von Bäumen, von denen uns nur wenige bekannt waren. Wieder, wie auf Java und in Singapore, setzte mich der starke, süßliche, würzige Geruch des tropischen Waldes in Erstaunen, wieder umfing uns die warme Feuchtigkeit aromatischer Dünste. Je weiter wir gingen, desto weniger mochten wir unsern Augen trauen. Zwischen den Bäumen standen Hütten, umgeben von so festgefügten Zäunen aus Korallen, daß, meine ich, so manches Geschütz diese Festungen nur mit großen Bedenken anzugreifen wagen würde! Und dabei handelte es sich doch nur um ganz einfache Wohnhütten! Ich guckte über einen Zaun: Miniaturhäuser, umgeben von Gemüsegärten und winzigen Stückchen Ackerland. Im Dorf lief ein einziger Zaun die ganze Straße entlang; auf der Mauer, hinter der Mauer wuchsen Bäume; hinter ihnen wiederum sah man Blumen hervorschauen. Schon von ferne bemerkte ich die Bewohner, die, auf lange Bambusstäbe gestützt, vor den Toren standen. Unter ihnen fielen mir besonders die Greise auf: ehrwürdige Gestalten mit nachdenklichen, ernsten Gesichtern, in breiten, einfachen, aber sauberen, schlafrockartigen Gewändern, mit langen weißen Bärten und nach hinten gekämmtem und ganz oben auf dem Scheitel zu einem Wulst zusammengerafftem Haar. Als wir näher kamen, verneigten sie sich tief vor uns.

Ich war entzückt von dem Bilde, das sich mir bot, und dieses Entzücken galt nicht der tropischen Vegetation, nicht der warmen, weichen, düftereichen Luft – alles das hatten wir anderswo auch schon gehabt –, sondern dieser Harmonie, die über allem lag und alles erfüllte: Wald und Straße, Gärten und Felder. Ich freute mich an der Schlichtheit der Gewänder und an den patriarchalischen Gestalten der Greise, an dem ernsten, gedankenvollen Ausdruck ihrer Gesichter, an der Zartheit, Weichheit und lieblichen Schüchternheit, die aus den Zügen der jungen Menschen sprach. Ich staunte diese Bauten aus Stein und Erde an, die so viel Mühe gekostet haben mußten. Das Land hier ist ein Ameisenhaufen oder eine Idylle, ein Überbleibsel des Goldenen Zeitalters. Es ist der letzte Rest jener Welt, von der uns die Bibel und Homer berichten. Diese Menschen sind keine Wilden, sie sind ein Hirtenvolk, das sich von seinen Herden nährt, patriarchalische Menschen mit voll entwickelten religiösen Vorstellungen, klaren Begriffen von den Pflichten des Menschen, von Sitte und Tugend. Man ist verblüfft, wenn man sich vorstellen soll, daß die Menschen hier noch heute so leben, wie sie vor zweitausend Jahren gelebt haben, daß sich nichts geändert hat. Menschen, Leidenschaften, Taten – alles ist einfach, unkompliziert, primitiv. Und in der Natur dieselbe Schönheit und Ruhe: Die Sonne scheint hell und heiß, die Bäche fließen sanft dahin, die Früchte reifen von selbst an den Bäumen. Bücher, Schießpulver und ähnliche verhängnisvolle Gaben der sogenannten Kultur gibt es hier nicht. Wird es immer so bleiben? Oder wird die Zivilisation der neuen Zeit auch in diesen vergessenen, stillen Winkel dringen?

Wir gingen weiter durch das Dorf nach der Hauptstadt zu, an Bäumen vorbei, die man bei uns nur unter Glas in Kübeln sieht. Am Ende des Dorfes befindet sich ein kleiner Marktplatz. Zottige schwarze Weiber saßen auf der Erde, unter Sonnenschirmen auf langen, in die Erde gebohrten Bambusstäben, und hielten Tabak, Kuchen und irgendeinen weißen

Teig aus Bohnenmehl feil, den sie gleich an Ort und Stelle auf einem Kohlenfeuer brieten. Einige von ihnen ließen, als sie uns erblickten, ihre Waren im Stich und flüchteten in den nächsten Hof oder in eine der engen Seitengassen; die weniger Flinken hielten sich wenigstens die Ärmel vors Gesicht. Mein Gott, wie sahen diese Weiber aus! Man hätte sie für Teufel halten können! Und das sind Gattinnen und Mütter! Wer entschließt sich denn, ein solches Wesen zu heiraten? Die Männer sind hübsch und gut gebaut, aber das heiße Klima scheint dem weiblichen Geschlecht entschieden nicht zu bekommen!

Der Weg führte bergauf. Es war heiß. Wir nahmen unsere Mäntel ab. Unsere engen Kleider aus Tuch und ähnlichen festen Stoffen sind in diesen Landstrichen ganz unmöglich. Wie heiß muß es erst im Sommer sein! Gut, daß der Wind vom Meer uns einige Kühle zuwehte! Und dabei liegen diese gesegneten Inseln erst unter dem 26. Breitengrad! Wie soll man da nicht Lust bekommen, sie unter sein Protektorat zu nehmen? Die Herren in den Vereinigten Staaten wissen sehr wohl, was sie tun.

Oben auf dem Berge standen wieder Hütten. Schade, daß sie sich hinter diesen Mauern verbergen; aber es geht nicht anders: Der Taifun, der auch über die Riukiu hinwegweht, würde diese Vogelbauer wie Staub wegblasen, wenn sie nicht durch die Mauern geschützt wären. Auf dem Berge gab es schon keinen Wald mehr, aber welch ein Anblick bot sich uns, als wir ins Tal hinabschauten! Ich war schon ganz müde geworden und blickte gleichgültig auf die blühenden Pfirsichbäume, die Myrten- und Zypressensträucher.

Endlich hatten wir die Stadt erreicht. Wir traten durch ein breites Tor in chinesischem Stil mit einer chinesischen Aufschrift und erblickten vor uns eine endlos lange Straße, eigentlich die Fortsetzung der Landstraße, die wir bis jetzt gegangen waren, nur war sie jetzt nicht mehr mit großen Korallen, sondern mit kleinen Steinen gepflastert, richtiger chaussiert, und zu beiden Seiten zogen sich Gärten oder Parks mit überreicher Vegetation hin. Über den Mauern erhoben sich hie und da rote Schindeldächer. Wir gingen mit beschleunigten Schritten vorwärts; die Straße bog nach links ein, und wir standen vor dem Schlosse.

Dieses Schloß war von einer massiven Steinmauer umgeben, die etwa acht Meter hoch sein mochte und hie und da mit Moos und Schlingpflanzen bewachsen war. Eine breite, roh behauene steinerne Freitreppe führte zu einem hohen, mit Brettern vernagelten Portal. Zu beiden Seiten des Tores saßen sphinxartige Tiere aus Korallen. Nirgends ein Zeichen von Leben; alles war versteinert wie in einem Märchenschloß, zu dem wir aus fernen Landen gezogen waren, um den Zauber zu lösen. Seitwarts vom Tor war eine Holzgalerie aufgebaut, wie wir sie ähnlich in Nagasaki gesehen hatten; hier kauerten ein paar Leute auf Matten, wohl Schloßdiener; auch sie rührten sich nicht, auch sie schienen aus Stein gehauen. Wir setzten uns nieder, um etwas auszuruhen, dann gingen wir bergab über eine mit Bananen und Zedern bepflanzte Terrasse.

Wir gingen um das ganze Schloß herum und dann wieder bergauf, einen steilen, mit Korallen ausgelegten Pfad entlang. Hinter uns gingen einige von den Eingeborenen, aber in beträchtlicher Entfernung, ängstlich und schüchtern. F., dem das nicht gefiel, gab ihnen durch eine energische Handbewegung zu verstehen, daß sie uns allein lassen sollten: Sie verbeugten sich darauf fast bis zur Erde und blieben in dieser Stellung so lange, bis er sie nicht mehr beobachtete; dann aber gingen sie wieder hinter uns her, sich im Gebüsch vor uns verbergend.

Wir durchkreuzten noch einige Straßen und sahen uns plötzlich einem seltsamen Schauspiel gegenüber. Wir hatten anscheinend die belebteste Handelsstraße betreten. Aber was geschah? Die Leute zeigten mit Entsetzen auf uns, sie schlossen ihre Läden oder ließen sie offen stehen und liefen nach allen Seiten davon. Vergebens winkten wir ihnen mit den

Händen, schwenkten unsere Hüte: Sie liefen nur noch schneller. Ich sah ein Weib mit allen Zeichen größten Entsetzens über das Dach eines Hauses fliehen; die Schöße ihres schlafrockartigen Gewandes flatterten im Wind, der kunstvolle Bau des Haares hatte sich gelöst, und die ganze zottige Masse fiel ihr über Schultern und Rücken; die nackten Füße arbeiteten mit rasender Geschwindigkeit. Aber nicht alle hatten Zeit gehabt, zu entfliehen; die zurückgebliebenen Männer sahen uns mißtrauisch an, die Weiber verhüllten die Gesichter.

Die Riukiu werden von einem König regiert. Vor etwa dreihundert Jahren erschienen hier plötzlich japanische Schiffe, die dem Fürsten von Satsuma gehörten, nahmen die Inseln in Besitz und belegten sie mit einem Tribut, der, wie uns der hiesige Missionar mitteilte, gegen zweitausend Rubel nach russischem Gelde beträgt. Andere sagen, die Inseln könnten mühelos auch das Fünffache zahlen. Diese Ziffern geben einen Begriff von der Fruchtbarkeit der Inseln. Nicht umsonst gilt der Fürst von Satsuma als der reichste von allen japanischen Fürsten.

Der Tribut wird in Naturalien entrichtet: Reis, der hier von einer Qualität ist wie auch in Japan nicht, Tabak, Ambra, Gewebe aus Bananenfasern und Saki. Der Saki gilt auch als vorzüglich, und die Japaner tauschen große Mengen des bei ihnen gebauten Reises gegen den hiesigen ein, weil dieser sich besser zur Herstellung des Saki eignet.

Später versuchten die Riukiu einmal, von Japan abzufallen, doch sie wurden von neuem unterworfen. Der König der Riukiu muß, wenn er seine Regierung antritt, nach Japan reisen, wo er endgültig in sein Amt eingesetzt wird.

Der gegenwärtige König ist erst zwölf Jahre alt. Er wird nach Erreichung des fünfzehnten Lebensjahres die Reise nach Japan machen. Der König lebt hier wie ein Gefangener in seinem festen Schlosse, das wir gesehen hatten, und zeigt sich niemandem. Sich dem Volke zu zeigen ziemt sich im Orient bekanntlich nicht für den Inhaber der höchsten Gewalt. Der hiesige Missionar war einmal in chinesischer Kleidung ins Schloß gedrungen und unbemerkt bis zu den Gemächern des Königs gekommen. Der König spielte Ball und bemerkte den Eindringling lange nicht. Als er ihn erblickte, zog er sich sofort zurück. Die Hofleute umringten den unbescheidenen Gast, verbeugten sich tief vor ihm und zeigten ihm dann, wo der Zimmermann das Loch gelassen hat.

Der Admiral hatte dem Gouverneur sagen lassen, er wolle ihn bei sich sehen und er sei sehr erstaunt, daß der hohe Herr sich bisher noch nicht gezeigt habe. Wenn er nicht komme, würden wir selbst in das Schloß gehen und uns die Hofhaltung ansehen. Das wirkte. Am 7. Februar erschien der Gewaltige auf der Fregatte, begleitet von einem Sekretär, einem Gehilfen, einem chinesischen Dolmetscher und einem kleinen Gefolge. Es war ein hochgewachsener, grauköpfiger alter Herr von nicht gerade patriarchalischem Aussehen, vielmehr mit einer roten Nase und zahllosen roten und blauen Äderchen im Gesicht, die davon zeugten, daß Enthaltsamkeit jedenfalls nicht zu seinen Tugenden gehörte. Er sprach mit einer heiseren, kreischenden Stimme. Sein Genosse war ein großer, kräftiger Mann von etwa fünfzig Jahren mit einem langen, schwarzen, unter dem Kinn beginnenden Bart. Diese Barttracht ist hier allgemein. Die anderen waren durchweg kräftige, frische Leute. Der Haarwulst auf dem Scheitel des Gouverneurs wurde durch eine goldene Nadel zusammengehalten. Der Gehilfe und der Dolmetscher hatten silberne Nadeln, die übrigen kupferne. Hinter dem Gouverneur saß ein Junge von etwa sechzehn Jahren, der ihm unausgesetzt die Pfeife stopfen mußte; dafür erhielt er von all den schönen Dingen, mit denen wir unsern Gast bewirteten: Biskuit, Likör und so weiter. Er schenkte dem Admiral zwei große Kuchen und erhielt von uns einen Samowar und Glasgeschirr; außerdem hatte man ihm schon früher Tuch für einen Leibrock geschickt, als Gegengabe für das gelieferte Geflügel und

Gemüse. Wir zeigten ihm die japanischen Geschenke, unter anderm auch den Säbel, den der Admiral erhalten hatte.

«Haben Sie auch einen Säbel?» fragten wir ihn.

«Nein.»

«Was haben Sie denn für Waffen?»

«Hier!» sagte er und zeigte auf seinen Fächer.

Wir baten ihn noch, der Bevölkerung zu sagen, sie sollte nicht vor uns fliehen, da wir nichts Böses im Schilde führten. Er sagte darauf: «Die Leute laufen davon, weil Europäer sehr selten zu uns kommen und ihr Anblick uns fremd ist. Zudem haben die Amerikaner, als sie hier waren, mehrfach Erbsen und Bohnen von den Feldern genommen. Wenn einer oder zwei das getan hätten, wäre das nicht so schlimm gewesen, aber sie machten es alle!»

Wir versicherten ihm, daß unsere Leute nichts anrühren würden.

«Und dann, bitte», sagte der Dolmetscher, «auch wegen der Weiber... Ein Amerikaner hat eine von unsern Frauen an der Hand gefaßt. Bei uns sieht man solche Dinge sehr streng an; der Mann wird sich jetzt vielleicht scheiden lassen. Daher laufen sie auch vor den Fremden davon.»

Das nennt man Moral! Nicht einmal die Hand der Dame darf man berühren! Im Goldenen Zeitalter, besonders in den Tagen der biblischen Patriarchen und denen Homers, sah man die Dinge einfacher!...

Am 8. Februar gingen wir zum letztenmal an Land. Kapitän L. und ich bestiegen wieder den Hügel, wo wir tags vorher gewesen waren. Unterwegs stießen wir auf eine Schar Bauern mit herrlichen, dunkeln, glatten, ungeheuer dicken Bambusstangen, auf denen hier die Lasten getragen werden. Ich wollte mir so eine Stange etwas näher ansehen, streckte die Hand danach aus, aber da wurden die Leute ganz verlegen, erröteten, schnitten Gesichter, starrten einander an und wichen ängstlich zurück. So bekam ich die Stange auch nicht in die Hand.

Oben auf der Anhöhe setzten wir uns nieder. Da kam plötzlich aus dem Gebüsch ein Eingeborener geschlichen, riß in einem benachbarten Garten zwei Heckenrosen ab, krümmte sich dann ganz zusammen und überreichte uns die Blumen mit einer tiefen Verbeugung. Natürlich hatte er Befehl erhalten, uns von ferne zu beobachten. Dann kam aus einem Hause ein Knabe von etwa zwölf Jahren, beide kauerten sich vor uns nieder und betrachteten uns, unsere Kleider und unsere Sachen mit größter Neugier. L. zog sein Notizbuch hervor, ich zeichnete die Figur eines Knaben hinein, riß das Blatt aus dem Buche und gab es dem Jungen. Herrgott, was war das für eine Zeichnung! Meinem seligen Zeichenlehrer dürfte es wohl nie in den Sinn gekommen sein, daß ich die bei ihm gelernte Kunst einmal auf den Riukiu-Inseln erproben würde! Der Junge war entzückt. Dem Großen gab ich Zigarren und dazu noch einen Dollar. Er zog einen Kash (eine kleine chinesische Münze) aus dem Busen und hielt sie neben den Dollar. Ich suchte ihm durch Zeichen zu erklären, daß in einem Dollar 1400 Kash enthalten seien. Dann brachte uns der Junge in einer kleinen Kanne Tee, der aber nach nichts schmeckte.

Am 9. Februar segelten wir in den Stillen Ozean hinaus. Wenn wir aber auch noch länger hier geblieben wären – ich wäre wohl kaum noch einmal an Land gegangen. Die Natur allein und ein rein animalisches, wenn auch eigenartiges Leben können dem Menschen auf die Dauer nicht genügen...

Am 11. Februar überschritten wir den nördlichen Wendekreis. Wir segelten mit einer Geschwindigkeit von neun Knoten bei lindem, warmem Wind, der die Nerven wie ein Bad liebkost. Nachmittags begann plötzlich ein steifer, heftiger Wind zu wehen von der Küste her, die zu unserer Linken sichtbar wurde: Es war die große Insel Luzon. Fast jeder von uns hatte eine Beschreibung von Manila in der Hand, und alle wiegten sich in holden Träumen: Dieser hofft eine noch herrlichere Natur zu sehen als die bisher geschaute, jener will neue

Menschen, neue Sitten kennenlernen; noch einer träumt von Krokodiljagden und ein anderer von schönen Kreolinnen; der will sich Wäsche aus *grasscloth* bestellen, und jener spitzt sich auf Zigarren. So hat ein jeder seine besonderen Wünsche.

Am 16. Februar langten wir endlich am Eingang der Bucht von Manila an, die als eine der größten in der Welt gilt. Inmitten der Einfahrt liegt das Inselchen Corregidor mit einem Leuchtturm. Zu seiner Linken ragen in einiger Entfernung voneinander die kahlen Felsen Roß und Nonne empor; rechts zieht sich eine dichte Kette kleiner Klippen hin. Wir fuhren lavierend gegen sechs Uhr abends in die Bucht ein. Von Corregidor stieß eine Schaluppe ab und kam auf uns zu, jedenfalls, um sich «nach unserm Befinden zu erkundigen». Wie hätte sie uns aber einholen können! Wir fuhren mit einer Geschwindigkeit von neun Knoten, überholten ein seltsames chinesisches oder indisches Schiff und gingen in der neunten Stunde auf der Reede von Manila vor Anker, etwa fünf Kilometer von der Küste entfernt.

Wir hatten uns der Reede langsam und vorsichtig genähert; der Wind legte sich; die Nacht brach an. Sie kennen die tropischen Nächte nicht, diese rätselhaft hellen, warmen, sanften, lautlosen Nächte. Kein Lüftchen rührt sich, kein Laut ist zu hören. Nur die Sterne glitzern am Himmel... Doch horch! Eine Glocke! Ich habe schon lange kein Glockengeläut mehr gehört. Die vollen, gedehnten Klänge fluteten über die Reede dahin und verstummten wieder. Ich blickte auf die Lichter der Stadt: Rings um sie her barg sich alles im Dunkel. Ein angenehmes Gefühl der Neugierde wurde in meiner Seele rege; in meiner Phantasie erstanden aus dem Staube der Vergessenheit Bilder und Gestalten des katholischen Südens. Ich verspürte plötzlich das Verlangen, in einem alten Kloster zu weilen, im Dämmer der Kirchen zu wandeln, Ruinen, umgeben von frischem Grün, zu schauen, Bettelarmut in goldenen Lumpen, träge Spanier, schöne Spanierinnen – Empfindungen und Gebilde, die mir längst fremd geworden waren...

«Wer hat Lust, an Land zu fahren?» hieß es gegen zwei Uhr nachmittags, «die Schaluppe geht gleich ab!» Einige von uns bestiegen das Boot, ich mit; alle weiß gekleidet, denn anders darf man sich bei dieser Sonnenglut gar nicht zeigen, machten wir uns, durch ein Leinwandzelt geschützt, auf den Weg. Aber es war trotzdem heiß; steckte man die Hand, den Fuß, die Schulter unversehens heraus, so sengte es. Das blaue Wasser hatte gar keine Wellen; die Schiffe, an denen wir vorüberkamen, schienen zu schlafen: Nicht die geringste Bewegung war auf ihnen wahrzunehmen; kein Mensch auf Deck. Hier und da schleppten sich ein paar Boote, wie schläfrige Fliegen, in der riesengroßen Bucht dahin.

Je näher wir kamen, desto deutlicher trat die Küste hervor: eine lange, graue Mauer wurde sichtbar, hinter ihr Glockentürme, dann ein dichter Haufen Häuser. Nun tat sich die Mündung eines mit einem Steinkai eingefaßten Flusses auf. An seinem rechten Ufer, dicht an der Mündung, stand ein hoher Leuchtturm.

Wir fuhren stromaufwärts. Auf dem einen Ufer erblickten wir eine Reihe von schmutzigen Güterhallen, Häusern und langen Zäunen; Grün war nirgends zu sehen; nur hier und da reckten sich zwei oder drei Bananenblätter hinter einer Mauer zur Sonne empor. Rechts, vor der Festung, wächst niedriges Gras; dort tummeln sich schreiende Kinder; Büffel mit furchtbaren, nach dem Rücken zu gebogenen Hörnern liegen im Schatten oder stehen bis an den Hals im Wasser. Auf der Mauer gehen Wachtposten umher, mit großen Epauletten aus roten Fransen, in Ulanentschakos und Tuchuniform mit Schärpen. «Die Festung ist vorzüglich geschützt», sagten unsere Herren beim Anblick der Artillerie und der dicken Mauern.

Doch nun kommt eine Brücke. Wir zwängten uns mit Mühe zwischen den Schiffen und Booten zu den Steinstufen des Landungsplatzes hindurch und betraten die Straße. Oh, wie schwül es war! Eine heiße, stickige Luft umfing uns: Es war, als wären wir in ein Dampfbad geraten. «Ist das wirklich Manila?» sagte einer unserer jüngeren Reisegefährten, in dessen Einbildung der Name Manilas mit etwas Blühendem, Duftigem verquickt war. «Wo ist denn die Pracht, die Poesie?... Ach, wie übel es hier riecht!» fügte er plötzlich hinzu. Es roch in der Tat nicht schön. Wir bogen in die Straße ein, die aus einer ununterbrochenen Reihe von Verkaufsläden bestand, und entdeckten plötzlich die Ursache des Geruchs: Aus den Läden schauten die blaurasierten Köpfe und verschmitzten Gesichter von Chinesen hervor. Das sind die reinen asiatischen Juden: Wo wären sie nicht zu finden? Und überall verbreiten sie den Geruch von Knoblauch, Sandelholz und Pflanzenöl. Hier sind sie aber reinlicher als in Singapore und Hongkong, und auch ihre Läden sind sauberer und gleichen unsern Verkaufshallen, nur daß sie im oberen Stockwerk Wohnräume haben. Man sieht hier weniger Schmiede und Tischler; es wird auch nicht auf der Straße gebacken und gebraten. Aber viel nacktes Volk ist da. Ein unangenehmer Anblick, diese weißen, welken Körper: Es ist, als ob zwischen Hammelkeulen und Schinken noch andere Fleischstücke zur Schau gestellt wären.

Wir sahen uns um, wen wir wohl nach dem französischen Hotel fragen könnten, von dem wir am Morgen gehört hatten; wir wollten erfahren, ob man sich da einmieten, einen Wagen haben könne und so weiter. Auf der Straße war kein Mensch zu erblicken; hin und wieder nur lief ein Chinese oder ein Inder mit einer Traglast vorüber, und die Straße war wieder menschenleer. Nur Hunde und Schweine lagen hier und da an den Zäunen, im Schatten. Wir wandten uns sowohl an die Chinesen wie auch an die Inder mit der französischen und englischen Frage: «Wo ist das Hotel?» Die Leute sahen uns stumpf an oder antworteten gleichfalls mit einer Frage: «Señor?» Wir zerbrachen uns den Kopf, wie wir wohl, ohne ein Wort Spanisch zu verstehen, einen spanischen Satz drechseln könnten. Nach einer ziemlich langen Konferenz glaubten wir schließlich, fünf Worte beisammen zu haben, die die Frage enthalten sollten: «Wo ist hier das französische Hotel?» Damit wandten wir uns an einen Soldaten, der müßig im Schatten eines gelben Gebäudes stand, das einer Kaserne ähnlich sah. Ein zweiter Soldat stand Wache. Der erste sah uns an, dachte nach und führte uns durch die chinesischen Handelsgalerien. Aus den Läden schlug uns abwechselnd der Geruch von Seife, Schuhwaren, Gewürzen, Tee entgegen. Endlich führte der Soldat uns in einen Hof, in dem sich eine Menge Wagen und Pferde befanden. Die Kutscher, die damit beschäftigt waren, sie zu putzen, sahen uns fragend an, ebenso wie wir sie, dann blickten wir alle zusammen fragend auf den Soldaten. «Was mögen wir ihm wohl gesagt haben?» fragte einer von uns, der von der Hitze, der Stickluft und dem üblen Geruch in den Straßen ganz benommen war. – «Jedenfalls etwas sehr Schönes, da er uns in einen Pferdestall geführt hat!» – «Aber es muß doch immerhin etwas Spanisches gewesen sein: Er hat uns doch nicht ohne Grund hierher geführt», fügte jemand zum Trost hinzu. – «Franzeska, franzeska», wiederholten wir dem Soldaten. Einer der Kutscher sagte ihm auch etwas, da führte er uns wieder durch neue Handelsgalerien. Diese Straße war herrlich; je weiter wir gingen, desto schöner wurden die Verkaufsläden. Endlich blieb unser Führer vor einer Türe stehen und bedeutete uns, da hineinzugehen.

Wir waren in einem europäischen Laden angelangt; dort herrschte aber solch ein Durcheinander, daß man nicht sofort zu sagen vermocht hätte, womit der Besitzer eigentlich handelte. Da standen zwei oder drei Stutzuhren, eine Schachtel mit Handschuhen, mehrere Kisten Wein, ein Klavier; da lagen Stoffe, da hingen goldene Ketten; Etageren, hübsche Tischchen, Schränke und Sofas drängten sich auf einen Haufen zusammen, auf den Fenstern standen Vasen, auf dem Tisch irgendeine Maschine, dann gab es Papier, Parfüm. Wir hatten Zeit, das alles zu betrachten, denn es befand sich niemand im Laden, und es kam auch niemand zu uns heraus. Erst nach fünf Minuten erschien ein junger, großer, blonder, sehr hübscher Franzose, in außerordentlich gewählter Kleidung, wie gewöhnlich, und war sehr erstaunt, uns hier zu sehen. Ihm folgte eine häßliche, ältliche, kleine Französin, die noch eleganter gekleidet war und uns ebenfalls erstaunt ansah. Wir fingen alle gleichzeitig an zu reden, die Ladeninhaber auch. Wir beklagten uns bitter über die Hitze, die Stickluft, die Leere in den Straßen und darüber, daß niemand eine andere Sprache verstehe als Spanisch, und daß es uns ganz unmöglich sei, das Hotel zu finden. Sie trösteten uns eifrig damit, daß jetzt die Zeit der Siesta sei, wo alle schliefen; daher sehe man in den Straßen nur einfaches Volk, dieses aber spreche weder Englisch noch Französisch, wohl aber Spanisch, Chinesisch und Portugiesisch. Vor und nach der Siesta ginge aber wiederum niemand auf der Straße, außer dem einfachen Volk, denn die besseren Leute führen alle im Wagen und sprächen nur Spanisch. – «Ein Hotel», fügten sie als letzten Trost hinzu, «ist wirklich vorhanden: Es wird von einem Franzosen geführt, M. Demien, der ein ausgezeichneter Mensch ist, aber es ist sehr weit von hier. Wenn es Ihnen recht ist, wird ein Kuli Sie dahin geleiten, aber Sie werden ihm einen Real oder vielleicht noch mehr zu zahlen haben.»

Nun begann unsere Wanderung von neuem, unter der Führung eines barfüßigen Inders, oder, wie Fadejew sagt, eines Zigeuners in Strohhut und weißem Hemd, das über die blauen Beinkleider hinabhing; wir gingen durch die öden Straßen, bemüht, uns von den zahlreichen Läden abzuwenden, die allzusehr nach Chinesen rochen.

Solange wir unter den steinernen Laubengängen der Läden dahinschritten, war es noch ganz erträglich, aber die Läden hörten auf; wir bogen in eine andere Straße ein, es kamen Wegkreuzungen, offene Plätze. Der Sonnenschirm erwies sich als schwacher Schutz; die Füße brannten in den Schuhen. Wir kamen an der Brücke vorüber, wo wir gelandet waren;

hinter ihr sahen wir eine große Kirche; die neue Straße wies wieder Reihen von Läden auf, die aber viel minderwertiger waren als die in der vorher durchwanderten Straße.

Unser Führer blieb vor einer Seitengasse stehen und ließ uns Zeit, ihn einzuholen, dann ging er zwischen zwei Zäunen weiter, hinter denen in der Sonne glühende Bananen hervorschauten. In dieser Gasse waren überhaupt keine Häuser zu sehen, dafür wuchs viel mehr Gras dort, und im Schatten lagen viel mehr Schweine und Hunde als in den andern Straßen. Endlich zeigte sich in der Ferne, bereits an der Wegkreuzung, ein einzelnes Haus, dann ein zweites – und weiter nichts. «Wird dieser Weg denn nicht bald ein Ende nehmen?» sagten wir, von der Hitze bis zum äußersten ermattet. Der Tagale blieb bei dem ersten Haus, vor dem ziemlich schmutzigen Tor stehen. «Fonda!» sagte er und wies mit der Hand in den Hof. Wir schauten mißtrauisch hinein – und was war's: wieder Wagen und Pferde! «Was soll denn das heißen; macht man sich etwa über uns lustig?» murrten wir. – «Fonda!» wiederholte der Tagale hartnäckig. – «Was liegt uns daran, daß es eine Fonda ist? Führ uns ins Hotel!» schrien wir, die einen auf französisch, die andern auf englisch. Zum Glück kam ein junger Mann heraus und erklärte auf englisch, daß das die Fonda, das heißt das Hotel sei. «Aber die Pferde, die Wagen – was bedeutet das?» fragten wir zornig. «Der Besitzer vermietet auch Fuhrwerke», antwortete er.

Wir beruhigten uns und flüchteten in den rettenden Schatten; wir durcheilten den mit Wagen und Pferden angefüllten Hof, erstiegen eine Treppe und gelangten in einen riesigen Speisesaal, aus dem eine nach allen Seiten offene Galerie in die andern Räume führte; dann kamen Gänge mit den Schlafzimmern. O Wonne! Hier schien die Sonne nicht: überall Zugluft, aber leider steht sie nicht immer zur Verfügung. Bei uns im Norden muß man sie vermeiden, hier aber suchen.

Eine Schar von Bedienten, Indern, größtenteils Knaben, musterte uns voller Neugierde. Übrigens sind die Tagalen im allgemeinen klein von Wuchs und haben ein jugendliches Aussehen. «Limonade!» bestellten wir, und die ganze Dienerschar stürzte mit einem Male davon, so daß der Fußboden, der Tisch, die Stühle – alles im Saale zu wackeln begann. Hier machte ich die Entdeckung, daß die Fußböden, die Decken nur allzu leicht gebaut waren. Ich konnte durch die Ritzen im Fußboden sehen, was auf dem Hof vorging; jedes unten gesprochene Wort war im Zimmer zu hören und umgekehrt.

Nun erschien auch der Wirt, M. Demien, ein Mann von etwa fünfunddreißig Jahren, von angenehmem Äußeren, mit einem treuherzigen Gesicht; er trug eine weiße Jacke und einen Strohhut, war höflich, ohne Hast, schlicht, aber würdevoll im Auftreten und schien kein Schwätzer und kein Aufschneider zu sein, was man von einem Franzosen nur selten sagen kann. Er erklärte, daß er für anderthalb Piaster täglich ein Zimmer mit Verpflegung gebe, das heißt, mit Frühstück, Mittagessen und Abendbrot; daß er auch Fuhrwerke besitze und für einen Wagen mit zwei Pferden für den ganzen Tag zweieinhalb Piaster, für den halben Tag eineinviertel Piaster berechne.

«Sagen Sie, bitte», fragten wir den Wirt, «wie könnte man die Stadt besichtigen?» – «Das geht», antwortete er. «Was wollen Sie denn sehen?» – «Vor allen Dingen die spanische Stadt, die Sehenswürdigkeiten.» – «Das geht!» – «Die Kirchen zum Beispiel.» – «Das geht.» – «So lassen Sie anspannen, wir wollen gleich fahren ...» – «Die Kirchen können Sie jetzt nicht sehen; sie sind geschlossen», sagte Demien. – «Wann findet der Gottesdienst denn statt?» – «Vor acht Uhr morgens; später ist's zu heiß.» – «Könnten wir also vielleicht die Zigarrenfabrik besichtigen?» – «Nein, man muß vor elf Uhr vormittags dort sein; zu Mittag gehen alle fort, um auszuruhen, es ist zu heiß. Aber haben Sie auch die Erlaubnis vom Gouverneur?» – «Erlaubnis?» fragten wir. – «Ja.» – «Nein, die haben wir nicht.» – «Übrigens, wenn Sie irgendeinen Bekannten in der Stadt haben, so wird man Sie als Bekannte des Direktors ohne weiteres einlassen.»

Diese unerwarteten Hindernisse gaben uns zu denken. «Wir möchten auch gern das Innere der Insel besuchen, zum Beispiel die Grotte des heiligen Matteo, die Lagunen... könnten wir Pferde von Ihnen bekommen?» fragten wir weiter. – «Ja, soviel Sie wollen; aber die hiesige Obrigkeit läßt Ausländer nur ungern ins Innere... Ihnen wird der Gouverneur vielleicht die Genehmigung erteilen, Sie sind seltene Gäste.» – «Das ist ja nicht viel besser als in Japan!» sagte ich unwillig. «Nun, da ist nichts zu machen, lassen Sie mir einen Wagen anspannen», fügte ich hinzu. «Ich will eine Spazierfahrt durch die Stadt machen und bei dieser Gelegenheit Zigarren kaufen...» – «Jetzt kann ich Ihnen keinen Wagen geben...» – «Sie scherzen, Herr Demien?» – «Keineswegs: Man fährt hier vom frühen Morgen bis Mittag spazieren, dann von fünf bis elf Uhr abends; wir würden die Pferde sonst zu Tode hetzen.» – «Wo aber ist ein Zigarrenladen? Sagen Sie es uns, wir gehen zu Fuß hin.» – «Es gibt einen staatlichen, aber dort sind nicht immer Zigarren zu haben... man muß in die Fabrik...» – «Das ist unerträglich! Zu der Fabrik hat man doch keinen Zutritt?» – «Es ist schwierig.» – «Wo kauft man denn aber Zigarren? Wir haben auf der Straße doch alle rauchen sehen.» – «Die Privatgeschäfte führen Zigarren, aber nur ganz miserable.» – «Haben Sie keine?» – «Nein, ich halte keine Zigarren, weil sich hier alle selbst damit versehen.»

Wir zuckten die Achseln, Demien aber lächelte. Unsere Ratlosigkeit machte ihm Vergnügen. «Was sollen wir also jetzt anfangen? Raten Sie uns.» – «Ruhen Sie hier aus, es ist jetzt drei Uhr, um vier ist das Diner: nehmen Sie daran teil, wenn Sie wollen, und nachher will ich gleich anspannen lassen, etwas früher, weil Sie es sind, und dann können Sie spazierenfahren. Nach Zigarren werde ich auch gleich schicken.»

Nach dem Mittagessen wurde es kühler. Alle fuhren fort. Ich bekam einen prächtigen kleinen Wagen, vor den ein Paar kleiner, aber überaus hübscher Pferde gespannt war. «Befehlen Sie dem Kutscher, erst nach Manila zu fahren», sagte ich dem Wirt, «dann in die Umgebung, aber recht weit und dahin, wo es am sehenswertesten ist.»

Wir jagten durch die Vorstadt, die jetzt bereits von einer zahlreichen, zum größeren Teil aus Tagalen und Chinesen bestehenden Volksmenge erfüllt war. Auch Mestizen waren darunter. All dies Volk ging zur Arbeit oder kehrte von der Arbeit heim; manche schienen einfach vor Freude über die eingetretene Abkühlung die Häuser verlassen zu haben, um spazierenzugehen und Einkäufe zu machen, oder sie standen gruppenweise zusammen und plauderten.

Die Tagalen sind nicht schön: Sie haben meist platte ovale Gesichter, ziemlich breite Nasen, kleine Augen und eine unreine bräunliche Hautfarbe. Sie schneiden ihr Haar auf europäische Art und tragen baumwollene Beinkleider, über die das gleichfalls baumwollene Hemd herabhängt; die Stutzer tragen Mullhemden mit gestickter Chemisette nach europäischem Muster.

Die Frauen, das heißt die Tagalinnen, sehen weit besser aus als die Männer: Sie haben regelmäßigere Gesichtszüge, lebhaftere Augen, ihr Ausdruck zeigt mehr Klugheit, Verschlagenheit und Mienenspiel, wie es ja auch sein muß. Sie sind ausgesprochene Koketten: Man sieht das sofort an den Blikken, mit denen sie die Blicke der Neugierigen erwidern, und an dem unterdrückten Lächeln. Wie schön ist die bräunliche Hautfarbe im Verein mit den lebhaften, leidenschaftlichen feurigen Augen und dem dicken schwarzen Zopf, der sich als dichter Knoten auf dem kleinen Kopf auftürmt und ohne jegliche Hülle zur Schau getragen wird! Auch würde die Schlankheit dieser Frauen Sie in Erstaunen setzen: Sie sind nicht groß von Wuchs, aber herrlich gebaut, um so herrlicher, als nur die Natur allein sich um diese Gestalten bemüht hat. Da ist kein Gürtel, kein Band um die Hüften, nichts, was einem Schnürleib oder einem Korsett gleichkäme. Die ganze Kleidung besteht aus einem eng um den Körper gewickelten Baumwollrock, ohne Hemd; der Rock ist noch mit einem großen Tuch bedeckt – das ist der untere Teil der Gewandung; der obere besteht lediglich aus einem Spencer, der meist aus Mull ohne jegliches Futter angefertigt und durch nichts mit dem Rock verbunden ist: Daher fällt einem bei dem schnellen Gang und den anmutigen Bewegungen der Tagalin oft ein Streifen des bräunlichen Körpers in die Augen, der plötzlich zwischen dem Spencer und dem Rock sichtbar wird.

Wir fuhren im raschesten Trab von Straße zu Straße, so daß die Gegenstände mir vor den Augen flimmerten; bald kamen wir auf einen offenen Platz – und alles war in Licht getaucht: wir selber, die Kirche, das Pflaster, der Garten vor der Kirche mit dem hellen und zarten Grün der Bäume; bald tauchten wir wieder in das tiefe Dunkel einer langen Gasse.

Nachdem ich an einer Menge von Straßen, Schlössern und Häusern vorübergekommen war, fuhr ich zum anderen Tor der Festung hinaus, zum Meeresstrand, und konnte vorläufig nur feststellen, daß die spanische Stadt eine große Stadt, eine verschlafene Stadt und eine sehr angenehme Stadt war. Auf dem Wege dahin hatte ich, offen gestanden, erwartet, daß mich der Geist eines verfallenen, verarmten Staates anwehen, daß ich Verödung, Mangel an Straffheit und Ordnung, mit einem Wort, die Poesie des Verfalls erblicken werde; aber die Reinlichkeit und gute Ordnung setzten mich in Erstaunen: Überall sah man die Spuren von Sorgfalt und sogar Überfluß.

Außerhalb der Stadt führte die Straße an der Küste entlang. Ich blickte auf die unübersehbare Bucht, auf unsere Schiffe, auf die von der Sonne beschienenen Berge: Die näheren waren purpurrot, die weiter entfernten violett, während die ganz fernen im Nebel des Horizonts bläulich schimmerten. Das Bild vor mir war noch schöner: Wir fuhren auf einer großen grünen Wiese dahin, mit einer Dekoration von indischen Dörfern, die sich im Schatten von Bananen und Palmen verbargen. Es war ein endloses Spalier von grünem Laubwerk, zart und hell, fast gelb an den Bananen, dunkel und hart an den Palmen.

Der Kutscher jagt in rasender Geschwindigkeit dahin; ich

habe gerade nur Zeit, flüchtige Blicke nach links und nach rechts zu werfen. Da ist eine Mauer von Bambus; ich habe noch nirgends so große und so schlanke Pflanzen gesehen: sie wachsen in riesengroßen Sträuchern oder in Buketts, die wie Pfeilenbündel in die Höhe schießen und ihre Zweige oben nach allen Richtungen ausbreiten. Dann kommt eine dichte undurchdringliche Masse verschiedenen Laubwerks, in dem sich stellenweise Büschel von Feigen oder Granaten verbergen, wie ich während der schnellen Fahrt wahrzunehmen glaubte. Aus dem grünen Dickicht brechen wir plötzlich in ein Tagalendorf ein, rasen an wandlosen Hütten vorüber, die nur ein Gitter aus Bambusrohr haben, das dicht daneben wächst, und mit Bananenblättern gedeckt sind, welche die ganze Hütte ohnehin das runde Jahr beschatten. Die blitzäugigen Tagalinnen, die in oder vor den Hütten mit irgend etwas beschäftigt sind, heben die Augen plötzlich zu den Vorüberfahrenden empor, und ihr Blick drückt sicherlich etwas aus, sei es eine Frage oder Spott, oder sonst etwas; in jedem Fall ist er sehr beredt. Die Männer sagen gar nichts: sie sehen uns mit gleichgültiger Neugierde an und kratzen bedächtig ihre Brust, den Rücken oder etwas anderes, wie es die Männer auf den Feldern auch bei uns tun, wenn sie sich für einen Augenblick von Pflug oder Sense losreißen, um auf einen Vorüberfahrenden zu blicken. Einige von ihnen machen sich mit den Ochsen zu schaffen, andere arbeiten in den Feldern und Gemüsegärten, wieder andere sitzen in einem kleinen Laden und bieten irgendeinen Schund feil; die übrigen kaufen ihn, essen, rauchen; viele sitzen haufenweise auf den Straßen, in den Gärten, im Feld, und fast alle halten einen Hahn unter dem Arm.

Als ich aus der Stadt hinausfuhr, war plötzlich von irgendwoher ein Wagen aufgetaucht, der uns bald überholte, bald zurückblieb; auf dem Vordersitz saß ein Augustinermönch mit klugem Gesicht, schwarzen, sehr ausdrucksvollen Augen, mit rasiertem Wirbel, ohne Hut, in einem weiten weißen

Gewand aus Leinwand oder Kaliko. Darin lag nichts Erstaunliches: «On ne voit que ça», sagt die Französin; aber neben dem Mönch saß ein Chinese – auch das ist keine Seltenheit in Manila. Allein dieser Chinese hatte blonde Haare, blaue oder zum mindesten graue Augen und von der Nase angefangen ein weißes oder eher rötliches Gesicht, wie ein Europäer. Nach reiflichem Nachdenken fand ich auch für diese Erscheinung eine Erklärung. «Warum soll denn ein Chinese», dachte ich, «keine blonden Haare und keine rote Nase haben wie ein Europäer? Die Engländer verbreiten die Aufklärung in China doch schon seit geraumer Zeit und haben viel von ihren Erzeugnissen eingeführt. Unter anderm auch Nasen und blonde Haare...» Warum aber trägt dieser Chinese ein goldenes Kreuz auf der Brust? Warum trägt er chinesische Kleidung, wenn er Christ ist, wie man annehmen muß? Fürchtet er die Seinen und verheimlicht seinen Glauben? Das kann ich mir nicht denken: Er würde dann fürchten, das Kreuz zu tragen. Und schließlich, warum sitzt er neben einem katholischen Mönch? Und wer ist dieser hagere Mann in ganz schwarzer weltlicher Kleidung, der ihnen gegenübersitzt und den Hut nicht aufsetzt, sondern in den Händen hält? Warum schweigen sie alle und blicken nach verschiedenen Seiten?

Das reizte meine Neugierde aufs höchste; ich richtete meine Blicke fortwährend auf den Wagen, und das ging so weit, daß der Augustinermönch die Geduld verlor und mich grüßte, da er aus meinen fragenden, beharrlichen Blicken schließen mochte, daß ich einen Gruß erwartete. Ich fühlte mich beschämt, sah fortan kein einziges Mal mehr nach dem Wagen und weiß nicht, wo und wann sich unsere Wege getrennt haben.

24. Februar. Ich wohne nun schon lange bei Demien im Hotel. Meine Gefährten kommen jeden Morgen her und fahren abends zur Fregatte zurück. Ich schickte mich bereits am Tage nach unserer Ankunft an, nach der Stadt überzusiedeln,

aber wir erhielten den Besuch von mehreren Spaniern. Außer dem wachthabenden Offizier waren nur wenige, die der Dienst zurückhielt, zu Hause. Ich packte mit Fadejew in meiner Kajüte, um auf das Festland überzusiedeln; plötzlich steckte K. den Kopf durch die Tür herein. «Die Spanier kommen», sagte er. – «Mögen sie doch!» erwiderte ich. – «Empfangen Sie sie, tun Sie mir den Gefallen», bat er. «Ich weiß nicht, was ich mit ihnen anfangen soll.» – «Und ich noch weniger als Sie!» Es war aber keine Zeit mehr zum Unterhandeln: Sechs Hidalgos betraten das Verdeck; sie waren aber ganz anders als jene, die ich auf den Balkons und auch auf den Bildern des Velazquez und anderer gesehen hatte; sie waren ebensosehr Hidalgos wie Gentlemen: alle in Frack, Überzieher und Gehrock, einige in weißen Jacken. – «Comandante de bahia!» sagte mir einer der Hidalgos und zeigte auf einen großen, schönen, schnurrbärtigen Mann. Aber der Comandante de bahia sprach weder Französisch noch Englisch, noch weniger Russisch, und ich kannte nur ein Wort auf spanisch: *fonda*, und vielleicht noch ein zweites: *muchacho*, das ich im Hotel gelernt hatte und das «Knabe» heißt: Jetzt hat sich mein Wortschatz um zwei weitere Worte vermehrt: *fuego* – Feuer, *anda* – vorwärts! Zum Glück befanden sich zwei junge Männer unter ihnen, die zwar sehr schlecht, dafür aber sehr flott Französisch sprachen. Der eine, Vicente d'Avello, war der Sohn des Redakteurs der hiesigen Zeitung, der gleichzeitig Steuereinnehmer ist; der andere hieß Carmena; beide waren sowohl in der Redaktion als auch als Steuereinnehmer tätig.

Ich konnte erst am nächsten Tage in die Stadt übersiedeln. Baron K. kam in Begleitung eines Chinesen an Bord. Aber was war dieser Chinese für eine elegante Erscheinung! Große braune Augen glühten in dem rotwangigen Gesicht, die mächtige Nase hatte einen Höcker. Dabei sprach er mit dem Baron das reinste Französisch. «Das ist ein französischer Missionar, der in China lebt», sagte der Baron, ihn vorstellend. Nun fand ich eine Erklärung für die gestrige Begegnung außerhalb der Stadt. «Sie sind hier nicht der einzige», sagte ich zu dem Franzosen. «Ich habe gestern einen Ihrer Amtsbrüder gesehen, gleichfalls in chinesischer Kleidung, mit einem goldenen Brustkreuz...» – «Er hatte ein rundes, rotes Gesicht und eine etwas rote Nase... figure rubiconde?» fragte der Franzose. – «Ja, ja.» – «Das ist unser Bischof, Monseigneur Dinacourt: Er betreut die christliche Gemeinde in der Provinz Tschekiang in China; jetzt ist er hierher gekommen, um sich in dem hiesigen Klima zu erholen: Er leidet an Blutandrang zum Kopf. Wollen Sie ihn besuchen? Er wird sich sehr freuen und auch selbst zu Ihnen kommen.» – «Mit dem größten Vergnügen!» – «Und wollen Sie auch den spanischen Bischof aufsuchen?» – «Es wäre uns sehr erwünscht... wir möchten besonders gern die hiesigen Klöster besichtigen.» – «Das trifft sich ja ausgezeichnet: Monseigneur Dinacourt wohnt selbst in einem spanischen Kloster. Kommen Sie morgen, oder nein – morgen muß ich verreisen –, also übermorgen zu mir, in das Haus des portugiesischen Bischofs; ich wohne dort. Dann wollen wir uns zusammen zu den Herren begeben...»

An einem der nächsten Tage machten wir uns recht früh, das heißt gegen neun Uhr, auf, um den Besuch der jungen Leute, Avello und Carmena, zu erwidern. Unter dieser Höflichkeit verbarg sich die Absicht, die königliche Zigarrenfabrik zu besichtigen und Zigarren zu kaufen. Der Kutscher brachte uns in die spanische Stadt, zur Wohnung des Vaters Avello, des Redakteurs der hiesigen Zeitung. Wir gingen durch ein Tor in einen gedeckten Hof und befanden uns hier in der Redaktion. In der Ecke, dicht am Tor, saßen unter einem Vordach ein paar junge Leute, wahrscheinlich Mitarbeiter, und schrieben; der eine, anscheinend der Hauptmacher, saß an einem besonderen Pult. Unweit davon legten Tagalen die Blätter der soeben fertig gewordenen Zeitung zusammen. Der älteste der Mitarbeiter sprach Französisch. Wir fragten nach Avello und Carmena; er sagte uns, daß sie bereits im Dienst, in der Steuerverwaltung sein müßten, und schickte einen Tagalen nach ihnen, uns aber bat er, hinauf in die Zimmer zu gehen und einen Augenblick zu warten.

Wir stiegen eine sauber polierte Treppe aus dunklem Holz hinan, die unmittelbar in einen endlosen galerieartigen Saal mündete, der sehr schön eingerichtet war, prächtige Vorhänge und eigenartige modernste Möbel aufwies. Überall waren Sitzplätzchen mit Sofa, Hocker, Tischchen, die mit allerhand Nippsachen vollgestellt waren, wie bei dem Redakteur einer vornehmen Zeitschrift. Eine Tagalin stand von ihrer Arbeit auf und ging fort, um uns der Herrschaft zu melden. Eine Minute später erschien eine große, üppige alte Frau mit grauem Haar ohne Häubchen, bleichem Gesicht, sanft blikkenden Augen und freundlichem Lächeln, ganz in Weiß gekleidet: ein altes Porträt, gleichsam von der Wand einer Bildgalerie herabgestiegen. Das war die Gattin des Redakteurs. Wir begrüßten uns und fingen an zu reden, sie spanisch, wir zuerst französisch, dann englisch, aber das führte rein zu gar nichts, es sei denn zu den Lehnstühlen, auf welche die alte Dame uns hinwies mit der Bitte, Platz zu nehmen. Wir wiederholten den Versuch, uns zu verständigen, aber ebenso erfolglos. Endlich ging die alte Dame fort und sagte uns etwas: Wahrscheinlich bat sie uns zu warten. Wir warteten etwa fünf Minuten und benutzten diese Zeit, um den Saal zu betrachten. Unter anderm entdeckten wir hier im Fußboden genau solche Ritze wie in der Fonda; die Decke war gleichfalls aus kleinen, mit Kreide geweißten Brettchen zusammengefügt. Man sieht, daß die Erdbeben hier kein Spaß sind und alle Welt in beständiger Furcht halten. Aber diese Beobachtungen wurden uns schließlich langweilig, und wir beschlossen fortzugehen.

Wir stahlen uns auf Zehenspitzen glücklich zum Saal hinaus, stiegen die Treppe hinab und stießen in der Tür auf Avello und Carmena. Sie führten uns zurück, baten uns, Platz zu nehmen, brachten Zigarren und boten uns an, zu frühstükken und uns zu erfrischen; dann zeigten sie uns die gestrige Zeitung, in der unserer Fregatte in schmeichelhafter Weise Erwähnung getan war. Wir erinnerten die jungen Leute an ihr Versprechen, uns die Zigarrenfabrik zu zeigen und uns beim Einkauf von Zigarren behilflich zu sein. Avello ging zu seinem Vater und befahl, nachdem er zurückgekommen war, den Wagen anzuspannen. Er setzte uns beinahe gewaltsam hinein, nahm auch selber mit Carmena Platz darin und befahl unserm Kutscher, hinter uns herzufahren.

Die Fabrik, ein riesengroßes viereckiges Gebäude im Vorort Binondo, hat zwei Stockwerke, mehrere Seitenflügel und Anbauten mit vielen Toren und Türen und einen großen Hof in der Mitte. Am Haupttor sprach Avello mit den Wachtposten – sie ließen uns nicht ein. Da kam ein Zolloffizier geritten: Avello wandte sich an ihn – auch er ließ uns nicht ein. «Das hätten wir auch ohne Protektion erreichen können», bemerkte ich zu meinem Begleiter. Alle sagten, wir müßten eine Eintrittskarte von der Fabriksdirektion haben. Wir begaben uns dahin – zum Glück war es nicht weit –, erhielten, nachdem wir in verschiedene Zimmer und Abteilungen gewandert waren, endlich eine Bescheinigung und machten uns auf den Weg. Die Wachtposten ließen die Bescheinigung trotzdem noch von Hand zu Hand gehen, betrachteten sie von allen Seiten, trugen sie hinauf, und ein alter Tagale brachte sie nach fünf Minuten zurück, wir aber brieten unterdessen in der Sonne. Übrigens bezieht sich das Letztere mehr auf den Kutscher und die Pferde, weil wir selber im geschlossenen Wagen saßen. Der Tagale forderte uns auf, ihm zu folgen; außerdem ging noch einer der Wachtposten mit.

Während wir durch das Tor, über den Hof und eine Treppe hinanschritten, ließ sich aus dem Hause ein immer lauteres und häufigeres Klopfen vernehmen, wie von einer Unzahl von Hämmern. Wir durchschritten mehrere Flure, die mit Tabakblättern, leeren Kisten, Abfällen von Tabakblättern und so weiter vollgepfropft waren. Dann stiegen wir hinaus und gelangten in einen langen Saal mit einer ebenso dünnen Decke wie überall, die auf einer Reihe von Holzpfosten ruhte.

In dem Saal saßen etwa sechs- bis siebenhundert Tagalinnen, von fünfzehnjährigen angefangen bis zu solchen in reifem Alter, reihenweise auf dem Fußboden, vor niedrigen langen Holzbänken: Jede hatte einen runden, glatten Stein in den Händen und neben sich auf dem Fußboden einen Stapel Blättertabak. Diesem Stapel entnahmen die Damen je ein Blatt, breiteten es vor sich auf der Bank aus und schlugen mit den Steinen so rasend darauf herum, daß man nicht nur außerstande war, einander zu hören, sondern nicht einmal einen Gedanken zu fassen vermochte. Wie viele Köpfe wandten sich nach uns um, wie viele schwarze listige Augen sahen uns an! Alle schwiegen, keine sagte ein Wort, mit den Augen jedoch waren sie ausgiebig tätig, noch eifriger aber mit den Händen. Sie hatten wohl an unsern Grimassen bemerkt, daß ungewohnte Ohren dieses Geklopf peinlich empfanden, und schlugen nun erst recht darauf los, was das Zeug hielt. Die Mehrzahl von ihnen vermochte das Lachen kaum zurückzuhalten, als sie bemerkten, daß sich der leidende Ausdruck in unsern Gesichtern, dem verstärkten Klopfen entsprechend, gleichfalls verstärkte. Das war eine unerwartete Zerstreuung für sie, eine Koketterie in ihrer Art.

Meine jungen Gefährten ließen sich durch das Klopfen nicht allzusehr beirren; sie blieben bei einigen der Arbeiterinnen stehen und brachten es auf irgendeine Weise zuwege, nicht nur miteinander zu reden, sondern einander auch zu hören. Ich wollte eine Frage an Carmena richten, hörte aber selber nicht, was ich sagte. Zudem machte sich im Saal auch der recht unangenehme Geruch eines Öls, jedenfalls Tabaköls, bemerkbar.

Doch nun schickten wir uns an, den Saal zu verlassen. «Jetzt wird das gleich ein Ende haben», tröstete ich mich: Wir gingen wirklich hinaus, aber in einen andern, ganz ebensolchen Saal; hinter diesem war ein dritter sichtbar; bei jedem

Schritt, den wir vorwärts gingen, erblickten wir immer neue Säle. «Wieviel Frauen arbeiten denn hier?» fragte ich, in einem kleinen leeren Raum zwischen zwei Sälen stehenbleibend. – «Acht- bis neuntausend», sagte Avello. – «Was Sie sagen!» – «Ja, der jetzige Gouverneur will die Fabrik vergrößern und vervollkommnen: Das ist sehr vorteilhaft.» – «Acht- bis neuntausend!» wiederholte ich staunend und sah auf diese größtenteils hübschen Köpfchen und braunen Gesichter, die in dichten Reihen, wie bei einer Heerschau, dasaßen.

In allen Sälen wiederholte sich bei unserm Erscheinen derselbe Vorgang: von seiten der Tagalinnen – erst neugierige Blicke, dann verstärktes Klopfen und unterdrücktes Lächeln; unsererseits – zerstreute Blicke, Leidensmienen und der Wunsch, schnell wieder fortzukommen. Übrigens wird in der Fabrik der strengste Anstand gewahrt. Die Arbeiterinnen lachen und plaudern nicht: Sie haben nur das Recht, auf ihre Tabakblätter zu klopfen. Man sagt, daß sie sich hier sehr sittsam benehmen: Es sind alle Maßnahmen hierfür getroffen. Außer zwei oder drei alten Tagalen und ebensoviel Aufsichtsbeamten ist hier kein einziger Mann in der Fabrik tätig.

In ein paar andern Räumen waren alte Frauen mit dem Wickeln von Zigarren beschäftigt, andere beschnitten sie, wieder andere besorgten das Abwiegen, Zählen und so weiter. Wir besichtigten nicht sämtliche Abteilungen: Dieses genügte vollkommen.

Im letzten Zimmer, vor dem Ausgang, saß der Alforador, der Vorsteher einer der Abteilungen, am Schreibtisch. Er sprach Englisch und teilte uns, nachdem er erfahren hatte, daß wir Russen seien, in erster Reihe mit, daß sie viele Bestellungen aus Petersburg hätten; dann erzählte er uns, daß er vor einigen Monaten aus Havanna berufen worden sei, um das dortige Verfahren des Zigarrenwickelns einzuführen, anstelle des in Manila üblichen, das sich in vielen Beziehungen als unvorteilhaft erwiesen hatte. Er sagte, daß der Manilatabak dem von Havanna durchaus nicht nachstehe, daß es hier nur an vielen Kunstgriffen bei der Herstellung mangle und die Zigarren nicht gut gewickelt würden. Er maß dem Wickeln große Wichtigkeit bei und behauptete sogar, daß es den Geschmack des Tabaks bis zu einem gewissen Grade beeinflusse. «Da sind Zigarren aus einem und demselben Tabak, aber auf verschiedene Art gewickelt, versuchen Sie sie», sagte er und gab jedem von uns zwei Scheite aus Tabak in die Hand. «Es sind die besten Sorten; die eine ist nach havannischer Art fester und schräger gewickelt, die andere gerade, wie es hier üblich ist. Die eine ist heute hergestellt, die andere gestern», schloß er, als wolle er die Zigarre dadurch noch mehr loben.

Ich drehte die beiden Zigarren mit dem äußersten Mißtrauen zwischen den Fingern. «Gestern hergestellt, heute», sagte ich, «da hat er uns mit etwas Feinem regaliert!», und war bereit, sie zum Fenster hinauszuwerfen, steckte sie aus Höflichkeit aber doch in die Tasche, mit der Absicht, sie wegzuwerfen, sobald ich den Wagen besteigen werde. «Nein, nein, rauchen Sie», beharrte der Alforador. Da war nichts zu machen, ich setzte die Zigarre in Brand – und plötzlich entströmte ihr ein feiner duftender Rauch. Die Zigarre ließ sich zu meiner Verwunderung leicht anrauchen, der Tabak erwies sich als vorzüglich, obgleich die Asche nicht ganz weiß war. «Das ist ja eine vorzügliche Zigarre», sagte ich. «Ist es möglich, solche zu kaufen?» – «Nein, diese sind auf havannische Art gewickelt: Fertige sind nicht vorhanden, erst in vierzehn Tagen können Sie welche haben», fügte er leise hinzu und wandte ein paar alten Frauen den Rücken, die in demselben Zimmer auf dem Fußboden Zigarren wickelten. «Ich kann Ihnen einige Tausend fertigstellen lassen...» – «Wir werden kaum so lange Zeit hier bleiben. Warum haben Sie sie denn nicht auf Lager?» fragte ich. – «Die hiesigen Frauen sind an ihre Art des Wickelns gewöhnt und arbeiten daher nur langsam nach dem neuen Verfahren. Versuchen Sie nun die andere Zigarre, die auf hiesige Art gewickelt ist.» Ich rauchte sie an, sie war auch gut, wenn auch nicht ganz so wie die erste. Oder kam es mir nur so vor, weil der Alforador es mir eingeflüstert hatte? «Nun, sind wenigstens solche zu haben?» fragte ich. – «Solche und kleinere zweiter Sorte werden Sie im Lager finden.» – «Gibt es da auch Zigarren, die an beiden Seiten beschnitten sind?» – «Chirutas? Plenty, oh plenty!» antwortete er. «Das ist die dritte und vierte Sorte, gewöhnliche Zigarren, die jedermann raucht, von Indien bis Amerika, im ganzen Bereich des Indischen und des Stillen Ozeans.»

Wir hatten in der Tat in Singapore und in China keine anderen Zigarren gesehen als Chirutas. Der Alforador versprach, sich zu bemühen, die Zigarren in kürzerer Frist als in zwei Wochen anfertigen zu lassen, und gab uns eine Bescheinigung, die wir am Eingang vorweisen sollten, wenn wir ihn zu sehen wünschten. Wir dankten ihm und den Herren Avello und Carmena und fuhren nach Hause, sehr befriedigt von der Besichtigung der Fabrik und den liebenswürdigen Spaniern, aber ohne Zigarren.

Endlich schickten wir uns auch an, die Missionare zu besuchen, und fuhren in das Haus des portugiesischen Bischofs. Dort, bei dem jungen Missionar, trafen wir auch Monseigneur Dinacourt, den Bischof in chinesischem Gewande, außerdem einen Mönch mit einem mir bekannten Gesicht. «Der Prior des Augustinerklosters – er spricht nicht Französisch, versteht aber alles», stellte der Bischof ihn uns vor. Ich entdeckte, daß dies derselbe Mönch war, den ich bei meiner Spazierfahrt außerhalb der Stadt im Wagen gesehen hatte.

Man reichte uns Zigarren, und der Bischof begann freundlich und heiter, wie ein echter Franzose, nach zwei, drei Fragen, die sich auf unsere Reise bezogen, von sich selber zu erzählen. Er sagte, daß er seit zwanzig Jahren in China lebe und Seelsorger der christlichen Gemeinde in der Provinz Tschekiang sei, die rund fünfzehn Millionen Einwohner zähle. Er meinte, daß es keine Übertreibung sei, wenn man die Zahl der Einwohner Chinas auf dreihundert Millionen schätze: In seiner Provinz gebe es mehrere Städte, die zwei bis drei Millionen Einwohner hätten, unter andern die berühmte Stadt Sutschou. «Und wieviel Christen gibt es?» fragte ich. – «Gegen 500 000 in ganz China.» – «Das ist wenig», sagte ich. – «Ja, es ist nicht viel; aber jetzt geht die Bekehrung schneller vor sich», erwiderte der Bischof, «besonders in den mittleren und niederen Klassen. Das Haupthindernis sind die buddhistischen Bonzen und die Gelehrten. Diese sind vollkommen unzugänglich: Die einen sind blinde Fanatiker, die andern Pedanten, Scholastiker; sie sehen Licht und Weisheit im toten Buchstaben. Es ist ungemein schwierig, ihnen die Überzeugung beizubringen, daß wir ihr Bestes wollen und nicht um unseres eignen Vorteils wegen in ihr Land gekommen sind. Das vermögen sie sich nicht vorzustellen und glauben nicht daran.» – «Den christlichen Missionaren werden vielleicht bald neue Taten winken», sagte ich, «das unterdrückte Christentum in Japan neu zu beleben, eine Aufgabe, die den Europäern, wenn nicht heute, so morgen erwachsen wird...» – «A coup des canons! A coup des canons!» bemerkte der Bischof.

Er lud uns dann in seine Wohnung, in das Kloster des hl. Augustin, ein. Das Kloster nimmt einen großen Eckplatz in der spanischen Stadt ein und ist mit der einen Seite dem Meer zugewandt. Es ist eine richtige, geräumige Abtei mit Galerien, endlosen Gängen und Zellen, in denen man sich verirren kann.

Wir gelangten über eine schmale, gewundene Treppe unmittelbar auf die Empore der Hauptkirche und waren überrascht von der Feinheit und Schönheit der Holzschnitzereien, welche alle Wände der Empore, den Sitz für den Erzbischof, die Kanzel für den Prediger, die Orgel und alles andere bedeckten. Das Holz war dunkel, mit zarten Abschattungen. «Wessen Arbeit ist das?» fragte ich voller Staunen. «Ist das etwa aus Europa hergebracht worden? In Europa würde diese Schnitzarbeit ein unerhörtes Geld kosten.» – «Das machen alles die Inder, die Tagalen», sagten sie. «Sehen Sie, sie sind auch jetzt an der Arbeit. Die Kirche hat im vorigen Jahr durch das Erdbeben gelitten und wird jetzt ausgebessert; auch die Malerei hier ist ein Werk der Tagalen.» Ich warf einen flüchtigen Blick auf die Heiligenbilder – nein, die Malerei der Tagalen steckt noch in den Kinderschuhen. In der Musik, in der Modellier- und Schnitzkunst sind sie weit fortgeschritten. Die Bilder aber sind kaum besser als jene, die man bei uns mitunter auf der Straße feilbietet. «Wir sind eben in Manila», sagte der junge Missionar, der den Eindruck, den diese Bilder auf mich machten, wahrscheinlich von meinem Gesicht ablas, «unter wilden, unkultivierten Indern, die vor dreihundert Jahren beinahe noch Tiere waren...» – «Ja, aber vor dreihundert Jahren!» sagte ich. «Und diese Kirche ist so alt wie die Mauern der Stadt: Landsleute Murillos hätten sie wohl mit Bildern schmücken können.»

Ich hatte mich mit dem Rücken zur Tür gewandt und hörte plötzlich das Rauschen von Frauengewändern, leichte Schritte; ich sah mich rasch um – weiße Mullblusen... Aber es war eine Täuschung. Keine Frauen standen vor mir, sondern eine Schar Augustinermönche, etwa zwölf Mann, lauter junge Leute mit Zigarren. Einige von ihnen waren etwas verschlafen und hatten heiße Wangen, die andern sahen uns, die Fremdlinge, mit lebhaften neugierigen Blicken an und waren sehr zuvorkommend. Leider beherrschte keiner von ihnen eine andere Sprache als die spanische. «Es ist unsere Schuld, daß wir uns nicht mit Ihnen unterhalten können», sagten sie uns durch den jungen Franzosen. «Die Russen sprechen Französisch, Englisch und Deutsch; wir sollten auch eine dieser Sprachen kennen.» – «Wir würden auch Spanisch sprechen, wenn Spanien uns näher läge», erwiderte ich.

Tags darauf begaben wir uns in den Zirkus, um die Hahnenkämpfe mit anzusehen. Ein Franzose Pl., ein sehr liebenswürdiger und gefälliger Herr, der im Hotel wohnte, erbot sich, uns dieses Schauspiel zu zeigen. Wir holten ihn im Hotel ab.

Der Zirkus gleicht einem riesengroßen durchsichtigen Bambuskäfig, in der Art der Papageienkäfige: Man sieht schon von weitem, was darin vorgeht. Er hat in drei Rängen Galerien für die Zuschauer, in der Mitte eine runde Arena für die Kämpfer. Das kegelförmige Dach ist gleichfalls aus Bambusstäben geflochten und daher durchsichtig, weist aber außerdem noch ein paar Luken zu Lüftungszwecken auf. Wir zwängten uns mit Mühe durch die dichte Volksmenge hindurch zum Eingang, zahlten jeder einen Real und betraten den Käfig. Im Käfig selbst befanden sich gegen fünfhundert Zuschauer, außerhalb standen ungefähr tausend Mann. Diese sind nicht Zuschauer, sondern Mitwirkende. Jeder hat einen Hahn unter dem Arm. Das Publikum bestand ausschließlich aus Tagalen, Chinesen und Mestizen. Wir drängten uns zur obersten Galerie durch und fanden mit Mühe drei leere Plätze. Frauen haben zu diesen durchsichtigen Galerien, besonders in den oberen Rängen, keinen Zutritt: Daher waren nur Männer und Hähne im Zirkus – keine einzige Frau und kein einziges Huhn. Aber welch eine Unmenge von Hähnen! Welch ein grimmiges, wütendes Krähen erschallte in und neben dem Käfig!

In der Arena war noch nichts Besonderes zu sehen. Dort ging ein Anordner, ein Tagale, in einem rosa Mullhemd umher und sammelte das Geld für die Einsätze und Wetten. Ich staunte darüber, mit welcher Gleichgültigkeit die Inder ganze Hände voll Dollars hinwarfen, unter denen ich auch Goldddublonen bemerkte. Der Anordner legte das Geld häufchenweise auf den Boden, in den Sand der Arena. In einer Ecke hockten ein paar Tagalen mit den Hähnen, denen der Kampf bevorstand.

Nun erschienen zwei Tagalen und begannen, die Hähne aufeinanderzuhetzen, indem sie sie aneinanderstießen, um dem Publikum die Kraft und den kriegerischen Geist der Kämpfer zu zeigen. Die Hähne blähten sich ein wenig auf und wandten sich dann gleichgültig voneinander ab. Sie wurden fortgetragen, und die Arena war wieder leer. «Was bedeutet das?» fragte ich den Franzosen. – «Diese Hähne flößen dem Publikum kein Vertrauen ein, daher will niemand auf sie wetten.»

Aus der Ecke traten zwei weitere Mitbewerber hervor und fingen gleichfalls an, die Kämpfer aufeinanderzuhetzen, wobei sie sie an den Schwänzen festhielten, damit sie nicht vorzeitig mit dem Kampf beginnen könnten. Die Hähne blähten sich auf, ihre Kämme wurden purpurrot, sie schickten sich an, aufeinander loszustürmen, als ihre Besitzer sie an den Schwänzen zurückzogen. Diese Hähne waren zuverlässig; eine starke Erregung bemächtigte sich der Zuschauer. Die Menge geriet in Bewegung; ein eifriges Reden hub an, wie das plötzliche Getöse von Meereswogen, und wurde immer lauter. Alle streckten einander die mit Dollars gefüllten Hände hin, riefen einander zu, besprachen sich, gingen Wetten ein, die einen für den gelben, die andern für den weißen Hahn. Auch uns wurden mehrere Hände entgegengestreckt; von allen Seiten berührte man uns an Schultern und Rücken und bot uns Wetten an.

Inzwischen hatten die Besitzer der Hähne die lederne Scheide von dem Stahlsporn entfernt, der an dem einen Bein des Kampfhahns befestigt ist. Der Anordner gab ein Zeichen alles verstummte. Man ließ die Hähne aufeinander los. Der eine benutzte den ersten Augenblick der Freiheit, um dreimal mit den Flügeln zu schlagen und zu krähen, als wolle er sich Luft machen; andere, weniger geduldige, krähen schon unter den Armen ihrer Besitzer. Nachdem der Hahn gekräht hatte, schickte er sich an, seinen friedlichen Beschäftigungen nachzugehen, suchte, ob er nicht etwas aufzupicken fände, und scharrte zweimal mit dem Fuß im Sande. Aber der Besitzer packte ihn, streichelte ihn, zog ihn am Kehllappen und warf ihn auf den anderen, der sich aus den Händen seines Herrn loszureißen versuchte. Nun sträubten sich die Halsfedern beider Kämpfer zu Manschetten, beide senkten die Köpfe und begannen aufeinander zu zielen. Lange standen sie sich mit gesträubten Federn gegenüber, fuhren plötzlich beide auf, der eine sprang über den andern hinweg; sie nahmen sofort wieder die Kampfstellung ein und senkten die Köpfe. Dann gerieten sie etwa dreimal fest aneinander; ein paar Federn flogen zu beiden Seiten. Wieder sprang der eine über den andern, kratzte ihn mit dem Sporn, der andere sprang auch über den Gegner hinweg und kratzte ihn so stark, daß er auf die Seite fiel, aber sofort wieder aufstand und sich mit erneuter Wut auf den Feind stürzte. Nun konnte man nichts mehr unterscheiden: Die beiden Ritter fochten einen heißen Kampf aus, prallten häufig gegeneinander an, hackten einer den andern heftig in den Kamm, bald warf der gelbe den weißen zu Boden, bald der weiße den gelben.

«Das alles kann man auch bei uns alle Tage in jedem beliebigen Dorf zu sehen bekommen», sagte ich zu B., «nur kommt bei uns während eines solchen Kampfes gewöhnlich ein Weib mit einem Feuerhaken oder ein Kutscher mit der Peitsche gelaufen, um die Kämpfenden zu trennen, oder ein Junge wirft Steinchen nach ihnen.» Nach kurzem Kampf fiel der weiße Hahn auf einen Flügel nieder, sprang auf, lief hinkend weiter, fiel wieder hin und kroch endlich durch die Arena. Der Flügel schleifte, eine Blutspur hinterlassend, am Boden.

Sooft der eine Hahn dem andern einen starken Schlag versetzte, ließen sich abgebrochene Ausrufe der Zuschauer vernehmen; als der Besiegte aber floh, brach die Menge in ein wildes, lang andauerndes Geheul aus, so daß einem angst und bange werden konnte. Alle erhoben sich von ihren Plätzen, alle schrien. Was für Gesichter, welche Leidenschaft auf ihnen! Und das alles aus Anlaß eines Hahnenkampfes! «Nein, das bekommen Sie bei uns nicht zu sehen», sagte B. Dieser Augenblick war für den unbeteiligten Zuschauer in der Tat der bemerkenswerteste.

Der Besitzer des Siegers ergriff seinen Hahn und strich das

Geld ein; sein Gegner verschwand schweigend in der Menge. Die Zuschauer übergaben einander gleichfalls schweigend die verwetteten Dollars. Dann erschienen zwei andere Tagalen und wiederholten dieselben Kniffe, das heißt, sie reizten die Hähne, bewaffneten sie mit Sporen: dieselbe Aufregung, dasselbe Gerede im Publikum. Was ist eine jüdische Synagoge dagegen! Die Hähne stürzten aufeinander los – und eine Minute später zerriß der rote Hahn dem grauen die Beine mit den Sporen, so daß dieser auf den Rükken fiel und die Beine in die Höhe streckte. Blut und Federn ringsum. Ein schmutziger Tagale nahm den besiegten Hahn, riß ihm eine Handvoll Federn aus der Brust und legte sie in einen großen Sack, den Hahn aber übergab er dem Besitzer. «Was fangen sie mit diesen Hähnen an?» fragte ich den Franzosen. «Heilen sie sie etwa aus?» – «Nein, sie verzehren sie mit Salat», erwiderte er. – «Wozu aber werden die Federn gebraucht?» – «Das weiß ich nicht», sagte der Franzose. Ich wandte mich mit derselben Frage an meinen linken Nachbarn, einen Chinesen. «Señor?» antwortete er mir gleichfalls mit einer Frage. Ich hatte vergessen, daß ich nicht in Hongkong, nicht in Singapore, nicht in China war, wo alle Chinesen Englisch sprechen.

Bisweilen nahm der Besitzer des besiegten Hahnes diesen auf den Arm, zeigte, daß er noch kämpfen könne, und forderte eine Fortsetzung des Kampfes. Es geschah denn auch, daß ein Besiegter doch noch den Einsatz gewann. Sein Hahn hatte sich von dem Schlag erholt, warf den Gegner zu Boden, jagte ihn unter die Umzäunung und richtete ihn so grausam zu, daß dieser dalag und kaum noch die Flügel zu bewegen vermochte, er aber schlug immer weiter mit dem Schnabel und dem Sporn auf ihn ein.

Wir gingen fort, nachdem wir etwa eine Stunde in dem Zirkus verweilt hatten. Es hieß, daß das Schauspiel bis zum Sonnenuntergang fortgesetzt werde.

Der Schoner traf am 23. Februar ein, und es wurde uns mitgeteilt, daß wir bald, etwa in vier Tagen, den Anker lichten würden. «Ja, wie denn? Weshalb denn so bald?...» fragte ich. Aber es half nichts, nun hieß es auf die Fregatte übersiedeln. Uns begleiteten der Franzose Pl. und ein Spanier, der früher Seemann gewesen, jetzt aber *commandant des troupes* war, wie er sich nannte. Außerdem hatten einige spanische Familien, in denen unsere jungen Leute aufgenommen worden waren, uns versprochen, uns an diesem Tage auf der Fregatte zu besuchen.

Als wir uns anschickten, den Tender zu besteigen, brachte man uns plötzlich die Nachricht, daß die Gäste schon unterwegs seien und daß ein Teil der Gesellschaft uns zuvorgekommen sei. Und wir waren noch nicht abgestoßen! In welche geschäftige Eile unsere jungen Leute da gerieten! Kaum waren wir zum Pasig hinausgerudert, als wir die Segel hissen ließen und dahinflogen. In der Nähe der Küste war es ziemlich still, und der Tender ging ruhig, aber wir sahen, wie die gedeckte Barke mit den Gästen in der Ferne von den Wellen geschleudert wurde.

Zwischen drei und sechs Uhr nachmittags weht auf der unermeßlichen Reede von Manila fast immer ein frischerer Wind als zu den übrigen Tagesstunden; diesmal aber wehte er stärker als je vorher, und die Wellen gingen sehr hoch. «Wir werden sie einholen», sagte B. «Fiert die Schoten, fiert die Schoten!» kommandierte er unablässig. Die Segel blähten sich so stark auf, daß das Boot mit einer Seite vollständig auf dem Wasser lag; man konnte nicht darin sitzen, ohne sich an der gegenüberliegenden Wand anzuhalten. Wir stemmten die Füße bald gegen den Kübel mit dem Gefrorenen, bald gegen die Körbe mit dem Konfekt, den Apfelsinen und den Mangas, die für die Gäste bestimmt waren und unordentlich auf dem Boden herumstanden, aber es zog uns geradezu von den Bänken hinunter. «Sollten wir nicht das Reff nehmen?» fragte K. – «Es wäre wohl nötig; aber dann werden wir langsamer fahren und nicht vor den Gästen ankommen», sagte B. «Seht doch, wo sie schon sind, hinter dem französischen Dampfer: Treibt es die mal vorwärts!»

Unser Tender bäumte sich auf, schlug mit dem Vorderteil aufs Wasser auf, schöpfte es wie mit einer Kelle und schleuderte es mit Spritzen und Schäumen nach allen Seiten. Wir holten sie ein, liefen dabei aber Gefahr, wenn nicht ganz umzuschlagen, so zum mindesten gehörig Wasser zu schöpfen. Und letzteres wäre für B. beinahe furchtbarer gewesen als das erste: Womit hätten wir die Spanierinnen bewirten sollen, wenn das Seewasser in das Gefrorene oder in das Konfekt eingedrungen wäre?

Bei diesem Schaukeln an Bord zu gelangen war auch eine Aufgabe. Das Boot wurde fast bis an den Schiffsrand emporgehoben; diesen Augenblick mußte man benutzen und auf die Treppe springen: verpaßte man es, so wogte die Welle zurück und schleppte das Boot wieder in die Unterwelt.

Kaum waren wir auf das Deck gesprungen, als unsere Gäste anlangten. Es waren im ganzen sieben Spanier und drei Damen: zwei Spanierinnen, Mutter und Tochter, und eine Engländerin. Die übrigen Geladenen waren aus Furcht vor dem starken Wellengang nicht erschienen. Die Gäste wurden mit Tee, Eis und Früchten bewirtet, die scheinbar nicht ganz salzlos waren; ich bemerkte das, denn einer der Gäste biß arglos in eine Manga, hielt aber plötzlich inne, begann die Frucht zu betrachten und sah uns dann an. Wir hatten zwar kein Wasser geschöpft, es dem Seewasser aber doch nicht verwehren können, in das Boot zu spritzen.

Mit der Engländerin kam eine leidliche Unterhaltung zustande, aber mit den Spanierinnen haperte es. Das junge Mädchen war recht hübsch und sehr liebenswürdig; sie spielte schlecht Klavier, während die Engländerin schlecht sang. Ich sagte dem Fräulein etwas über das Wetter, halb auf französisch, halb auf englisch, in der Hoffnung, sie werde wenigstens etwas verstehen, sei es in der einen oder der anderen Sprache, sie aber antwortete mir anscheinend etwas über Musik, halb auf spanisch, halb auf tagalisch, glaube ich.

Endlich nahmen wir Abschied von Manila und gerieten angesichts Luzons in eine Windstille. Ich betrat meine Kajüte, die ich kein einziges Mal aufgesucht hatte, seit ich auf das Festland übergesiedelt war. Kisten mit Zigarren, ganze Stapel von Wäsche und Kleidern türmten sich wie ein Berg darin auf. Ich verstaute mit Fadejews Hilfe alles irgendwie in die Ecken, aber meine Kajüte war um die Hälfte kleiner geworden. «Wo sind denn die Strohhüte?» fragte ich. – «Hier!» sagte Fadejew und zeigte auf die Decke. – «Wie hast du sie denn befestigt?» fragte ich, erstaunt, wie sie dort festhalten konnten. Es war ganz einfach: Er hatte drei oder vier Hüte ineinandergestellt und die Krempen an die Decke angenagelt: dauerhaft, nicht wahr?

«Und das ist alles?» werden Sie sagen. «Das ist alles über Manila!» Sie sind unzufrieden? Ich bin es auch. Ich hatte selber mehr erwartet. Aber was eigentlich? Vielleicht ein grelleres und heißeres Kolorit, mehr poetische Träume und mehr eigenartiges, uns Europäern fremdes Leben: Und ich habe gefunden, daß man hier tanzt, viel tanzt, auch sehr viel schläft und über alles, was eine gewisse Eigenart zu besitzen scheint, errötet.

Dafür ist die Natur auf Luzon unveränderlich, wie überall, und reich, wie nirgends sonst. Wie herrlich ist diese Vereinigung des nördlichen und südlichen Himmels, gleichsam einer Begegnung und Umarmung zweier schöner Frauen! Das Kreuz und der Große Bär, der Orion und der Kanopus scheinen einander so nahe zu sein... Und dann dieses außergewöhnliche Farbenspiel der Abenddämmerung am Himmel – diese jaspisfarbenen, violetten, lasurblauen und schließlich so seltsamen dunklen, herrlichen Farbentöne, die der Mensch nie und nimmer nachzuahmen vermag! Woher sollte er die Farben nehmen für den durchdringend weißen Glanz der hiesigen Sterne? Wie sollte er diese süße Müdigkeit des eben erst von der Sonne verlassenen und ausruhenden Abendhimmels malen, diese Wärme und Milde einer Mondnacht? Wundervoll ist die blaue Bucht, das grüne Ufer, die fernen Berge, und alle diese Palmen, Bananen, Zedern, der Bambus, der Ebenholzbaum, der Mahagoni- und der Kaneelbaum, diese Bäche, Inselchen und Landhäuser – alles ist so hell, so bezaubernd, so phantastisch und herrlich!...

Und trotz alledem könnte ich mich für keinen Preis entschließen, dauernd inmitten dieser Natur zu leben. Es gibt erquickende Augenblicke – morgens, zum Beispiel, wenn man früh aufsteht, das Fenster öffnet und die Kühle ins Zimmer strömen läßt; aber sie erfrischt nur kurze Zeit: Kaum daß sie den Schlummer von den Augen verscheucht, das Spiel der Kräfte im Organismus weckt, zur Tätigkeit anspornt – und schon atmet einen durch dasselbe Fenster der heiße Dunst der glühenden Atmosphäre an. Es ist unmöglich, in die Ferne zu blicken: Die Wellen glitzern wie feurige Kohlen, die weißen Mauern der Gebäude blenden entsetzlich, die Luft ist wie eine Flamme – die Augen tun einem weh. Gegen zehn, elf Uhr, von der Mittagsstunde ganz zu schweigen, erliegt man der Hitze, ob man nun zu Hause sitzt oder im Wagen unterwegs ist; man kämpft ganz vergeblich gegen den Schlaf an. Man möchte sprechen – und gähnt im halben Wort; der Gedanke hat noch keine Gestaltung finden können, und man schläft bereits. Aber auch der Schlaf ist keine Erquickung: Das Kissen erstickt einen, das leichteste Gewebe erscheint als schwere Fessel. Der Atem ist heiß, man sucht den Wind – es ist keiner da. Man möchte die ausgetrocknete Zunge erfrischen – das Wasser ist warm; legt man Eis hinein, muß man einer Lungenentzündung gewärtig sein. Gegen Abend lebt man auf, genießt, aber auch das nur im Dezember, Januar und Februar: Zu anderer Zeit soll es unerträglich sein. In den Sommermonaten strömen Regengüsse herab, Gewitter wüten, von Zeit zu Zeit auch Orkane und Erdbeben. Regnet es, so ist's unmöglich, auszugehen oder auszufahren: Die Stadt und die Umgebung sind überschwemmt. Während des Erdbebens geschieht in den Häusern und auf der Straße, was sich bei hohem Wellengang auf dem Schiff abspielt: Alles ist voller Entsetzen; die Inder werfen sich auf die Erde…

Aber auch am Abend liegt in dieser schwülen Mattigkeit der Luft, in diesen durchdringenden Strahlen des Mondes, in den leise schaukelnden Palmen, in der ungetrübten Ruhe der Natur ein gewisses Etwas, das unser Gehirn beschwert, die Nerven erregt, die Phantasie beunruhigt. Wenn ich des Abends auf der Veranda saß, fühlte ich dieselbe Beklemmung wie im vorigen Jahr in Singapore. Man genießt und leidet, es ist Wonne und Schmerz zu gleicher Zeit! Diese heiße Natur überschüttet uns mit leidenschaftlichen Liebkosungen und beschenkt unseren Schlaf mit üppigen Träumen, wie wir sie im Norden nie erleben.

Und dennoch möchte man nicht in Manila wohnen bleiben, man sehnt sich nach dem Norden, mag man dort auch nichts anderes im Traume erblicken als Schnee. Unsere Nerven sind nicht dazu angetan, diese heißen Liebkosungen und die machtvollen Ergüsse der hiesigen Natur zu ertragen.

Aber gibt es denn nicht auch bei uns zuweilen solche heiße Tage und berauschende Nächte? Ja, auch uns sind mitunter erbarmungslos heiße Tage beschieden, wenn auch ohne Palmen, ohne phantastische Himmelsfärbungen: Die Natur, die hier ununterbrochen, schöpferisch, bei uns aber lange Zeit hindurch untätig ist, wendet bei uns eine ungeheuere Kraft an, um im Verlauf von drei Monaten Leben aus der toten Erde hervorzurufen. Aber das ist das Gastmahl eines armen Mannes, der alles bis auf die letzte Kopeke für das üppige Fest verausgabt, das er seit langem zu veranstalten gedachte; nachher ist er für viele Monate zu ödem Alltagsleben und schweren Entbehrungen verurteilt. Und so ist auch unsere Natur: An einem glühendheißen Tag im Norden spürt man bereits den schwülen Atem der Erde, der zur Nacht ein Gewitter verheißt, Regengüsse und eine Änderung der Witterung für lange Zeit. Hier aber folgt ein Tag dem anderen, wie Zwillinge, die einander ähnlich sind, heiß, leidenschaftlich, aber auch kraftvoll, klar und ungetrübt…

XI
Von Manila zur Küste Sibiriens

27. Februar bis Juni 1854

Wir verliessen Manila am 27. Februar und schleppten uns bei ähnlicher Windstille, wie sie bei unserer Ankunft geherrscht hatte, an der Küste von Luzon entlang. Das dauerte fünf Tage; kaum aber hatten wir die Insel hinter uns, als uns ein starker nordöstlicher Passat entgegenblies.

Die Begleitschiffe waren vom Admiral nach verschiedenen Seiten entsandt worden, wir selbst nahmen den Kurs nach der Insel Hamilton an der koreanischen Küste. Kaum hatten wir uns von unsern Schiffen getrennt, als der Wind stärker wurde; und da stellte es sich plötzlich heraus, daß unser Fockmast sich nach hinten zu beugen begann. Allgemeine Aufregung; weiter zu segeln war gefährlich: Im Norden hätten wir noch stärkeren Wind haben können, und dann wäre es dem Mast übel ergangen. Wir mußten einen Hafen anlaufen, aber welchen? Es wäre am besten gewesen, nach Hongkong zu gehen, aber das hieß den Engländern geradenwegs in die Arme laufen. Wir beschlossen, zurückzugehen, nach der Inselgruppe von Babuyan, in den Hafen von Pio-Quinto, unweit Luzon.

Vorher aber mußten wir die Insel Batan anlaufen, wo der Schoner uns erwarten sollte, um ihm Bescheid zu geben, daß er weiter nach Norden segeln solle. Wir lavierten die ganze Zeit auf Batan zu; der Wind heulte aus voller Kraft, so daß ich in meiner Kajüte nicht schlafen konnte: Schloß ich die Tür, so war die Schwüle unerträglich; ließ ich die Tür halb offen, so störte mich das Rauschen, bei dem man sich in einen Wald versetzt glaubte.

In der Nacht vom 9. auf den 10. März wurden wir durch die Strömung, gegen die Gissung, in 24 Stunden 35 Meilen nach Norden abgetrieben und befanden uns nun oberhalb Batans. Wie schnell trug uns aber dafür der günstige Wind wieder zurück! Es ist dasselbe Batan, bei dem uns im vorigen Jahr, im Juli, der Taifun erfaßt hatte. Damals suchten wir an der Ostküste vergebens nach einem Hafen, es war keiner da; dafür fanden wir jetzt gleich einen an der Südwestküste. Der Schoner lag schon dort, außerdem ein amerikanischer Walfischfahrer.

Das Inselchen ist nicht übel, ganz mit grünen Hügeln bedeckt. Wir erblickten ein Kloster, dann das Haus des spanischen Alcalden und ein ganz im Grünen liegendes Dorf. Es machte Freude, auf das Ufer zu schauen. Unsere Leute fuhren hinüber, ich nicht. Mich hat, wie mir scheint, ein wenig jene Krankheit erfaßt, die die Deutschen Heimweh nennen. Ich möchte einfach nach Hause. Ob Gott mir die Kraft geben wird, bis zu Ende auszuhalten? Der Reiz dessen, was mich in die Ferne lockte – der Reiz der Neuheit –, ist dahin. Ich sehe nur Unruhe und Ungewißheit vor mir.

Man schickte uns Ochsen und Gemüse. Als man den einen Ochsen von der Barkasse emporzog, glitt die Schlinge plötzlich von seinem Bauch und blieb am Halse hängen; der Ochse war am Ersticken, aber er wurde schnell auf das Deck emporgezogen und befreit. Ein Matrose von der Barkasse fürchtete, der Ochse werde in die Barkasse zurückfallen, und zog es vor, ins Wasser zu springen und so lange zu schwimmen, bis der Ochse hinabgestürzt sein würde; aber der Sturz blieb aus, und diese Vorsichtsmaßregel erweckte allgemeines Gelächter, in das auch ich einstimmte, trotz meiner Niedergeschlagenheit.

Nachdem wir den Proviant verladen hatten, lichteten wir den Anker und liefen am nächsten Tage, dem 11. März, in die Bucht von Pio-Quinto ein, wo wir uns hinter der Insel gleichen Namens, die die Reede schützt, verankerten. Die Bucht ist groß; ihre Ufer sind von undurchdringlichem, buschigem Laubwerk bedeckt. Auf der Insel befindet sich ein erloschener Vulkan; es gibt Palmen, Bananen; eine Unmenge von Muscheln; in meinem Beisein brachten die Matrosen P. einen ganzen Sack voll selbstgesammelter Muscheln. Ich bestellte auch für mich welche. Der Doktor hat ungefähr sechs Vögel erlegt, goldschimmernde, rote, gelbe: Sie werden ausgenommen und mit Baumwolle ausgestopft. G. ist hier in seinem Fahrwasser. Ich mag nicht an Land gehen: Mein Rheumatismus macht sich durch Schmerzen in der Schläfe fortwährend unliebsam bemerkbar. Ich sehe von der Fregatte aus, wie die Brandung einer Mauer gleich über das Ufer herfällt, hoch aufspritzt und als breite weiße Franse auseinanderstiebt. Der Ozean scheint diese kleinen Inselchen besonders zu lieben: Er spielt mit den Ufern, bald brüllt er und ist zornig, bald umarmt er sie zärtlich von allen Seiten wie seine Lieblinge, brüstet sich mit seinem Perlenglanz, brodelt am Strande und bringt eine glänzende Muschel mit oder einen Seeigel, als ob er Kindern ein Spielzeug schenkte.

Fadejew war heute an Land und brachte mir Muscheln angeschleppt, eine häßlicher als die andere; in einer war ein lebender Krebs, der eine ganz schwere Muschel nach sich zog. «Heute gab's was zu lachen!» sagte er. «Wahrscheinlich ist irgend etwas Unangenehmes passiert», dachte ich, da ich seinen Charakter schon zur Genüge kannte. So war es auch. «Unsere Jungen», erzählte er, «haben da irgendwelche Schoten gegessen, sie sehen wie Bohnen aus, ich habe auch eine versucht – es geht an, sie schmeckte ganz gut, zog einem aber den Mund zusammen, daß man ihn nicht mehr aufkriegte; sie haben alle Bauchschmerzen bekommen und erbrechen fürchterlich; jetzt stöhnen sie.» – «Wie könnt ihr aber auch Pflanzen essen, die ihr nicht kennt?» bemerkte ich. «Hier gibt es doch viele giftige.» – «Dann haben wir noch etwas gefunden», fuhr Fadejew fort. «Irgend so was wie Nüsse, sie sehen aber auch wie Äpfel aus, manche sind rot, manche grün. Wir haben jeder einen roten gegessen – er schmeckte so sauer, dann wollten wir einen grünen kosten, aber da ist es den Jungen in den Leib gefahren, sie fingen an zu stöhnen – zum Totlachen! Und mit den Herren gab's auch einen Spaß», fügte er hinzu und gab sich Mühe, nicht zu lachen: «Sie sind in die Brandung geraten; als sie anlegen wollten, kippte die Schaluppe um, und die Welle hat sie alle so überschüttet, daß sie aussehen, als hätten sie gebadet... da sind sie ja!» setzte er, durch das Fenster zeigend, hinzu. Sie waren wirklich alle naß.

16. März. Zahnschmerzen und Trübsinn haben mich dauernd gequält; dabei hatten wir eine so herrliche Zeit! Ich war immer zu bequem, an Land zu gehen, hörte fortwährend, wie der eine bis zum Gürtel im Wasser waten, der andere sich seinen Weg über Steine suchen mußte, ein dritter sich nicht durch die Lianen durcharbeiten konnte. Alles das machte mir wenig Lust, mitzugehen. Heute früh aber war ich kaum auf Deck gekommen, als ich U. begegnete, der mich aufforderte, sie zu begleiten. «Sehen Sie doch, es ist gar keine Brandung, der Wind weht vom Lande», sagte er. «Sie werden nicht durchs Wasser zu gehen brauchen, die Füße nicht naß machen und keine Zahnschmerzen bekommen.» Ich holte meinen Sonnenschirm, setzte meinen Strohhut auf, und wir fuhren mit dem Walfischfahrer ab.

Es war wirklich gar keine Brandung, und wir fuhren wie auf einem Schlitten in das Flüßchen ein. Die Matrosen sprangen ins Wasser und schleppten den Walfischfahrer an Land, so daß wir geradewegs auf das sandige Ufer springen konnten. Im Flüßchen gab es Muscheln, Steinchen, Korallen, alles mögliche, nur kein Wasser. Wir traten unter eine Wölbung weitverzweigter Bäume, und alsbald umgab uns ein feuchter, heißer Dampf. Das Ufer ist ganz mit dichtem Gehölz bewachsen, zum größten Teil mit Mahagonibäumen. Das Laub wächst so dicht wie Haar. Es sind auch die Mahagonibaume, die der ganzen Insel dieses buschige Aussehen verleihen. Sie haben starke, fette, grellgrüne Blätter, die an manchen Bäumen klein, an andern aber fast zwanzig Zentimeter lang und so dick sind, daß man Schuhsohlen aus ihnen anfertigen könnte.

Wir gingen immer am Fluß entlang, durch den Wald. Ich konnte mich nicht genug über dieses üppige Wachstum wundern: Eine richtige Kuppel von Laubwerk schützte uns gegen die Sonne. Die Bäume, von denen der eine immer schöner, höher, dichter und buschiger war als der andere, drängten sich wie Ähren in einen Haufen zusammen. Eine Menge roter, gelber und grüner Vögel flogen in den Zweigen umher, huschten von Strauch zu Strauch. Welch ein Geschrei! In der Höhe ertönte bald ein Stöhnen, bald ein Schnalzen, und irgendein Vogel schrie dermaßen, daß man sich die Ohren zuhalten mußte. Insekten gab es kaum weniger. Ich bemerkte viele riesengroße Schmetterlinge, dann eine Art blauer, haariger Wespen, mit einem Fleck auf dem Kopf. Neulich stak eine solche Wespe bereits auf der Nadel in G.s Kasten, und als ich ihr eine Zigarre hinhielt, biß sie sich durch und durch. Die Schmetterlinge sind ebenfalls unendlich verschieden. Manche sind so groß wie eine Handfläche. Sogar die einfachen kleinen Fliegen zeichnen sich durch ungewöhnliche Formen und Farben aus.

Wir kamen auf eine Lichtung hinaus und gingen zu den Hütten der Inder und zu ihren Plantagen. Es sind dieselben Tagalen wie in Manila, zum Teil flüchtige, zum Teil freiwillig von Luzon ausgewanderte. Sie sprechen alle Spanisch. Es leben ihrer etwa zweihundert auf der Insel. Ihre Behausungen liegen ganz verstreut. O Gott, was für Behausungen! Vier meterhohe Pfosten, mit Brettern überdacht, von drei Seiten Wände aus Bambusstangen, die mit Palmenblättern bedeckt sind, die vierte Seite ist offen. Innen armseliges Hausgerät; Hühner und Hunde laufen herum. Die Bewohner haben den Wald in weitem Umkreis für ihre Pflanzungen ausgerodet. Ich verlor mich zwischen Bananen, Mais und Tabak. Die Bananen sehen wundervoll aus, solange sich die Früchte noch nicht gebildet haben, sondern sich in einer großen, nach unten hängenden violetten Knospe verbergen. Wenn sich die Blätter der Knospe öffnen, nehmen sie eine rote Farbe an und enthüllen, nachdem sie abgefallen sind, eine ganze Traube von Früchten. Kokospalmen habe ich hier nicht gesehen. Aber viele andere Arten von Palmen, besonders Betelnußpalmen.

19. März. Es ist beschlossen worden, heute an Land zu Mittag zu essen. In der Luft eine unerschütterliche Ruhe und unerträgliche Hitze. Je näher man der Küste kommt, um so stärker riecht es nach Fäulnis von den feuchten Korallen, die am Ufer verstreut herumliegen und von der Flut überspült werden. Dieser Geruch wurde mitsamt den Korallen auch auf die Fregatte verpflanzt. Alle haben sich ganze Haufen davon zusammengeschleppt. Fadejew bringt mich zur Verzweiflung: Jedesmal kommt er mit Muscheln; die Schnecken sterben und verfaulen. Man könnte aus der Kajüte davonlaufen!

Seit drei Tagen erzählten unsere Matrosen, daß an dem sumpfigen Flüßchen, unweit unserer Zelte, täglich irgendein Tier erscheint, das anderthalb Meter lang sein soll. Gestern hat es eine tote Ente gefressen. Die Enten, Hühner und Hammel sind alle von der Fregatte auf das Ufer gebracht worden. Eine Ente war verendet und dem Tier als Beute zugefallen. «Wie sieht denn das Tier aus?» fragten wir die Matrosen. «Es hat einen schlangenähnlichen Schwanz und zwei Beinchen», sagte der eine. «Und zwei kleine Pfeile im Maul», sagte ein anderer. «Das ist ein Drache, Euer Hochwohlgeboren», schloß ein Unteroffizier nach einigem Nachdenken. «Wir lauern ihm schon seit drei Tagen auf und können ihn nicht fangen: Er kommt oft, aber immer nur für kurze Zeit zum Vorschein. Heute ist es uns gelungen, ihn mit dem Ruder auf den Rücken zu schlagen. Jetzt sitzt der Viehknecht Michelka Kern dort mit einem Gewehr.»

Ich lief zum Fluß, versuchte an zwei Stellen durch den Wald zu dringen, aber es war unmöglich: Die Farnkräuter und die dicken Stämme der Mahagonibäume stehen wie eine Mauer da, und die Lianen sind wie Netze ausgespannt. Ein Matrose zeigte mir einen Pfad, und ich gelangte zum Fluß. An einer Stelle bildete er ein Becken, das mit Baumstümpfen, verwelkten Zweigen und dürren Blättern verschüttet war. Durch die Sträucher konnte ich einen Menschen wahrnehmen, der unbeweglich mit einem Gewehr dastand. «Was machst du hier?» fragte ich ihn. «Ich warte auf den Drachen, Euer Hochwohlgeboren», flüsterte er, fast ohne zu atmen. Nicht weit von ihm lagen zwei Enten, eine mit ausgefressenem Magen; die nach Aas lüsternen Fliegen umschwirrten und umsummten sie wie eine Wolke; die zweite Ente war noch unversehrt; auf diese hatte Michelka Kern seine Hoffnung gesetzt. Ich schickte mich an, mit ihm zu warten. Da man ihm aber, falls er das Tier stelle, eine Belohnung versprochen hatte, mir aber nicht, so verlor ich die Geduld und arbeitete mich wieder nach einem sauberen Ort zu den Zelten durch.

Vor einem der Zelte hatte sich eine ganze Schar von unsern Leuten zusammengefunden und stand um irgend etwas herum. Ich verdoppelte meine Schritte und sah G. in der Mitte stehen und etwas in den Händen halten. «Was haben Sie da?» fragte ich. – «Da, sehen Sie her», sagte er und hielt mir eine ellenlange Eidechse gerade unter die Nase. Ihre Vorder- und Hinterbeine waren mit einer Liane auf dem Rücken zusammengebunden. Sie zwinkerte schmerzlich mit den Augen und streckte von Zeit zu Zeit ihre lange dünne Zunge heraus, die sie augenblicks wieder einzog. «Also das ist der Entenvertilger!» sagte ich. – «Nein, wieso denn: Die andere ist viel größer!» riefen mir mehrere Stimmen zu. «Und sieht gar nicht so aus», bemerkte jemand aus der Menge. «Die andere hat Flügel», behauptete ein Matrose, ein Kleinrusse. Ich wollte nicht mit ihnen streiten und ging in das Zelt...

Heute zieht alles vom Land fort: Die Arbeiten auf der Fregatte sind beendet. Im Walde sind für etwaige spätere Reparaturen Bäume gefällt worden, natürlich alles Mahagonibäume.

Die Hammel, Enten, Hühner werden eingeschifft; ich weiß nicht, ob sie auch den Drachen mitnehmen werden oder ob er in Freiheit bleiben und die toten Enten auffressen wird.

Wir lichteten den Anker und stachen bei günstigem Wind in See, hatten aber kaum drei Meilen zurückgelegt, als ein Gegenwind zu blasen begann. Wir fuhren auf eine Seite, dann auf die andere – wir lavierten. Vor drei Tagen haben wir Batan passiert, gestern früh waren wir bei der Gruppe der nördlichen Inseln Bashi, Ibayat und andern, seit gestern haben wir Windstille; wir fahren mit ein bis zwei Knoten. Gott sei Dank, daß es bewölkt ist, sonst wäre die Hitze unerträglich.

Wir hatten eben Mittag gegessen; ich war meiner Gewohnheit gemäß in die Kapitänskajüte gegangen, um meine Zigarre zu rauchen, und setzte mich in Erwartung des Feuers auf das Sofa. Der Kapitän saß im Lehnstuhl; es war heiß, Tür und Fenster standen offen. Es waren noch keine fünf Minuten vergangen, als oben, über unsern Köpfen, eine Bewegung entstand; die Leute liefen trampelnd hin und her. Der Kapitän wollte seiner Pflicht nachkommen und aus der Kajüte eilen, blickte aber zuerst aus dem Fenster, um zu sehen, was denn los sei, und blieb da stehen. Ich dachte, das Tauwerk sei gerissen oder es sei etwas ähnliches geschehen, und rührte mich nicht vom Fleck; aber plötzlich hörte ich, wie viele Stimmen auf dem Achterdeck schrien. «Zieht! Zieht!» Andere riefen dagegen: «Nein, halt! Nicht ziehen, er wird sich losreißen!»

Ich stürzte zum Fenster und sah das fürchterliche, stumpfe Maul eines Ungeheuers, das mir von unten herauf entgegenstarrte. In einer Entfernung von etwa zwei Metern vom Fenster hing ein Haifisch, den man an einem zweifingerdicken Haken gefangen hatte, über dem Wasser. Der Haken war ihm in den oberen Kiefer eingedrungen: Er hatte das Maul vor Schmerz weit aufgesperrt. Ich konnte von oben tief in seinen Rachen hineinsehen, der ringsum von weißen, nicht allzu großen, aber feinen und spitzen Zähnen besetzt war. Der ganze Kiefer sah wie eine Säge aus. Der Haifisch war gute zwei Meter lang. Sein Schwanz schlenkerte im Wasser herum, alles übrige ragte über die Oberfläche empor. Die Bewegung des Stricks ließ ihn langsam hin und her schaukeln, wobei er uns bald den Rücken, bald den Bauch zuwandte. Der Rücken ist dunkelblau mit einem violetten Schimmer, der Leib blendend weiß, als ob er dick mit Kreide bestrichen wäre. Fünf Minuten lang hing der Hai unbeweglich da, als wolle er uns Gelegenheit geben, ihn genau zu betrachten; nur die großen, schwarzen, runden Augen bewegten sich heftig, natürlich vor Schmerz. Neben dem Schwanz schwammen die gewöhnlichen Begleiter des Hais unruhig hin und her, zwei gelbe, nicht sehr große Fische mit schwarzen Streifen, die man Lotsenfische nennt. Zuweilen wird der Hai von drei oder vier solchen Fischen begleitet. Plötzlich fing er an, sich zu bewegen, zu zittern, und spritzte das Wasser mit dem Schwanz weit um sich. Er krümmte sich zu einem Ring zusammen, schlug an das Hinterteil des Schiffs, fiel wieder ins Wasser zurück, blieb von neuem regungslos hängen.

Ich sah diesem Schauspiel, für das man in Petersburg Gott weiß was gegeben hätte, mit brennender Anteilnahme zu. Ich befand mich sozusagen in der ersten Parkettreihe, und wenn der Hauptheld dieses Trauerspiels nicht dieses stumpfe, von einer undurchdringlichen Haut eng umgebene Maul gehabt hätte, das nur mit der Fähigkeit des Schlingens begabt ist, sondern eine organisch etwas mehr entwickelte Physiognomie, so hätte ich auf seinen Zügen die leiseste Regung von Schmerz und Verzweiflung lesen können.

Durch die Schwere des Haifisches und seine Anstrengungen, sich zu befreien, begann der eiserne Haken sich langsam aufzubiegen, der Strick knirschte. Noch eine Anstrengung des Hais – der Strick hätte nicht standgehalten, und der Haifisch hätte den Haken, einen Teil des Stricks und den zerrissenen Kiefer mit sich ins Meer entführt. «Halt! Halt! Zieht ihn schneller rauf!» ertönte es inzwischen über unsern Köpfen. – «Nein, wartet, zieht noch nicht!» schrien andere. «Der Strick wird reißen; gib das Ende her!» (Ende heißt das Tau, das man vom Schiff in die Schaluppen wirft, wenn sie anlegen.)

Der Hai ruhte unterdessen aus. Man sah in seinem Rachen die Kinnbackenknochen, dann das blaßrosa Fleisch und weiter einen leeren dunklen Raum. Aus dem Tau wurde eine große Schlinge gemacht und über den Hai geworfen. – «So ist's gut, so ist's gut!» schrien oben beifällige Stimmen. «Packt ihn unter die Flügel!» (Flügel nennen die Matrosen die Schwimmflossen, die in ihrer Form und Größe wirklich wie Flügel aussehen.) Sobald das Tau unter den «Flügeln» eingehakt war, war der Hai gefangen. Er wurde nach oben gezogen. Nun raffte er noch einmal alle seine Kräfte zusammen, fing an, sich zu winden und mit dem Schwanz in der Luft herumzuschlagen, er schlug auch gegen das Schiff, gegen eine Schaluppe und gegen alles, was ihm in den Weg kam. Ich mußte vom Fenster zurücktreten, weil das Ende des Schwanzes auch das Fenster traf.

Aber nichts konnte ihn mehr retten, seine Stunde hatte geschlagen! «Platz gemacht! Platz gemacht!» schrien sie auf dem Achterdeck, als sie den Haifisch heraufzogen. Ein aufgeregtes Hinundherrennen der Leute, dann der Fall eines schweren Körpers, und gleich darauf hörten wir Schläge gegen das Deck.

K. und ich stürzten zur Tür, um auf das Achterdeck zu laufen; als wir sie aber öffneten, sahen wir, daß die Matrosen in einen Haufen zusammengedrängt vom Achterdeck zurückgetreten waren, in Erwartung, daß der Haifisch gleich auf die Schanzen fallen würde. Wie sollten wir da herauskommen! Wie, wenn er gerade in dem Augenblick … Aber die Neugierde überwog alles; wir stürzten aus der Tür und liefen auf das Achterdeck.

Dort hielten etwa zwanzig Mann die Enden der Stricke, mit denen das Ungeheuer umwunden war. Es schlug auf dem Deck um sich, kroch vorwärts und schnellte den Schwanz hin und her; alle traten auseinander, einer ergriff ein Beil und versetzte dem Haifisch einen Schlag unterhalb des Rachens – Blut brach hervor und überströmte das Deck; es hatte sich eine breite, beinahe handgroße Wunde gebildet. Jemand schlitzte dem Hai noch geschwind mit einem großen Messer den Bauch auf; das Eingeweide, das wie schmutzige Lappen aussah, fiel heraus. Der Hai wurde plötzlich still. Dann nahm Sch. die Handspake (das ist ein beinahe armdicker Holzpfahl, mit dem die Kanonen umgewendet werden) und steckte sie ihm in den Schlund: Die Handspake verschwand beinahe ganz darin. Vier Reihen Zähne wurden sichtbar, der Unterkiefer bewegte sich krampfhaft. Das Tier wurde auf den Rükken gelegt und mit Stricken am Gig festgebunden.

Wir alle standen ringsherum, die Matrosen drängten sich herzu, einige krochen auf die Wanten, und alle beobachteten, ob der Hai noch ein Lebenszeichen von sich geben werde, aber es war keines mehr wahrzunehmen. «Nein, es ist zu Ende», sagten einige, «er hat viele Wunden erhalten und ist verendet.» Andere hingegen zweifelten daran und führten Beispiele für die Lebenskraft der Haifische an: Sie hätten manchmal noch drei Stunden nach ihrem vermeintlichen Tode Unvorsichtigen im Krampf Hände und Füße abgebissen.

Es erging der Befehl, das Blut vom Verdeck abzuwaschen. Mehrere Matrosen erschienen mit Wasser und Besen. Darauf nahm einer von den Offizieren das Beil und begann die Schwimmflossen des Hais allmählich abzuhacken, ein anderer machte mit dem Messer Einschnitte an verschiedenen Stellen, einfach aus Wißbegierde, um zu sehen, wie dick die Haut sei und was sich unter ihr befände. Unser Naturforscher erschien, hockte neben dem Haifisch nieder, betastete seine Haut und untersuchte den Kopf und die Augen ganz genau. Der Pfahl wurde aus dem Rachen gezogen und das blutbesudelte Maul mit Wasser abgespült. Viele, die genug gesehen hatten, gingen fort. Es war an der Zeit, den Fisch wegzuschaffen. Man band die Stricke ab, legte den Hai wieder auf den

Bauch und schickte sich an, ihn fortzutragen. Da kam es jemandem in den Sinn, den Hai mit dem Messer auf dem Rükken zu schaben: Plötzlich fuhr er auf, schlug mit dem Schwanz nach rechts, nach links; alle sprangen zur Seite. Ein Matrose konnte nicht rechtzeitig ausweichen und erhielt zwei tüchtige Schläge, einen in die Waden, den anderen weiter oben... Er fiel hin, alle lachten, und man machte sich von neuem daran, das Tier zu bändigen.

Das war aber jetzt nicht mehr so leicht, da man die Stricke abgebunden und den Pfahl aus dem Rachen gezogen hatte. Der gemarterte, zerstochene Haifisch mit dem heraushängenden Eingeweide schlug gegen das Deck, wand sich wie eine Schlange, beschrieb mit großer Schnelligkeit und Kraft mit dem Schwanz Kreise und rückte dem Schiffsrand immer näher. Niemand entschloß sich, an ihn heranzutreten. Das war der letzte günstige Augenblick, den er hätte ausnützen können. Noch eine Wendung, noch ein stärkeres Ausholen mit dem Schwanz, während die Leute nach der Handspake und dem Beil liefen, und er wäre über Bord geflogen und wenigstens in seinem Element verendet. Er wurde jedoch für einen Augenblick ruhig, die Leute aber griffen wieder zu Pfahl und Beil. «Schlag ihn auf den Kopf», schrien einige. «Nimm deine Füße in acht. Weg damit! Weg damit!»

Der Matrose, dem der Hai die zwei Püffe versetzt hatte, machte sich näher als die anderen um das Tier zu schaffen. Er war böse geworden, vielleicht war der Schmerz von den Püffen auch noch nicht vergangen, jedenfalls jagte er mit dem Pfahl hinter dem Hai her, bemühte sich, ihn auf den Kopf zu schlagen, und vergaß dabei, daß er barfuß war und seine Füße den Rachen des Tiers beinahe berührten. Aber der Hai schlug so heftig mit dem Schwanz um sich, daß es schwer war, den Kopf zu treffen, und die Schläge immerwährend auf den Rükken niedersausten, was dem Tier nichts auszumachen schien. Endlich gelang es dem Matrosen, den Kopf zweimal zu treffen: Der Hai änderte nur die Richtung, wand sich aber noch immer und kroch ebenso schnell und kraftvoll wie vorher. Ein anderer versetzte ihm mit dem Beil einen Hieb unterhalb des Kopfes, das Tier wurde stiller und kroch nunmehr langsamer. «Hau ihm den Kopf ab! Hau ihm den Kopf ab!» rief man dem Matrosen zu. Der Matrose versetzte ihm noch einen Hieb: Der Hai schnellte heftig vorwärts; ein dritter Schlag: Er schnellte wieder empor, aber schwächer. «Nein, jetzt ist Schluß!» sagte der Matrose und trennte dem Hai mit einem vierten Schlag den Kopf vom Rumpf. Aber auch jetzt war noch nicht Schluß: Der Leib fuhr fort, sich ungleichmäßig und langsam zu krümmen, aber immer schwächer und schwächer; am Kopf bewegten sich die Kiefer krampfhaft. Die Handspake wurde in den Leib gesteckt und das Tier fortgetragen. Alle gingen auseinander.

Dieses Schauspiel bedeutete unseren Abschied von den Tropen, die wir zu dieser Zeit verließen, um nicht mehr zurückzukehren.

Als ich am Abend zum Admiral zum Tee ging, blieb ich vor der Luke der Offizierskammer stehen, um zu sehen, was sich in der großen Pfanne auf dem Tisch befand. «Wollen Sie nicht gebratenen Haifisch versuchen?» fragten die am Tisch Sitzenden. – «Nein.» – «Oder Haifischsuppe?» – «Sie scherzen», sagte ich. «Taugt die denn etwas?» – «Sie ist ausgezeichnet!» antworteten einige. Aber ich erfuhr später, daß gerade die, welche das «ausgezeichnete» Gericht besonders gelobt, es überhaupt nicht angerührt hatten.

29. März. Wir sind immer noch auf dem Wasser, und immer noch bleiben uns ungefähr dreihundert Meilen bis Hamilton, der kleinen koreanischen Insel mit dem bequemen Hafen, wo wir den Schoner vorfinden sollen. Manchmal weht ein günstiger Wind, und wir werden zweihundert Meilen vorwärts getrieben, dann tritt wieder Windstille ein, und wir fahren mit drei Knoten. Jetzt gießt es seit drei Tagen in Strömen; es ist nicht möglich, auf die Straße (so nennen wir das obere Deck) zu gehen. Dafür ist es still. Ich bin froh, daß ich eine

Beschäftigung habe. Seitdem wir uns dem Norden nähern, ist es merklich kälter geworden, und der Regen ist kein südlicher, kein sommerlicher mehr. Alle suchen ihre Tuchanzüge hervor.

4. April. Am 2. April haben wir endlich Hamilton erreicht. Der Schoner war schon dort, das Transportschiff aber, das nach Shanghai geschickt worden war, noch nicht. Als wir uns anschickten, vor Anker zu gehen, begab ich mich auf das Achterdeck und sah mir das Ufer an. Unsere Seeleute sagen, daß der Hafen sehr bequem sei, dabei ist beinahe gar keine Küste da. Das ganze Inselchen ist nur drei Meilen lang, felsig, steinig, mit elendem Strauchwerk oder spärlichen Baumgruppen. «Das sind alles Kamelien», sagte K., der Kommandeur des Schoners. «Die Matrosen benutzen Kamelienzweige als Badebesen im Dampfbad, das am Ufer errichtet ist.» Einige von uns fuhren sofort an die Küste. Ich hatte sie von weitem gesehen – sie sah nicht verlockend aus, und ich beeilte mich nicht, dahin zu kommen. Hier und da drängten sich die Hütten der Koreaner über den schläfrigen Wassern der kleinen Buchten in einen Haufen zusammen. Man konnte nur die Strohdächer erblicken und ab und zu einen von den Bewohnern umherstreifen sehen; sie sind alle ganz weiß gekleidet, als ob sie Totenhemden anhätten. Endlich waren wir dazu gekommen, auch dieses letzte, dem fernsten Osten angehörende Volk kennenzulernen.

Als unsere Schaluppe von der Fregatte aus die Richtung nach dem Ufer einschlug, sahen wir, wie eine große Anzahl Frauen und Kinder mit allen Anzeichen von Furcht aus dem Dorf nach den Bergen flüchteten. Als unsere Leute ausstiegen, wollte ein Haufen Männer sie daran hindern, in ihr Dorf zu gehen, und hielt sie an den Armen und Rockschößen zurück. Aber es wurde ihnen in chinesischer Sprache aufgeschrieben, daß ihre Frauen ruhig sein könnten, die Russen seien nur gekommen, um das Ufer anzusehen und spazierenzugehen. Die Koreaner hinderten unsere Leute nun nicht mehr am Umhergehen, bemühten sich aber, sie dem Dorf fernzuhalten.

Nach einer Stunde kehrten die Leute zurück und brachten zwei alte Männer mit, anscheinend Dorfschulzen. Ihnen folgte ein koreanisches Boot, das einem japanischen ähnlich war, nur kein gespaltenes Hinterteil hatte, mit drei oder vier weiteren alten Männern und einer Menge einfachen, barfüßigen, ungekämmten und unsauberen Volkes. Das einfache und auch bessere Volk trug weite Kittel aus weißem Baumwollstoff oder *grasscloth*, unter denen noch andere Kittel zu sehen waren, die die Wäsche ersetzten; außerdem hatten alle eine Art Pumphosen an aus demselben Stoff wie die Kittel; bei den Höhergestellten waren sie weiß und sauber, bei den Niederen weiß, aber schmutzig. Einige, doch nur wenige, trugen hellgelbe oder blaue Kittel.

Die Gäste wurden an den Tisch gesetzt und mit Tee, Brot, Zwieback und Rum bewirtet. Dann knüpfte sich eine lebhafte schriftliche Unterhaltung in chinesischer Sprache an. Sie schrieben so geschwind, daß die Augen dem Pinsel kaum zu folgen vermochten.

Vor allem andern fragten sie, was für Barbaren wir seien, aus dem Norden oder Süden? Wir aber schrieben ihnen auf, daß sie uns Hühner, Gemüse und Fische bringen und von uns dafür Geld oder Rum, Leinwand und ähnliche Sachen entgegennehmen möchten. Der Alte nahm den Zettel, blähte sich wie ein Hahn auf und fing an, das Geschriebene mit komischer Wichtigkeit und mit Nachdruck in singendem Ton zu deklamieren. Das erinnerte teilweise an das eintönige Singen unserer Bettler. Nachdem der Alte alles gelesen hatte, schrieb er als Antwort, daß sie «keine verehrten Hühner hätten». Das war nicht wahr: Unsere Leute hatten Hühner gesehen.

Die anderen aßen unterdessen Brot und tranken Tee. Einer fuhr mit dem Finger in die Butter, ein anderer biß ein Stückchen Brot ab und stopfte den Rest jemandem von unseren Leuten in den Mund. Ein dritter trank zwei Gläschen reinen

Rum nacheinander aus, ohne das Gesicht zu verziehen. Die übrigen betasteten unsere Kleider, die Wäsche, die Stiefel, strichen mit der Hand über das Tuch unserer Anzüge, das ihnen sehr zu gefallen schien. Besondere Aufmerksamkeit schenkten sie der Weiße unserer Haut. Sie nahmen uns an den Händen und konnten sich nicht daran satt sehen, obwohl ihre eigenen Hände nur leicht gebräunt und sogar sauber waren, das heißt bei der höheren Klasse. Bei dem einfachen arbeitenden Volk ist das anders – wie überall.

Die Koreaner bemerkten das Bild des Erlösers in der Kajüte; als man ihnen auf ihre Frage: «Wer ist das?», irgendwie erklärt hatte, wer das sei, erhoben sie sich alle von ihren Plätzen und verneigten sich tief und ehrfurchtsvoll vor dem Heiligenbild. Inzwischen hatten sich gegen hundert Koreaner auf der Fregatte eingefunden, so daß man sich genötigt sah, niemanden mehr zuzulassen. Sie saßen lange bei uns und fuhren dann endlich nach Hause.

Damit hätte es genug sein können. Aber ich mußte doch wenigstens einmal an Land gehen und meinen Fuß auf koreanischen Boden setzen. Gestern sind wir, sechs oder sieben Mann hoch, im Tender zu einem der Dörfer hinübergefahren. Zwei von uns hatten Gewehre mit, um Vögel zu schießen, der dritte hatte zwei Pistolen mitgenommen. Am Ufer drängte sich eine dichte Menge um uns und wollte uns vom Dorf fernhalten. Aber wir schoben sie leicht auseinander und gaben ihnen zu verstehen, daß wir das Dorf nur durchschreiten wollten, um zu den Feldern und Hügeln zu gelangen. Als sie sahen, daß mit uns nichts zu machen sei, zogen sie es vor, uns freiwillig durchzuführen, statt uns freizustellen, umherzuschweifen, wo es uns paßte. Wir wären gern in das Innere des Dorfes gegangen, sie aber führten uns am Rande hin. Übrigens verging uns selber sofort die Lust, tiefer in die Straßen einzudringen, die nur zwei Schritt breit waren.

Wir gingen zwischen zwei Zaunen hin, die aus ungleichen Steinen, ohne Zement, roh zusammengefügt waren. Hinter den Zäunen sah man nur Strohdächer und weiter nichts. Welch ein Unterschied zwischen diesen Zäunen und den Baulichkeiten derselben Art auf den Riukiu! Dort zeugt alles von Sorgfalt, Geduld, Ordnung und Kunst; hier nichts als Faulheit, Nachlässigkeit und Ungeschicklichkeit. Es scheint wohl wahr zu sein, daß die Koreaner keine «Anstrengung» lieben. Wenn wir versuchten, über einen Zaun zu blicken oder in ein Tor zu gehen – was erhoben die Leute da für einen Lärm! Sie hielten uns sogar an den Rockschößen zurück, stießen uns auch zuweilen recht grob. Aber dafür wurden sie von uns auf die Hände geschlagen, was sie gleich besänftigte: Sie glichen dann Hunden, die den Vorübergehenden nachlaufen, den brennenden Wunsch hegen, sie zu beißen, und es dennoch nicht wagen.

Nachdem wir durch die engen Gassen ins freie Feld gelangt waren und die Hügel hinanzusteigen begannen, beruhigten sie sich. Der größere Teil ging mit uns. Jetzt wurden sie sehr diensteifrig, zeigten uns die bequemsten Pfade, pflückten Blumen für uns ab, machten uns auf schöne Aussichten aufmerksam.

Wir gingen durch Felder, die mit Weizen und Gerste besät waren; ab und zu, aber sehr selten, sah man Reis und Kameliensträucher, im übrigen gab es nur Felsen und Steine. Alles war kahl und sah armselig und traurig aus. Es ist nicht verwunderlich, daß die Bewohner uns keinen Proviant geben konnten: Sie hatten wohl für sich selber kaum soviel, um nicht vor Hunger zu sterben. Sie weichen den Blattang, den die Flut anspült, ein und essen ihn, ebenso wie allerlei Muscheltiere. Heute haben sie uns etwa zwei Dutzend Fische gebracht und vier Fäßchen Wasser; ein alter Mann zog aus seinem Busen eine Papiertüte mit getrockneten Trepangs hervor (eine Weichtierart mit Knollen). Er erhielt ein Stück blauen Baumwollstoff und ein Wundwasser für den Sohn, der an Augenschmerzen litt, zum Gegengeschenk.

5. April. Gestern gab es eine kleine Unannehmlichkeit.

Drei Herren von uns waren an Land gefahren. Ein Haufen Koreaner umringte sie und ließ sie nicht weitergehen. Sie drohten ihnen und wollten sie sogar in einen Graben stoßen. Die Offiziere kehrten auf die Fregatte zurück, fuhren aber wieder hinüber, diesmal in Begleitung bewaffneter Matrosen; man mußte zu strengen Maßnahmen greifen. Heute kam der Alte schon ganz früh am Morgen und schrieb eine endlos lange Entschuldigung auf, in der er seine Bekümmernis über das Geschehene aussprach; er bedauerte, daß wir die Schuldigen nicht bezeichnen könnten, da sie sehr schwer bestraft worden wären; er bat uns, nicht böse zu sein, und rechtfertigte sich mit der Unkenntnis der Koreaner über das, was sich «innerhalb der vier Meere», das heißt in der weiten Welt, zutrage. Er und seine Genossen, die mit ihm gekommen waren, wurden mit Tee, Schnaps und Zwieback bewirtet, dann verabschiedeten wir uns von ihnen für lange Zeit, wenn nicht für immer.

Morgen werden wir den Anker lichten und für eine Woche nach Nagasaki gehen, dann an der koreanischen Küste vorbei nach Sachalin und weiter in unsere Gewässer. Jetzt ist es noch zu früh dazu: Dort ist noch alles vereist. Es ist sogar hier, an der koreanischen Südküste, unter dem 34. Breitengrad so kalt, wie es um diese Zeit bei uns in Petersburg zu sein pflegt, wogegen es auf demselben Breitengrad im Westen, zum Beispiel auf Madeira, im Januar vorigen Jahres heiß war. Dafür ist es aber der Osten.

Am 9. April, um zwei Uhr, verankerten wir uns auf der Reede von Nagasaki.

Die Überfahrt war wundervoll, ruhig wie auf einem Fluß. Die Japaner wollten nicht glauben, daß wir so schnell gefahren wären; dabei sind es ja nur 180 Meilen.

Der Oberbanjos Öye-Sabroski fing, teils aus Vergnügen, teils aus Dummheit, an zu lachen, als er uns alle wieder zu Gesicht bekam. Kitshibe knickste und krächzte wie ehedem und erging sich in krampfhaftem Lachen, als er uns die Bitte des Gouverneurs übermittelte, in den Schaluppen nicht an die

Batterien heranzufahren. Auf unsere Frage, ob der Gouverneur uns nichts von seiner Regierung mitzuteilen habe, antwortete er wieder, daß… aus Yeddo… keine Antwort… eingetroffen sei…

Der andere Dolmetscher, Einoske, war in Yeddo, wo er sich mit «den Leuten der Vereinigten Staaten» herumschlug. Wir erfuhren, daß diese «Leute» die Verhandlungen sehr friedlich führten; daß sie bei ihren Spazierfahrten ebenso von Booten begleitet und nicht an das Ufer gelassen wurden und so weiter. Wir erfuhren ferner, daß einer ihrer Dampfer auf eine Sandbank geraten war und auf der Reede zu sinken drohte; die Leute stürzten sich bereits in die japanischen Boote, aber es gelang, das Leck zu verstopfen. Die Amerikaner sind nicht in Yeddo selbst gewesen, sondern nur in der Bucht von Yeddo, die recht seicht ist; man kann mit den Schiffen nicht näher an die Hauptstadt herankommen als auf etwa dreißig Kilometer.

Dabei habe ich in englischen und amerikanischen Zeitschriften in Manila Zeichnungen von Häusern und Tempeln in Yeddo gesehen, die ein Offizier des Geschwaders von Parry gezeichnet haben soll; es war aber vergessen worden, hinzuzufügen, daß sie von den Bildern von Siebold abgezeichnet waren. Ich rede schon gar nicht darüber, welch ein Geschrei die Zeitungen über die Erfolge der Amerikaner in Japan, über den Handelsvertrag erhoben haben! Den Amerikanern sind drei Häfen geöffnet worden – das stimmt vielleicht, sogar höchstwahrscheinlich: Die Häfen sind zur Versorgung mit Wasser, Kohle und Proviant bestimmt; aber das ist noch kein Schritt zum wirklichen, regelrechten Handel. Wie wäre es, wenn wir in derselben Weise über unsere Erfolge in Japan schreiben und sie, ins Quadrat erhoben, darstellen wollten? Das würde ja so aussehen, als ob wir dort schon lange Handel trieben.

Nagasaki sah diesmal ganz traurig aus. Das Grün auf den Hügeln war matt, auf den Bäumen spärlich; auch war es kalt, trotz des Aprils, kälter sogar, als es um diese Zeit bei uns im Norden zu sein pflegt. Dort fangen wir um diese Zeit schon an, in leichten Überziehern spazierenzugehen, hier ist die Luft aber noch ganz winterlich, und Kitshibe sagte gestern, daß es vor Ablauf eines Monats nicht wärmer werden würde.

Heute ist der 11. April und Ostersonntag. Die religiöse Feier verlief sehr würdig: Die Besatzung von allen drei Schiffen hatte sich zum Mittagsgottesdienst versammelt; dann wurde zum erstenmal nach den Fasten Fleisch gegessen. Wir hatten Eier aus Nagasaki kommen lassen, sie gefärbt, hatten uns den Osterkuß gegeben. Auf dem Tisch erschienen Schinken, Roastbeef, Osterkuchen – es war ein Feiertag, wie er sein soll, genau wie zu Lande!

12. April. Heute sind Oye-Sabroski und die Dolmetscher zum Essen eingeladen worden, aber statt um zwei Uhr kamen sie erst um fünf. Ich habe sie nicht gesehen; sie sollen sehr viel gegessen haben. Oye hat zum erstenmal im Leben Fleisch gegessen, und da er auch zum erstenmal Senf sah, aß er plötzlich, noch ehe er gewarnt werden konnte, einen vollen Löffel davon auf: Seine Stirn rötete sich, und Tränen traten ihm in die Augen. Dem Gouverneur wurden als Gegengeschenk zehn Meter Tuch geschickt, ein Messingsamowar und ein Fäßchen Pökelfleisch. Übermorgen wollen wir die Anker lichten und an die sibirische Küste fahren.

15. April. Gestern hat ein Japaner meine Zigarrentasche aus Manilastroh gesehen und lange mit ihr geliebäugelt. Ich bot sie ihm zum Geschenk an; er zierte sich anfangs, nahm sie auf mein Zureden hin aber doch an und steckte sie vorn in seinen Rock. P. und ich wunderten uns, daß er sich entschlossen hatte, sie anzunehmen, und noch dazu im Beisein der anderen. Aber wir hörten bald auf, uns zu wundern: Als wir in die Kajüte zurückkehrten, fanden wir die Zigarrentasche auf dem Sofa, auf dem die Japaner gesessen hatten. Ein langweiliges Volk: Man kann sie nach nichts fragen – entweder lügen oder schweigen sie. Kitshibe war krank geworden und nicht gekommen.

Wir fragten, was ihm fehle. Der Sohn sagte, er habe eine Magenverstimmung, ein anderer Japaner – er habe Kopfschmerzen, ein dritter – Fußschmerzen, und er selber sagte am anderen Tage, er habe Halsschmerzen gehabt: Und er hustete auch wirklich. Wenn man sie nach etwas fragt, so ist ihre erste Regung, es nicht zu sagen, die zweite – zu lügen, wie bei Talleyrand, der den guten Rat gab, niemals der ersten Herzensregung zu folgen, weil sie zuweilen gut ist. Wir fragten einmal, welches ihre erste Handelsstadt sei. – «Osaka», antworteten sie; die zweite sei Yasaki (an der Westküste Nippons), die dritte Miako, die vierte ... Plötzlich wurden sie gewahr, daß sie bereits zuviel gesagt hatten, und verstummten zaghaft.

Heute empfingen die Japaner wieder Gegengeschenke und fuhren fort. Wir schicken uns in diesem Augenblick an, unsere Anker zu lichten. Der Schoner fährt ab, um ein Verzeichnis der Japan am nächsten gelegenen Inseln aufzustellen, und geht dann nach Shanghai, wir aber an die sibirische Küste; doch soll vorher die koreanische Küste angelaufen werden. Das Transportschiff fährt mit uns. Nach Yeddo ist ein Brief geschickt worden, mit der Aufforderung an die Bevollmächtigten, zu weiteren Verhandlungen nach Aniwa zu kommen.

Am 20. und 21. April fuhren wir in einer Entfernung von zwei Kilometern an der Halbinsel Korea entlang, auf dem 36. Breitengrad. Auf dem Achterdeck wurde eine Aufnahme der Küste gemacht; dabei gibt es nichts zu sehen: öde Ufer, die hin und wieder mit dürftigem Gras und Bäumen bedeckt sind. Zuweilen sah man ein Dorf: Dort sind genau solche Hütten, und sie drängen sich ebenso auf einen Haufen zusammen wie auf Hamilton. Hier und da sieht man ein paar Bewohner am Ufer umherschleichen. Auf dem Meer sind viele Boote, wahrscheinlich Fischer.

Gegen fünf Uhr nachmittags gingen wir in einer Bucht vor Anker. Die Karten der koreanischen Küste – es gibt ihrer wohl nur eine oder zwei – sollen sehr ungenau sein. Und in der Tat wuchs vor uns, gegen Norden zu, plötzlich eine Küste empor, die auf der Karte nicht verzeichnet war. Es schien unangebracht, in der Nacht längs der unbekannten Küsten weiterzufahren, und wir blieben bis zum Morgen an Ort und Stelle. Der Wind war günstig, er wehte dem Norden zu, das Wetter war warm und sonnig. Eines unserer Ruderboote näherte sich dem Ufer: Die Bewohner fingen an, unruhig hin und her zu laufen, wie auf Hamilton, und bereiteten uns einen ebensolchen Empfang, das heißt, sie rotteten sich mit Knütteln in einen Haufen am Ufer zusammen, um die Leute nicht heranzulassen, und gaben den Weg frei, als sie bei einigen der Unsern Gewehre entdeckten. Sie schrieben auf chinesisch auf ein Papier: «Was seid ihr für Leute? Aus welchem Reich, welcher Stadt, welcher Siedlung? Wohin fahrt ihr?» Von der Besatzung des Bootes verstand niemand Chinesisch, und man schrieb ihnen in russischer Sprache den Namen der Fregatte und das Datum auf. Die Bewohner fragten durch Zeichen, ob wir nach Wasser gekommen seien. Es wurde ihnen geantwortet, daß das nicht der Fall sei. Daraufhin gingen sie auseinander.

25. April. Heute fuhren wir nach dem Essen zwischen vier und fünf Uhr an Land und nahmen einen Samowar, ein Fischnetz und Gewehre mit. Endlich betraten wir das Ufer, auf dem wahrscheinlich noch nie der Fuß eines Europäers geweilt hat.

Unsere Schaluppe landete am Fuß hoher Hügel, auf einer sich vom Ufer erstreckenden Sandbank. Hier waren Fischernetze auf Stangen aufgehängt; ein anderthalb Meter breites Flüßchen strömte dem Meer zu. Das ganze Ufer war mit Muscheln besät. Bei den Dörfern wuchsen außer Kiefern verschiedene Bäume, wie ich sie bisher noch nirgends gesehen hatte. Der eine hatte nicht grünes, sondern aschfarbenes Laub, ein anderer allzu grünes, wie ein junger Zitronenbaum; dann gab es noch ganz kahle Bäume mit verdorrtem grauem Stamm und mit verdorrten Ästen, wie bei dem verfluchten Feigenbaum, aber auf diesem grauen Stamm und den Ästen wuchsen andere, nicht dazu gehörige Sträucher vom frischesten Frühlingsgrün. Das sah schön, aber auch sonderbar aus: Es war unnatürlich, gezwungen, wie ein geschminktes und aufgeputztes altes Weib.

Leider war keiner unserer Naturforscher mit, und wir konnten niemanden nach diesen Bäumen fragen. Wir schritten durch den schlammigen, von der Flut angespülten Sand zu den Hütten, die wir unter den Bäumen bemerkt hatten. Die Bewohner rotteten sich unterdessen in der Ferne zusammen; vier von ihnen, darunter auch ein alter Mann mit einem langen Stab, setzten sich nebeneinander ins Gras und schienen sich zu einem zeremoniellen Empfang, zu Reden, Begrüßungen oder etwas Ähnlichem vorzubereiten. Alle Völker, die noch im Kindesalter der Menschheit stehen, lieben das Hochtrabende, Dekorationen und Kothurne. Wir aber sahen sie nur flüchtig an, nickten ihnen mit dem Kopf zu und gingen gleichgültig am Ufer weiter, dem Dorf zu. Was für Barbaren und Flegel mochten sie in uns sehen! Sie vergaßen jegliche Würde und rannten uns mit Geschrei und scheinbar auch mit Schimpfreden nach, durch Zeichen andeutend, daß wir nicht an die Dörfer herangehen sollten; wir hatten auch gar nicht die Absicht, das zu tun, sondern gingen nur bis zu dem Berg, der uns den Weg am Ufer versperrte.

Wir bemerkten indessen, daß die Hütten mit Lehm verschmiert waren, nicht so wie auf Hamilton; man sieht, daß der Winter hier kein Spaß ist; augenblicklich aber war es so heiß, daß wir die Röcke abnahmen und in Hemdärmeln gingen; trotzdem war es fast unerträglich, obschon die Sonne sich bereits dem Westen zuneigte. Die Koreaner gingen hinter uns drein. Es ist ein großes gesundes Volk, Athleten, mit groben bräunlichroten Gesichtern und Händen, ohne die weiche Grazie der Manieren, die vornehme Eleganz und das einschmeichelnde Wesen der Japaner, ohne die Schüchternheit der Bewohner der Riukiu, ohne die Verschlagenheit der Chinesen.

Eine Menge riesengroßer Enten, rotschnäbliger Schnepfen,

Möwen, Tauben und kleines Wildgeflügel flogen am Meeresufer um uns her. Hier und da fielen Schüsse, und am Abend gab es zur Tafel ein unverhofftes und prächtiges Gericht. Ich überlegte übrigens, wie ich schneller zur Fregatte zurückkehren könnte: Es wurden noch gar keine Vorbereitungen zum Tee getroffen, die Sonne aber war schon im Sinken begriffen. Wir hatten außer unseren Röcken nichts anderes mit, dabei war es so kalt geworden, daß man den Pelz hätte anziehen mögen. Auf der Wiese weideten Pferde, die so groß waren wie Füllen; es waren aber keine, sondern ausgewachsene Pferde. Wir erkannten die Fußspuren von Rindern und Wagengeleise: Man sieht, daß die Koreaner ein häusliches Volk sind.

Ich ging am Ufer entlang zur Barkasse, die hinter die Landzunge beinahe bis zum offenen Meer gefahren war, so daß ich etwa drei Kilometer weit gehen mußte. Bald schlossen sich mir Sch. und G. an, in dessen Tasche sich etwas Lebendiges regte: Er hatte schon wieder Zeit gehabt, alles mögliche zu sammeln; in den Händen trug er ein Bündel Blumen und Gras.

Endlich erblickten wir die Barkasse und kamen gerade hin, als sie bereits den Werpanker lichtete und abfahren wollte. Wir waren mindestens drei Kilometer von der Fregatte entfernt. Der Mond war aufgegangen, aber der Nebel war so dicht, daß die Fregatte unsern Augen bald entschwand, bald wieder sichtbar wurde; wir verloren sie mehr als einmal ganz aus den Augen und steuerten dann nach den Sternen, aber auch diese verbargen sich zeitweilig. Wir trieben in einer Wolke, die mit unglaublicher Schnelligkeit dahinjagte und Berge, Ufer, Wasser, schließlich auch den Himmel und den Mond verhüllte. Die Feuchtigkeit war fürchterlich: Mützen und Röcke waren ganz naß. Am Ufer blitzte ein Licht auf: Unsere eigensinnigen Freunde waren zum Teetrinken dort geblieben.

Anderthalb Stunden lang schleppten wir uns heimwärts. Aber mit welchem Vergnügen setzten wir uns dann in der

Kajüte an den Teetisch! Hier wurde G. feierlich eine Schlange überreicht, die so groß war, wie wir sie bisher, mit Ausnahme der Riesenschlangen, noch nicht gesehen hatten: Sie mochte anderthalb Meter lang sein und war sehr dick. Sie kroch in einem Blechkasten umher, man wollte sie von da aus in einen großen gläsernen Behälter mit Spiritus setzen. Sie war lange widerspenstig, als sie aber endlich aus dem Kasten hinausgejagt war, wurden wir dessen selber nicht froh: sie glitt plötzlich so schnell über den Fußboden, daß man sie nur mit Mühe fangen konnte.

1. bis 4. Mai. Unsere Herren fuhren alle Tage hinaus, um die Tiefe der Bucht zu messen, oder auch nur, um ein bißchen auf die Jagd zu gehen; sie fuhren auf den Flüssen stromaufwärts in das Innere des Landes, bis zu zwanzig Kilometer weit, und suchten eine Stadt. Einmal hatte sich ein Haufen Koreaner auf dem Felsen versammelt, neben dem einer der Unsern eine Messung vornahm; sie fingen an, Steine in die Schaluppe zu werfen. Es wurde ein blinder Schuß auf sie abgegeben, aber sie schienen einen unklaren Begriff von Feuerwaffen zu haben. Tags darauf wurde ein Schreiben in das dem Felsen am nächsten gelegene Dorf geschickt, mit der Forderung einer Erklärung. Am Abend kam die Antwort, in der sie um Entschuldigung baten und sagten, daß nur Bengel, «die keinen Verstand haben», die Steine geworfen hätten. Das war gelogen: Diese Bengel waren fast zwei Meter lang und hatten Bärte und Haare, die auf dem Wirbel in dichte Büschel zusammengebunden waren, wogegen die Buben bei ihnen Zöpfe und in der Mitte gescheiteltes Haar tragen, wie unsere Mädchen.

Kaum hatten wir diese Antwort gelesen, als plötzlich ein Teil der Unsern von einer Fahrt in den Fluß, die sie zehn Kilometer stromaufwärts geführt hatte, zurückkehrte. Alle waren sehr erregt, denn sie hatten sich in großer Gefahr befunden. An dem einen Ufer hatte sich viel Volk angesammelt; einige baten unsere Leute durch Zeichen, anzulegen, und zeigten irgendein Papier; als unsere Leute anlegten, gaben die Koreaner das Papier nicht her, sondern führten einen Mann heran, den sie auf die Erde legten und mit einem schaufelartigen Stock zu schlagen begannen. Dann legten sie den, der den andern mit der Schaufel geschlagen hatte, hin und fingen auch ihn an zu schlagen. Unsere Leute fanden diese Komödie sehr dumm und gingen fort; da stürzte einer der Geschlagenen hinter ihnen her, packte einen Matrosen und schleppte ihn zu der Menge hin. Dort zerrten sie ihn nach verschiedenen Seiten hin und her, aber unsere Matrosen kamen ihm zu Hilfe und befreiten ihn. Die Koreaner griffen auch diese Matrosen an, unsere Jungens aber packten einige Männer mit so viel Kraft, Gewandtheit und Wut an und prügelten sie so durch, daß die andern zurückwichen. Als unsere Leute in das Ruderboot stiegen, fingen die Koreaner an, ihnen Steine und mit Blei gefüllte Spielknochen nachzuwerfen, und verletzten einige bis aufs Blut. Da wurde ein Schrotschuß auf sie abgegeben, der für das Wildgeflügel bestimmt war; ein Koreaner wurde scheinbar verwundet. Damit kam der Kampf einigermaßen zum Stillstand, doch die Koreaner fuhren fort, mit Steinen zu werfen, bis unsere Leute Zeit fanden, abzustoßen.

Am nächsten Morgen, ganz früh, wurden die Barkasse und Ruderboote mit bewaffneten Matrosen an die Stelle geschickt, wo das geschehen war. Alle hatten sich mit ihren Weibern und der ganzen Habe aus dem Dorf davongemacht; nur die alten Männer waren zurückgeblieben. Die brauchten wir aber gerade. Man verlangte eine Erklärung über den Vorfall. Die Alten erklärten unter Bücklingen, daß es ein paar Taugenichtsen gelungen sei, die Menge aufzuwiegeln, und daß sie, die Älteren, nicht vermocht hätten, sie zurückzuhalten; sie baten, es sie nicht entgelten zu lassen, da «die Väter für die Kinder nicht verantworten könnten», und so weiter. Sie fügten noch hinzu, daß die Schuldigen verwundet seien, einer angeblich sogar tödlich, und sie ihre Strafe daher bereits empfangen hätten. Man konnte mit den Alten nichts anfangen, aber es wurde beschlossen, am ersten Ort, den wir anlaufen würden, eine Mitteilung über das Vorgefallene nach ihrer Hauptstadt zu senden.

5. Mai. Wir haben erst heute den 41. Breitengrad erreicht, und auch da hat uns nur ein günstiger Wind plötzlich hierher getrieben. Wir fahren immerwährend am Ufer entlang; die Aufnahmen werden fortgesetzt. Korea erreicht mit dem 43. Breitengrad sein Ende. Dort beginnt die mandschurische Küste.

Am 18. Mai fuhren wir in den Tatarensund ein. Vierundzwanzig Stunden lang trieb uns ein günstiger Wind vorwärts, dann wurden wir durch Windstille aufgehalten, schließlich begann ein widriger N und NO zu wehen und brachte Kälte, Regen und Nebel mit. Welch ein Unterschied gegen die Tropen! Wir wissen nicht, wohin wir uns vor der Kälte verkriechen sollen. Am Abend ist es eine Qual, sich auszukleiden und sich schlafen zu legen, das Aufstehen am Morgen ist aber noch viel schlimmer.

Zeitweise sehen wir die Küste, an der wir in nördlicher Richtung entlangfahren, dann wird sie wieder vom Nebel verdeckt. In der Nacht hört man zuweilen ein Winseln: Einige sagen, es seien junge Seelöwen, andere meinen, es seien Seehunde. Letzteres ist wohl glaubwürdiger, falls die Seehunde überhaupt zu winseln imstande sind; es ist deshalb glaubwürdiger, weil sie die Fregatte am Tage zuweilen in ganzen Rudeln umspielen und ihre Köpfe herausstecken, als liefen sie miteinander um die Wette. Auf alle Fälle sind es Wassergespenster, wie auch der Signalist Feodorow annimmt.

Was für eine Begegnung wir gestern, am 17., erlebt haben! Wir saßen beim Mittagessen, als es hieß, ein Schoner sei in Sicht. Es erging der Befehl, die Flagge zu hissen und einen Kanonenschuß abzufeuern. Der Schoner hißte unsere Fahne! Bravo! Der Schoner «Osten» kommt zu uns, mit Nachrichten aus Europa, mit Briefen... Alles ist wie neu belebt. Eine Stunde später lasen wir Zeitungen und wußten alles, was sich bis zum März in Europa zugetragen hatte. Nun gab es Gespräche, Erörterungen, Erwartungen. Unseren Schiffen ist befohlen, an die russische Küste zu fahren. Was wird nur werden? Wenn wir bloß schneller hinkämen: es sind im ganzen 250 Meilen bis zu dem Ort, wo wir weitere Befehle abwarten sollen.

20. Mai. «Was gibt es Neues?» fragte ich Fadejew, der mich wecken kam. – «Wir werden gleich vor Anker gehen», sagte er, «es ist befohlen worden, die Kette hervorzuholen.» Und wirklich vernahm ich den für einen ermüdeten Reisenden so angenehmen Laut: das Gerassel der Ankerkette, die aus dem Kielraum hervorgeholt wurde.

Der Morgen ist herrlich, das Meer so blau und durchsichtig wie in den Tropen; es ist warm, wenn auch nicht wie in den Tropen, aber doch so, daß es möglich ist, im Flauschmantel auf dem Verdeck zu promenieren. Wir fuhren immer angesichts der Küste. Um die Mittagszeit blieben noch etwa zehn Meilen bis zum Bestimmungsort; alle, auch ich, gingen hinauf, um zu sehen, wie wir in eine Bucht, unseren zeitweiligen Zufluchtsort, einlaufen würden. Die Hauptsache ist, die Einfahrt genau zu erkennen, denn in der Bucht kann man sich nicht irren: Die Peilung ist angegeben...

Wir sind wieder einen ganzen Tag umhergeirrt, haben in der Bucht laviert und unsere Stellung gehalten. Der Wind blies fürchterlich, die Wellen sind nicht groß, aber heftig und verursachen ein unangenehmes Schaukeln, weil sie das Schiff unerwartet in die Seiten stoßen. Am nächsten Tag ging ich gegen Abend hinauf; da sah ich, wie sich alle auf dem Achterdeck drängten. «Was gibt's?» fragte ich. «Wir laufen ein», hieß es. In der Tat fuhren wir durch das breite Tor eines glatten Wasserbeckens, das von steilen, gleichsam abgehackten Ufern umgeben war; ein niedriger, für das Auge undurchdringlicher Wald bedeckte sie – Kiefern, Birken, Tannen und Lärchen. Kräftiger Harzgeruch umfing uns. Wir durchfuhren die große Bucht und sahen rechts und links zwei andere Buchten, die sich wie mit langen Zungen in die Ufer einschnitten; die große Bucht selber aber dehnte sich noch zwei Meilen weiter aus. Das Wasser ist regungslos, die Luft still, aber im offenen Meer, hinter den Landzungen, wütet der Wind. In der kleinen Bucht, in die wir einfuhren, lag bereits, ganz nahe am Ufer, unser Schiff «Fürst Menschikow», das uns zuvorgekommen war. Die Besatzung hatte schon Zeit gefunden, Zelte am Ufer aufzuschlagen. Neben ihnen standen etwa zehn Mann von den Schiffen, Hunde liefen umher. Wir gingen vor Anker.

Was ist das für eine Gegend? Wo sind wir? Ich weiß es nicht, und niemand weiß es. Wer ist vor uns hier gewesen, und wer wird in diese Wildnis und in diese Öde eindringen?

Wer wohnt hier? Welches Volk? Es sind viele Völker da, aber niemand hat hier seinen festen Wohnsitz.

Die Eingeborenen, mit denen unsere Matrosen sich schon, ich weiß nicht, in welcher Sprache, verständigt haben (unsere Matrosen verstehen es auf ihre Weise, mit allen Völkern der Welt zu reden), nennen sich Orotschanen, Mangu, Kekel. Was sind das: Volksstämme oder Familiennamen? Ich weiß auch das nicht. Die Unsern bezeichnen den größten Teil von ihnen mit dem allgemeinen Namen Tungusen. Sie leben nicht hier, sondern ziehen von Ort zu Ort und kommen zum Meer, um Fische zu fangen. Man sagt, daß bald nach ihnen auch Bären kommen werden, um dasselbe zu tun. Wir machen vorläufig auch nichts anderes: Fische gibt es in Unmengen, Butten, Kaulköpfe, Forellen, eine Art Trüsche. Bald kommen auch die Herdenfische, aus der Familie der Knorpelfische, Heringe und so weiter. Bei uns gibt es jetzt nichts als Fisch auf der Tafel. Statt Pferden irren drei Dutzend elender Hunde am Ufer umher: Aber hier kann man schon von der Küste aus an dem Dickicht des Waldes die vollständige Unmöglichkeit ersehen, irgendwohin zu fahren, sei es mit Hunden oder mit Pferden, man kann nicht einmal zu Fuß gehen. Ich versuchte es und sank im Sumpf ein, stolperte über Stämme und Äste.

Was ist das für ein Land? Was für eine Bucht? fragen Sie. Noch immer zieht sich die öde mandschurische, folglich den Chinesen gehörende Küste hin.

Juni. Nein, ich sehe, daß der Aufenthalt an der Küste meiner Gesundheit unzuträglich ist. Gehe ich im Walde umher, so werde ich müde und fühle eine unangenehme Schwere in den Gliedern; gestern bin ich im Walde auf einem ausgebreiteten Segeltuch eingeschlafen und habe mir Fieber geholt. Ich habe mich ganz vom Festlande entwöhnt. Auf der Fregatte, auf dem Meer ist es besser. In meiner kleinen Kajüte fühle ich mich wohl: Ich habe mich in meinem Winkelchen, in dem man sich kaum umdrehen kann, eingelebt; ich kann mich nur auf das Bett legen, auf den Stuhl setzen, einen Schritt zur Tür machen – das ist alles. Ich bin gewöhnt, den Besanmast zu sehen, das Takelwerk und über Bord hinaus das Meer.

Ich gehe im Walde umher, aber der Wald ist hier so langweilig, nicht wie in den Tropen: Dort vermag man ja oft gar nicht durch das Dickicht zu dringen; gelingt es einem aber, so kann man sich an der Schönheit der Bäume, ihrer Gruppierung, ihrer Mannigfaltigkeit nicht satt sehen; hier kann man überall durchdringen, jedoch die Bäume stehen so einförmig da, gerade, wie Kerzen: Tanne, Lärche, Fichte; Fichte, Lärche, Tanne; hin und wieder Birken. Wohin man auch schauen mag, überall derselbe Staketenzaun; der Blick verliert sich in der traurigen Unendlichkeit des Waldes. Hier stören alle Bäume einander im Wachsen, und keiner gewinnt auf Kosten des anderen. Wenn hingegen in den Tropen ein Baum alles Leben um sich herum tötet – wie wächst er sich dann selber so breit, so wundervoll aus!

Es ist uns gelungen, in gewisse Beziehungen zu den herumziehenden Mangus, Orotschanen oder Tungusen, wie sie auf sibirisch heißen, zu treten. Zu uns kommt häufig ein Tunguse Afonka mit seinem Kameraden Iwan – so haben die Matrosen sie benannt. Afonka ist verpflichtet worden, Elche zu schießen und uns das Fleisch zu liefern. Er hat bereits drei Tiere erlegt: Das ergab im ganzen zehn Zentner Fleisch. Es schmeckte mir besser als Rindfleisch. Afonka jagt auch Bären. Unlängst begleitete er einen der Unseren zur Jagd durch den Wald. «Was willst du für deine Mühe haben, Afonka?» fragte ihn jener. «Geld?» – «Nein», lautete die Antwort. – «Vielleicht Kaliko, Leinwand?» – «Nein.» – «Was denn?» – «Ein Fläschchen.»

Womit aber bekämpft er die Tiere? Ich habe die Beobachtung gemacht, daß alle, die mit glänzenden Stahlangeln, mit eleganten Schwimmhölzchen aus Rotholz und ähnlichem Spielzeug zum Fischfang ausziehen oder mit Gewehren, die aus England und Frankreich bezogen sind, auf die Jagd gehen, fast immer mit leeren Händen heimkehren. Afonka tötet die Elche und Bären mit einer Feuersteinflinte, die er vielleicht selber verfertigt oder vor langer Zeit bei Walfischjägern eingetauscht hat; sie fällt fortwährend auseinander, so daß unsere Schlosser sie jedesmal ausbessern müssen, wenn er von der Jagd zurückkommt. Unlängst hatte man ihm ein gutes doppelläufiges Gewehr mit Zündstift gegeben. Er ging damit in den Wald, kam aber bald wieder zurück. «Was ist denn los?» fragte man ihn. «Nehmt euer Gewehr zurück», sagte er, «ich verstehe nicht daraus zu schießen.» Er hat mir versprochen, mir Bärenfelle zu bringen – «für ein Fläschchen».

Von den Familien der Giliaken wird erzählt, daß sie hier im Winter bei 36° Kälte im Gebüsch unter Reisighaufen leben, sogar Mütter mit Säuglingen; wenn sie sich wärmen wollen, so zünden sie Scheiterhaufen an, Holz gibt es ja reichlich. Sie essen einen Fisch, der Buckellachs heißt, und eine Art Knoblauch.

Aber es gibt nur wenig Giliaken; überhaupt ist hier kein Leben, überall ist es öde und leer. Nur selten gleiten die halbwilden Eingeborenen in ihren mit Seehundsfell überzogenen Booten zaghaft an der Fregatte vorbei. Nur Afonka, der auf seinen Jagdzügen durch Wälder und Flüsse bis an die chinesische und bis an unsere Grenze gelangt ist und der von jeder

Sprache etwas kann, oder eher ein Gemisch von allen Sprachen spricht, unter anderem auch die Mundart der wilden Stämme – Afonka besucht uns ohne Scheu und sucht es immer so einzurichten, daß er gerade zu der Zeit kommt, wenn an die Mannschaft Schnaps verteilt wird. Irgend jemand bietet auch ihm ein Glas an; er trinkt es aus, dankt nicht, sagt kein Wort, dreht sich um und geht.

Welch ein Segeln in diesen traurigen Gewässern! Welch ein Klima! Man merkt beinahe gar nichts vom Sommer: Am Morgen ist es weder kalt noch warm, am Abend aber entschieden kalt. Der Nebel ist so dicht, daß man seine eigene Nase kaum sieht. Gestern mußte geschossen und getrommelt werden, um den Schaluppen mit unseren Offizieren den Weg nach der Fregatte zu weisen. Die Winde sind meistens frisch, sogar kalt, Windstille gibt es fast nicht, dabei ist es Mitte Juni.

Allein meine Reise neigt sich ihrem Ende zu: Ich fühle das Bedürfnis, mich von der weiten Seefahrt zu erholen, und zwar – durch das Festland. Nur noch eine kurze Spanne Zeit, eine oder zwei Wochen – und ich betrete heimatlichen Boden. Dahin! Dahin! Aber ich werde Sie trotzdem nicht allzubald wiedersehen: Mein Weg führt über Sibirien, ein breiter, ungefährlicher, bequemer, aber langer, langer Weg. Und zudem ist Sibirien gastfreundlich, Sibirien ist beachtenswert: Kann man es denn mit Postpferden durcheilen und Augen und Ohren verschließen? Ich sehe voraus, daß ich Ihnen mehr als einmal von dort werde schreiben müssen.

Der Mensch ist aber doch seltsam erschaffen: Ich möchte an Land, und zugleich tut es mir weh, mich von der Fregatte zu trennen. Aber wenn Sie wüßten, was für ein elegantes, vornehmes Schiff das ist, was für Menschen sich darauf befinden, so würden Sie sich nicht wundern, daß ich die «Pallas» mit betrübtem Herzen verlasse.

XII
Nach zwanzig Jahren

Am 6. Januar 1874 veranstaltete eine kleine Gruppe von Marineoffizieren ein Festessen zur Erinnerung an den Tag ihrer Errettung aus der Lebensgefahr, in die sie durch den Untergang der Fregatte «Diana» an der japanischen Küste geraten waren.

Unter ihnen befanden sich mehrere Herren, die von der «Pallas» auf die «Diana» gekommen waren, und das war der Grund, warum auch ich zur Teilnahme an diesem Festessen aufgefordert war. Fast alle Teilnehmer an der japanischen Expedition waren hier versammelt, und es war mir zumute, als wäre ich wieder an Bord und übe mein Amt als Sekretär des Admirals aus. So will ich denn diesen Anlaß benutzen, um zu berichten, was aus der «Pallas» geworden ist und wie meine Gefährten ihre Reise beendeten, nachdem ich mich von ihnen getrennt hatte.

Das Ende war nämlich eine ungeheure Katastrophe: ein Erdbeben in Japan und der Untergang der Fregatte «Diana». Das Leben des Seemanns ist reich an Gefahren und Nöten; unruhige Augenblicke hatten wir auch auf unserer Fahrt nach Japan gehabt, aber so entsetzliche Dinge, wie sie unsere Seefahrer an Bord der «Diana» erleben mußten, sind in der Geschichte der großen Schiffbrüche selten.

Die Pflicht, einen amtlichen Bericht über die Katastrophe abzufassen, wäre mir als Sekretär des Admirals zugekommen, wenn ich die Reise bis zum Schluß mitgemacht hätte. Doch während meine ehemaligen Gefährten zwischen Tod und Leben schwebten, trug mich der Postschlitten durch die Schneefelder Sibiriens. So entging ich ganz zufällig dem Schicksal, von dem meine Genossen betroffen wurden.

Durch den Ausbruch des Krimkrieges wurden die Pläne, die unserer japanischen Expedition zugrunde lagen, zum größten Teil zunichte gemacht. Die Verhandlungen mit Japan über den Abschluß eines Handelsvertrags und die Regelung der Grenzen auf Sachalin mußten abgebrochen werden. Der Admiral hatte bei unserm letzten Aufenthalt in Nagasaki beschlossen, erst in die russischen Gewässer Ostsibiriens zu gehen, wo als Ersatz für die «Pallas» die aus Kronstadt abgesandte Fregatte «Diana» uns erwarten sollte; auf der «Diana» wollte er sich dann nochmals nach Japan begeben, um eine Vereinbarung über Wiederaufnahme der Verhandlungen nach dem Kriege zu treffen. Was weiter unternommen werden sollte, war bei der Kriegslage nicht vorauszusehen; vielleicht würde man an der sibirischen Küste bleiben, um sie gegen feindliche Angriffe zu schützen, vielleicht auch dem Feind auf hoher See entgegentreten, vielleicht auch, falls gar keine Nachrichten über das Vorgehen des Feindes einlaufen würden, in irgendeinem neutralen Hafen, etwa in San Francisco, den Ausgang des Krieges müßig abwarten.

Diese Ungewißheit oder gar die Aussicht auf ein – wer weiß wie langes – Warten, gleichviel, ob an unserer einsamen asiatischen Küste oder in einem für mich so neuen und interessanten Ort wie San Francisco, erfüllte mich mit Entsetzen, und ich deutete dem Admiral an, daß ich gerne nach Rußland zurückkehren würde. Doch er, der ganz erfüllt war von seinen Sorgen um die so glücklich eingeleiteten und nicht zum Abschluß gebrachten Verhandlungen und den Kriegsausbruch, durch den er plötzlich zum Mitkämpfer werden mußte, verstand mich falsch und meinte, ich sei der Ansicht, daß unsere Mission in Japan erfüllt sei. Er erwiderte mir, daß er die Hoffnung noch nicht aufgegeben habe, noch weiter mit Japan zu verhandeln, und daß also meine Pflichten als Sekretär noch nicht erledigt seien. Daß ich aber einfach reisemüde war, verstand er nicht trotz des tiefen Seufzers, mit dem ich seine Antwort aufnahm.

Reisemüde? Ich war ja gar kein Reisender, sondern war, wie in meinen Personalakten zu lesen, «amtlich beauftragt, den Admiral als Sekretär auf der Expedition nach unseren amerikanischen Besitzungen zu begleiten». Ich hatte also gar nicht das Recht, nach meinem eigenen Ermessen zu bleiben oder zu gehen. Doch nach einigen weiteren Unterredungen erbarmte der Admiral sich meiner; er zweifelte vielleicht auch daran, daß er noch einmal nach Japan kommen werde, denn wie die Dinge jetzt lagen, hatte er nicht mehr Diplomat, sondern in erster Linie Kriegsmann zu sein. Und so beschloß er ganz unerwartet für mich mit der ihm eigenen Güte: «Wir wollen uns vertragen! Reisen Sie nur heim; ich weiß ja, daß Sie sich hier nicht mehr wohl fühlen werden!»

Ich ließ mir das nicht zweimal sagen. Kein amtliches Schriftstück habe ich je mit solcher Begeisterung abgefaßt wie die auf meine eigene Person bezügliche Verfügung des Admirals, daß ich «mich nach Petersburg zu begeben» habe, daß mir «unterwegs von den zuständigen Behörden das größtmögliche Entgegenkommen gezeigt werde» und so weiter.

Alles das spielte sich an der Mündung des Amur ab. Die «Diana» war zur Ablösung der «Pallas» bereits eingelaufen; denn unser braves Schiff hatte nun lang genug gedient; es war alt geworden und war von den Stürmen am Kap und im Chinesischen Meer arg mitgenommen. Anfangs wollte man das Schiff in die Amurmündung hineinführen, doch erwies sich das bei dem geringen Tiefgang als unmöglich, und so blieb die «Pallas» in der Tatarischen Straße, in der sogenannten «Kaiserbucht». Hier wurde sie entwaffnet und abgetakelt und der nackte Rumpf der Obhut der hier postierten Seeleute und Kosaken anvertraut mit der Weisung, ihn zu versenken, wenn Franzosen oder Engländer in der Meerenge erscheinen sollten, denn der Feind sollte sich nicht rühmen, daß er ein russisches Kriegsschiff erbeutet habe.

So hat denn die «Pallas» in dieser Bucht ihr Leben beendet. Unsere Mannschaft wurde zum Teil auf die «Diana» geschafft, die überschüssigen Offiziere und Matrosen traten gleich mir den Heimweg nach Rußland zu Lande an. Das war im August 1854.

Für die «Diana» hatte der Admiral die zuverlässigsten und erfahrensten Leute von der «Pallas» zurückbehalten, und als alles geregelt war, entschloß er sich Ende November zu einem äußerst kühnen Schritt: Er wollte bis zum Herzen Japans vordringen, Osaka bei Miakko, der Residenz des Himmelssohnes, des Mikado, anlaufen – in der unzweifelhaft richtigen Voraussetzung, daß das Erscheinen der Fremden an dieser heiligen, ängstlich verborgenen Stätte den Japanern einen tüchtigen Schreck einjagen und sie gefügiger machen werde.

Der Plan wurde ausgeführt. Die «Diana» erschien vor Osaka, und die Japaner waren tatsächlich entsetzt. Leider aber hatte dieses Entsetzen nicht die erwünschten Folgen. Die Japaner verlangten, daß das russische Schiff sich wieder entferne, und versperrten die Küste durch endlose Ketten von Booten, die man nur mit Gewalt hätte durchbrechen können; dieses Mittel anzuwenden, besaß der Admiral aber keine Vollmacht. Die Japaner wollten hier keinerlei Verhandlungen führen. Sie forderten den Admiral auf, sich mit seinem Schiff nach der Stadt Shimoda zu begeben, die an der Bucht gleichen Namens in dem riesigen Meerbusen von Yeddo, dicht bei dem Ausgangs in den offenen Ozean, gelegen ist. Dorthin sollten auch die zu den Verhandlungen bevollmächtigten japanischen Beamten kommen. Und eben hier wurde die «Diana» von der furchtbaren Katastrophe ereilt. Es ist dabei zu bemerken, daß die Bucht Shimoda nach der Seite des Meeres nicht geschlossen ist, also keineswegs als gefahrlose Haltestelle für größere Schiffe angesehen werden kann.

Am 11. Dezember, um zehn Uhr morgens, bemerkten der Admiral und die anderen Herren, die sich in der Kajüte befanden, daß die Tische, Stühle und anderen Möbelstücke leise schwankten und das Geschirr auf dem Tisch wackelte und klirrte. Sie begaben sich daher auf Deck. Doch hier schien vorderhand noch alles ruhig. In der Bucht war kein Wellengang zu beobachten, nur brauste und gurgelte das Wasser ganz eigentümlich.

In der Nähe der Stadt Shimoda fließt ein an sich unbedeutender Fluß, der eine ziemlich starke Strömung hat, da er von den Bergen kommt. In diesem Fluß befanden sich einige Dschunken; die gerieten nun mit einemmal in Bewegung. Die Strömung schien sie fortzureißen, aber seltsamerweise nicht dem Meere zu, sondern in entgegengesetzter Richtung. Von der Fregatte wurde sofort ein Boot mit einem Offizier abgefertigt, um diese seltsame Erscheinung aufzuklären. Doch kaum hatte sich das Boot dem Ufer genähert, so wurde es emporgeschleudert und an den Strand geworfen. Der Offizier und der Matrose, die drin saßen, hatten gerade noch Zeit herauszuspringen und zogen das Boot weiter vom Wasser fort. Und nun bot sich ihnen ein ebenso großartiges wie grauenhaftes Schauspiel.

Infolge der Schwankungen des Meeresgrundes an der Küste Japans strömte eine Riesenwelle in die Bucht Shimoda ein, schlug gegen die Küste und wogte wieder zurück. Doch ehe sie die Bucht hatte verlassen können, kam vom Meer eine zweite, noch größere Welle. Sie stießen aufeinander, die Bucht vermochte die Wassermassen nicht zu fassen, und diese gerieten in eine kreisende Bewegung, bespülten die ganze Bucht und überschwemmten das Land bis zu den Anhöhen, auf denen die Bewohner der Stadt Shimoda Rettung suchten. Die zweite Welle überflutete die ganze Stadt und machte sie dem Erdboden gleich. Und dann kam noch eine Welle und noch eine. Die kreisende Bewegung wurde immer heftiger und zertrümmerte, ertränkte, entführte alles, was sich etwa noch an den Ufern befunden hatte. Von tausend Häusern blieben nur sechzehn stehen, gegen hundert Menschen kamen ums Leben. Der ganze Meerbusen war bedeckt mit Trümmern von Häusern und Dschunken, mit menschlichen Leichen und den verschiedensten Gegenständen.

Alles das wurde in so ungeheurer Menge an eines der Ufer geworfen, daß, wie es in dem Bericht des Admirals heißt, gleichsam eine Fortsetzung des Ufers entstanden war.

Und was geschah nun mit der Fregatte?

Nach den mündlichen Berichten der Augenzeugen wirkte vor allem das abwechselnde Steigen und Sinken der Küste überraschend: Bald befand sich die Küste in gleicher Höhe mit der Fregatte, bald erhob sie sich zehn bis zwölf Meter über ihr. Es war unmöglich zu entscheiden, wenn man auf Deck stand, ob das Wasser stieg oder ob der Meeresgrund selbst sich senkte. Durch die drehende Bewegung des Wassers wurde das Schiff hin und her geschleudert, wobei es bald dicht an irgendeine Felswand herankam und jeden Augenblick Gefahr lief, zertrümmert zu werden wie eine Nußschale, bald wieder in die Mitte der Bucht gerissen wurde.

Dann wurde das Schiff im Kreise herumgedreht, und zwar mit solcher Geschwindigkeit, daß, nach den Angaben des amtlichen Berichts, in dreißig Minuten zweiundvierzig Umdrehungen gemacht wurden. Endlich stieß die Fregatte, infolge des wechselnden Steigens und Fallens des Wasserspiegels, immer häufiger gegen den Grund, gegen ihre eigenen Anker und legte sich bald auf die eine, bald auf die andere Seite. Als sie zum zweitenmal auf die Seite gelegt wurde, blieb sie in dieser Lage fast eine ganze Minute …

Eine grauenhafte Minute! Jeder klammerte sich an die Gegenstände, die er gerade in der Nähe hatte. Alles versank in banges Schweigen. Dann vernahm man Worte von Gebeten; alle beteten, wenn auch nicht alle mit lauter Stimme; aber auch die scheinbar Schweigenden beteten mit einer Inbrunst, wie man nach dem Sprichwort nur auf dem Meere betet!

Und Gott erhörte das Gebet der Seeleute: Das Wasser stieg, und die Fregatte richtete sich wieder auf – aber wie sah das stolze Fahrzeug aus!

Es waren auch nicht alle mit dem Leben davongekommen: Ein Matrose war tot und zwei schwer verletzt. Zwei nicht genügend befestigte Geschütze hatten sich losgerissen, als das Schiff sich auf die Seite legte, und hatten einen Matrosen erschlagen und zwei anderen die Beine zerschmettert.

Mehrere Stunden dauerte dieses Wüten der Wassermassen bei völliger Windstille. Endlich legten sich die Wellen. Die Fregatte war völlig zertrümmert. Der Schiffsraum war voll Wasser, die Vorräte, die Munition und das ganze Privateigentum der Offiziere und Matrosen völlig durchnäßt. Vor allem aber war das Steuer mit einem Teil des Falschkiels fortgerissen und mit all den anderen Trümmern weit davongeschwommen.

Es blieb nichts übrig, als das Schiff abzurüsten. Die sechzig Geschütze wurden an Land gebracht und den Japanern in Verwahrung gegeben, wobei ihnen besonders eingeschärft wurde, wie wichtig es für uns sei, daß die Geschütze nicht unseren Feinden in die Hände fallen. Die Japaner haben sie treulich behütet: Sie bauten sogar eigene Schuppen für sie auf.

Damit endete der erste Akte dieses Trauerspiels zur See. Ich sage: der erste Akt, denn die Prüfungen und Gefahren waren mit dem Erdbeben noch keineswegs beendet. Der zweite Akt spielte sich in der Zeit vom 11. Dezember 1854 bis zum 6. Januar 1855 ab, als die Seefahrer die Fregatte verlassen hatten, richtiger von ihr verlassen waren, als sie buchstäblich auf die fremde Küste, fern der Heimat, «geworfen» waren.

Die Fregatte wurde mit einem Notsteuer versehen und vorsichtig, wie man einen Kranken ins Lazarett schafft, in eine etwa sechzig Kilometer von Shimoda entfernte, geschlossene Bucht namens Heda geschafft. Dort sollte das Schiff auf eine Sandbank geschleppt und ausgebessert und dann die Fahrt fortgesetzt werden! Doch alle Hoffnungen schlugen fehl. Zwei Tage lang wurden die Schiffer vom Sturm im Meerbusen hin und her geworfen, bis sie endlich gezwungen waren, allesamt in Booten, bei einer Temperatur von vier Grad unter

Null, durch die Brandung, an einem Seil sich bis zur Küste durchzuschlagen. Sie landeten am Fuße des japanischen Montblanc, des Fusijama, der Bucht Heda, ihrem ursprünglichen Ziel, gerade gegenüber.

Als dann stilleres Wetter eintrat, gedachten sie doch noch, das Schiff mit Hilfe japanischer Boote in die Bucht zu schleppen und dort wieder instand zu setzen. Wenn die Fregatte sich immer noch auf dem Wasser hielt, so kam das, nach dem Bericht des Admirals, zum Teil auch daher, daß die Süßwasserzisternen im Schiffsraum leer waren. Sie hielten das Schiff oben.

Hundert japanische Boote leisteten Schlepperdienste; es waren noch etwa sechs Kilometer bis zum Ziel, da erhob sich plötzlich ein heftiger Wirbelwind, die Wellen gingen hoch; die japanischen Boote hatten kaum Zeit, die Seile zu kappen und sich in die nächstgelegenen kleinen Buchten zu retten; ähnlich ging es den Offizieren, die die Fregatte begleiteten. Und nun wurde das leere, verlassene Schiff von den Wellen hin und her geschleudert... Nachts konnte man es nicht mehr beobachten, und am nächsten Morgen war jede Spur von der «Diana» verschwunden.

Der dritte Akt der Tragödie war die Heimkehr der Reisenden, ebenfalls unter Gefahren und Ängsten, auf verschiedenen Wegen, nach Rußland...

Von dem Fuß des Fusijama begaben sich unsere Helden *per pedes apostolorum* über die Berge nach jener Bucht Heda, in die sie das Schiff zu bringen gedacht hatten, und schlugen dort ihr Biwak auf (bei vier Grad Kälte, wohlgemerkt!), da die Baracken, in denen sie untergebracht werden sollten, erst gebaut werden mußten. Natürlich war nur an eine vorübergehende Unterkunft gedacht, denn fünfhundert Mann können nicht lange Robinson spielen. Es mußten Mittel gefunden werden, irgendwie fortzukommen. Warten, bis auf den abgesandten Bericht ein Bescheid aus Petersburg gekommen sein würde, bis von dort ein Schiff eintreffen würde (worauf man angesichts der Kriegszeit gar nicht rechnen konnte), das hieß sich freiwillig in Gefangenschaft begeben. «Nicht dazu sind wir durch all die Not und Gefahr gegangen, daß wir nun müßig an dieser halbwilden Küste dasitzen sollen, während unsere Volksgenossen für ihr Vaterland kämpfen!» dachten die braven Seeleute.

Sie beschlossen, sich selbst zu helfen und dazu – mit eigenen Händen ein neues Schiff zu bauen, natürlich mit Unterstützung der Japaner, wenigstens, soweit es sich um Lieferung des notwendigen Materials – Holz, Eisen und so weiter – handelte. Tischler, Schmiede, Zimmerleute waren vorhanden – es wird immer dafür gesorgt, daß die Mannschaft des Schiffes Handwerker aller Art aufweist. Und nach vier Monaten war der Schoner fertig, der zur Erinnerung an die Bucht, in der die Schiffbrüchigen Unterkunft gefunden hatten, den Namen «Heda» erhielt.

Aus den offiziellen Berichten ist bekannt, daß die Mannschaft sich in drei Gruppen teilte: Die eine segelte mit einem gemieteten amerikanischen Schiff nach der Amurmündung, die zweite trat die Heimkehr auf einem Bremer Schiff an und wurde unterwegs von einem englischen Kriegsschiff aufgehalten. Doch die Engländer betrachteten unsere Seeleute nicht als Kriegsgefangene, sondern als Schiffbrüchige, verteilten sie auf ihre Schiffe und brachten sie über das Kap der Guten Hoffnung nach Europa.

Die übrigen, vierzig Mann mit dem Admiral an der Spitze, gelangten auf dem selbstgebauten Schoner «Heda» ebenfalls bis an die Mündung des Amur, nachdem sie mit Mühe der Verfolgung durch ein englisches Kriegsschiff entronnen waren, und fuhren nun stromaufwärts bis zum russischen Posten Ust-Strelka, beim Zusammenfluß der Schilka und der Arguna.

Von da gelangten sie wohlbehalten nach Petersburg, aber was war das für eine Fahrt durch wildes, damals noch ganz unerforschtes Land!

Der Admiral, mehrere Offiziere und achtzehn Matrosen bildeten dieses Expeditionskorps, das zum erstenmal nach der Angliederung des Amurgebiets an das Russische Reich das Wagnis unternahm, in einem kleinen Dampfer den Fluß stromaufwärts zu fahren. Sie glaubten, den Ort Ust-Strelka in etwa sechs Wochen erreichen zu können, und nahmen Proviant für zwei Monate mit; die Reise dauerte aber drei Monate!

Und was erlebten sie nicht alles! Bald war der Strom so flach, daß sie nicht vorwärts kommen konnten, bald wieder so reißend, daß es kaum möglich war, gegen die Strömung anzukämpfen. Bald gab es Holz in ungeheurer Menge, bald wieder nichts als jämmerliches Reisig, das man weder beim Bereiten der Speisen noch zum Heizen der Maschine brauchen konnte. An einigen Orten konnte man bei den Eingeborenen – Mangu, Orotschanen, Giliaken, von deren Existenz die europäischen Ethnographen vielleicht noch keine Ahnung haben – gegen Glasperlen, Nägel und so weiter gedörrtes Hirschfleisch, Hirse und andere Lebensmittel eintauschen. Dann aber kamen Gegenden, in denen überhaupt keine menschlichen Wesen zu sehen waren oder deren Bewohner, wenn sie, besonders nachts, das feuerspeiende, rauchende Schiff sahen, entsetzt die Flucht ergriffen, so daß unsere hungrigen Seefahrer eigenmächtig in ihre Behausungen dringen mußten, sich von da holten, was sie brauchten, und Perlen, Spiegel und sonstigen Tand als Entgelt zurückließen. Auch gefischt wurde fleißig, und besonders in der ersten Zeit konnte man sich öfter an einer prächtigen Sterlettsuppe laben.

Wenn es am Ufer keinen Wald gab, mußten die Leute tiefer ins Land hinein, um sich das nötige Brennholz zu holen. Die Matrosen fällten das Holz, die Offiziere schleppten es auf das Schiff. Der Admiral wollte mit ihnen arbeiten, aber dem widersetzten sich alle und überließen ihm die leichteren und ehrenvolleren Arbeiten: den Tisch zu decken, Teller und Tassen zu waschen.

In den letzten Wochen der Fahrt waren alle Vorräte ausgegangen. Man trank nur noch dreimal täglich Tee und aß eine Handvoll Hirse dazu – das war alles. Einmal hatte man sich ein Stück gedörrtes Rentierfleisch zu verschaffen gewußt, doch es erwies sich, daß es voller Würmer war. Anfangs hatte man Bedenken, ob man es essen solle, doch nach reiflicher Überlegung wurde das Fleisch gründlich gewaschen und gegessen – «um den Matrosen ein gutes Beispiel zu geben», sagte P., der mir später davon erzählte. «Wirklich?» dachte ich im stillen. «Ob hier sich nicht doch eher das alte Sprichwort bewährt hat: ‹Hunger ist der beste Koch›?»

Zwei Tage vor ihrer Ankunft in Ust-Strelka schickte der Kommandant des russischen Forts, der durch einen vorausgesandten Orotschanen von der Not der Seeleute erfahren hatte, ihnen alles, was sie brauchten, in ausreichender Menge entgegen, unter anderem auch ein Kalb. Also erst nach einer abenteuerlichen Fahrt von mehr als dreitausend Kilometer ward für diese nicht verlorenen, aber verirrten Söhne das Kalb geschlachtet!

So endete diese Expedition, unsere Odyssee und Äneïs zugleich. Und wahrlich, weder Äneas, der seinen Vater auf den Schultern aus dem brennenden Troja trug, noch Odysseus auf seinen Irrfahrten hat auch nur den zehnten Teil der Abenteuer erlebt, die unsere Argonauten zu bestehen hatten!

Inhalt

Rowohlt Jahrhundert

Band 17
Heinrich Mann,
Die Jugend des
Königs Henri Quatre

Band 18
Heinrich Mann,
Die Vollendung des
Königs Henri Quatre

Band 19
Walter Scott,
Das Herz von
Midlothian

Band 20
Erskine Caldwell,
Gottes kleiner Acker

Band 21
George Moore,
Esther Waters

Band 22
Halldór Laxness,
Weltlicht

Band 24
Upton Sinclair,
So macht man Dollars

Band 25
Martin Andersen Nexö,
Überfluss

Band 26
Klabund, Bracke

Band 27
Sinclair Lewis, Babbitt

Band 28
Bolesław Prus,
Pharao

Band 29
Malcolm Lowry,
Unter dem Vulkan

Band 30
Nikolai Gawrilowitsch
Tschernyschewski,
Was tun?

Band 32
Arnold Ulitz,
Aufruhr der Kinder

Band 33
Ernst Barlach,
Der gestohlene Mond

Band 34
Leo Weismantel,
Gericht über
Veit Stoss

Rowohlt Jahrhundert

Band 35
Ludwig Renn,
Krieg / Nachkrieg

Band 36
Nathaniel Hawthorne,
Das Haus der sieben Giebel

Band 40
Ivan Olbracht,
Der Räuber Nikola Schuhaj

Band 41
Vicente Blasco Ibañez,
Blutige Arena

Band 42
Martin Andersen Nexö,
Die Familie Frank

Band 43
Charles-Louis Philippe,
Vater Perdrix

Band 44
Michail Saltykow-Schtschedrin,
Die Herren Golowlew

Band 45
Eugène Le Roy,
Mademoiselle de La Ralphie

Band 46
Nasreddin Hodscha,
Wer den Duft des Essens verkauft

Band 47
Josef Toman,
Don Juan

Band 50
Italo Svevo,
Zeno Cosini

Band 51
Romain Rolland,
Clérambault

Band 52
Thomas Pynchon, V.

Band 53
Vicente Blasco Ibañez,
Sumpffieber

Band 54
Günther Weisenborn,
Das Mädchen von Fanö

Band 56
Benjamin Constant,
Adolphe

Band 57
Thomas Pynchon,
Die Enden der Parabel

Rowohlt
Taschenbuch Verlag

Rowohlt Jahrhundert

Band 74
Juan Goytisolo,
Das Fest der anderen

Band 75
Karl Emil Franzos,
Die Juden
von Barnow

Band 76
Thomas Hardy,
Im Dunkeln
«Jude the Obscure»

Band 77
Ivan Olbracht,
Von den traurigen Augen
der Hana Karadžičová

Band 78
Georges Perec,
Das Leben.
Gebrauchsanweisung

Band 80
William Faulkner,
Absalom, Absalom!

Band 82
Hermann Ungar,
Die Klasse

Band 83
Miroslav Krleža,
Beisetzung in
Theresienburg

Band 84
Thomas Pynchon,
Die Versteigerung
von No. 49

Band 86
James Agee,
Ein Todesfall
in der Familie

Band 87
Paul Scheerbart,
Münchhausen und
Clarissa

Band 89
Ivan A. Gončarov,
Die Fregatte Pallas